La Profecía

Llave al Futuro

La Profecía

Llave al Futuro

Duane S. Crowther

Horizon Publishers
Springville, Utah

ISBN 13: 978-0-88290-532-7

Publicado por Horizon Publishers, una impresión ante Cedar Fort, Inc.
2373 W. 700 S., Springville, UT, 84663
Distribuido por Cedar Fort, Inc., www.cedarfort.com

Cover design by Jen Boss
Cover design © by Lyle Mortimer
Typesetting by Stephen J. Bons

Printed in the United States of America

10 9 8 7 6 5 4 3 2 1

Printed on acid-free paper

En Cuanto al Autor

Duane S. Crowther es bien conocido como autor, maestro de escrituras, teólogo, discursante e impresor. Recibió su Bachiller de Artes de la Universidad de Brigham Young con altos honores en la educación musical. También goce el grado de "Master" de Artes de la misma universidad en el campo del Antiguo y Nuevo Testamento, otro "Master" de Administración de Negocios de la Universidad de Phoenix, y además ha cumplido con el requisito de clases para el grado de Doctor de Filosofía en la educación musical de la Universidad de Utah.

Élder Crowther ha tenido extensiva experiencia en la Iglesia. Sirvió como misionero en la América Central y ha cumplido tres misiones de Estaca. También ha servido como Líder de Grupo de los Sumo Sacerdotes. Presidente de Misión de Estaca y Presidente Mayor de un Quórum de los Setenta. Presidente de un Quórum de Élderes. Superintendente de la Escuela Dominical, Presidente de Hombres Jóvenes, integrante de varias mesas de las organizaciones auxiliares de estaca, presidente del comité de música del barrio y director de coros de barrio y de estaca, y ha cumplido muchos llamamientos como maestro de clases y enseñador de maestros. Ha enseñado la clase de doctrina del evangelio en la escuela dominical por más de veinte años. Sirvió como bautizador en el Templo de Lago Salado por cerca de diez años, y fue guía de turismo en el Cuadrado del Templo.

En su vida profesional, Hermano Crowther ha sido presidente y editor mayor de Horizon Publishers por veinte y cinco años. Antes sirvió como instructor y director de seminarios de los SUD en Utah y Idaho. Ha enseñado clases de escritura para la División de Educación Continuada de la Universidad de Brigham Young y ha sido lector en varias oportunidades en la Semana de Educación de la misma universidad. También ha enseñado banda y orquesta en las escuelas públicas en Lago Salado y por varios años ha enseñado como escribir los tesis y cursos en planeamiento estratégico al nivel del graduado para la Universidad de Phoenix.

Élder Crowther es autor de más de 35 libros sobre temas del evangelio y de la música, y ha escrito y producido más de 30 cintas grabadas sobre temas de los SUD. También ha escrito y producido varios espectáculos patrióticos que han ganado premios en la Fundación de Libertad Nacional en Valley Forge, Pennsylvania.

Su esposa es Jean Decker Crowther, quién también es autora y música. Ellos son padres de ocho hijos y se radican en Bountiful, Utah.

GUERRAS PREPARATORIAS
GUERRA CIVIL DE LOS E.E. U.U. 1861-65
TERCERA GUERRA MUNDIAL
COMIENZO DE GUERRAS EN LOS ÚLTIMOS DÍAS
LOS ESCLAVOS SE LEVANTARÁN EN CONTRA DE SUS AMOS
EL PRESENTE
RETAURACIÓN DEL EVANGELIO
LA PLENITUD DE LOS GENTILES
LOS TIEMPOS DE LOS GENTILES
El Primer Período de la Obra Misional
-LA MISIÓN A LAS NACIONES GENTILES-

GUERRAS INTERNAS
CAUSARÁN EL COLAPSE DEL GOBIERNO
DE LOS ESTADOS UNIDOS
Y OTRAS NACIONES
EL GUERREAR
EL RECOGIMIENTO DE ISRAEL
LOS MISIONEROS SERÁN
DIRIGIDOS A VOLVER A CASA
LOS SANTOS EN TIERRAS EXTRANJERAS
SE CONGREGARÁN EN LOS
ESTADOS UNIDOS
LOS SANTOS SE
CONGREGARÁN
EN LAS
CUMBRES
DE LAS
MONTAÑAS
LOS SANTOS
VOLVERÁN AL
CONDADO DE
JACKSON,
MISSOURI
EL CUMPLIMIENTO DE LOS
TIEMPOS DE LOS GENTILES

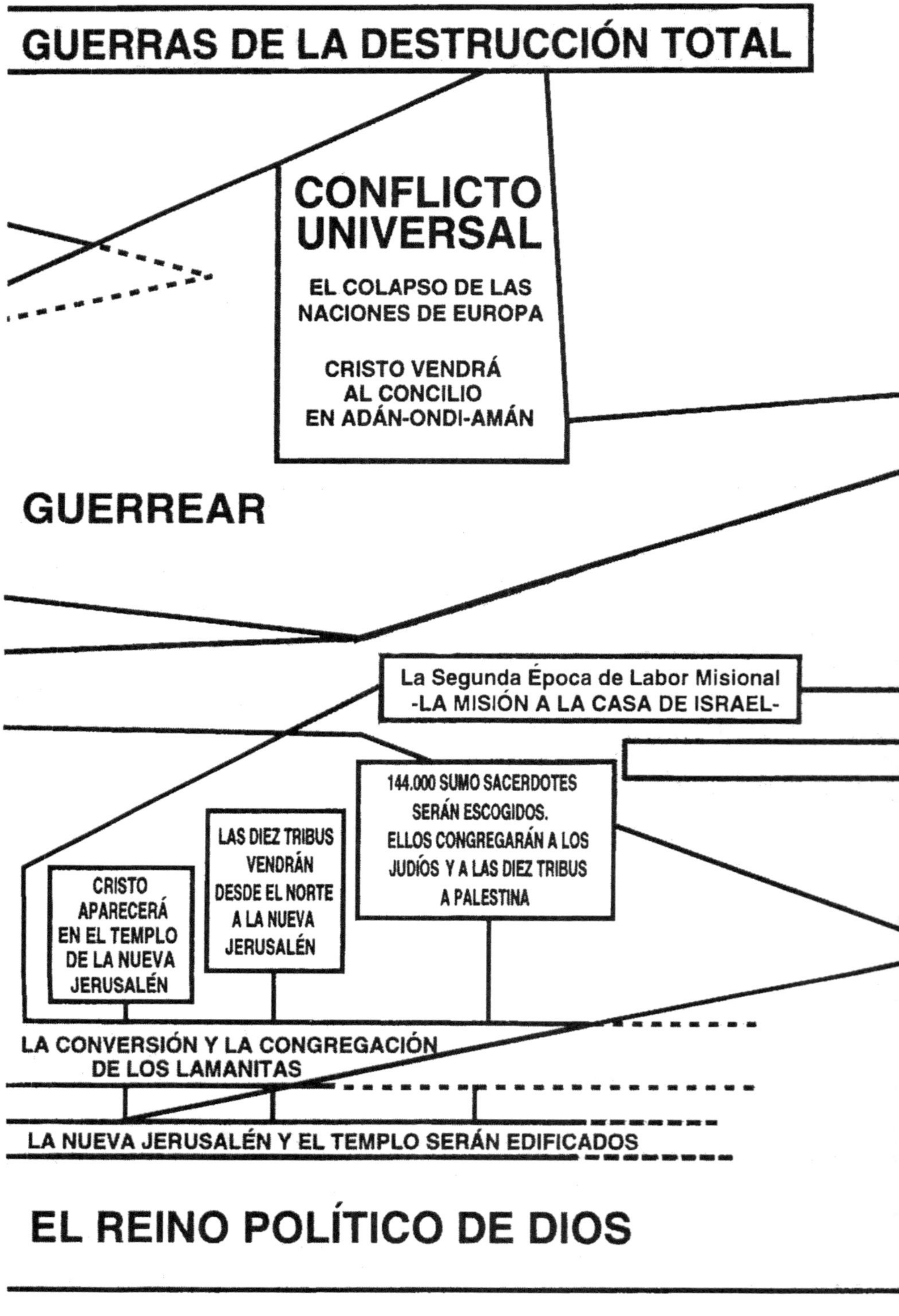
GUERRAS DE LA DESTRUCCIÓN TOTAL
CONFLICTO UNIVERSAL
EL COLAPSO DE LAS NACIONES DE EUROPA
CRISTO VENDRÁ AL CONCILIO EN ADÁN-ONDI-AMÁN
GUERREAR
La Segunda Época de Labor Misional -LA MISIÓN A LA CASA DE ISRAEL-
144.000 SUMO SACERDOTES SERÁN ESCOGIDOS. ELLOS CONGREGARÁN A LOS JUDÍOS Y A LAS DIEZ TRIBUS A PALESTINA
LAS DIEZ TRIBUS VENDRÁN DESDE EL NORTE A LA NUEVA JERUSALÉN
CRISTO APARECERÁ EN EL TEMPLO DE LA NUEVA JERUSALÉN
LA CONVERSIÓN Y LA CONGREGACIÓN DE LOS LAMANITAS
LA NUEVA JERUSALÉN Y EL TEMPLO SERÁN EDIFICADOS
EL REINO POLÍTICO DE DIOS

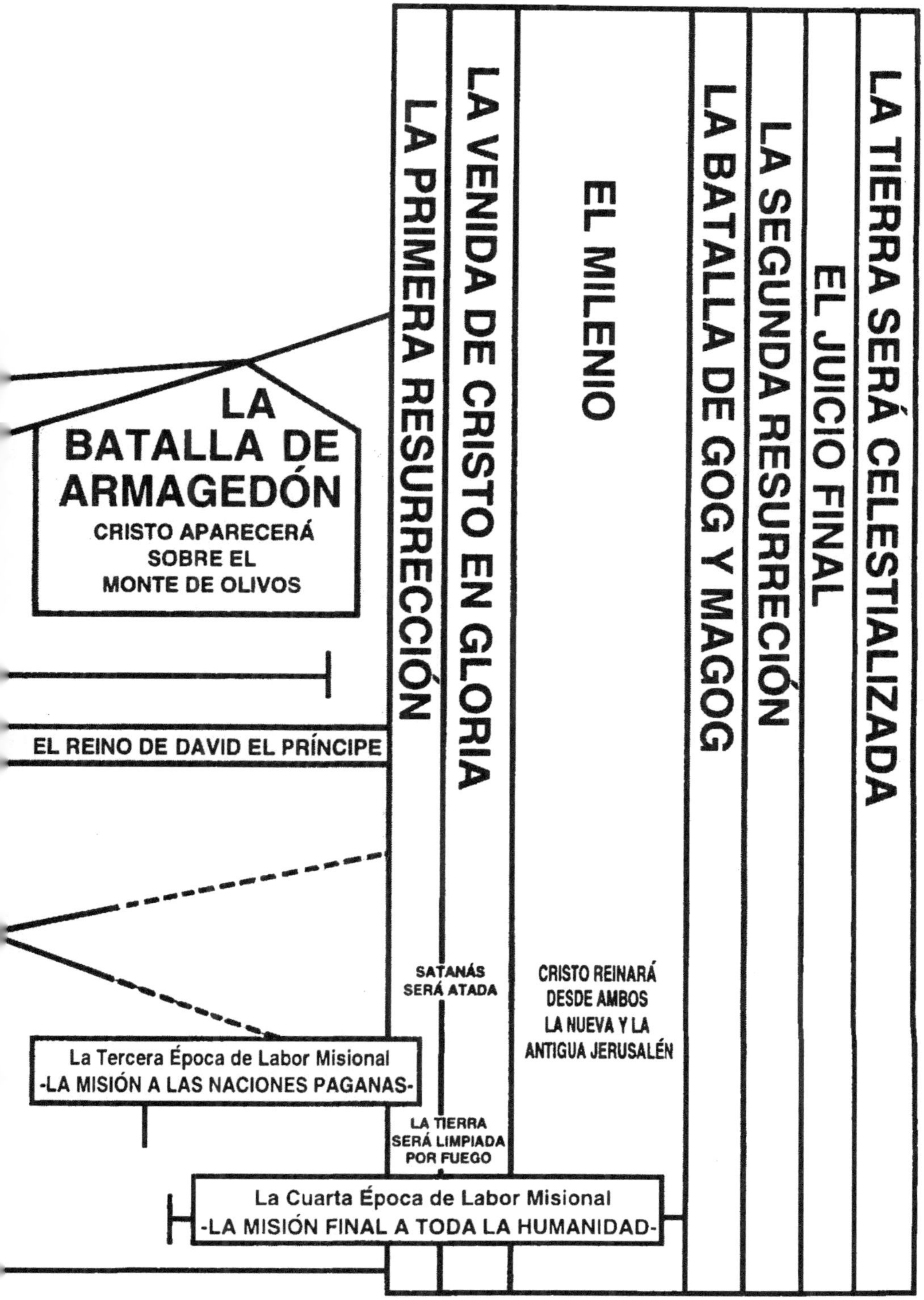
LA PRIMERA RESURRECCIÓN
LA VENIDA DE CRISTO EN GLORIA
EL MILENIO
LA BATALLA DE GOG Y MAGOG
LA SEGUNDA RESURRECIÓN
EL JUICIO FINAL
LA TIERRA SERÁ CELESTIALIZADA
LA BATALLA DE ARMAGEDÓN
CRISTO APARECERÁ SOBRE EL MONTE DE OLIVOS
EL REINO DE DAVID EL PRÍNCIPE
SATANÁS SERÁ ATADA
CRISTO REINARÁ DESDE AMBOS LA NUEVA Y LA ANTIGUA JERUSALÉN
La Tercera Época de Labor Misional
-LA MISIÓN A LAS NACIONES PAGANAS-
LA TIERRA SERÁ LIMPIADA POR FUEGO
La Cuarta Época de Labor Misional
-LA MISIÓN FINAL A TODA LA HUMANIDAD-

Introducción

¿Porqúe un Libro Sobre el Futuro?

El propósito de la profecía fue declarado por uno de los primeros apóstoles de la Iglesia, el Elder Jorge Alberto Smith, quien dijo que "todas las profecías se han dirigido al allegamiento del pueblo, y a salvarlo en los últimos días."[1] Parley P. Pratt, otro de los primeros apóstoles, habló del provecho y de la ventaja que se gana cuando entendemos como podemos cumplir los aspectos condicionales de las promesas proféticas, y narró del consuelo y la paciencia que el entendimiento de la profecía trae a aquel lector quien lee con entendimiento.[2]

Del punto de vista de los Santos de Los Ultimos Días, ningún buscador de la verdad puede cumplir su meta sin entender en alguna medida los acontecimientos del futuro, porque la verdad está definida en las escrituras como "la verdad es el conocimiento de las cosas como son, como eran *y como han de ser*."[3] Los acontecimientos del futuro son las señas de los tiempos—indicaciones de la llegada inminente del Señor. Dice Las Doctrinas y Convenios,

> Miráis y observáis la higuera, y la veis con vuestros ojos; y cuando empieza a retoñar y sus hojas todavía están tiernas, decís que el verano ahora está próximo;
>
> así será en aquel día, cuando vean todas estas cosas, entonces sabrán que la hora está cerca.
>
> *Y acontecerá que el que me teme estará esperando que llegue el gran día del Señor, sí, las señales de la venida del Hijo del Hombre.*[4]

Según Orson Pratt, otro de los primeros apóstoles, los que tienen dentro sí el espíritu de la profecía serán aquellos que sabrán y entenderán las señales de los tiempos:

> Pero los Santos de Los Ultimos Días no están en la oscuridad; ellos son los hijos de la luz, aunque muchos de nosotros en realidad estaremos dormidos. Tendremos que despertarnos y aderezar nuestras lámparas, o no estaremos preparados para entrar; porque estaremos todos adormecidos en aquel día, y algunos se habrán dormido de un sueño del cual no se despertarán hasta que se despiertan en la oscuridad sin aceite en sus lámparas. Pero, en general, los Santos entenderán las señas de los tiempos, si se acuestan y duerman. Otros tienen los ojos cerrados en cuanto a las profecías de los profetas antiguos; y no solo esto, pero también están vacíos del espíritu de la profecía. Cuando un hombre tiene esto, aunque acudiere a los profetas

1. *La Historia de la Iglesia*, 6:18.
2. Véase Parley P. Pratt, *Una Voz de Amonestación e instrucción a Todo Pueblo* [A voice of Warning and Instruction to All People], (Salt Lake City: Deseret News Press), pp. 7-8.
3. *Doctrinas y Convenios* 93:24.
4. *Doctrinas y Convenios* 45:37-39.

> antiguos para obtener entendimiento de algunos temas que no comprende con claridad, no obstante, como tiene dentro de si el espíritu de la profecía, no estará en la oscuridad; tendrá conocimiento de las señas de los tiempos; tendrá conocimiento de la casa de Israel, y de Sión, y de las diez tribus, y de muchas cosas y propósitos y acontecimientos que han de llevarse a cabo sobre la tierra; y verá hechos venideros, y puede decir que tal acontecimiento ocurrirá, y otro después de este, y luego otro; y después de esto sonará el trompeta, y después de esto ciertas cosas ocurrirán, y entonces sonará otra trompeta, etcétera, etcétera; y tendrá su atención puesta sobre las señas de los tiempos, y aquel día no le sorprenderá.[5]

El Señor ha puesto gran importancia en los acontecimientos de los últimos días, porque las profecías y las explicaciones que tocan sobre ese período ¡son el tema más prominente de las cuatro obras canónicas de la Iglesia! Se ha escrito este libro para ayudar al lector en su estudio cuidadoso y sistemático de ellos.

Los Objetivos de Este Libro

Se ha escrito este libro para cumplir tres metas: Primero, el autor ha tratado de establecer el orden cronológico correcto de los acontecimientos importantes del futuro. Tal orden puede determinarse con precisión y certeza por casi todos los acaecimientos profetizados. Se ha cuidado de notar el fundamento sobre lo cual fue determinado cada hecho cronológico y el orden cronológico. Cuando no fue posible determinar con certeza el orden de los hechos venideros, la información conocida ha sido presentada sin ninguna pretensión de esforzar una interpretación. El segundo objetivo de este libro es para proveer un tratamiento comprensible y bien documentado de cada uno de los acontecimientos profetizados que han de ocurrir en el mundo. Se ha dado una atención especial a las áreas de controversia. Cada capítulo tiene un resumen dirigido a integrar los puntos importantes del capítulo y exponer claramente las normas generales de acontecimientos futuros. Algunos lectores quizás desearán leer todos los resúmenes antes de leer y estudiar el libre entero. Tercero, una gran cantidad de materia que anteriormente no era disponible al lector casual de la Iglesia está compilado aquí. Se ha hecho

5. *Diario de Discursos*, 7:189. El lector notará que Orson Pratt es citado frecuentemente en esta obra. Él fue él que entre los primeros Elderes de la Iglesia fue individualizado por el Señor y fue dado un mandamiento específico a "[alzar] tu voz sin cesar, porque ha hablado Dios el Señor; profetiza, pues, y te será dado por el poder del Espíritu Santo." (D y C 34:10) Por toda su vida sus enseñanzas fueron distinguidas por explicaciones de los acontecimientos venideros y por una fuerte sensibilidad de su llamamiento profético. De todas las autoridades de la Iglesia, Orson Pratt parecía tener el entendimiento más cierto y más comprensivo de los acontecimientos de los últimos días. Los primeros líderes de la Iglesia vigilaban con anhelo las enseñanzas de los hermanos. En una ocasión Orson Pratt pidió disculpas en una conferencia general por haber sobrepasado los límites de la doctrina en cuanto a sus enseñanzas sobre la naturaleza de Dios. Explicó que las autoridades le habían retado por algo que dijo. Sin embargo, parece que hay una aceptación completa de parte de sus contemporáneos por sus enseñanzas sobre los últimos días, que es una fuerte evidencia que apoya la aceptabilidad y lo cierto de sus enseñanzas.

una contribución importante a la colección de materia que trata los conflictos internos en los Estados Unidos, el cumplimiento de los tiempos de los gentiles, las plagas y las pestilencias que vendrán sobre la tierra, una evaluación de áreas de controversia tal como "La Profecía del Caballo Blanco," y muchos otros temas de interés.

¿Es Esta Obra Auténtica y Fiable?

El repaso original de esta obra fue titulado "Una Investigación de las Profecías Eschatológicas Encontradas en las Escrituras y en las Obras de las Autoridades Generales de L a Iglesia de Jesucristo de los Santos de los Ultimos Días." Fue entregado y aceptado como un tesis del grado de "Master" por el Departamento de Escritura, del Colegio de Instrucción Religiosa, de la Universidad de Brigham Young.

La obra está limitada a pasajes de las escrituras y a comentarios interpretativos y profecías de las Autoridades Generales. Así está eliminada mucha oportunidad para errar. Las citaciones en cada caso han caído en agrupaciones que parecen establecer la veracidad del tema global. El autor ha reconocido, en cierta medida, los peligros que acompañan una empresa como esta, y ha tratado de evitarlos. En cualquiera correlación de la profecía hay el peligro de imponer interpretaciones particulares de las escrituras. Se ha extendido un esfuerzo especial en la preparación de esta obra para asegurar que la materia citada está expuesta en tal manera que estaría en armonía con su contexto y con el intento verídico del autor. Se ha hecho un esfuerzo para documentar en forma clara y completa las particularidades contenidas en esta obra, a pesar de que el alcance de la obra es tan extensivo que solamente una pequeña parte de la evidencia disponible está tratada. Con el empeño de poner a vista todos los aspectos de algunos puntos de controversia, varios puntos de vista han sido citados.

Siempre hay una limitación sobre la aceptación de las profecías no encontradas en las escrituras. Esta limitación fue puesta por José Smith mismo en 1843. Él señaló que en una ocasión "visitó con un hermano y una hermana del estado de Michigan, quienes pensaron que 'un profeta era siempre un profeta;' pero yo les dije que un profeta solo era un profeta cuando estaba ocupándose como tal."[6] La decisión sobre si los dichos de las Autoridades Generales son tan solo opiniones privadas o si son interpretaciones inspiradas pertenece al lector. También pertenece al lector la responsabilidad de concluir sí o no las profecías aquí apuntadas fueron dadas cuando la Autoridad estaba funcionando en su oficio profético o si representan solamente su entendimiento personal del futuro. En una palabra, el lector tendrá que probar la inspiración de las citaciones con el poder del Espíritu Santo que le inspira. Así que esta obra no es un empeño de declarar la doctrina de la Iglesia, sino de exponer en una forma entendible los comentarios y las interpretaciones

6. *La Historia de la Iglesia*, 5:265.

hechas por los varios líderes de La Iglesia de Los Santos de los Ultimos Días. Se debe leerlo é interpretarlo con este punto de vista.

En el análisis final, la prueba verídica de la profecía es su cumplimiento. Como dijo Jeremías, "El profeta que profetiza de paz, cuando se cumpla la palabra del profeta, será conocido como el profeta que Jehová en verdad envió."[7]

Reconocimientos

El autor está profundamente endeudado a los miembros de su comité de la facultad, Ellis Rasmussen, Hyrum Andrus y Eldin Ricks, por su ayuda y dirección en la preparación de este libro en su forma original como tesis. Este libro, publicado originalmente por Bookcraft, Inc., ha estado en prenta en el idioma Inglés desde 1962. Es por medio de los esfuerzos de mis buenos amigos y vecinos, Clay y Edna Gorton, que ahora ha sido traducido al Español. Sus esfuerzos y habilidades son profundamente apreciados.

De cierto mi aprecio mayor se concede a mi querida esposa, Jean, quien ha trabajado fielmente conmigo por muchos meses para que esta obra pueda ser terminada. Su amor y devoción me han sostenido en muchos momentos de desánimo, y ella ha aceptado con afán cualquiera y toda tarea que precisaba atención.

Finalmente, hace muchos años, Élder Parley P. Pratt escribió en su libro, *Una Voz de Amonestación* [A Voice of Warning],

> Entre la variedad de comodidades que atraen la atención de la humanidad, hay una cosa de más valor que todas las demás. Comparativamente pocos jamás lo han poseído aunque estaba al alcance de muchas personas, pero o no sabían de éllo o no apreciaban su valor. Amable lector, este tesoro es preconocimiento; ¡un conocimiento de las cosas en el futuro! Deja que se publique un libro con el título de UN CONOCIMIENTO DEL FUTURO, y deja que la humanidad sea convencida que en verdad daba un cierto, definitivo conocimiento de sucesos futuros, en tanto que sus páginas desenvolvieron la historia futura de las naciones, y de muchos grandes acontecimientos . . . sería sin precio.

La continuada popularidad y aceptación de *Prophecy: Key to the Future [La Profecía: Llave al Futuro]*, y sus numerosas imprentas desde que fue publicado en inglés por primera vez en 1962, indican que ha alcanzado el criterio de Élder Pratt: en verdad provee "un cierto, definitivo conocimiento de sucesos futuros." Doy gracias por la inspiración que dirigió al autor en escribirlo, y por la influencia que este libro ha sido en las vidas de muchos de los Santos de los Últimos Días. Es un gran placer publicar ahora esta edición del libro en español.

—Duane S. Crowther

---

7. *Jeremías* 28:9.

Dedicatoria

A mi esposa, Jean, y mis hijos

Don, Scott, Laura, Lisa, David, William, Sharon y Bethany—

quienes aman y cumplen con las palabras de los profetas.

Tabla De Contenidos

Explicacion De Terminos Usados En Las Glosas

Utilizaremos en esta obra traducciones al Español de los nombres de los libros, periódicos y diarios citados en las glosas. Las fuentes principales, y sus traducciones al español, siguen:

Church News	Periódico de la Iglesia (Diario)
Comprehensive History of the Church	Historia Comprensiva de la Iglesia
Conference Report	Informe de la Conferencia
Deseret Evening News	Noticiero Deseret Nocturno (Diario)
Deseret News	Noticiero Deseret (Diario)
History of the Church	La Historia de la Iglesia
Improvement Era	Era de Mejoramiento (Revista)
Journal History	Diario Histórico
Journal of Discourses	Diario de Discursos
Juvenile Instructor	Instructor Juvenil (Revista)
Messenger and Advocate	Mensajero y Valedor (Revista)
Juvenile Instructor	Instructor Juvenil (Revista)
Millennial Star	Estrella Milenaria (Revista)
Juvenile Instructor	Instructor Juvenil (Revista)

Itálices

A raís de la importancia de ciertas partes de muchas de la declaraciones citadas, el autor ha utilizado itálices ámpliamente para dar énfasis.

CAPITULO UNO

La Guerra Será Derramada Sobre Todas Las Naciones

El Comienzo de la Guerra en los Ultimos Días

El 25 de diciembre de 1832, José Smith pronunció una profecía "concerniente a *las guerras* que pronto se acaecerán, comenzando por la rebelión de la Carolina del Sur."[1] Después de veinte-ocho años, en el 12 de abril de 1861, su profecía empezó de cumplirse. En ese día las tropas del Sur abrieron fuego contra la fortaleza Unión en Charleston, estado de Carolina del Sur. Esta declaración, que ha llegado a ser conocida hoy día como la "Profecía Sobra la Guerra," describió también otros detalles de la guerra entre los Estados Unidos. Declaró que "los estados del Sur se dividirán en contra de los del Norte,"[2] y mantuvo que los estados del Sur "llamarán a otras naciones, aun el país de la Gran Bretaña,"[3] para ayudarles. La historia de los Estados Unidos afirma sin vacilación que esta guerra fue entre los Estados del Norte y los del Sur. Tan temprano como mayo de 1861, la Confederación del Sur mandó delegados a Gran Bretaña, Francia, Holanda y Bélgica buscando ayuda y reconocimiento de los poderes extranjeros.

La profecía fue aun más extensa que una predicción de guerra entre los Estados. Su afirmación que el tiempo vendría cuando Gran Bretaña acudiría a otras naciones para protegerse contra aun otras naciones extendió la profecía hasta los tiempos de la Primera y Segunda Guerra Mundial.[4] En estas guerras Inglaterra formó alianzas con Francia, Rusia, los Estados Unidos y otras naciones en esfuerzo a repulsar a los Nazis o sea los Poderes Centrales.

La Profecía Sobre la Guerra declaró que "vendrá el tiempo en que se derramará la guerra sobre todas las naciones, *empezando* en ese lugar [la Carolina del Sur]."[5] La petición de Inglaterra para socorro, sin embargo, jugó una parte cronológica importante en este horario profético

1. *Doctrina y Convenios* 87:1.
2. *Doctrina y Convenios* 87:3. Para una cuidadosa consideración del cumplimiento de varios aspectos de esta profecía, véase *Historia Comprensiva de la Iglesia*, 1:294-303.
3. *Doctrina y Convenios* 87:3. Después de once años dijo otra vez que "el comienzo de las dificultades que causarán mucho derramamiento de sangre previo al la venida del Hijo del Hombre estará en la Carolina del Sur. Probablemente se levantará por el asunto de esclavitud." *Doctrina y Convenios*, 130:12-13.
4. Esto fue claramente la interpretación dada al asunto por Carlos A. Callis. El dijo durante una prédica en la Conferencia General relatando una conversación que tuvo con un Evangélico, "José Smith, el profeta de Dios, predijo la gran Guerra Civil; a la vez predijo por el don y el poder del Espíritu Santo, que la Guerra Mundial vendría para vejar las naciones." *Informe de la Conferencia*, abril de 1923, p. 22.
5. *Doctrina y Convenios* 87:2.

dado a José Smith, porque dijo la revelación que cuando Inglaterra suplica a otras naciones para ayuda, "*entonces* se derramará la guerra sobre todas las naciones."[6] Así es que las guerras iban a comenzar en los últimos días con la rebelión de la Carolina del Sur pero la señal de que iban a alcanzar proporciones mundiales iba a ser la petición de Inglaterra para socorro en las guerras mundiales.

Según la profecía, guerras entre las naciones continuarán con efectos ruinosos, porque "así, con la espada y por el derramamiento de sangre se han de lamentar los habitantes de la tierra; y con hambre, plagas, terremotos, truenos del cielo, y también con violentos e intensos relámpagos, se hará sentir a los habitantes de la tierra la ira, la indignación y la mano castigadora de un Dios Omnipotente, *hasta que la consumación decretada haya destruido por completo a todas las naciones.*"[7] El mensaje de la profecía por José Smith sobre la guerra, pues, es que Dios ha permitido derramarse sobre la tierra una serie de guerras.[8]

Estas guerras, empezando con la Guerra Entre los Estados en 1861, debían de aumentarse a proporciones mundiales en un tiempo cuando Inglaterra buscaría alianzas con otras naciones (las Guerras Mundiales I y II). Las guerras deben continuar hasta que la consumación decretada por Dios haya destruido por completo a todas las naciones.

Nos encontramos hoy día en medio de esta serie de guerras. Sabemos de muchas guerras que ya han servido para cumplir la declaración de José Smith. Aquellos que aceptan la profecía como una revelación de Dios están cometidos a la creencia que tales guerras continuarán hasta que se habrán consumido las naciones actuales de la tierra.

Los Esclavos Se Sublevarán Contra Sus Amos

Después de relatar como la guerra será derramada sobre todas las naciones en el día en que Inglaterra solicita ayuda de los poderes extranjeros, la Profecía Sobre la Guerra añade otro punto en su cronología del futuro. Dice,

6. *Doctrina y Convenios* 87:3.
7. *Doctrina y Convenios* 87:6.
8. El obispo José L. Wirthlin, durante la Conferencia General en octubre de 1958, tomó como tema la Profecía Sobre la Guerra. Alistó en la siguiente manera las guerras que ya han ocurrido: "El profeta José nos dió esta revelación maravillosa en 1832. La Guerra Civil ocurrió en 1861, la guerra entre Dinamarca y Prusia en 1864, entre Italia y Austria en 1865 y 1866; entre Austria y Prusia en 1866, entre Rusia y Turquía en 1877; entre China y Japón en 1894 y 1895; la guerra Hispano-Americana en 1898; entre Japón y Rusia en 1900 y 1904; la Primera Guerra Mundial en 1914-1918; entonces la próxima guerra era relativamente diminuta, entre Etiopía e Italia, cuando el pueblo en aquella tierra de Etiopía fue dominado y controlado por Italia. Estoy agradecido al Señor que ahora tiene su libertad. Entonces, la Guerra Mundial que recién se acabó, y, por supuesto, la Guerra de Corea." *Informe de la Conferencia*, octubre de 1958, p. 33.

> Y acontecerá después de muchos días, que los esclavos se sublevarán contra sus amos, los cuales serán movilizados y disciplinados para la guerra.[9]

Esta profecía ha sido interpretada comúnmente como una referencia solo a los negros en los Estados Unidos. Algunos Santos de Los Últimos Días, sin embargo, reconocen en la profecía un sentido mucho más amplio. Dijo el Obispo José L. Wirthlin en comentar sobre esta fase de la revelación en 1958,

> Estoy bien seguro que en muchos casos todos pensamos que esto tiene que ver particularmente con los esclavos en los Estados del Sur, *pero yo pienso, hermanos y hermanas, que la intención fue que este pasaje se refería a los esclavos de todo el mundo, y pienso en aquellos, particularmente en el país de Rusia y en los otros países dominados por esa gran nación* donde los pueblos en realidad son esclavos de los individuos que guían y dirigen lo que sucede en Rusia y en China, y donde los derechos y el privilegio de adorar a Dios y llegar al conocimiento de que Jesucristo es Su Hijo les está negado.[10]

Durante los próximos pasados años, el mundo ha observado una serie continua de rebeliones, insurrecciones, y negocios tempestuosos de personas que han tratado de desembrazarse de lo que consideraron era la opresión y el dominio tiránico. Francia, Inglaterra, Portugal y Bélgica han visto la deterioración de sus colonias y han librado muchos de sus avasallados para formar gobiernos nuevos e independientes. La América Latina, Africa, el Cercano Este—estas areas han visto dificultades contínuas mientras sus pueblos opresionados han luchado para desembrazarse de sus gobernantes políticos y económicos. Dentro de los Estados Unidos nosotros también estamos participando en una lucha continua por la igualdad de las razas ya que los negros y otros grupos étnicos se esfuerzan para levantarse socialmente, culturalmente, y económicamente. Estas tensiones a través del mundo muestran que hemos entrado en el tiempo que José Smith profetizó seguiría al primer derramamiento de guerra sobre todas las naciones, cuando "los esclavos se sublevarán contra sus amos, los cuales serán movilizados y disciplinados para la guerra."

El Propósito de Guerras Es Para Preparar Para la Predicación del Evangelio

Después que fue dada la Profecía Sobre la Guerra, algunos de los Santos de los Últimos Días en cierto grado han interpretado el propósito de la guerra como un instrumento que funcionaba como justificación para el derrocamiento de gobernadores y gobiernos que no permitían que el evangelio sea predicado por los misioneros de los Santos de los Últimos Días. Esta fue la enseñanza de Orson Pratt en 1875:

---

9. *Doctrina y Convenios* 87:4.

10. Wirthlin, *op cit.*, p. 2.

> En la actualidad hay algunas naciones que no permiten que se predique dentro de sus bordes ninguna religión sino aquella que es establecida por la ley. *Cuando Dios derrumba los tronos, que hará muy pronto; cuando volcará reinos é imperios, cual tiempo está muy a mano, entonces otros gobiernos serán formados más favorables a la libertad religiosa, y los misioneros de esta Iglesia visitarán aquellas naciones* . . . Así que podríamos enumerar que lo que Dios está haciendo entre estos poderes despóticos, derrumbando y cambiando prácticas e instituciones bien establecidas, para que sus siervos puedan salir por Su propio mando; para entregar el grande y último mensaje del Evangelio a los habitantes de la tierra, preparatorio a la venida de Su Hijo.[11]

En otra ocasión dijo que

> El día vendrá cuando las naciones de Europa habrán practicado la guerra entre sí por suficiente tiempo, y esos gobiernos despóticos habrán sido derrumbados, y cuando se habrá livianado la mano de opresión y tiranía, y cuando los principios de libertad religiosa se habrán esparcido más completamente y más ampliamente, para que *los Élderes de esta Iglesia atraviesen todas estas naciones;* y entonces tendremos necesidad para estos Setenta que han estado organizándose por todo este tiempo.[12]

Parley P. Pratt también aplicó la filosofía que el propósito de guerra era para preparar a las naciones no receptivas para recibir el evangelio. Extendió la aplicación más allá de las naciones Gentiles hasta la nación oriental de Japón, y dijo que "hablando políticamente algunas barreras aun tienen que ser derribadas, y algunas conquistas logradas, tal como la subyugación de Japón, y el triunfo de la libertad constitucional entre ciertas naciones donde la mente, el pensamiento y la religión son todavía dictadas por la ley."[13] Continuó por decir que esta subyugación de Japón debe acontecerse antes de la congregación de las tribus de Israel a Jerusalén.

Elder Harold B. Lee, en la Conferencia General de octubre de 1954, citó el dicho mencionado arriba y comentó:

> Subyugación significa conquista por la fuerza. Quiero decirles que una de las cosas más significantes que he visto en el Lejano Éste es el cumplimiento de lo que fue testificado por Élder Parley P. Pratt como uno de los desarrollos significantes que eran necesarios para la consumación de los propósitos de Dios, "La subyugación de Japón, y el triunfo de la libertad constitucional entre ciertas naciones donde la mente, el pensamiento y la religión son todavía dictados por la ley."[14]

Entonces elaboró sobre como la Guerra Mundial Segunda había abierto el camino para una obra misional eficaz en esa nación.

---

11. *Diario de Discursos,* 18:63-4.
12. *Diario de Discursos,* 7:186.
13. Parley P. Pratt, *Llave a la Ciencia de Teología* [Key to the Science of Theology] (Quinta Edición, Salt Lake City: George Q. Cannon and Sons Co., 1891), p. 76.
14. *Informe de la Conferencia,* octubre de 1954, p. 126.

Dos Períodos de Guerra: Las Guerras Preparatorias y Las Guerras de Destrucción Completa

Según la profecía sobre la guerra revelada a José Smith, las guerras serán derramadas hasta que se hayan destruidas por completo todas las naciones. Pero parece que las características de la primera época de las guerras son diferentes a las de la época posterior. Como se presentó en la sección anterior, el propósito de una porción de estas guerras es para permitir que el evangelio entre en los lugares donde anteriormente fue prohibido. Aparentemente, ésta es la característica de solamente el *primer* período de las guerras, o sea el período de las guerras preparatorias. Parece que una característica de este período primero de guerras ha sido y continuará de ser que los conversos en estas naciones recientemente proselitadas serán perseguidos por los pueblos de esas naciones. Orson Pratt en 1859 enseñó que después que los misioneros hayan penetrado esas naciones,

> tendrán que efectuar *mucho proselitismo antes que serán cumplidos los tiempos de los Gentiles;* tendrán que ir y edificar la Iglesia del Cordero de Dios entre esas naciones, e imponer clérigos sobre ellos, e ir y edificar más . . . *para que cuando las multitudes se reúnen para luchar contra ellos* puedan ser armados con el poder que viene de los cielos.[15]

Al hablar de los futuros esfuerzos proselitistas en Europa, Pratt dijo que después del establecimiento de la Iglesia en Europa,

> Ellos [los no convertidos que han visto las actividades misionales] se juntarán en multitudes, como otras naciones, para luchar contra ella; y así se hará en Austria, en España, en Portugal, y en todas las naciones modernas de Europa, tanto como en las naciones que habitan Asia y Africa.[16]

Según Elder Pratt, también será característico del período de las guerras preparatorias que los convertidos en países extranjeros serán aconsejados a permanecer en sus areas familiares. Parece que no serán llamados a dejar sus casas y reunirse en el Sión de América, aunque tendrán que aguantar opresiones y persecuciones. Esta es la política actual de la Iglesia, como es mostrado por la construcción de templos y la formación de estacas en tierras extranjeras durante la última década. Pratt habló de las oraciones "imprudentes" de los Santos Americanos para que los conversos europeos se congreguen pronto en América y comentó:

> Cuando llegue el tiempo que los Santos del Cordero de Dios estén esparcidos sobre toda la faz de la tierra, entre todas las naciones y reinos de los Gentiles, *y las multitudes se congregan en su contra para luchar,* no encontraremos que tales oraciones imprudentes serán contestadas. *Los*

15. *Diario de Discursos,* 7:187.
16. *Diario de Discursos,* 7:186.

> *Santos, en vez de ser todos extraídos, aún estarán esparcidos entre las naciones,* para que descienda el poder del Cordero de Dios sobre los Santos del Más Alto que están entre todas las naciones y reinos de los Gentiles, y no solamente sobre estos, sino también sobre su pueblo del convenio, los descendientes de Jacob; y *ellos deben estar armados con rectitud y con el poder de Dios en gran gloria.* Pero si son extraídos, ¿entonces donde tendrían a sus Santos? Falsificaría por completo a este dicho.[17]

Elder Levi Edgar Young enseñó que estas guerras y persecuciones serán para último beneficio a los santos:

> Éste es un día de dura prueba para todos los habitantes de la tierra. Las naciones están tambaleando y los gobiernos están en peligro de ser volcados. Casi ni un día pasa sin que oímos de alguna terrible catástrofe o de alguna horrible tribulación que ha ocurrido entre los hijos de los hombres. "Tinieblas cubren la tierra, y oscuridad las naciones." Estamos siendo disciplinados; y cuando llegamos a entender la sabiduría de esto, miraremos a la totalidad de la vida como un medio de santificación . . . sinceramente creo que estos días están trayéndonos más y más cerca a Dios.[18]

Pero después que los misioneros han penetrado todas estas naciones, y la persecución se ha levantado en contra de los conversos que ya están allí, la posición de los líderes de la Iglesia ha sido que la manera de guerrear cambiará poco a poco a través de la tierra. La guerra ya no más servirá el propósito de preparar las naciones para recibir el evangelio, sino que llegará a ser un instrumento de terrible destrucción y aniquilacíon. Orson Pratt hizo un contraste entre estos dos tipos de guerra:

> Esta guerra que ya está en proceso [la guerra entre Austria y los poderes aliados de Francia y Cerdeña] no resultará en la horrible extinción que está predicha en el Libro de Mormón, y que enfurecerá entre todas las naciones y reinos de los Gentiles, o en otras palabras, entre las naciones cristianas. *Una es la guerra preparatoria a la proclamación del evangelio; la otra es una guerra de terrible destrucción, que no mejorará las condiciones de aquellos que la escaparán.*[19]

Parece que la línea de demarcación entre estos dos períodos y tipos de guerra será el cumplimiento del tiempo de los Gentiles,[20] cuando el Espíritu del Señor se retirará por completo de las naciones gentiles, porque dijo,

---

17. *Diario de Discursos,* 7:186.
18. *Informe de la Conferencia,* abril de 1933, p. 121.
19. *Diario de Discursos,* 7:186.
20. El próximo capítulo explicará este término completamente. En breve, el tiempo de los Gentiles se cumplirá cuando los misioneros SUD serán retirados de las naciones gentiles, o sea cristianas. Esto será a causa de la actitud no receptiva y la gran iniquidad que distinguirá el pueblo Gentil en ese tiempo. Este acontecimiento señalará el comienzo de grandes calamidades a través del mundo y una guerra interna terrible dentro de los Estados Unidos.

> Más luego, cuando el Señor habrá desnudado su brazo con señas, con grandes maravillas, y con prodigios asombrosos, por la instrumentalidad de sus siervos los Setenta, y por la instrumentalidad de las iglesias que se edificarán, y *las naciones y los reinos de la tierra hayan sido fielmente y totalmente advertidas,* y el Señor habrá llevado a cabo y cumplido todas las cosas escritas en el Libro de Mormón, y las otras revelaciones concernientes a la predicación del evangelio a las naciones de los Gentiles y a las naciones de Israel, más luego *el Espíritu de Dios saldrá por completo de esas naciones gentiles, y las dejará solas. Entonces encontrarán alguna otra ocupación en ves de guerrear contra los Santos que moran entre ellos—en ves de alzar la espada y luchar contra el Cordero de Dios; porque entonces la guerra comenzará con fervor, y una guerra tal cual como probablemente nunca fue concebida en los corazones de los hombres de nuestra época. No habrá nación de los Gentiles sobre la faz del mundo entero que no será involucrada en guerra fulminante sino solamente el Reino de los Santos de los Últimos Días. Estarán luchando la una contra la otra.*[21]

Durante esta segunda fase de guerrear, que podría ser nombrada "la guerra de destrucción completa," la mayoría de los Santos rectos no permanecerán entre las naciones gentiles, pero "se recogerán en ella [Sión] de todas las naciones debajo del cielo."[22]

Un análisis cuidadoso de la explicación hecha por Cristo en la *Perla de Gran Precio* sobre los acontecimientos que están por venir en los últimos días mostrará que Él reconoció estos dos períodos de guerrear y diferenció entre ellos. Después de advertir a sus discípulos de la destrucción inminente de Jerusalén (lo que ocurrió en el año 70 d.c.) Él empezó a explicar los acontecimientos que precederán a Su segunda venida. Habló de falsos cristos y falsos profetas que se levantarán para engañar aun a los mismos escogidos, y entonces habló del período de las guerras preparatorias:

> He aquí, os digo estas cosas por el bien de los escogidos; y *también oiréis de guerras y rumores de guerras;* mirad que no os turbéis, porque ha de acontecer cuanto os dije; mas aún no es el fin.[23]

Les amonestó que durante este período falsos informes sobre su venida serían dadas y les caucionó que no debían aceptar tales informes. Les dijo que cuando

---

21. *Diario de Discursos,* 7:188.

22. *Doctrina y Convenios,* 45:69.

23. *José Smith—Mateo* 1:23. El lector notará que la traducción hecho por José Smith (conocido como José Smith capítulo uno en la Perla de Gran Precio) ha servido para dar orden cronológico a las declaraciones de Cristo que se encuentran en Mateo, capítulo 24. En el capítulo bíblico no se puede distinguir la cronología pero se aclara en la rendición en la Perla de Gran Precio.

Este capítulo habla de dos períodos de tiempo. La primera parte es una profecía de la caída de Jerusalén que se cumplió hace 1900 años. La segunda parte trata sobre los acontecimientos que precederán la segunda venida de Cristo. En su profecía, el Señor compara los acaecimientos de los dos períodos. Versículo 21 de la Perla de Gran Precio es el versículo de transición entre el pasado y el presente: "He aquí, estas cosas os he dicho concernientes a los judíos; y además, después de la tribulación de aquellos días que vendrá sobre Jerusalén . . . "

Él vendría, Su venida sería visible a toda la tierra. Después de esta amonestación, Él empezó a hablar de la segunda época de guerrear: las guerras de destrucción completa. Sus palabras destacan las características de este último período. Predijo la congregación de los miembros a Sión desde las naciones de la tierra: "Mis escogidos serán recogidos de los cuatro extremos de la tierra."[24] Entonces el Señor, profetizando de la segunda época de guerras, también predijo las plagas y la destrucción que se derramarán cuando se habrán cumplido los tiempos de los Gentiles y que serán una característica de las guerras de destrucción completa:

> He aquí, os digo estas cosas por el bien de mis los escogidos; porque se levantarán nación contra nación, y reino contra reino; habrán hambres, pestilencias, y terrremotos, en diversos lugares.[25]

La gran iniquidad que resultará en el retiro de los misioneros y de los miembros de las tierras de los Gentiles es mencionada, porque el Señor dijo que "por motivo de que abundará la iniquidad, el amor de muchos se enfriará."[26]

Nefi también contrastó estas dos épocas de guerrear cuando comentó sobre las profecías de Isaías. Hizo referencia a la época de guerra preparatoria como el período cuando "Dios el Señor procederá a desnudar su brazo a los ojos de todas las naciones, al llevar a efecto sus convenios y su evangelio para con los que son de la casa de Israel."[27] Este período de predicación, como él previó, será marcado por naciones que lucharán contra Israel y perseguirán a la Iglesia.[28] Entonces se refirió a la segunda etapa de guerrear o el período de la destrucción completa, en la cual la casa de Israel será librada de la cautividad y las naciones que hicieron guerra contra los Santos "guerrearán entre sí, y la espada de sus propias manos descenderá sobre su propia cabeza; y se emborracharán con su propia sangre."[29] "Se volverá la una contra la otra, y caerán en la

24. *José Smith—Mateo* 1:27.

25. *José Smith—Mateo* 1:29.

26. *José Smith—Mateo* 1:30. La profecía del Señor continua desde este punto dando una cronología de los acontecimientos que ocurrirán hasta Su venida final en gloria. Él predice la predicación del evangelio después de la gran guerra (versículo 31), alude en los versículos 32-35 a dos hechos en la Batalla de Armagedón (la abominación de desolación, o la profanación del templo en Jerusalén; y el obscurecimiento de los cielos que se verá como consecuencia del terremoto en la hora de su venida sobre el Monte de Olivos). Entonces relata la aparición de la seña de la venida del Hijo del Hombre y finalmente de su venida en gloria con las huestes del cielo (versículos 36 y 36).

27. *1 Nefi* 22:11.

28. *1 Nefi* 22:14.

29. *1 Nefi* 22:13.

fosa que cavaron para entrampar al pueblo del Señor."[30] Todos aquellos que han luchado contra Sión "serán destruidos."[31]

Los Estados Unidos Son Advertidos de Conflictos Durante el Período de las Guerras Preparatorias— Tercera Guerra Mundial

Se han registrado varias profecías pronunciadas por el Profeta José que tratan de una guerra futura de dimensiones mundiales. Esta guerra, según la evidencia que será citada, ocurrirá durante el período de las guerras preparatorias, antes del cumplimiento de los tiempos de los Gentiles y antes del período de las guerras de destrucción total.

Mosiah Hancock, hijo de un buen amigo y uno de los guardas de la persona de José Smith, registró una profecía importante como habiendo sido declarada por el profeta. Según su diario personal, esta profecía fue declarada el día después que José dió su discurso final a la Legión de Nauvoo (miércoles 19 de junio de 1844; ocho días antes de su martirio). Después de relatar como el profeta habló de un mapa del Oeste y pronosticó la ruta que los Santos seguirían en su éxodo hacia el oeste, Hancock registra estas palabras de José Smith dirigidas a él, que

> Habrán dos grandes partidos políticos en este país. Uno será nombrado el Republicano y el otro el Democrático. Estos dos partidos empezarán a guerrear y dentro de estos dos partidos *saldrá otro partido que será el Partido Americano Independiente. Los Estados Unidos gastarán sus fuerzas y sus bienes guerreando en países extranjeros hasta que otras naciones dirán "Repartemos las tierras de los Estados Unidos,"* entonces el pueblo de los Estados Unidos se unirán y jurarán por la sangre de sus antepasados, que su tierra no será dividida. Entonces *el país entrará en guerra, y luchará hasta que la mitad del ejército de los Estados Unidos concederá, y el resto continuará a luchar.* Continuará hasta que estarán muy desandrajados y desanimados, y al punto de cederse—cuando *los jóvenes de la las montañas se abalanzarán a tiempo para salvar al Ejército Americano de ruina y derrota.* Y dirán 'Hermanos, estamos alegres que han venido; dénos, de ahora en adelante, hombres que pueden hablar con Dios'. Entonces tendréis amigos, pero *tendréis que salvar al país cuando, como si fuera, su libertad se sospenderá por un solo cabello.*[32]

En la luz de acontecimientos recientes, parece que los poderes que atacarán a los Estados Unidos después que esta nación haya gastado su fuerza en guerras extranjeras serán los poderes Comunistas bajo el liderismo de Rusia. En su prédica en la conferencia del 7 de octubre de

30. *1 Nefi* 22:14.
31. *1 Nefi* 22:14.
32. Mosiah Lyman Hancock, *La Historia de la Vida de Mosiah Lyman Hancock,* [Life Story of Mosiah Lyman Hancock] p. 29. Se puede ver una copia del manuscrito original en la biblioteca de la Universidad de Brigham Young.

1961, Élder Ezra Taft Benson habló de los peligros del comunismo y nos advirtió del gran peligro a los Estados Unidos impuesto por esa fuerza. Habló de una tentativa comunista para derrocar la Constitución de los Estados Unidos y habló de una profecía similar a la profecía registrada por Mosiah Hancock citada más arriba:

> En cuanto a los Estados Unidos, el Señor reveló que su amenaza mayor sería una enorme combinación secreta mundial que no solamente amenazaría a los Estados Unidos pero buscaría el derrocamiento de la libertad de todas las tierras, naciones y países. *En cuanto al ataque contra los Estados Unidos, el Señor dijó a su profeta que habría una tentativa de derrocar el país por medio de la destrucción de la Constitución. José Smith predijo que llegaría el día cuando la Constitución se colgará, como si fuera, por un hilo, y en ese tiempo este pueblo avanzaría para salvarla de la destrucción amenazada. Es mi convicción que los Élderes de Israel, bien esparcidos entre la nación, se reunirán exitosamente en ese tiempo crucial a los rectos de nuestro país y proveerán el balance de fuerza necesaria para salvar las instituciones del gobierno constitucional*... Los profetas de nuestro día nos han amonestado continuamente de estas amenazas internas—de que nuestro mayor peligro del Socialismo Comunista reposa dentro de nuestro país . . . Como señaló la Primera Presidencia en una declaración firmada en 1936, *si continuamos apoyando al Comunismo por no hacerlo acto de traición, nuestra tierra será destruida*, porque el Señor ha dicho que cualquiera nación que apoya tales combinaciones secretas para obtener poder y ganancia hasta que se hayan extendido sobre la nación—he aquí, serán destruidas. *El Señor declaró que antes de la segunda venida de Cristo, será necesario destruir las obras secretas de oscuridad para poder preservar la tierra de Sión—las Américas.* La conspiración secreta mundial que se ha levantado en nuestro día para cumplir estas profecías es fácilmente identificada.[33]

Como ambos el Profeta y Élder Benson señalaron arriba, esta guerra llegará a un repentino y aparentemente milagroso fin por la instrumentalidad de los miembros de la Iglesia. Presidente McKay, hablando en una asamblea devocional en la Universidad de Brigham Young en mayo de 1960, también aludió a un derrocamiento milagroso del Comunismo:

> Rusia enredada con comunismo—una nueva libertad religiosa tiene que llegar. *Dios lo gobernará,* porque ese pueblo tendrá que oír la verdad, la verdad en su sencillez. Por cierto hay mucho que la Iglesia puede hacer en el siglo venidero.[34]

Ezra Taft Benson, en su discurso de la conferencia reciente, citó al Presidente McKay como habiendo dicho

---

33. Ezra Taft Benson, Prédica en la Conferencia General, 7 de octubre de 1961. Para un tratamiento de la profecía de José Smith que él cita concerniente a la Constitución suspendiéndose por un hilo, véase capítulo cinco y el apéndice.

34. *Noticiero de la Iglesia,* 28 de mayo de 1960.

¡Los hombres serán libres! He esperado por viente años para la destrucción del sistema ruso. En el no hay libertad, y *tarde o temprano el pueblo se levantará en su contra.* No pueden oponerse a los fundamentos de la civilización y de Dios. No pueden aplastar por siempre a su pueblo. ¡Los hombres serán libres![35]

José Smith dió varias amonestaciones proféticas sobre el peligro de un ataque por parte de los países comunistas. En una profecía, advirtió de un posible ataque por parte de los Chinos que están bajo la regla comunista. Él dijo que "hay una tierra más allá de las Montañas Rocosas que será invadida por los paganos Chinos si no toman gran cuidado y protección."[36] Ezra Taft Benson repitió esta amonestación en la Conferencia General del 9 de octubre de 1960, cuando dijo que "hay poca duda que los líderes de China Roja ven a la guerra como inevitable y esperan solo el momento propicio para atacar."[37]

Dos otras declaraciones proféticas atribuidas a José Smith aparentan clarificar el tema de una posible guerra con Rusia. La primera trata a aquellos con que serán aliados en contra de ese país:

El Señor tomó la mejor sangre de las naciones y la implantó en las pequeñas islas que ahora se llaman Inglaterra y Gran Bretaña, y les dió gran poder entre las naciones por mil años y *su poder continuará, para que puedan mantener el balance de poder y prohibir a Rusia que usurpe su poder sobre todo el mundo. Inglaterra y Francia son ahora amargos enemigos, pero serán aliados y se unirán para prohibir a Rusia a conquistar el mundo.*[38]

La otra profecía fue declarada por el Profeta al padre de Presidente Juan Taylor. Después de pronosticar la guerra entre los Estados Unidos

---

35. Benson, *op cit.* El autor tiene en su posesión copias de dos bendiciones patriarcales dadas por un patriarca en St. Johns, Arizona, en que está profetizada una guerra entre Rusia y los Estados Unidos. Por razón de su naturaleza personal, y porque las evidencias citadas en esta obra están limitadas a las escrituras y a las obras de las autoridades generales de la Iglesia no serán citadas aquí. No obstante, quizá un sumario breve no sería indebido y serviría para iluminar en algo el asunto bajo consideración. Están en completa armonía la una con la otra. Cada una nombra la guerra como la Tercera Guerra Mundial. Hablan de Rusia y sus aliados y declaran claramente que serán vencidos por los Estados Unidos y sus aliados. Los Estados Unidos serán atacados por "un fuerte poder Europeo." La guerra se efectuará mayormente en el aire y bajo el océano, y ambos poderes mayores descargarán bombas el uno contra el otro. Traidor tras traidor será identificado y detenido en este país. El Dios de los Cielos tomará control y llevará la guerra a una rápida victoria para América y sus aliados. Rusia nunca más llegará a ser un gran poder mundial, y los Estados Unidos llegarán finalmente a una gran elevación entre las naciones del mundo.

36. Profecía registrada por Edwin Rushton y Teodoro Turley atribuida a José Smith el 6 de mayo de 1843. Para un tratamiento detallado de esta profecía, véase el apéndice. Referencias adicionales a esta profecía serán dadas como "Profecía registrada por Edwin Rushton y Teodoro Turley."

37. *Era de Mejoramiento*, diciembre de 1960, p. 944.

38. Profecía registrada por Edwin Rushton y Teodoro Turley.

y Méjico, y también la Guerra Entre los Estados, José comentó que "cuando la gran osa pone su garra sobre el león no está lejos la escena culminante."[39] Puesto que el oso es un símbolo de Rusia, y puesto que el león es un símbolo de Inglaterra, esto parece ser una alusión profética a un ataque o persecución de Inglaterra por Rusia. Parece que tiene aplicación en el contexto a mano.

Cuatro puntos lógicos parecen establecer la caída del Comunismo durante el período de las guerra preparatorias, antes del comienzo del período de las guerras de destrucción completa. Primero, las declaraciones por varios de las autoridades generales indican que después del derrumbamiento de Rusia, los misioneros penetrarán esa area y allí predicarán el evangelio. La declaración de Presidente McKay citada arriba debe recordarse en este contexto: "Tiene que venir una nueva libertad religiosa. Dios lo dominará [el comunismo], *porque ese pueblo tendrá que oír la verdad,* y la verdad en su sencillez. En realidad *hay mucho que hacer para la Iglesia en el siglo venidero.*"[40]

Segundo, está profetizada una intensa persecución religiosa contra la Iglesia en Rusia, sin embargo en la época de guerras de destrucción completa la Iglesia será ignorada mientras sus enemigos luchan entre sí. Orson Pratt dijo

> Aún en Rusia, aquel lugar en que caši le condenarían a la muerte si tratara de importar una obra imprimida de naturaleza religiosa—en ese país, en que no se permite diseminar la Biblia sin ser estorbado, cuya religión es establecida por ley—en ese país el evangelio de Jesucristo tiene que ser predicado. Sí, *la Iglesia de los Santos tiene que ser establecida allí; y una vez establecida, se han de congregar allí en multitudes, como en las otras naciones, para luchar contra ella.*[41]

Tercero, Melvin J. Ballard, en una prédica en la conferencia de abril de 1930, dijo que pronto se llevaría el evangelio a Rusia, y relacionó esa obra con el derrocamiento por Dios de un gobierno despótico allá, que es otra característica de las guerras preparatorias:

> También estoy seguro que Dios está haciendo su maniobra en Rusia. Por lo pertubado que estamos sobre la tiranía y la opresión que están montado contra la religión en esa tierra hoy día, no es una cosa nueva, porque ésta ha sido la norma por generaciones. Pero también puedo ver a Dios moviendo para preparar el camino para otros acontecimientos que han de venir. El campo que por descuido se ha vuelto silvestre tiene que ser arado y podado y preparado para semilla nueva. Así en Rusia. Puede aparecer espantoso a nosotros, pero *Dios está derrumbando y destruyendo el orden anterior de las cosas, y el proceso será el cumplimiento de los propósitos de Dios dentro de muy poco tiempo, que de otra manera pudiera haber ocupado generaciones de tiempo. Pero ese pueblo volverá,*

39. *Instructor Juvenil*, 15 de marzo de 1890, p. 162.

40. *Noticiero de la Iglesia*, 28 de mayo de 1960.

41. *Diario de Discursos*, 7:185-86.

porque testifico que hay miles de la sangre de Israel en aquel país, y Dios está preparando el camino para ellos.[42]

Cuarto, se verá en un capítulo posterior que el cumplimiento del tiempo de los Gentiles (la línea de demarcacíon entre las dos épocas de guerra) empezará al comienzo de una guerra interna en los Estados Unidos.[43]

En esta guerra interna prevalecerá la anarquía, y los gobiernos de los Estados y el gobierno federal se derrumbarán por completo, juntos con todas sus fuerzas defensivas. Solamente los Santos que se juntarán en las montañas evitarán esta lucha. El cumplimiento de las profecías pertenecientes a la guerra con Rusia tiene que *preceder* la guerra civil en los Estados Unidos, porque después de esa guerra interna no habrá gobierno Estadounidense para oponerse al Comunismo.

Sumario

Este capítulo ha tratado los siguientes hechos cronológicos:

1. Hay un período de guerras preparatorias, que empezó con la rebelión de la Carolina del Sur en 1861. El propósito de este período de guerras es el derrumbamiento de los gobiernos despóticos que prohíben el predicamento del evangelio. Está en proceso actualmente y continuará por un tiempo indefinido hasta que los tiempos de los Gentiles se cumplirán.
    A. Los esclavos se levantarán en contra de sus amos. Aparentemente esto está en proceso de cumplirse actualmente.
    B. Los Estados Unidos malgastarán sus fuerzas y bienes guerreando en países extranjeros. Los Estados serán atacados por otras naciones (aparentemente Rusia y sus aliados) y guerrearán.
    C. Se llevará el evangelio a Rusia y a otros países en donde la palabra aún no ha penetrado.
    D. Cuando más y más países llegan a ser receptivos a los esfuerzos misionales de la Iglesia, los misioneros harán conversos en ellos. Estos conversos serán instruidos a permanecer en estos países. Allá sufrirán varios grados de persecución a razón de sus creencias religiosas.

2. Habrá un período de terribles guerras destructivas.
    A. Se cumplirá el tiempo de los Gentiles. Por causa de la iniquidad de los Gentiles, los misioneros serán retirados de entre ellos. La hora del cumplimiento de los tiempos de los Gentiles es la hora cuando el juicio de Dios de plagas,

42. *Informe de la Conferencia,* abril de 1930, p. 157.

43. Véase capítulo cuatro.

hambres, pestilencias, terremotos, aguaceros violentos, etcétera, empezarán a eliminar de la tierra a los inicuos con una violencia grandemente aumentada.

B. Los conversos y miembros de la Iglesia que viven en otros países serán notificados é instruidos a venir a Sión en América cuando se cumplen los tiempos de los Gentiles.

C. Una guerra interna enfurecerá dentro de los Estados Unidos que ocasionará la caida del gobierno nacional y de los Estados.

D. Se llevarán a cabo una guerra o guerras mundiales de terrible destrucción, las cuales destruirán al mundo de los Gentiles. Por mayor parte, los Santos escaparán el impacto de esta guerra.

Los puntos mencionados en la segunda división de este sumario serán tratados en detalle en los próximos capítulos.

CAPITULO DOS

La Obra Misional Entre los Gentiles

El Evangelio Tiene Que Ser Enseñado a Todas Las Naciones

Una doctrina básica en la teología de los Santos de los Últimos Días es que los miembros han sido mandados por Dios a llevar Su palabra a todas las naciones de la tierra. *Las Doctrinas y Convenios* registran tal mandamiento en las mismas palabras del Señor:

> Por tanto, yo, el Señor, sabiendo las calamidades que sobrevendrían a los habitantes de la tierra, llamé a mi siervo José Smith, hijo, y le hablé desde los cielos y le di mandamientos;
>
> y también a otros di mandamientos *de proclamar estas cosas al mundo; y todo esto para que se cumpliese lo que escribieron los profetas*—[1]

En la misma sección se declara que la plenitud del evangelio será proclamada "hasta los cabos de la tierra, y ante reyes y gobernantes,"[2] y la sección más antes dice que "la voz de amonestación irá a todo pueblo por boca de mis discípulos . . . "[3]

Así es que la responsabilidad de un asombroso esfuerzo de proselitismo mundial que es prodigioso en su alcance y desafío ha sido entregada a la Iglesia. Cada año miles de misioneros han ido por el mundo para predicar las buenas nuevas del evangelio restaurado. Recientemente el número de misioneros de tiempo entero fué aumentado a casi 50,000. La Iglesia está desempeñándose en la preparación de su juventud para este importante llamamiento.

Cuatro Períodos de la Obra Misional

Las profecías que tratan con la obra misional en los últimos días hablan a menudo en términos de naciones y grupos en vez de individuos que oirán el evangelio. Por ejemplo, Cristo dijo que, "Este Evangelio del Reino será predicado en todo el mundo, por testimonio *a todas las naciones*; y entonces vendrá el fin o sea la destrucción de los inicuos."[4] No obstante que el último propósito de la obra misional es que cada individuo en el mundo reciba personalmente el evangelio, parece que este propósito no se realizará hasta después de la segunda venida del Salvador. En cambio parece que hay cuatro períodos de la obra misional bosquejados en las profecías. Estos períodos son *distinguidos por los tipos de naciones a donde serán dirigidos los misioneros*. Sin duda un período será sobrepuesto en parte sobre otro, y los de los últimos períodos serán preparados durante los primeros períodos para luego recibir el mensaje

---

1. *Doctrinas y Convenios* 1:17-18.
2. *Doctrinas y Convenios* 1:23.
3. *Doctrinas y Convenios* 1:4.
4. *José Smith—Mateo* 1:31.

de los misioneros. Los períodos, junto con la época de guerra en que caen, son los siguientes:

1. La Misión a las Naciones Gentiles. (Guerras Preparatorias)
2. La Misión a la Casa de Israel. (Guerras de Destrucción Completa)
3. La Misión a las Naciones Paganas. (Después de la Batalla de Armagedón)
4. La Misión Final a Toda la Humanidad. (Inmediatamente Antes y Durante el Milenio)

Este capítulo trata el primero de estos cuatro períodos. Los otros serán tratados en su orden cronológico en los capítulos que siguen.

¿Quiénes Son los Gentiles?

Hay muchos significados para la palabra Gentil, y los varios grupos religiosos usan el término en diferentes maneras. En su sentido original, se usaba la palabra para diferenciar entre los que no eran descendientes de Abraham (y que no eran participantes del convenio de Abraham) de entre aquellos del linaje de Abraham. Los Santos de los Últimos Días comúnmente usan el término con este significado hoy día. También lo usan como un término de referencia general para todos aquellos que no son de la fé Mormona.

En el sentido profético, sin embargo, la palabra toma un significado más limitado con implicación nacionalística. Parece que se refiere a las naciones que han adoptado al Cristianismo. Por ejemplo, Orson Pratt lo usó en esta forma cuando habló de las guerras "que enfurecerán entre todas las naciones y los reinos de los Gentiles, o, en otras palabras, entre las naciones del Cristianismo."[5] Estas naciones son consideradas como las naciones que fueron formadas del antiguo imperio Romano, y también de las que se desarrollaron de esas naciones por inmigración y colonización. A menudo se contrastan las naciones Gentiles o Cristianas con las "naciones paganas," o sea las naciones que no han aceptado al Cristianismo.[6] El lector debe entender que éste es el sentido en que se usan los términos "Gentil" y "Pagano" en esta obra.

¿Qué Son los "Tiempos de los Gentiles?"

Según el punto de vista tradicional de los Cristianos, los "Tiempos de los Gentiles" es el período cuando la Casa de Israel será perseguida y esparcida entre todas las naciones de la tierra. Con la destrucción de Jerusalén en 70 D.C. el pueblo Judío fué esparcido y empezó a sufrir un período de persecución que continua hasta el tiempo presente. Para las otras iglesias, entonces, el "tiempo de los Gentiles" es el tiempo en que

5. *Diario de Discursos,* 7:186.

6. Por ejemplo, véase *Diario de Discursos,* 18:339-40.

las naciones gentiles han abrazado al Cristianismo y mantienen todo poder sobre Israel y sobre todas las naciones de la tierra. La Iglesia de Cristo en verdad llegó a ser una iglesia compuesta de conversos de los que no eran de la casa de Israel y el evangelio en verdad fué quitado de los Judíos.

Los Santos de los Últimos Días tienen un entendimiento diferente de este término. Reconocen que en cierto grado el evangelio fué llevado a los Gentiles por la obra de Pablo y los otros misioneros del primer siglo, y que a la vez fué quitado del pueblo Judío y ellos fueron esparcidos entre las naciones. Pero es una creencia fundamental de la Iglesia que una apostasía ocurrió durante los primeros siglos D.C. en la cual el Cristianismo se corrompió y el evangelio fué quitado de la tierra. Así que hubo un período extenso en que las doctrinas verídicas de Cristo no se encontraron entre las naciones Gentiles.

En vez de aceptar el punto de vista tradicional de los Cristianos, los Santos de los Últimos Días mantienen que en la época moderna los "tiempos de los Gentiles" empezaron con la restauración del evangelio por José Smith. En 1831, una revelación que se refirió a la luz espiritual que brotó por medio de las revelaciones de José Smith y otros dice, "Y cuando llegue el tiempo de los gentiles, resplandecerá una luz entre los que se asientan en tinieblas, y será la plenitud de mi evangelio."[7] *Así que los Santos de los Últimos Días entienden que los "tiempos de los Gentiles" es el período (que empezó en 1830) en que el Evangelio será predicado a los pueblos de las naciones gentiles.*[8]

¿Qúe Es la "Plenitud de los Gentiles?"

Otro término que pertenece a los Gentiles fué presentado por el Angel Moroni, quien informó a José Smith en 1823 que "pronto entraría la plenitud de los gentiles;"[9] eso es, *que estaba por empezar su plena oportunidad para recibir el Evangelio en los últimos días.*

El término "la plenitud de los tiempos de los Gentiles" fué definido por Orson Pratt como el período en que el Evangelio será predicado a cada nación, parentela y lengua entra las naciones Gentiles:

> En primer lugar, el gran objetivo del ángel en restaurar el Evangelio, fué para llevar a cabo el tiempo de los Gentiles. Uno se pregunta—"¿Qúe significa eso?" Quiero decir que *Dios mandará su Evangelio, restaurado por un Angel, a cada nación, parentela, pueblo y lengua en el mundo Gentil antes que permitirá a sus siervos ir a los restos esparcidos de Israel.*[10]

7. *Doctrinas y Convenios* 45:28.
8. Una explicación de como y cuando el Evangelio será llevado a los Judíos se encuentra en el capítulo siete.
9. *José Smith—Historia*, 1:41.
10. *Diario de Discursos*, 18:176-77.

Ahora es el tiempo, sin embargo, durante la plenitud de los tiempos de los Gentiles, en que la Casa de Israel empezará a ser preparada para aceptar el Evangelio. Pablo escribió a los Romanos que "ha acontecido a Israel endurecimiento en parte, *hasta que haya entrado la plenitud de los gentiles.*"[11] Aparentemente éste es el período mencionado por el profeta Zenos en el cual dijo que el pueblo de Israel "no vuelvan más sus corazones contra el Santo de Israel,"[12] en preparación para ser recogidos desde los cuatro extremos de la tierra y ser restaurados a los convenios que Dios hizo con sus padres. Se entiende los éxitos hoy día en proselitar a los Lamanitas como una fase preparatoria que precederá el período principal de conversión de la Casa de Israel.

Promesas Condicionales Hechas a los Gentiles en las Américas

Mucha dificultad ha sido encontrada por varios escolares del Libro de Mormón sobre numerosas promesas condicionales que los profetas del *Libro de Mormón* hacen a los Gentiles que han de venir a esta tierra de América. Típicas de estas profecías son las siguientes:

> Pero, dijo él, [Lehi] a pesar de nuestras aflicciones, hemos obtenido una tierra de promisión, *una tierra escogida sobre todas las demás*; una tierra que el Señor Dios hizo convenio conmigo de que sería una tierra para la herencia de mi posteridad. Sí, el Señor me ha dado esta tierra por convenio a mí y a mis hijos para siempre, *y también para todos aquellos que la mano del Señor conduzca de otros países . . .*
>
> Por tanto, esta tierra está consagrada a quienes él traiga. *Y en caso de que le sirvan según los mandamientos que él ha dado, será para ellos una tierra de libertad; por lo que nunca serán reducidos al cautiverio; si tal sucediere, será por causa de la iniquidad*; maldita será la tierra por causa de ellos; pero para los justos será bendita para siempre.[13]

Otra vez:

> Y benditos son los gentiles, acerca de quienes el profeta ha escrito; porque he aquí, *si es que se arrepienten y no luchan contra Sión, ni se unen a esa grande y abominable iglesia*, serán salvos; porque el Señor Dios cumplirá sus convenios que ha hecho a sus hijos; y por esta causa el profeta ha escrito estas cosas.[14]

Y también:

> Y os digo que *si los gentiles no se arrepienten después de la bendición que reciban*, después que hayan dispersado a mi pueblo . . . *que en aquel día la*

---

11. *Romanos* 11:25.
12. *1 Nefi* 19:15.
13. *2 Nefi* 1:5, 7.
14. *2 Nefi* 6:12.

> *espada de mi justicia se cernirá sobre ellos;* y a menos que se arrepientan caerá sobre ellos, dice el Padre, *sí, sobre todas las naciones de los gentiles.*[15]

Un problema en entender estos pasajes se alza al tratar de considerar a todos los Gentiles como perteneciendo a un solo grupo. El Libro de Mormón habla de dos grupos de Gentiles. Un grupo será bendecido "por motivo de su creencia" en Dios y tendrá revelado a ellos la plenitud del evangelio. Pero el segundo grupo, "los gentiles incrédulos" estarán "llenos de toda clase de mentiras, y de engaños, y de maldades, y de todo género de hipocresía, y asesinatos, y supercherías sacerdotales, y fornicaciones, y abominaciones secretas." Y el Señor dice que si hacen todas estas cosas, El retirará "la plenitud de mi evangelio de entre *ellos*."[16]

La Mayoría de los Gentiles Rechazarán el Evangelio

Las Doctrinas y Convenios dice que en mayor parte los Gentiles no aceptarán el Evangelio:

> Y cuando llegue el tiempo de los gentiles, resplandecerá una luz entre los que se asientan en tinieblas, y será la plenitud de mi evangelio;
>
> mas *no lo reciben*, porque no perciben la luz, y apartan de mí su corazón a causa de los preceptos de los hombres.
>
> *Y en esa generación serán cumplidos los tiempos de los gentiles.*[17]

Orson Pratt también clarifica que en general las naciones Gentiles rechazarán el Evangelio, aunque habrán algunos conversos entre ellos:

> Habiendo establecido su reino, lo ofrece primeramente a estas naciones Gentiles, si lo quisieran recibir; *y cuando se habrán juzgado indignos del reino, indignos de la vida eterna, indignos del mensaje que Dios ha mandado a ellos, y persiguen a los siervos de Dios y a sus pueblo todo el día, y cierran sus santuarios, sus Iglesias, sus capillas, sus locales, y sus lugares de adoración contra este mensaje, y cuando ya no más encuentra lugar entre ellos*, para traerles a un conocimiento y un entendimiento de la verdad, el Señor, después de un tiempo, indicará por revelación y dirá a sus siervos, "Basta ya. Han sido fieles en obrar en mi viña, por la última vez," porque fué el decreto del cielo que ésta sería la última vez que él obraría en su viña. Es la undécima hora, la última advertencia que será dada a las naciones de la tierra, primeramente a los Gentiles, y luego a las Casa de Israel.[18]

---

15. *3 Nefi* 20:15, 20. Para un comentario interesante por B. H. Roberts sobre estos pasajes, véase *Historia de la Iglesia,* 5:552-53.
16. *3 Nefi* 16:6-15.
17. *Doctrinas y Convenios* 45:28-30.
18. *Diario de Discursos,* 20:146.

El Cumplimiento de los Tiempos de los Gentiles: El Evangelio Será Llevado a la Casa de Israel en Vez de a Los Gentiles

Según las profecías, llegará el tiempo cuando las personas de las naciones Gentiles que aceptan el Evangelio se habrán juntado con la Iglesia, y los restantes, por mayor parte, no permitirán que las creencias de la Iglesia les sean predicadas. Cuando esto ocurre entre todas las naciones de los Gentiles los tiempos de los Gentiles se habrán cumplido. El Evangelio será quitado de ellos.

Orson Pratt habló repetidamente del tiempo, después que las naciones Gentiles hayan sido enseñadas el Evangelio, cuando el Señor dirá a sus siervos

> Volved a casa, retiraos de en medio de esas naciones Gentiles, donde habéis obrado y habéis dado testimonio por tanto tiempo; salíd de ellos, *porque no son dignos; no reciben el mensaje que he mandado*, no se arrepienten de sus pecados; salíd de entre ellos, *sus tiempos se han cumplido.*[19]

Después que las naciones Gentiles rechazan el Evangelio la Iglesia retirará a sus misioneros de entre ellos y luego serán reasignados para buscar a los restos de la Casa de Israel. Explicó Orson Pratt:

> *Entonces, cuando las naciones Gentiles rechazan este Evangelio*, y se muestran indignas de la vida eterna, como hicieron los Judíos antes de ellos, el Señor dirá—"Basta ya, salid de entre ellos, mis siervos, les daré una nueva comisión, *iréis a los restos esparcidos de la casa de Israel. Les recogeré de los cuatros extremos de la tierra, y les llevaré de nuevo a sus propias tierras. Edificarán Jerusalén sobre su propia ruina; edificarán un Templo sobre el lugar designado en Palestina*, y serán injertados de nuevo." Ahora esto, en una palabra, es la naturaleza de esta gran obra de los últimos días en preparación para la venida del Hijo del Hombre.[20]

Los Gentiles, quienes fueron los últimos en recibir el Evangelio en el meridiano del tiempo, han sido los primeros en recibirlo en esta dispensación, mientras Israel, que recibió el Evangelio primero en el tiempo de Cristo, tendrá que esperar hasta último para recibirlo. Esto fué el intento de la declaración de Cristo que "los primeros serán postreros, y los postreros, primeros."[21]

Señas del Acercamiento del Cumplimiento de los Tiempos de los Gentiles

A través de la historia de la Iglesia desde su restauración, varios acontecimientos han sido interpretados como señas del cercano cumplimiento de los tiempos de los Gentiles.

19. *Diario de Discursos*, 18:64.
20. *Diario de Discursos*, 18:177.
21. *Mateo* 20:16.

José Fielding Smith, por ejemplo, hizo el comentario que la liberación del pueblo Judío en la Primera Guerra Mundial es una señal que indica que éste es un período de transición dirigiéndose a la terminación de los tiempos de los Gentiles:

> El Señor dijo que ellos [los Judíos] deben permanecer esparcidos entre las naciones *hasta* que se cumplan los tiempos de los Gentiles. Moroni dijo que los tiempos de los Gentiles estaban por cumplirse. *Hoy estamos viviendo en el período de transición*; el día de los Gentiles ha llegado, y el día de Judá y los restos del oprimido Israel está a mano. *La señal para el cumplimiento de esta profecía ha sido dada.*[22]

Según Orson Pratt, aun después que el Evangelio será quitado de los Gentiles y los misioneros ya no están predicando su mensaje entre ellos, los Gentiles continuarán a buscar a la Iglesia:

> *¿Estarán aislados completamente los Gentiles? De ninguna manera, habrá un gran número, aun cuando Israel está recogiéndose, que vendrán y dirán, "Seamos contados con Israel,* y hechos participantes en las mismas bendiciones con ellos; permítenos entrar en el mismo convenio y ser recogidos con ellos y con el pueblo de Dios." Aunque el testimonio está ligado, y aunque la ley está sellada, no obstante habrá una apertura para que podéis entrar. *Pero tendréis que venir de vuestra propia voluntad, no se os mandará ningún mensaje, ninguna ministración de los siervos de Dios dirigida particularmente a vosotros.*[23]

El acrecentamiento continuo de iniquidad en la tierra ha sido tomado como otra señal que el cumplimiento de los tiempos de los Gentiles está a mano, y es el mensaje de los profetas que la tierra no acrecentará en rectitud. El Señor ha dicho "Yo, el Señor, estoy enojado con los inicuos; les niego mi Espíritu a los habitantes de la tierra."[24] José Smith predijo el efecto de la negación del Espíritu Santo:

> Profetizo, en el nombre del Señor Dios de Israel, que angustia y furia y tribulación y el retiro del Espíritu de Dios de la tierra espera esta generación, hasta que serán visitadas con destrucción completa. *Esta generación está tan corrompida como la generación de Judíos que crucificó a Cristo;* y si El estuviese aquí hoy día, y predicaría el mismo evangelio que predicaba en aquel entonces, le pondrían de nuevo a la muerte.[25]

Wilford Woodruff dijo lo siguiente acerca del aumento de iniquidad en el mundo:

> Los ángeles de Dios están esperando para cumplir el gran mandamiento dado hace cuarenta y cinco años, para salir y demoler la tierra a razón de la

---

22. José Fielding Smith, *Doctrinas de Salvación* [Doctrines of Salvation], (Salt Lake City: Bookcraft, 1956), III, 258-59.
23. *Diario de Discursos,* 14:64.
24. *Doctrinas y Convenios* 63:32.
25. *La Historia de la Iglesia,* 6:58.

iniquidad de los hombres. ¿Cómo pensáis que se siente El Eterno hoy día? *Pues, hay más iniquidad, mil veces más, ahora en los Estados Unidos, que cuando fué dada la revelación. El mundo entero está lleno de iniquidad.*[26]

Esta tendencia hacia la maldad ha llegado a ser ahora aun más pronunciada. Aun el observador casual reconoce el tremendo aumento de crimen que ha ocurrido en América y en Europa desde la Segunda Guerra Mundial.[27]

También ha sido profetizado que durante este período tal iniquidad entrará en las areas en donde la Iglesia está bien establecida, y muchos de los miembros de la Iglesia serán afectados por ella. Según Heber C. Kimball,

> Más luego los Gentiles se congregarán por miles a este lugar y *la ciudad de Salt Lake será clasificada entre la ciudades inicuas del mundo.* Un espíritu de especulación y extravagancia se apoderá de los Santos, y el resultado será esclavitud financiera.
>
> Próximo vendrá la persecución, y todos los Santos de los Últimos Días serán probados al límite. Muchos apostatarán, y otros serán inmovilizados, no sabiendo qûe hacer. "*Tinieblas cubrirán la tierra, y obscuridad las naciones.*"[28]

---

26. *Diario de Discursos,* 18:128.

27. Para ilustrar el reciente aumento en crimen, sigue un sumario de estatísticas de un artículo escrito por Juan J. DilLulio, Hijo, que lleva el título "*Crimen en América—Se Va a Empeorar,*" [Crime in America—It's Going to Get Worse], que aparició en el *Reader's Digest* de agosto de 1995, pp. 55-60.

   • El nivel de crimen en la década de los '90 es mucho más alto de lo que era en las décadas de '50 hasta '80. En 1993, la Cámara de Investigaciones Federales (CID) registró 14.141.000 crímenes en los E.E. U.U. Pero los estúdios para el año 1993 estiman que el verídico número de raptos, robos, asaltos, robos con escalo, y otros crímenes en los E.E. U.U. fue 43.622.000—más que tres veces el número de la CID.

   • Los criminales son más violentos y más jóvenes. Los crímenes violentos han experienciado un aumento continuo sobre los últimos siete años. Se han cometido más que 100.000 asesinatos desde el comienzo de 1990. Aunque el nivel de asesinato por adultos disminuyó por alrededor de 20 porciento desde 1985 hasta 1994, pero aumentó por 60 porciento entre los de las edades de 18 hasta 24, y aumentó por 165 porciento entre los entre las edades de 14 hasta 17 años. Durante los últimos 30 años la probabilidad de ser víctima de un crímen aumentó por 280 porciento, mientras la probabilidad de ser víctima de un crímen violento aumentó por 460 porciento.

   • La mayor parte de los crímenes violentos ni son registrados, ni mandados a los tribunales o castigados. En 1992 se perpetraron más que 6,6 millones de crímenes violentos. Se registraron solamente 3,3 millones de ellos. Aproximadamente 641.000 resultaron en aprehenciones, y solo 165.000 resultaron en convicciones. De éstos, solamente 100.000 resultaron en encarcelamiento, que fue terminado comunmente antes que el preso había servido la mitad de su tiempo. Casi la mitad de los criminales con solo una convicción por un crimen violento no son mandados a la cárcel.

28. *Declaraciones Proféticas de Heber C. Kimball a Amanda H. Wilcox.* Una copia de esta profecía está disponible en la biblioteca de la Universidad de Brigham Young.

mundo; porque había visto con tristeza en un sueño, o en sueños, a este pueblo vestido a la moda de Babilonia y tomando del espíritu de Babilonia hasta que uno casi no podría distinguir entre un Santo y una 'pata negra'. Y quiso gritar, "¡A vuestras carpas, O Israel!" porque ésto sería lo único que mantendría puros este pueblo . . . *Muchos de este pueblo, por caso de la riqueza y la popularidad, se venderían a si mismos para lo que corrompería sus almas y que les guiaría hacia la miseria y la desesperación.* Sería mejor para ellos que habiten jacales con los Indios y no que moren entre los gentiles y pierdan las glorias que Dios desea que obtengan.[29]

En cuanto al desarrollo de los Santos, los líderes anteriores de la Iglesia han profetizado y enseñado acerca de las riquezas que con el tiempo los Santos obtendrán en las montañas. Dijo Brigham Young, "No me preocupo por los Santos en su pobreza, pero cuando el Señor disponga a abrir las grandes reservas de petróleo en Utah, tiemblo por ellos."[30]

Aún antes del cumplimiento de los tiempos de los Gentiles, los misioneros de los Santos de los Ultimos Días tendrán que penetrar muchas regiones que aun no han entrado y allí predicar el evangelio.

El Cumplimiento de los Tiempos de los Gentiles Es un Acontecimiento Cronológico Importante

El lector debe darse cuenta del importante significado cronológico del cumplimiento de los tiempos de los Gentiles. Tanto las profecías de las autoridades generales de los Santos de los Últimos Días como las profecías de las escrituras lo usan como un punto de referencia para establecer el orden de cosas aún futuras. Algunos de los acaecimientos que seguirán este cambio en el programa misional son nombrados aquí:

Primero, el cumplimiento de los tiempos de los Gentiles marcará el fin del período de las guerras preparatorias y *empezará el período de las guerras de devastación,* como se vió en el capítulo anterior.

Segundo, el cumplimiento de los tiempos de los Gentiles *marcará el verdadero comienzo de los grandes castigos y juicios que Dios derramará sobre la tierra.* Éste es el mensaje que el Señor dió a José Smith cuando dijo,

> Para que por tu administración reciban ellos la palabra, y por medio de su administración salga la palabra hasta los cabos de la tierra, primero a los gentiles y entonces, he aquí, se volverán a los judíos.

---

29. Mosiah Lyman Hancock, *El Relato de la Vida de Mosiah Lyman Hancock,* p. 73. Una copia de este diario escrito a máquina está disponible en la biblioteca de la Universidad de Brigham Young.

30. Una predicción atribuida a Brigham Young. Aparentemente fue declarada en St. George, Utah, y era bien conocida en esa comunidad hace varias décadas. Fue repetida por un Élder Holt a Ben H. Bullock hace como sesenta años, quién la registró. No se conocen ni las fechas exactas ni otras verificaciones.

> *Y entonces vendrá el día en que el brazo del Señor se manifestará con poder para convencer a las naciones, las naciones paganas, la casa de José, del evangelio de su salvación.*[31]

Entre los que han tratado la importancia en cuanto a esta relación se nombra Wilford Woodruff, quién dijo,

> Más luego el testimonio del evangelio será sellado entre los Gentiles, y el evangelio volverá a toda la casa de Israel, y *los juicios de Dios apoyarán el testimonio de los Elderes de la Iglesia,* y el Señor mandará mensajeros que saldrán para segar la tierra.[32]

Aparentemente esto ocurrirá a razón de la gran iniquidad del pueblo Gentil. El Señor dijo que su indignación "Pronto se derramará mi indignación sin medida sobre las naciones; y lo haré cuando la copa de su iniquidad se llene."[33]

El Angel Moroni dijo que estos terribles juicios vendrán sobre la tierra en esta generación. José Smith relató,

> Empezó, y otra vez me dijo las mismísimas cosas que me había relatado en su primera visita, sin la menor variación; después de lo cual me informó de grandes juicios que vendrían sobre la tierra, con gran desolación causada por el hambre, la espada y las pestilencias; y que esos penosos juicios vendrían sobre la tierra en esta generación.[34]

Tercero, una revelación contenida en las *Doctrinas y Convenios* nos relata que aunque un resto de Israel será esparcido entre todas las naciones "serán recogidos de nuevo; pero quedarán hasta después del cumplimiento de los tiempos de los gentiles."[35] El recogimiento actual parece ser de poca consecuencia en cuanto al número de participantes en comparación al *recogimiento de Israel que todavía tiene que ocurrir después que se cumplan los tiempos de los Gentiles.*

Cuarto, los tiempos de los Gentiles se cumplirán *antes que los Santos vuelvan para edificar la Nueva Jerusalén en el Condado de Jackson, Missouri.* Una profecía hecha por Heber C. Kimball dice,

> Los juicios de Dios serán derramados sobre los inicuos de un modo tan extenso que nuestros Elderes cercanos y lejanos serán mandados a retornar a sus hogares. O, en otras palabras, *el evangelio será retirado de los Gentiles y más luego será llevado a los Judíos* . . . Entonces el Profeta José y otros aparecerán y *aquellos que han permanecido fieles serán seleccionados para*

31. *Doctrinas y Convenios* 90:9-10.
32. *Diario de Discursos,* 18:38.
33. *Doctrinas y Convenios* 101:11.
34. *José Smith—Historia* 1:45.
35. *Doctrinas y Convenios* 45:25.

> *volver al Condado de Jackson, Missouri,* y participar en la construcción de esa hermosa ciudad, la nueva Jerusalén.[36]

En cuanto a esta relación cronológica, Orson Pratt comentó en 1875:

> Hay algo que estoy por leer que todavía tiene que cumplirse, y *tenemos que cumplirlo antes que Sión es redimida.* Lo leeré—"He aquí, dice el Padre, *retiraré la plenitud de mi evangelio de entre ellos [los Gentiles] y entonces recordaré mi convenio que he hecho a mi pueblo, O casa de Israel, y traeré a ellos mi Evangelio.*"[37]

Quinto, el cumplimiento de *los tiempos de los Gentiles precederá la venida de las Diez Tribus del Norte a la Nueva Jerusalén.* Orson Pratt habló del tiempo cuando en vez de tratar de convertir a las naciones Gentiles, los misioneros serían instruidos a ir

> a los restos de la casa de Israel que están esparcidos a los cuatro cabos de la tierra. Id y declaradles que los tiempos de su disperción son terminados; que *los tiempos de los Gentiles son cumplidos;* que el tiempo ha llegado para que mi pueblo Israel, quien ha estado esparcido por generaciones en un día obscuro y nubloso, se congregue de nuevo en sus propias casas, para nuevamente edificar la antigua Jerusalén sobre sus ruinas anteriores. *Y entonces empezará la congregación de los Judíos a la antigua Jerusalén; entonces las diez tribus en las regiones norteñas, doquier que estén, después de haber permanecido escondidas de las naciones por dos mil quinientos años, se revelarán y volverán.*[38]

El Profeta José Smith indicó que los tiempos de los Gentiles tendrán que cumplirse y los juicios que entonces serán derramados tendrán que ocurrir en un período antes de la venida de las Diez Tribus, porque dijo que "pestilencias, granizos, hambres y terremotos arrebatarán esta generación de la faz de la tierra, para abrir y preparar el camino para el regreso de las tribus perdidas de Israel desde la tierra del norte."[39]

Sumario

Este capítulo ha tratado los siguientes puntos importantes:

1. El Señor ha mandado que se predique el evangelio a toda nación. Esto se cumplirá en cuatro períodos de actividad proselitista:
   A. La Misión a las Naciones Gentiles.
   B. La Misión a la Casa de Israel.
   C. La Misión a las Naciones Paganas.
   D. La Misión Final a toda la humanidad.

---

36. *Relatos Proféticos de Heber C. Kimball a Amanda H. Wilcox.* Una copia de esta profecía está disponible en la biblioteca de la Universidad de Brigham Young.

37. *Diario de Discursos,* 17:299.

38. *Diario de Discursos,* 18:64

39. *La Historia de la Iglesia,* 1:315.

El primero de estos períodos ya ha empezado y el último será inmediatamente antes y durante el Milenio.

2. Se definieron cinco términos en el sentido en que se usan comúnmente en las profecías:
   A. *Los Gentiles*—Las naciones que han abrazado al Cristianismo.
   B. *Las Naciones Paganas*—Las naciones que no han abrazado al Cristianismo.
   C. *Los Tiempos de los Gentiles*—El período que empezó con la organización de la Iglesia en la cual las naciones Gentiles oirán el Evangelio.
   D. *La Plenitud de los Gentiles*—El período en que las Naciones Gentiles tendrán la plena oportunidad de recibir la predicación del evangelio.
   E. *El Cumplimiento de los tiempos de los Gentiles*—La terminación de la obra misional entre los Gentiles por causa de su iniquidad y porque no aceptaron el Evangelio. Cuando esto ocurra, empezará el segundo período misional, en que el evangelio será llevado a los de la casa de Israel.

3. Ciertas señas indican la proximidad del cumplimiento de los tiempos de los Gentiles, sin embargo hay muchas naciones Gentiles que todavía deben ser alcanzadas por nuestros misioneros antes que sus tiempos sean cumplidos.

4. Los miembros de la Iglesia han sido amonestados de la iniquidad que penetrará sus filas si adoptan las normas de sus vecinos no miembros.

5. El cumplimiento de los tiempos de los Gentiles es un acontecimiento importante en la cronología del futuro. Las enseñanzas y las profecías de las escrituras y de las autoridades generales indican que las siguientes ocurrencias por cierto acontecerán después de este cumplimiento:
   A. Las guerras de la destrucción completa empezarán.
   B. Los juicios de Dios serán derramados sobre la tierra.
   C. Israel se congregará en Palestina.
   D. Los Santos volverán para edificar la Nueva Jerusalén.
   E. Las Tribus Perdidas bajarán desde el Norte.

CAPÍTULO TRES

Dios Dispensará Sus Juicios

Grandes Calamidades Llegarán Después Que el Evangelio Es Quitado de los Gentiles

En la noche del 21 de septiembre de 1823 el Profeta José Smith fué visitado por Moroni, un ser angélico. Moroni relató a José muchas verdades importantes durante sus tres visitas esa noche. Entre sus declaraciones más significantes se encuentra la siguiente advertencia registrada por el profeta:

> Me informó de grandes juicios que vendrían sobre la tierra, con gran desolación causada por el hambre, la espada y pestilencias; y que esos penosos juicios vendrían sobre la tierra en esta generación.[1]

Advertencias similares han sido dadas repetidamente por el Señor. Cuando él todavía estaba sobre la tierra, predijo a sus apóstoles los acontecimientos que ocurrirían en los últimos días:

> He aquí, hablo por el bien de mis escogidos; porque nación se levantará contra nación, y reino contra reino; habrá hambres, pestes y terremotos en diversos lugares.[2]

Las revelaciones de los días modernos nos han indicado el tiempo cuando los juicios causados por los elementos naturales empezarán a dejar su marca. Aunque atravez de los años la frecuencia de terremotos, aguaceros violentos, grandes tormentas y otras calamidades habrá aumentado, sin embargo, la época en que estas catástrofes serán arremetidos con total fuerza será el período después del cumplimiento de los tiempos de los Gentiles. El Señor lo clarificó en Sección 88 de la *Doctrina y Convenios* cuando dijo como los Santos deben de

> ir entre los gentiles por la última vez, cuantos la boca del Señor llame, para ligar la ley y sellar el testimonio, y preparar a los santos para la hora del juicio que ha de venir.[3]

Entonces proclamó que "después de vuestro testimonio vienen la ira y la indignación sobre el pueblo."[4] ¿Qúe calamidades dijo el Señor que vendrían sobre la tierra en ese tiempo?

> Después de vuestro testimonio vienen la ira y la indignación sobre el pueblo.
>
> Porque después de vuestro testimonio viene el testimonio de terremotos que causarán gemidos en el centro de la tierra, y los hombres caerán al suelo

1. *José Smith—Historia* 1:45.
2. *José Smith—Mateo* 1:29.
3. *Doctrina y Convenios* 88:84.
4. *Doctrina y Convenios* 88:88.

> y no podrán permanecer en pie.
> Y también viene el testimonio de la voz de truenos, y la voz de relámpagos, y la voz de tempestades, y la voz de las olas del mar que se precipitan allende sus límites.[5]

Nefi, el gran profeta del *Libro de Mormón,* vió en una visión la iniquidad característica de los Gentiles después que fueron cumplidos sus tiempos. Dijo que su profecía se aplica a aquellos Gentiles, "tanto los que vengan a esta tierra [América] como los que se hallen sobre otras tierras,"[6] y sería complida cuando "estarán ebrios de iniquidad y de toda clase de abominaciones."[7] Entonces predijo sobre los juicios de Dios que vendrían sobre ellos:

> Y cuando venga ese día, los visitará el Señor de los Ejércitos con truenos y con terremotos, y con un gran estruendo, y con borrasca, y con tempestad, y con la llama de fuego devorador.[8]

Jacob, el hermano de Nefi, también previó este período de destrucción, y dijo que "el Mesías se dispondrá por segunda vez a restaurar"[9] su pueblo, Israel, que todavía espera la venida del Mesías. Como se vió en el capítulo anterior, la mayor congregación de Israel se llevará a cabo después que se hayan cumplido los tiempos de los Gentiles, o sea en el tiempo de que Nefi habló anteriormente. La profecía de Jacob era similar a la de su hermano:

> Y los que no crean en él serán destruidos tanto por fuego, como por tempestades, y por temblores de tierra, por la efusión de sangre y por pestilencia y por hambre.[10]

Una parte del mensaje de la Profecía Sobre la Guerra es que, empezando con el período después que los esclavos se han sublevado en contra de sus amos a través del mundo,

> . . . con la espada y por el derramamiento de sangre se han de lamentar los habitantes de la tierra; y *con hambre, plagas, terremotos, truenos del cielo, y también con violentos e intensos relámpagos,* se hará sentir a los habitantes de la tierra la ira, la indignación y la mano castigadora de un Dios Omnipotente, hasta que la consumación decretada haya destruido por completo a todas las naciones.[11]

Así que el período de los grandes y naturales desastres y calamidades

---

5. *Doctrina y Convenios* 88:89-91.
6. *2 Nefi* 27:1.
7. *2 Nefi* 27:1.
8. *2 Nefi* 27:2.
9. *2 Nefi* 6:14.
10. *2 Nefi* 6:15.
11. *Doctrina y Convenios* 87:6.

se identifica que ocurrirá después que son cumplidos los tiempos de los Gentiles y durante el período de las guerras de destrucción total. El Presidente Brigham Young amonestó sobre las calamidades que la naturaleza tendría en reserva para el mundo en este período:

> *Cuando los Élderes cesan de dar su testimonio, y el Señor les dice, "Volved a casa;* ahora predicaré mis propios sermones a las naciones de la tierra," *todo lo que ahora sabéis casi ni puede ser llamado un preludio al sermón que será predicado con fuego y con la espada, tempestades, terremotos, granizos, lluvias, estruendos y relámpagos, y la espantosa destrucción.* ¿Qué importancia tiene la destrucción de algunos coches del ferrocarril? Oiréis de *grandes ciudades, ahora idolatradas por el pueblo, hundiéndose en al tierra, sepultando a sus habitantes. La mar se arrojará más allá de sus bordes, hundiendo* enormes ciudades. *Hambre se extenderá* sobre las naciones, y *nación se levantará contra nación,* reino contra reino, y estado contra estado, en nuestro propio país y en tierras extranjeras; y *se destruirán los unos a los otros,* mostrando solo desdén por la sangre y por las vidas de sus vecinos, de sus propias familias, o por sus propias vidas.[12]

La Plaga Asoladora del Señor

Se nota con atención especial una serie de profecías que tratan una terrible enfermedad que Dios derramará sobre la tierra durante este período. Después de relatar de los tiempos de los Gentiles y declarar que apartarán sus corazones de él a causa de los preceptos de los hombres, el Señor dijo que

> . . . en esa generación serán cumplidos los tiempos de los gentiles.
>
> Y vivirán hombres en esa generación que no morirán *hasta que vean una plaga arrasadora, porque una enfermedad desoladora cubrirá la tierra.*
>
> Pero mis discípulos estarán en lugares santos y no serán movidos; pero entre los inicuos, los hombres alzarán sus voces y maldecirán a Dios, y morirán.
>
> *Y también habrá terremotos en diversos lugares, y muchas devastaciones;* sin embargo, los hombres endurecerán su corazón contra mí y *levantarán la espada* el uno contra el otro, y unos a otros se matarán.[13]

Aún antes que organizó la Iglesia el Señor proclamó que el testimonio de los tres testigos sería publicado y serviría para condenar a esta generación si lo rechazaran. Entonces dijo lo que esta condenación abrazaría:

> Porque se desatará una plaga asoladora entre los habitantes de la tierra, y seguirá derramándose de cuando en cuando, si no se arrepienten, hasta

12. *Diario de Discursos,* 8:123.
13. *Doctrina y Convenios* 45:30-33.

que quede vacía la tierra, y sus habitantes sean consumidos y enteramente destruidos por el resplandor de mi venida.[14]

En 1832 el Señor amonestó que

> Yo, el Omnipotente, he puesto mis manos sobre las naciones para azotarlas por sus iniquidades.
>
> Y se derramarán plagas, y no serán quitadas de la tierra hasta que haya cumplido mi obra, la cual se ha de acortar en justicia—[15]

Una profecía en Isaías ha sido interpretada por varios de las autoridades de la Iglesia S.U.D. como refiriéndose a una futura calamidad en las Américas. Se compara la población a una vid y predice que Dios

> . . . podará con podaderas las ramitas, y cortará y quitará las ramas.
>
> Y serán dejados todos para las aves de los montes y para las bestias de la tierra; sobre ellos tendrán el verano las aves, e invernarán todas las bestias de la tierra.[16]

El período de este acontecimiento se identifica como el tiempo que seguirá el cumplimiento de los tiempos de los Gentiles, porque ocurrirá cuando está recogiéndose Israel (y posiblemente esta referencia es dirigida al retorno de las diez tribus).

> En aquel tiempo será traída ofrenda a Jehová de los ejércitos, del pueblo de elevada estatura y tez brillante, del pueblo temible desde su principio y después, gente fuerte y conquistadora, cuya tierra es surcada por ríos, al lugar del nombre de Jehová de los ejércitos, al monte de Sión.[17]

Orson Pratt comentó sobre esta profecía y la interpretó claramente como refiriéndose a una futura destrucción en América. Dijo que Dios visitará a los continentes Americanos

> . . . con juicios que son terriblemente severos en tanto que les causarán *a yacer por los cientos y por los miles de un extremo de la tierra al otro sin ser sepultados,* y que serán carne para las aves del aire y las bestias del campo. ¿Porqué? Porque los juicios de Dios serán tan rápidos que no habrá tiempo para sepultarlos.
>
> Uno se pregunta—"Realmente crées que tales juicios vendrán sobre nuestra nación?" No solamente lo creo, pero lo sé.[18]

Fue anticipado que este azote vendría en parte sobre *los Santos tanto como sobre los Gentiles si los Santos no fueren rectos.* Una revelación dada en 1832 dice que "esta incredulidad y vanidad han traído la condenación

---

14. *Doctrina y Convenios* 5:19.
15. *Doctrina y Convenios* 84:96-97.
16. *Isaías* 18:5-6.
17. *Isaías* 18:7.
18. *Diario de Discursos,* 17:319, Véase también *Diario de Discursos,* 2:295.

sobre toda la iglesia," y que "permanecerán bajo esta condenación hasta que se arrepientan . . . de lo contrario, queda por derramarse un azote y juicio sobre los hijos de Sión."[19] En una revelación dada el siguiente año, fué explicado que

> El azote del Señor pasará de noche y de día, y su rumor afligirá a todo pueblo; sí, y no cesará hasta que venga el Señor;
> porque se ha encendido la indignación del Señor en contra de sus abominaciones y todas sus obras inicuas.
> Sin embargo, *Sión escapará si procura hacer todo* lo que le he mandado.
> *Mas si no procura hacer lo que le he mandado, la visitaré según todas sus obras, con penosa aflicción, con pestilencia, con plagas, con las espada, con venganza y fuego devorador.*[20]

El Profeta José enseño que muchos de los Santos, aunque sean rectos, podrán caer presa a las enfermedades y pestilencias que están por venir:

> Expliqué algo en cuanto a la venida del Hijo del Hombre; también que *es una idea falsa que los Santos escaparán todos los juicios mientras los inicuos sufren; porque toda carne tiene que sufrir,* y "los justos casi no escaparán;" sin embargo, muchos de los Santos, sí escaparán, porque los justos vivirán por medio de la fe; sin embargo mucho de los rectos caerán presa a enfermedades, a pestilencias, etcétera, a causa de la debilidad de la carne, y sin embargo serán salvos en el Reino de Dios. Así que *es un principio profano decir que tal y tal persona ha transgredido porque ha caído presa a una enfermedad o a la muerte,* porque toda carne tiene que morir; y el Señor ha dicho, "No juzguéis, para que no seáis juzgados."[21]

Hambres y Sequías

El peligro venidero de enfermedades y pestilencias tiene una fuerte conexión con el gran peligro de hambres. Además de las muchas amonestaciones proféticas de hambres ya citadas en este capítulo, hay varios pasajes que llaman atención a diferentes maneras en que el Señor podrá ocasionar que hambres vengan sobre los pueblos del mundo.

Hay una profecía en La Doctrina y Convenios de un acontecimiento importante que todavía queda en el futuro. Ocurrirá en un tiempo no especificado antes de la venida del Señor. El Señor proclamó "*y se enviará una fuerte tormenta de granizo para destruir las cosechas de la tierra.*"[22] Quizás fué esta revelación que inspiró la oración dada por el Profeta José Smith cuando dedicó el Templo de Kirtland. Mientras que estaba hablando de los no arrepentidos entre los enemigos de la Iglesia, pidió al Señor "que todas sus obras sean desmenuzadas y *arrolladas por*

---

19. *Doctrina y Convenios* 84:55-59.
20. *Doctrina y Convenios* 97:23-26.
21. *La Historia de la Iglesia,* 4:11.
22. *Doctrina y Convenios* 29:16.

el granizo y por los juicios que mandarás sobre ellos en tu ira."[23]

Otra manera en que el Señor puede mandar hambres sobre la tierra es en cambiar las estaciones. En contestar la oración de desesperación que ofreció el Profeta mientras estuvo preso en la cárcel en Liberty, Missouri, el Señor reveló que

> *Dios ha fijado su mano y sello para mudar los tiempos y las estaciones,* y ofuscar sus mentes para que no entiendan sus obras maravillosas; para que los pruebe y los sorprenda en su propia astucia;[24]

Pero quizás la mayor amenaza como una posible causa de hambres es el peligro de sequías. El Señor también advierte que las sequías pueden tomar una parte importante en los acontecimientos de los últimos días:

> *He aquí, con mi reprensión seco el mar. Vuelvo los ríos en desierto; hieden sus peces y mueren de sed.*
> Visto de obscuridad los cielos, y su cubierta hago yo de cilicio.
> Y esto os vendrá de mi mano: En angustia yaceréis.[25]

Aún ahora el problema de la escasez de agua en los Estados Unidos es crítico. Presidente Kennedy próximo a su inauguración dijo:

> En quince años necesitaremos doble el agua que ahora . . . *Hoy 40 millones de Americanos están al borde de una grave escasez* y las tablas de agua están cayendo en casi todos lugares. Hoy día casi todos los ríos mayores en los Estados Unidos están contaminados.[26]

En un estudio reciente meteorologístas y los que obran en la conservación de la naturaleza informaron que los Estados Unidos

> *Estarán en serias dificultades en aproximadamente diez años* si no pueden económicamente convertir agua salada en agua potable . . . Un informe preparado por el Comité de Ciencia de la Cámara de los Diputados dice que *la nación ya está usando cada gota disponible de sus reservas de agua potable* . . . El estudio reveló 'la posibilidad que los Estados Unidos sería la primera de las naciones de civilización y tecnología avanzada que se encontrará en grave dificultad a razón de la escasez de agua potable.' *Se predice que la dificultad se presentará alrededor del año 1970 o antes, tanto como diez años más antes de que se había indicado en estudios previos.*[27]

Un grupo de investigadores independientes, Resources for the Future, Inc., bosquejó el tremendo gasto necesario para resolver aun temporaria-

23. *Doctrina y Convenios* 109:30.
24. *Doctrina y Convenios* 121:12.
25. *Doctrina y Convenios* 133:68-70.
26. La revista *Esta Semana* [This Week], 15 de enero de 1961.
27. La revista *The Oregonian*, Portland, Oregon, 30 de enero de 1961.

mente el problema del agua de esta nación: si muchas regiones no empiezan sin demora programas para la conservación de agua, se confrontarán con una deterioración económica. El estudio recomienda

> gigantescos procedimientos que costarán $228 billones de dólares mediante 20 años para evitar una escasez crítica estimada para el año 1980. Una sequía podría adelantar esa fecha por varios años.[28]

Aun hoy día, muchas comunidades tienen escasez de agua. Un artículo escrito en Arizona en 1960, dijo que

> *Una comunidad en cada siete sufrió el año pasado una escasez de agua juzgada como moderada hasta severa.* No menos de 79% de las comunidades en el estado de Illinois sufrieron escasez de agua por lo menos por una parta de 1959. Pero el pueblo Americano ha rechazado prestar atención a un problema que ya está mostrándose, y que está haciéndose cada vez más crítica y que en un cercano día tendrá prácticamente a toda la nación en condiciones de desesperación. Es una necesidad imperativa despertar a las personas a un entendimiento de su peligro, según William E. Richards de Holdrege, Nebraska, presidente de la Asociación Nacional de Distritos de Conservación de Tierra Vegetal.[29]

La revista *Look* agregó,

> El problema ya ha llegado para muchos en los Estados Unidos. *Más de 1000 comunidades fueron esforzados a restringir el uso de agua en un reciente año,* según el Estudio Geológico de los Estados Unidos. *Cuarenta y cinco Estados sufrieron escaseces.* El Estudio Geológico notó que, ¡hoy día ninguna región del país se encuentra sin algún problema en cuanto al agua![30]

Uno de los aspectos más serios del problema del agua es el grandemente aumentado peligro de su polución. Presidente Kennedy dijo que la polución del agua ha alcanzado "proporciones espantosas" y que "no son suficientes los actuales esfuerzos colectivos."[31] La contaminación de los abastecimientos de agua se está aumentando más rápida que los hombres pueden idear métodos de purificación, y algunas enfermedades están siendo transmitidas por el agua aunque este ya ha sido "purificado." El notable periodista, Drew Pearson, advirtió que

> Médicos empleados por el gobierno han identificado el poliomielitis paralítico en Camden, Nueva Jersey, la fiebre tifoidea en Milwaukee, Michigan, la disentería en Cincinnati, Ohio, y *hepatitis en Utah—como todo atribuido al agua contaminada* . . . En algunos lugares el Río Columbia está tan contaminado que tan solo el salpicarse con agua de un bote de motor

28. La revista *Look*, 19 de junio de 1960.
29. El periódico *Arizona Farmer-Ranchman*, 3 de diciembre de 1960.
30. La revista *Look*, *op. cit.*
31. *La Prensa Unida International*, 23 de febrero de 1961.

> puede causar enfermedades. Los habitantes de Washington, D.F. han sido avisados que no deben comer pescado tomado del Río Potomac, y la natación en el Potomac ya casi no existe.[32]

El diario *Los Angeles Times* publicó

> Dos terceras partes del pueblo de esta nación obtiene su agua potable de orígenes en las cuales son descargadas bacterias, víruses y materias tóxicas que causan enfermedades.[33]

Una declaración en el *New Republic* avisa que

> Más de 70 millones de Americanos de entre los 117 millones que usan abastecimientos públicos de agua, ahora toman agua que ha pasado por lo menos una vez por un proceso de depuración.[34]

De interés particular a los Santos de los Últimos Días que conocen las profecías en cuanto a la purificación del Condado de Jackson, Missouri, (en preparación para el regreso de los Santos para edificar la Nueva Jerusalén) es esta noticia reciente en el diario *St. Louis Globe-Democrat:*

> *Habiendo pasado Kansas City El Río Missouri "es el suministro de agua más contaminada en los Estados Unidos."* El número de bacteria en sus aguas es de un promedio de 25 veces el nivel permitido para el consumo humano. Su pescado "tiene el gusto de kerosén." Un informe por parte del Departamento de Salud Público dice de haber encontrado en el río escombros flotantes, basura, sangre y estiércol de plantas frigoríficas, plumas, petróleo, químicos y abonos de alcantarillas domésticas. Todo ésto amenaza cambiar el Río Missouri en una alcantarilla abierta.[35]

Las anteriores citaciones que tratan los peligros de la escasez de agua y de los suministros de agua que transportan enfermedades son significantes en el contexto de esta obra. Son evidencias de lo cercano de posibles hambres y pestilencias. Por cierto, en luz de las amonestaciones constantes del Señor acerca de las venideras hambres, los miembros de la Iglesia harían bien en seguir el consejo de sus líderes y abastecer bienes adecuados.

Un Terremoto en los Estados Unidos

Las profecías ya citadas en este capítulo han referido frecuentemente a varios terremotos y tormentas. Los capítulos que siguen tratarán tres

32. El diario *Grand Forks Herald*, 13 de febrero de 1960.
33. El diario *Los Angeles Times*, 24 de febrero de 1960.
34. El diario *New Republic*, 6 de junio de 1960.
35. El diario *St. Louis Democrat*, 29 de noviembre de 1960.

terremotos específicos de gran importancia que han sido profetizados,[36] pero los profetas de los Santos de los Últimos Días han dado indicaciones además de por lo menos un terremoto que tendrá resultados muy extensos sobre el pueblo de los Estados Unidos. Una profecía de importancia fué dada por Wilford Woodruff en un sermón que dió en Logan, Utah, el 22 de agosto de 1863, en que profetizó la manera en que las ciudades de Nueva York, Boston y Albany serán destruidas:

> Llegaréis a ser hombres y mujeres, padres y madres; sí, y los días vendrán, después que vuestros padres y estos profetas y apóstoles han fallecido, que tendréis el privilegio de entrar en las torres de un glorioso Templo edificado al nombre del Más Alto (señalando en la dirección de la ladería), hacia el éste sobre la ladería de Logan; y *mientras os paréis en las torres del templo y vuestros ojos repasan este glorioso valle lleno de ciudades y pueblos, ocupados por miles de Santos de los Últimos Días,* entonces recordaréis esta visita de Presidente Young y sus acompañantes. Diréis: *Esto fué en los días en que presidieron los Presidentes Benson y Maughan; fué antes que Nueva York fué destruido por un terremoto. fué antes que Boston se hundió en el mar a razón del mar arrojándose a través de sus bordes; fué antes que Albany se destruyó por fuego;* sí, en aquel tiempo recordaréis las escenas de este día. Atesoradlos y no los olvidéis. Presidente Young le siguió y dijo: 'Lo que ha dicho Hermano Woodruff es revelación y será cumplido.'[37]

En dos ocasiones Orson Pratt también aludió a la destrucción de Nueva York. Al hablar de los habitantes de América, dijo que

> Tendrán que perecer, si no se arrepientan. *Se desgastarán, y la plenitud de la ira de Dios Todopoderoso será derramada sobre ellos, si no se arrepientan. Sus ciudades serán dejadas desoladas. Vendrá el tiempo cuando la gran y bien poblada ciudad de Nueva York—la ciudad más grande de la República Americana, quedará sin habitantes. Las casas quedarán en pie,* algunas, pero no todas. Quedarán sin habitantes, ningunas personas para heredarlas. *Será lo mismo con numerosas otras ciudades.*[38]

Varios años antes, Elder Pratt había hecho una profecía similar:

> *La grande, poderosa y bien poblada ciudad de Nueva York, que puede considerarse como una de las más grandes ciudades del mundo, en unos pocos años, será un montón de ruinas.* La gente se preguntará, al mirar a las ruinas

---

36. Estos terremotos ocurrirán a la venida de las Diez Tribus, la Batalla de Armagedón, y la venida final en gloria de Cristo.

37. *Noticias Deseret* 33:678. Véase también *Diario de Discursos,* 21:299. Esta profecía es de interés particular cuando considerada en vista al mensaje de amonestación encontrada en las Doctrinas y Convenios: "No obstante, vaya el obispo a las ciudades de Nueva York, y a las de Albany y de Boston, y amoneste a la gente de esas ciudades, con el son del evangelio, en voz alta, de la desolación y destrucción completa que les espera si rechazan estas cosas. Porque si rechazan estas cosas, se acerca la hora de su juicio; y su casa les será dejada desierta." *Doctrina y Convenios* 84:114-15.

38. *Diario de Discursos,* 20:152.

que costaron cientos de millones en edificar, ¿que ha pasado con sus habitantes? *Sus casas quedarán, pero quedarán desoladas.* Así dice el Señor. *Esto será solo un ejemplo de numerosos otros pueblos y ciudades sobre la faz de este continente.*[39]

Parece que el Señor está preparando el mundo para mandar grandes terremotos sobre él. La frecuencia y la severidad de terremotos a través del mundo están incrementándose. El más fuerte terremoto jamás registrado ocurrió en Chile el 21 de mayo de 1960. Se ha estimado que requeriría la fuerza combinada de 25.000 bombas atómicas del tipo de Hiroshima para empezar a soltar la energía equivalente a solo uno de los mayores choques de este desastre.

El Condado de Jackson Expurgado

Parece que durante este período tumultuoso el Condado de Jackson, Missouri será expurgado en preparación para los Santos. La profecía no ha señalado como ocurrirá esto, pero lo ha hecho bien claro que toda la región donde se edificará la Nueva Jerusalén será completamente limpiada de inmundicia. Presidente Brigham Young habló del tiempo cuando el Señor "purificará la tierra . . . desarraigará al malhechor, preparará el camino para el retorno de mi [Su] pueblo a su herencia," y añadió que "si nuestros enemigos no terminan con su opresión sobre este pueblo, tan cierto como vive el Señor, no serán muchos los días hasta que ocuparemos esa tierra [de Sión] y allá edificaremos un Templo al Señor."[40]

Quizás Heber C. Kimball se refirió a esto cuando dijo que los bordes occidentales del estado de Missouri "serán barridos tan limpios de sus habitantes que, como dijo Presidente Young, 'no habrá ni un perro descarriado para mover su cola.'[41]

Orson Pratt también dijo que antes que los Santos vuelvan al Condado de Jackson, Dios visitará esa región "*en juicio, y no quedarán dueños para ocupar la región.*"[42]

¿Escaparán los Santos el Juicio?

La profecía pinta tanto un cuadro pesimista como un cuadro brillante en cuanto a si los Santos serán permitidos escapar los juicios pronosticados para esta tierra. Una profecía dada a José Smith amonesta que estos juicios vendrán sobre los inicuos e infieles miembros de la Iglesia antes de ser derramados sobre otros pueblos:

39. *Diario de Discursos,* 12:344.
40. *Diario de Discursos,* 9:270.
41. *Declaraciones Proféticas de Heber C. Kimball a Amanda H. Wilcox.* Una copia de esta profecía está disponible en la biblioteca de la Universidad de Brigham Young.
42. *Noticiedo Deseret Nocturno,* 8:265, 2 de octubre de 1875.

> He aquí, la venganza viene presto sobre los habitantes de la tierra, un día de ira, de fuego, de desolación, de llanto, de lloro y de lamentación; y como un torbellino vendrá sobre toda la faz de la tierra, dice el Señor.
>
> *Y empezará sobre mi casa, y de mi casa se extenderá, dice el Señor;*
>
> *primero entre aquellos de vosotros que habéis profesado conocer mi nombre, dice el Señor, y no me habéis conocido,* y habéis blasfemado en contra de mí en medio de mi casa, dice el Señor.[43]

Aunque esta profecía ha sido interpretada en varios tiempos como habiendo sido cumplida en parte cuando los Santos sufrieron varias tribulaciones, parece, en luz de la evidencia contenida en este capítulo, que su cumplimiento verídico queda todavía en el futuro.

Wilford Woodruff proclamó que los juicios de Dios "vendrían sobre ambos Judío y Gentil, Sión y Babilonia."[44] Otra revelación dada a José Smith declara

> He jurado en mi ira y he decretado guerras sobre la faz de la tierra, y los inicuos matarán a los inicuos, y el temor se apoderará de todo hombre;
>
> y *también los santos apenas escaparán;* sin embargo, yo, el Señor, estoy con ellos, y descenderé en el cielo, de la presencia de mi Padre, y a los malvados los consumiré con fuego inextinguible.[45]

Se verá en el próximo capítulo que el comienzo de estos juicios será acompañado por una guerra interna en los Estados Unidos. Heber C. Kimball predijo que este período de contención civil será precedido por un tiempo de grandes persecuciones cuando "todos los verídicos Santos de los Ultimas Días serán probados al límite. Muchos apostatarán, y otros quedarán inmovilizados, no sabiendo qué hacer." Entonces habló de los juicios que barrerán limpio el oeste de Missouri y dijo, "Antes que llegue este día, sin embargo, los Santos serán sometidos a una tentación que pondrá a prueba la integridad de los mejores de ellos. La tensión llegará a ser tan fuerte que los más rectos entre ellos clamarán al Señor día y noche hasta que serán librados.[46]

Pero los profetas han dicho en forma bien clara que el criterio que permitirá a los Santos escapar lo peor de los juicios es la vida recta. Según Wilford Woodruff, los únicos que tienen el derecho de ser protegidos de los juicios son los dignos poseedores del sacerdocio:

> ¿Me podéis decir donde están las personas que serán guardadas y protegidas de las grandes calamidades y los juicios que ya están a nuestras puertas? Os diré. *Los sacerdotes de Dios que honran a su sacerdocio, y quienes son dignos de sus bendiciones son los únicos que tienen el derecho de ser protegidos de estos juicios. Son los únicos seres mortales. Ningún otro pueblo tiene el derecho*

---

43. *Doctrina y Convenios* 112:24-26.

44. *Diario de Discursos,* 18:122.

45. *Doctrina y Convenios* 63:33-34

46. *Declaraciones Proféticas de Heber C. Kimball a Amanda H. Wilcox.* Una copia de esta profecía está disponible en la biblioteca de la Universidad de Brigham Young.

de ser protegido de estos juicios. Están a nuestras mismas puertas; ni aun este pueblo los escapará totalmente. Bajarán como los juicios contra Sodoma y Gomorra. Y ningunos menos el sacerdocio serán protegidos de su furia.[47]

Y finalmente, fué enseñado por Brigham Young que en tanto que la mayor parte de los Santos guarden los mandamientos de Dios, las maldiciones y los juicios del Todopoderoso nunca les sobrevendrán, aunque sin embargo tendrán pruebas de muchas clases:

> Hay un principio que quiero que los Santos de los Ultimas Días entiendan perfectamente bien—eso es, de bendiciones y maldiciones. Por ejemplo, leemos que guerras, pestilencias, plagas, hambres, etcétera, afligirán a los habitantes de la tierra; pero *si angustias por medio de los juicios de Dios vienen sobre este pueblo, será porque la mayoría se habrán apartado del Señor.* Si la mayoría del pueblo se apartan de los santos mandamientos que el Señor nos ha entregado, y dejan de mantener el balance de poder en la Iglesia, podemos anticipar que vendrán sobre nosotros los juicios de Dios; *pero si seis décimos o tres cuartos de este pueblo guardan los mandamientos de Dios, la maldición y los juicios del Todopoderoso nunca les alcanzarán, aunque tendremos pruebas de varias clases,* y tendremos que contender con los elementos—elementos naturales y espirituales. A la vez que este pueblo se esforza a servir a Dios de acuerdo con lo mejor de sus habilidades, tendrá mejor éxito, tendrá más para comer y con que vestirse, tendrá mejores casas en que vivir, mejores asociados, y tendrá más gozo que los inicuos tienen o que jamás tendrán.[48]

Sumario

Se ha predicho que grandes calamidades y desastres vendrán sobre la tierra en el período cuando los misioneros serán instruidos a volver a sus hogares y los tiempos de los Gentiles serán cumplidos. Aparentemente estos desastres ya han empezado, pero serán mandados por Dios con muy aumentada intensidad en ese tiempo. Estos juicios pueden clasificarse bajo tres encabezamientos generales:

1. Pestilencias.
   - A. Una enfermedad desoladora se esparcirá sobre los Estados Unidos.
   - B. Vendrá rápidamente y causará las personas a yacer por los cientos y los miles sin ser sepultadas.
   - C. La enfermedad vendrá en mayor parte sobre los inicuos, pero algunos de los Santos rectos también sufrirán y morirán.
   - D. La pestilencia continuará a derramarse de cuando en cuando "hasta que quede vacía la tierra."
2. Hambres.
   - A. El Señor ha dicho que un fuerte granizo destruirá las cosechas

47. *Periódico de las Mujeres Jóvenes* [Young Woman's Journal], Tomo 5, número 11, agosto de 1894.

48. *Diario de Discursos,* 10:335-36.

de la tierra. Hambres también pueden ser causadas por el cambio de las estaciones (lo cual influenciará los períodos de sembrar y cosechar) y por la escasez de agua.

B. Una seria falta de agua ya existe en los Estados Unidos. Especialistas en el gobierno han predicho que por 1970 la escasez de agua sería de proporciones desastrosas en muchos lugares.

C. La polución del agua también es un problema serio y está aumentándose en intensidad. Los procesos de purificación que se usan hoy día no quitan de los suministros de agua todos los elementos peligrosos y se ha encontrado que algunas enfermedades han sido transportadas por los suministros del agua culinario.

3. Terremotos, Diluvios, Aguaceros violentos, Tormentas, Etcétera.
   A. Las profecías dicen que Nueva York será destruida por un terremoto, Albany por fuego, Boston por un aguacero violento, y que muchas otras ciudades sobre el continente Americano se destruirán o quedarán desoladas.
   B. Los terremotos están aumentándose en número e intensidad. En los Estados Unidos están ocurriendo frecuentemente. Son mucho más destructivos que las bombas atómicas.
   C. Aunque no se ha revelado la manera de su destrucción, el condado de Jackson, Missouri, (el sitio de la Nueva Jerusalén), será limpiado por completo de sus habitantes.

Los Santos sufrirán en cierto grado por estas calamidades, pero, en general, escaparán lo peor de estos desastres según el nivel de su rectitud.

CAPITULO CUARTO

Guerras Internas y el Derrocamiento de los Estados Unidos

Guerra Futura y la Contención Dentro de los Estados Unidos

Aunque sabían de la inminente Guerra Civil que había sido profetizada por José Smith, los primeros líderes de la Iglesia hablaron a menudo de terribles guerras, destrucciones, hambres, y plagas dentro de los Estados Unidos en un tiempo posterior a esa terrible lucha. Tan temprano como 1833 el Profeta escribió lo siguiente en una carta a N. E. Seaton, el editor de un diario, y pidió que lo publique:

> Y ahora estoy preparado a decir por la autoridad de Jesucristo, que no pasarán muchos años hasta que *los Estados Unidos presentarán tal escena de efusión de sangre que no ha tenido paralelo en la historia de nuestra nación; la pestilencia, granizos, hambres y terremotos barrerán a los inicuos de la faz de la tierra, para abrir y preparar el camino para el regreso desde el norte de las tribus perdidas de Israel.*[1]

El 1 de julio de 1839, José Smith se juntó en una reunión especial con los Doce Apóstoles y algunos de los Setenta quienes estaban a punto de salir para misiones extranjeras. Fué en esta ocasión que los detalles de la guerra venidera empezaron a clarificarse. Se anticipa que la guerra será una guerra interna, no con otras naciones. No será una guerra entre dos facciones opuestas como la Guerra Civil, se compondrá de muchas guerras locales caracterizadas por la anarquía y contenciones entre familias, ciudades y estados. Este bosquejo fué explicado por el Profeta a los otros líderes de la Iglesia:

> . . . Algunos han alzado el llanto de paz, pero los Santos y el mundo tendrán poca paz de ahora en adelante . . .
>
> *Ví a hombres amenazando las vidas de sus propios hijos, y hermano asesinando a hermano, mujeres matando a sus propias hijas, e hijas amenazando las vidas de sus madres. Ví a ejércitos confrontando ejércitos. Ví sangre, desolación, fuegos. El Hijo del Hombre ha dicho que la madre estará en contra de su hija, y la hija en contra de la madre. Estas cosas están a nuestras puertas y seguirán a los Santos de Dios de ciudad a ciudad.* Satanás se enfurecerá, y el espíritu del diablo está ahora enfurecido. No sé en que hora acontecerán estas cosas; pero con una vista de ellas, ¿clamaré paz? ¡No! Alzaré la voz y testificaré de ellas. Por cuánto tiempo tendréis buenas cosechas y será prevenido el hambre, no lo sé. Cuando las higueras brotan, sabréis entonces que el verano está a mano.[2]

---

1. *La Historia de la Iglesia,* 1:315.
2. *La Historia de la Iglesia,* 3:390-391. Hay otros que han citado este y otros dichos por el profeta y los han interpretado como teniendo cumplimiento aún en el futuro. Véase, por ejemplo, las declaraciones en *Diario de Discursos,* 2:146-47; 20:150-51; y *Noticiero Deseret Nocturno*, Tomo 8, Nó. 265, 2 de octubre de 1875.

Aunque no se han revelado muchos detalles en cuanto al venidero conflicto interno, sus características generales pueden identificarse por una cuidadosa consideración de las profecías que ya se han publicado. Orson Pratt, hablando en 1879, también describió la guerra y dió énfasis a las mismas características:

> ¿Pero qué de la nación Americana? *Esa guerra que destruyó las vidas de un millón quinientos o seis cientos mil personas [la Guerra Civil] no fué nada en comparación a la que con el tiempo arrasará ese país.* El tiempo no está muy lejano cuando el Señor Dios pondrá su mano con fuerza sobre esa nación . . . ¿Qué será entonces la condición de ese pueblo cuando llegue esta grande y terrible guerra? *Será muy diferente que la guerra entre el Norte y el Sur.* ¿Queréis que os dé una descripción de ella? Lo haré. *Será una guerra de vecino contra vecino, ciudad contra ciudad, aldea contra aldea, condado contra condado, estado contra estado, y saldrán destruyendo y siendo destruidos, y la industria en gran medida cesará por un tiempo dentro de la nación Americana.* ¿Porqué? Porque durante estas terribles guerras no tendrán el privilegio de proseguir la industria, habrá demasiado derrame de sangre, demasiada anarquía, *demasiado salir en pandillajes destruyendo y pillando el país para permitir al pueblo perseguir cualquiera vocación con un mínimo grado de seguridad. ¿Qué sucederá con los millones de obreros agricultores en el país? Saldrán de sus chacras y las dejarán sin cultivar, y huirán delante de los ejércitos pilladores de lugar en lugar; y así saldrán encendiendo y pillando el país entero; y esa grande y poderosa nación, que ahora consiste de algunos cuarenta millones de personas, será completamente malgastada, si no se arrepientan.*
>
> Ahora, estas son predicciones que podéis inscribir. Podéis dejarlas profundizar en vuestros corazones. Y si el Señor vuestro Dios os permitirá vivir, veréis cumplirse mis palabras a la letra. No son mis palabras, sino son las palabras de inspiración—las palabras del sempiterno Dios, quien ha enviado sus siervos con el mensaje de amonestar las naciones de la tierra.[3]

En su descripción de la guerra Brigham Young dió énfasis a la idea que no habrá una serie definitiva de avanzas y retiros tácticos, sino que hombres huirán sin ninguna organización de un lugar a otro delante de bandas pilladoras:

> Hace casi treinta años oí a José Smith decir, "Tendrán pillajes hasta colmar, si no rectifican las injusticias contra los Santos de los Últimos Días. *Las pandillas no disminuirán, sino se aumentarán hasta que el gobierno entero llegará a ser una gran pandilla, y con el tiempo será Estado contra Estado, ciudad contra ciudad, vecindad contra vecindad.*" . . . será Cristiano contra Cristiano, y hombre contra hombre, y aquellos que no levantarán la espada en contra de sus vecinos, tendrán que huir a Sión.[4]

3. *Diario de Discursos,* 20:151.
4. *Noticiero Deseret,* Tomo 11, Nó. 9, 1 de mayo de 1861.

En una prédica en la Conferencia General en 1879, Presidente Juán Taylor enseñó que esta guerra sería más terrible y de más devastación que cualquier cosa que esta nación jamás ha experimentado:

> ¿Fuimos sorprendidos cuando empezó la última guerra terrible [Guerra Civil] que ocurrió acá en los Estados Unidos? No; . . . Veréis cosas peores que eso, *porque Dios pondrá su mano sobre esta nación, y lo sentirán más terriblemente que jamás lo han hecho. Habrá más derramamiento de sangre, más ruina, más devastación que jamás habrán visto.* ¡Anotadlo! Lo veréis llevarse a cabo; apenas está empezando . . . falta todavía llegar el son de guerra, molestia y angustia, en que *hermano será alineado contra hermano, padre en contra de hijo, hijo en contra de padre*, una vista de desolación y destrucción que infiltrará nuestro país hasta que será una mortificación oir los informes de ella.[5]

En 1868 Orson Pratt dijo que los muertos en esta anticipada guerra numerarán "muchos centenares de miles de almas," y señaló que no será una guerra, sino muchas guerras civiles:

> "¡Como! ¡esta grande y poderosa nación nuestra ser dividida una parte contra otra y *muchos centenares de miles de almas ser destruidas por la guerra civil!*" De ésto no creerían ni una palabra. No creen lo que aún está en el futuro . . . *Vendrá el tiempo cuando no habrá seguridad para ocuparse en las actividades pacíficas de cultivar la tierra y de la agricultura. Pero se abandonarán estas actividades, y la gente se contará afortunada si pueden huir de ciudad a ciudad, de pueblo a pueblo y escapar con sus vidas.* Así visitará el Señor a la población si no se arrepientan.[6]

En una profecía Wilford Woodruff hace una aparente conección entre estas guerras y el período de los desastres naturales mencionados en el capítulo anterior:

> Los juicios de Dios ahora empezarán a yacer más completamente sobre esta nación y serán aumentados año por año. Las calamidades sobrevendrán la nación con rapidez y será visitada con truenos, relámpagos, tormentas, torbellinos, diluvios, pestilencias, plagas, guerras y fuegos devoradores; *los malvados matarán a los malvados hasta que quedarán completamente malgastados.*[7]

El Gobierno de los Estados Unidos Se Derrumbará Por Completo

Según las profecías, el gobierno y la identidad nacional de los Estados Unidos como ahora existen serán completamente destruidos durante estas

5. *Diario de Discursos*, 20:318.
6. *Diario de Discursos*, 12:344.
7. Matías F. Cowley, *Wilford Woodruff* (Salt Lake City: *Noticiero Deseret* 1916), p. 313.

guerras internas. José Smith refirió en varias ocasiones a la caída del gobierno federal. Dijo a Esteban A. Douglas:

> Profetizo en el nombre del Señor Dios de Israel, que si los Estados Unidos no rectifican los males hechos en contra de los Santos en el estado de Missouri y no imponen castigos por los crímenes cometidos por sus oficiales, *en pocos años el gobierno será derrumbado y malgastado por completo*, y no quedará ni un casco.[8]

Medio año después el Profeta registró una profecía similar:

> Mientras estuvimos tratando la petición al Congreso, profeticé, por la virtud del santo Sacerdocio investido en mi, y en el nombre del Señor Jesucristo, que *si el Congreso no oirá nuestra petición y no nos cederá protección, será destruido como gobierno*.[9]

También habló del "fin de esta nación, si continua en no prestar atención a los llantos y las peticiones de sus ciudadanos virtuosos, como no ha hecho y como ahora no está haciendo."[10] Es significante que después de la Guerra Civil los Santos aún anticipaban el cumplimiento de estas profecías y la reducción final de América a un estado de caos.

Otra declaración aparentemente hecha por José Smith fué que

> Una terrible revolución ocurrirá en el país de América, tal cual nunca antes se ha visto; *porque el país será dejado literalmente sin un gobierno supremo*, y toda especie de maldad correrá desenfrenada. Padre estará en contra del hijo, e hijo contra padre, madre contra hija, e hija contra madre. *Ocurrirán las más terribles escenas de asesinato, de derramamiento de sangre y de rapiña que jamás se han visto*.[11]

Wilford Woodruff registró una visión que le fué dada en 1880 que señaló la venidera destrucción de esta nación:

> Entonces el Señor derramó sobre mí su espíritu y abrió la visión de mi mente para que pudiera comprender en gran medida la mente y la voluntad de Dios concerniente a la nación y concerniente a los habitantes de Sión. *Ví la iniquidad de la nación, sus abominaciones y corrupciones y los juicios de Dios y la destrucción que la esperaba* . . . El 28 de enero me fué dada otra vez una visión. Trató el destino de nuestra nación y de Sión. *Mi almohada nuevamente fué mojada con una fuente de lágrimas al ver los juicios de Dios que esperaban a los malvados.* Fuí fuertemente impresionado que los Apóstoles y los Élderes deben amonestar a los habitantes de la tierra.[12]

---

8. *La Historia de la Iglesia*, 5:394.
9. *La Historia de la Iglesia*, 6:116.
10. *La Historia de la Iglesia*, 4:89.
11. Profecía registrada por Edwin Rushton y Teodoro Turley.
12. Cowley, *op cit*., pp. 530-31.

Moisés Thatcher, otro de los primeros apóstoles, también anticipó el fin de esta nación. Durante una prédica en Franklin, Idaho, el 6 de junio de 1882, dijo:

> *He visto el fin de esta nación* y es terrible . . . Os diré en el nombre del Señor que una banda secreta desangrará la vida de esta nación.[13]

Brigham Young comentó que disensiones y oposición dentro de las comunidades "es el cuchillo que derribará este Gobierno. El hacha está puesta a la raíz de los árboles; por tanto todo árbol que no da buen fruto se corta y se echa en el fuego."

> Las naciones devorarán la una a la otra, y el Señor les permitirá llevarlo a cabo. No precisa mucho talento ni mucho tacto para *fomentar oposición en estos días. Lo veis en todos lados en las comunidades, en reuniones, en vecindades, y en las ciudades.* El acha está puesta a la raíz de los áboles; y todo árbol que no dé buen fruto seá cortado y echado en el fuego.[14]

Por razón del malgastar del gobierno nacional, se anticipa que los Santos encontrarán necesario mantener su propio gobierno para poder preservar la ley y el orden. Esto fué explicado por Orson Pratt en 1875:

> Dios ha proclamado su mensaje amonestador en medio de esta nación, pero lo han rechazado y han tratado a los siervos de Él con desdén; el Señor ha quitado su pueblo de entre ellos, y los ha plantado acá en estas montañas; *y cumplirá con rapidez la profecía en relación al derrocamiento de esta nación, y su destrucción. Seremos obligados a tener un gobierno para preservarnos en unidad y paz; porque ellos, a razón de su derrocamiento, no tendrán el poder de gobernar;* porque estado será dividido en contra de estado, ciudad contra ciudad, aldea contra aldea, y el país entero estará en terror y confusión; pandillaje prevalecerá y no habrá tranquilidad a través de esta gran República, para las vidas o la propiedad del pueblo. *Cuando este tiempo llegue, necesariamente desearemos llevar a cabo los principios de nuestra gran constitución como el pueblo de Dios, y desearemos ver estos principios magnificarse, según el orden de unión y unanimidad que prevalece entre el pueblo de Dios.* Podremos magnificarlo, y todos ser unidos sin tener demócratas o republicanos ni todas clases de religión; podemos magnificarlo

13. *Registro Histórico del Barrio Franklin.* Franklin, Idaho, 16 de junio de 1882. Una comparación de esta profecía con las declaraciones de Ezra Taft Benson en Capítulo Uno podría levantar la pregunta que si esta combinación secreta podría ser Comunismo. En ese capítulo se ve que Rusia sufrirá derrota durante el período de las Guerras Preparatorias. Sin embargo, tal como los elementos del Nazismo quedaron en varios países después de la Segunda Guerra Mundial, es posible que elementos del Comunismo pudieran permanecer en los Estados Unidos después de la guerra con Rusia hasta causar la caída del gobierno Americano. Por otra parte, la combinación secreta puede ser el resultado de la combinación de varios de los elementos criminales que ahora existen y que continuarán en aumentarse, según la profecía.

14. *Diario de Discursos,* 8:143.

según la letra y el espíritu de la constitución, a pesar de ser unidos en la política, en la religión y en todo lo demás.[15]

La Guerra Se Extenderá de los Estados Unidos a Otras Naciones

Declaraciones de los Profetas sobre la destrucción de esta nación son relacionadas a menudo con el derrocamiento de otras naciones. Orson Pratt dijo, mientras estuvo describiendo los efectos de las guerras internas en los Estados Unidos:

> Si una guerra de tal descripción sucedería, ¿quién podría mantener sus negocios con seguridad? ¿Quién tendría la seguridad de sembrar o de ocuparse en cualquier negocio? *Habrían personas huyendo de un Estado a otro, y una confusión general existiría a través de toda la República. Con el tiempo esta será la condición de toda la nación, si el pueblo no se arrepienta de su maldad; y tales condiciones no significan ni más ni menos que el derrocamiento completo de la nación, y no solo esta nación sino las naciones de Europa.*[16]

Wilford Woodruff enseñó que sin duda acontecería la destrucción de esta nación, al igual que la de otras naciones:

> Cuando contemplo la condición de nuestra nación, y veo que la iniquidad y la abominación están aumentándose, tanto que todo el cielo gime y llora a razón de las abominaciones de esta nación y de las otras naciones de la tierra, *me pregunto, ¿podrá escapar la nación Americana? La respuesta viene, No; su destrucción, tal como la destrucción del mundo, es cierto;* tan cierto como el Señor aisló y destruyó las dos grandes y prósperas naciones que una vez habitaron este continente de Norte y Sur América, a razón de su iniquidad, en tal manera destruirá a estas, y *tarde o temprano cosecharán los frutos de sus propios hechos inicuos, y serán contados entre los del pasado.*[17]

Parece que no hay profecías específicas que tratan la relación cronológica entre la caída del gobierno de los Estados Unidos y la destrucción de otros gobiernos, sino que la paz será quitada de las otras naciones durante el período cuando los Estados Unidos sufren las guerras internas. Dijo el Profeta José:

> La paz será quitada de la tierra y no habrá paz sino en las Montañas Rocosas. Esto causará que centenares y miles de los honestos de corazón se congregarán allá; no por un anhelo de ser santos sino para su seguridad y por su determinación de no levantar la espada contra sus vecinos.[18]

---

15. *Noticiero Deseret Nocturno,* Tomo 8, Nó. 265. 2 de octubre de 1875.
16. *Diario de Discursos,* 21:301.
17. *Diario de Discursos,* 21:301.
18. Profecía registrada por Edwin Rushton y Teodoro Turley.

Sin embargo, una norma aparenta manifestarse. Parece que el conflicto en los Estados Unidos empieza con las guerras de destrucción completa. Durante la lucha en que esta nación se derrumbará, un reino político será establecido por los Santos y entonces volverán para edificar la Nueva Jerusalén. El poder de las naciones contrarias disminuirá a la vez que sucumben a las devastaciones de varias guerras y las destrucciones naturales que empezarán mientras los Estados Unidos está cayendo. El Reino de Dios aumentará en dominio.

Un Resto de Jacob Pisoteará a Los Gentiles

La "Profecía Sobre la Guerra" habla de un tiempo mucho después de la Guerra Civil en los Estados Unidos, en que "los esclavos se sublevarán contra sus amos, los cuales serán movilizados y disciplinados para la guerra," y también predice que "el resto de los que hayan quedado en la tierra se movilizarán y se irritarán extremadamente y hostigarán a los gentiles con severa aflicción."[19] El Señor, en el *Libro de Mormón*, también habla de un resto de la tierra de América que se levantará para vejar a los gentiles,[20] e identifica este resto como un resto de Jacob (una frase comúnmente interpretada como los Lamanitas, o sea los Americanos Nativos):

> *Y los de mi pueblo, que son un resto de Jacob, estarán en medio de los gentiles, sí, en medio de ellos como león entre los animales del bosque, y como cachorro de león entre las manadas de ovejas, el cual, si pasa por en medio, huella y despedaza, y nadie las puede librar.*
>
> Su mano se levantará sobre sus adversarios, y todos sus enemigos serán talados.
>
> Sí, *¡ay de los gentiles, a menos que se arrepientan!* Porque sucederá en aquel día, dice el Padre, que *haré matar tus caballos de en medio de tí, y haré destruir tus carros;*
>
> *Y talaré las ciudades de tu tierra, y derribaré todas tus plazas fuertes;*
>
> Y exterminaré de tu tierra las hechicerías, y no tendrás más adivinos;
>
> Tus imágenes grabadas también destruiré, así como tus esculturas de en medio de tí, y nunca más adorarás las obras de tus manos;
>
> Y arrancaré tus bosques de entre tí, *y asolaré tus ciudades.*
>
> Y acontecerá que todas las mentiras, y falsedades, y envidias, y contiendas, y supercherías sacerdotales, y fornicaciones, serán extirpadas.
>
> Porque sucederá, dice el Padre, que en aquel día *talaré de entre mi pueblo a cualquiera que no se arrepienta y venga a mi Hijo Amado, oh casa de Israel.*
>
> Y ejecutaré venganza y furor sobre ellos, así como sobre los paganos, tal como nunca ha llegado a sus oídos.[21]

---

19. *Doctrina y Convenios* 87:4-5.
20. Véase Capítulo Dos para un tratamiento de los aspectos condicionales de estas profecías.
21. *3 Nefi* 21:12-21. Véase también *3 Nefi* 20:15-17.

El Señor declaró al pueblo Nefita que cuando el resto de Jacob será permitido ir por en medio de los gentiles como "león entre los animales del bosque" será porque los Gentiles habrán llegado a ser como "la sal que ha perdido su sabor, que desde entonces para nada es buena sino para ser arrojada y hollada bajo los pies de [Su] pueblo." En otras palabras, esto será en "el día en que los gentiles pequen contra [Su] evangelio," y el Señor quitará la plenitud de Su evangelio de entre ellos. Esto ocurrirá en el período en que "los gentiles no tendrán poder sobre tí; antes bien me acordaré de mi convenio contigo, oh casa de Israel, y llegarás al conocimiento de la plenitud de mi evangelio."[22]

Mormón también dió una amonestación a los Gentiles que podrían vivir en esta tierra en los últimos días. Les dijo que no podrían afrontar el poder de Dios si no se arrepintieran, y entonces añadió:

> Por tanto, arrepentíos y humillaos ante él, no sea que se levante en justicia contra vosotros—*no sea que un resto de la posteridad de Jacob vaya entre vosotros como león, y os despedace, y no haya nadie para librar.*[23]

Así es que los Santos de los Últimos Días anticipan una sublevación del pueblo Lamanita en los continentes Americanos contra los habitantes Gentiles. Como se ha visto arriba, tal sublevación debe ocurrir cuando los tiempos de los Gentiles son cumplidos, y antes que la mayoría de los Lamanitas y el resto de la Casa de Israel habrán llegado a un conocimiento del Evangelio. Aparentemente ocurre, entonces, durante el período de las guerras internas que los Estados Unidos tendrán que sufrir.

Debe ser subrayado, sin embargo, que esta profecía fué dada en forma condicional. Los Gentiles pueden escapar este juicio si se arrepientan y no pequen contra el Evangelio, pero parece en la luz de profecía y las tendencias actuales que tal no será el curso que escogerán.

La Asambléa de los Santos a las Montañas

Aunque la política actual de la Iglesia es establecer sus miembros en organizados grupos a través del mundo, cuando llegue el conflicto armado y la angustia sobreviene los Estados Unidos esta política será cambiada al inverso y las instrucciones serán "Huyan, pues, a Sión los que se hallan entre los gentiles."[24]

El Señor también habló de un "recogimiento" en la tierra de Sión como un "refugio contra la tempestad y contra la ira" y dijo que

---

22. *3 Nefi* 16:10-15.

23. *Mormón* 5:24.

24. *Doctrina y Convenios* 133:12. Para confirmar que esto es el debido cumplimiento cronológico de este pasaje compárese *Doctrina y Convenios* 88:84-92 con *Doctrina y Convenios* 133:8-12. Observad que el grito "He aquí, el Esposo viene; salid a recibirlo" seguirá el derramamiento de los juicios de Dios. Sin embargo, señala el tiempo cuando los Santos serán llamados para congregarse a Sión.

acontecería en el período *"cuando sea derramada sin mezcla [la ira de Dios] sobre toda la tierra."*[25]

Brigham Young habló del futuro recogimiento de los Santos al oeste de los Estados Unidos:

> Un Imperio interior se establecerá en estos valles de las montañas, que será *un lugar de refugio para la congregación de millones de personas, cuando el gran día de los juicios de Dios vendrá sobre la tierra, y los rectos vendrán acá para su protección.* Nuestro pueblo irá hacia el Este, el Oeste, el Norte y el Sur, pero llegará el día, cuando serán alegres en retornar. Seremos aislados del resto del mundo.[26]

En otra ocasión puntualizó las venideras guerras internas y enseñó que los que no levantaren la espada en contra de sus vecinos tendrán que huir a las montañas. También fué la enseñanza de Presidente Young que las montañas del oeste fueron especialmente preparadas por Dios para servir como refugio para los Santos:

> Será lo mismo con otras denominaciones que profesan el Cristianismo, será Cristiano contra Cristiano, y hombre contra hombre, y *aquellos que no levantaren la espada en contra de sus vecinos tendrán que huir a Sión.*
>
> Somos bendecidos en estas montañas; éste es el mejor lugar en el mundo para los Santos de los Ultimos Días. Escudriñad la historia de todas las naciones y cada lugar geográfico sobre la faz de la tierra, no podréis encontrar otra situación tan bien adaptada para los Santos como la que existe en estas montañas. *Aquí está el lugar en que el Señor determinó esconder sus Santos en los Ultimos Días, hasta que la indignación del Señor habrá pasado. Su ira será derramada sobre las naciones de la tierra.*[27]

Orson Pratt también enseñó que aunque los Santos previamente hubieron sido bendecidos por Dios en ser capacitados para extenderse a través de la tierra, en la hora de los juicios de Dios el refugio estaría en el corazón del continente Americano:

> La mano del Señor estará sobre nosotros para sostenernos, y nos extenderemos. Nos multiplicará en la tierra; nos hará un gran pueblo, y fortalecerá nuestros bordes, y enviará a los misioneros de este pueblo a los cuatro cabos de la tierra para publicar paz y nuevas de gran gozo y *proclamar que todavía queda en el corazón del continente Americano un lugar de paz, de seguridad y de refugio de las tormentas, desolaciones y tribulaciones que vendrán sobre los inicuos.*[28]

---

25. *Doctrina y Convenios* 115:6.
26. Un relato de Brigham Young a Benjamín Kimball Bullock como registrado por el hijo del último, Ben H. Bullock. El autor tiene copias notariadas de declaraciones que afirman la validez de ésta y otras profecías registradas por Bullock.
27. *Periódico Deseret*, Tomo 11, Nó. 9, 1 de mayo de 1861.
28. *Diario de Discursos*, 12:345.

Presidente J. Golden Kimball, del Primer Consejo de los Setenta, profetizó en 1926 de un tiempo venidero cuando muchos tendrán un deseo ardiente para volver al Oeste:

> Profetizo que antes que muchos de vosotros pasaréis al otro lado tendréis un deseo ardiente en vuestros corazones para volver al lugar adonde los líderes de la Iglesia han aconsejado a los Santos a radicarse, y daréis cualquier cosa en el mundo para poder vivir allá.[29]

El gran influjo de personas a la área será una fuente de crecimiento para los Santos de los Ultimos Días en el Oeste. Varias profecías tratan este crecimiento, aunque no se puede determinar si indican el período de las guerras internas o después. Una profecía atribuida a Brigham Young declara que

> . . . Vendrá el día en que serán construidos grandes lugares industriales y de almacenaje al oeste del Río Jordán y *vivirán allí más de tres millones de personas y el Río Jordán pasará prácticamente por el centro de la Ciudad de Lago Salado.*[30]

Otra profecía, esta vez tratando la región de Logan, fué dada por Wilford Woodruff: En un discurso pronunciado el 22 de agosto de 1863, en Logan, Utah, predijo la construcción del Templo de Logan. Entonces habló de un tiempo aún en el futuro cuando el valle en que Logan está situada será llena de ciudades y pueblos, y será llena de decenas de miles de los Santos de los Ultimos Días:

> Ahora, mis jóvenes amigos, el día vendrá, después que vuestros padres y estos profetas y apóstoles han fallecido, que tendréis el privilegio de entrar en las torres de un glorioso Templo edificado al nombre del Más Alto (señalando en la dirección de la ladería), hacia el éste sobre la ladería de Logan; y mientras os paréis en las torres del templo y *vuestros ojos repasan este glorioso valle lleno de ciudades y pueblos, ocupados por miles de Santos de los Últimos Días,* entonces recordaréis esta visita de Presidente Young y sus acompañantes.[31]

¿Qué se anticipa pasará durante esta guerra interna en los Estados Unidos a los Santos que niegan juntarse en la seguridad de las Montañas Rocosas? El Profeta José dijo en 1839 que habrán Estacas acá y allá pero cuando vienen las guerras, los Santos tendrán que huir a Sión. Comentó que el tiempo pronto viene cuando ningún hombre tendrá paz sino en

---

29. *Informe de la Conferencia,* octubre de 1926, p. 58.

30. Profecía dada por Brigham Young a Guillermo B. Armstrong y registrada por Ben H. Bullock. El autor tiene copias notariadas de declaraciones que afirman la validez de esta y otras profecías registradas por Bullock.

31. *Periódico Deseret*, Tomo 33, p. 678. La cuenta del Censo de 1960 da la población de Logan como de 17.464 y de todo el Valle de Cache como de 35.688. En 1990 la población de Logan fue 32.762 y la población de todo el Valle de Cache fue 64.329.

que el tiempo pronto viene cuando ningún hombre tendrá paz sino en Sión y sus estacas, y parece que esto se refiere a las estacas ubicadas cerca del centro de la Iglesia en el Oeste, como es indicado por las palabras arriba citadas. Entonces habló de los Santos que serán perseguidos de ciudad a ciudad por las pandillas. Parece que los dichos citados arriba indican que estos Santos no serán los ubicados en las montañas, sino que serán aquellos que quedan en las areas lejanas. Esto es lo que dijo el Profeta:

> Acá y allá habrá una Estaca [de Sión] para la congregación de los Santos. *Puede ser que algunos habrán clamado paz, pero los Santos y el mundo tendrán poca paz de ahora en adelante.* No debemos permitir que esto nos impede ir a las Estacas; *porque Dios nos ha avisado de huir, no demorando, o seremos esparcidos, uno aquí, otro allí.* Allá serán bendecidos vuestros hijos, y estaréis rodeados de amigos donde seréis bendecidos. La red del Evangelio recoge de todas clases.
>
> *Profetizo que el que demora después que tiene la oportunidad de ir, será afligido por el diablo.* Guerras están a mano; no debemos demorar, pero no se nos requiere sacrificar. Debemos tener como nuestro gran objetivo la edificación de Sión. *Cuando vienen las guerras tendremos que huir a Sión.* El grito es apurarse.
>
> . . . El tiempo llega pronto en que ninguno tendrá paz sino en Sión y sus estacas . . . Estas cosas están a nuestras puertas. *Perseguirán a los Santos de Dios de ciudad a ciudad.*[32]

Los Gentiles Rectos También Se Congregarán en las Montañas

Se anticipa también que en ese tiempo millones de Gentiles se congregarán en el Oeste para escapar el guerrear que se enfurecerá a través del resto de la nación y las otras naciones del mundo. Orson Pratt dijo que en este tiempo otros gobiernos estarían desplomándose, y dió esta descripción de la venida al Oeste de los pueblos Gentiles desde tierras extranjeras:

> Un arroyo fluente es uno que corre continuamente; y *los Gentiles, en aquel día, vendrán a nosotros como un arroyo fluente*, y tendremos que tener nuestras puertas abiertas continuamente, vendrán como nubarrones y como palomas en grandes averías. ¿Penséis que los Gentiles ignorarán lo que está pasando? Pues esto no será el caso, sino que entenderán perfectamente lo que está ocurriendo. Las personas verán que la mano de Dios está sobre este pueblo; verán que El está entre nosotros, y que es nuestra atalaya, que es nuestro escudo y nuestra defensa, y por lo tanto dirán,'Subamos y pongamos nuestras riquezas en Sión, porque no hay seguridad en nuestras naciones.'
>
> *Esas naciones están temblando y bamboleando y finalmente se destrozarán en ruina,* y los hombres de mucha riqueza vendrán acá, no para ser bautizados, sino que muchos vendrán que nunca han escuchado a los siervos de Dios; pero oirán que paz y salud moran entre nosotros, y que nuestros

---

32. *Historia de la Iglesia,* 3:390-91.

oficiales son todos oficiales de paz, y que los que imponen impuestos son hombres rectos.[33]

A la llegada a Lago Salado del segundo de las compañías de carretillas de mano, Heber C. Kimball profetizó de un tiempo cuando enormes cantidades de personas vendrán huyendo al Oeste sin ni siquiera carretillas de mano:

> Estoy muy agradecido que tantos de nuestros hermanos han llegado con carretillas de mano; mi alma regocijó, mi corazón llenó y creció tan grande como una cesta de dos almudes. Dos compañías han llegado seguros y sanos. ¿Es esto el fin? No; *habrán millones sobre millones que vendrán en condiciones parecidas, sino que no tendrán carretillas de mano, pero huirán llevando sus bienes bajo los brazos, y sus hijos sobre las espaldas y bajo los brazos.*[34]

Jorge Q. Cannon también alzó la voz para explicar que cuando vengan las contenciones, los hombres tendrían que "huir a los Mormones" para su seguridad:

> Anticipo ver el día cuando los Santos de los Últimos Días serán los que mantendrán el gobierno constitucional en este país. Los hombres en todos lugares deben comprender que creemos en los principios de la constitución, y anticipamos que será nuestro destino mantenerlos. Que la predicción será cumplida que fué hecha el 7 de marzo hace cuarenta y cuatro años, en que Dios dijo a José Smith—"oís de guerras en países extranjeros; mas he aquí, os digo que están cerca, aun a vuestras puertas, y dentro de pocos años oiréis de guerras en vuestras propias tierras." *Pero la revelación dice a continuación que el día vendrá entre los inicuos que todo hombre que no tome la espada contra su prójimo tendrá que huir a Sión para hallar seguridad. Una porción de esa revelación ya se ha cumplido, el resto se cumplirá.* Las causas que lo llevarán a cabo ya están en actuación. No somos los únicos que piensan que la república está encaminándose en esa dirección; que estamos dejando por atrás los antiguos mojones constitucionales, y no está muy lejana la hora cuando habrán amarguras en consecuencia de ello, entonces habrán molestias y perturbaciones civiles; y creemos que para escaparlas *los hombres serán obligados a huir a los "Mormones"*, aunque son tan odiados ahora.[35]

Finalmente los Santos Estarán Aislados del Resto del País

Los primeros líderes de la Iglesia enseñaron que durante este período de perturbaciones internas los Santos en el Oeste estarían aislados del resto de los Estados Unidos. Brigham Young, hablando en 1868, proclamó que

33. *Diario de Discursos*, 3:16.
34. *Diario de Discursos*, 18:10.
35. *Diario de Discursos*, 18:10.

Más luego habrá un abismo entre los rectos y los inicuos tal que no podrán negociar el uno con el otro y cesará la comunicación nacional.[36]

Su lema siempre fué la necesidad de la producción casera para que los Santos estuviesen preparados para el tiempo cuando estarían aislados del resto de los Estados Unidos. Lo siguiente fué la admonición de Heber C. Kimball:

> Almacenad vuestros bienes, y tomad vuestras sedas y cosas finas, y reemplazadlas con trigo y tales cosas que necesitéis, *y vendrá el tiempo cuando seremos obligados a defendernos con nuestros propios recursos;* porque el tiempo no está lejano cuando *la pantalla caerá entre nosotros y los Estados Unidos.* Cuando llegue este tiempo, hermanos y hermanas, desearías haber empezado antes en fabricar vuestra propia ropa. Os digo que Dios nos requiere empezar la fabricación casera; y por mas que lo queráis postergar, tendréis que hacerlo.[37]

Orson Pratt también abogó este principio. Hizo esta declaración sobre la necesidad de los Santos de ser preparados y ser auto-suficientes cuando "se cerrará la puerta:"

> Y llegará el día, cuando nos encontraremos restringidos, y cuando por cierto será muy importante para nosotros a patrocinar la producción casera, y cesar en mandar nuestros millones al extranjero para importaciones, *porque la puerta será cerrada, y las circunstancias serán tales que no podremos importar del extranjero;* y de aquí la necesidad de la exhortación que hemos recibido de cuando en cuando, *para ocuparnos con todo corazón en las varias ramas de la industria necesaria para hacernos auto-suficientes,* y llevarlos a cabo con todo el tacto y sabiduría que Dios nos ha dado, que llegaremos a ser libres e independientes en todos estos asuntos, libres ante los cielos, e independientes de todas las naciones de la tierra y sus producciones, en cuanto tiene que ver con ser dependientes de ellos.[38]

Una profecía atribuida al Profeta José Smith recopila estos problemas y añade materia de una naturaleza internacional. Mantiene que las guerras en América serán tan inhumanas y tan terribles que Inglaterra tentará de terminarlas:

> Inglaterra quedará neutral *durante esta terrible revolución de que he hablado,* hasta que llegue a ser tan inhumana que ella se interpondrá para terminar el derramamiento de sangre. Inglaterra y Francia se unirán para formar la paz, no para avasallar las naciones; *encontrarán las naciones tan fraccionadas y tantas de estas pretendiendo gobernarse, hasta que no habrá gobierno responsable.* Entonces parecerá a otras naciones o poderes como si

36. *Diario de Discursos,* 12:284.
37. *Diario de Discursos,* 5:10.
38. *Diario Deseret Nocturno,* Tomo 8, Nó. 265, 2 de octubre de 1875.

> Inglaterra hubiera tomado posesión del país . . . *La paz y seguridad en las Montañas Rocosas serán protegidas por una banda cordonera del Caballo Blanco [la Iglesia] y el Caballo Rojo.*[39]

El Influjo de Mucha Gente Traerá Peligro de Hambre al Oeste

Es lógico que en tal período, cuando no pueden importar alimentos y cuando la población en las areas céntricas habrá sufrido grandes influjos de personas en solo un corto período, que habrá gran peligro de hambres, de falta de viviendas y preparaciones sanitarias, etcétera. El Profeta José Smith, al hablar del influjo de los Gentiles a las comunidades occidentales durante las guerras internas, amonestó

> *Seréis tan numerosos que estaréis en peligro de hambre,* no por falta de la temporada de sembrar y de cosechar, sino *porque habrán tantos para alimentar.* Muchos vendrán con sus bienes bajo el brazo para escapar las calamidades, y no habrá escape sino por huir a Sión.[40]

Heber C. Kimball amonestó que "El día vendrá cuando las personas de los Estados Unidos vendrán trayendo sus pertenencias en sus brazos, viniendo a nosotros para un pedazo de pan para comer."[41] El mismo sermón incluyó la declaración que

> *El día vendrá en que vosotros (los desconocidos) tendréis que venir a nosotros para vuestro pan; y seremos vuestros salvadores aquí sobre el Monte de Sión.* No lo creéis ahora; pero esperad un poco, y veréis que todo sucederá.[42]

En otra ocasión Heber C. Kimball relató un sueño extraño que parece subrayar la falta de alimentos que los Santos sentirán en ese tiempo:

> Os relataré un sueño que Hermano Kesler tuvo recién. Soñó que fueron puestos delante de él una bolsa de oro y un gato, y tuvo el privilegio de escoger cual deseaba, así que sucedió que escogió el gato, y salió con él. ¿Porqué tomó el gato en vez del oro? Porque *pudo comer el gato* y no pudo comer el oro. Podéis ver tales tiempos antes que falleceréis.[43]

Wilford Woodruff instruyó a los Santos que deben estar preparados, porque "el Señor no está por desilusionar ni a Babilonia ni a Sión en cuanto al hambre, la pestilencia, los terremotos o tormentas," y les amonestó a "almacenar vuestro trigo y otras provisiones contra el día de necesidad, porque vendrá el día en que os hará falta, y no os equivoquéis en esto." Dijo que "*quiereremos tener pan, y los Gentiles quiererán tener*

---

39. Profecía registrada por Edwin Rushton y Teodoro Turley.
40. *Ibíd.*
41. *Diario de Discursos,* 5:10.
42. *Diario de Discursos,* 5:9.
43. *Diario de Discursos,* 3:262.

pan, y si somos sabios tendremos algo para alimentarles a ellos y a nostoros mismos cuando viene el hambre."[44]

Presidente Brigham Young afirmó que los Santos no sufrirían los efectos del hambre si almacenaren sus alimentos y si fueren continuamente preparados:

> Nunca he prometido hambre para los Santos de los Últimos Días, si somos tan solo medios rectos. Nunca habréis oído caer de mis labios que las hambres vendrían sobre este pueblo. Nunca pasará si somos tan solo medios rectos, y anticipamos que haremos mejor que eso.[45]

Sumario

Los profetas de los Santos de los Últimos Días han hecho muchas profecías pertenecientes a una serie de guerras internas que resultará en el colapso del gobierno y del dominio de los Estados Unidos. Las guerras tendrán las siguientes características y resultados:

1. Las guerras involucrarán molestias entre la familia. Padres serán puestos en contra de sus hijos y madres lucharán contra sus hijas.
2. En vez de una guerra general, habrán muchas guerras locales que involucrarán vecindades, ciudades y estados.
3. En vez de batallas entre ejércitos, las luchas serán entre pandillas que traficarán de una localidad a otra, dedicadas a la destrucción de su oposición.
4. La agricultura y la industria cesarán. Agricultores huirán delante de las pandillas rapiñas. Esto, sin duda, causará el hambre y la muerte por falta de alimentos en muchos lugares.
5. Parece que los Lamanitas, o sea los Americanos Nativos del Norte, Centro y Sur América, también se levantarán y desafiarán a los pueblos Gentiles durante este período de guerras internas.

44. *Diario de Discursos*, 18:121.

45. *Diario de Discursos*, 12:241.

CAPITULO CINCO

El Establecimiento del Reino de Dios

Cuando Fracasa el Gobierno de los Estados Unidos, los Santos Sostendrán la Constitución

Como se vió en el capítulo anterior, el conflicto interno en los Estados Unidos será tan extenso que el poder del gobierno cesará y la ejecución de la ley no será de mucho efecto. Por razón del derrumbamiento y el colapso del gobierno nacional, los Santos se encontrarán con la necesidad de mantener su propio gobierno para poder preservar la ley y el orden. Ésto fue explicado por Órson Pratt:

> Dios ha proclamado su mensaje amonestador por toda esta nación, pero lo ha rechazado y han tratado a los siervos de Él con desdén; el Señor ha quitado su pueblo de entre ellos, y los ha plantado aquí en las montañas; *y cumplirá con rapidez la profecía en relación al derrocamiento de esta nación, y su destrucción. Seremos obligados a tener un gobierno para preservarnos en la unidad y paz; porque ellos, a razón de su derrocamiento, no tendrán el poder de gobernar;* porque estado será dividido en contra de estado, ciudad en contra de ciudad, aldea en contra de aldea, y el país entero estará en terror y confusión; pandillaje prevalecerá y no habrá tranquilidad a través de esta gran República, para las vidas ni para la propiedad del pueblo. *Cuando este tiempo llegue, necesariamente desearemos llevar a cabo los principios de nuestra gran constitución como el pueble de Dios, y desearemos ver estos principios magnificarse, según el orden de unión y unanimidad que prevalece entre el pueblo de Dios.* Podremos magnificarlo, y todos ser unidos sin tener demócratas o republicanos ni diferentes clases de religión; podremos magnificarlo según la letra y el espíritu de la constitución, a pesar de ser unidos en la política, en la religión y en todo lo demás.[1]

Los primeros líderes de la Iglesia enseñaron que el gobierno que los Santos iban a establecer sería aparte de la Iglesia. Por ejemplo, Élder Jorge Q. Cannon, contestando la pregunta, ¿son la Iglesia de Dios y el Reino de Dios la misma organización? dijo,

> Nos han avisado que algunos de los hermanos piensan que son separados.
>
> Ésto es el debido punto de vista. *El Reino de Dios es una organización separada de la Iglesia de Dios.*[2]

Un problema en terminología se levanta a razón de llamar la organización política el "Reino de Dios." En muchos casos la Iglesia de Cristo sobre la tierra está nombrada como el "reino de Dios" y el término está puesto en contraposición al término "reino del Cielo," o el estado de exaltación. El lector debe entender que el término "reino de

1. *Noticiero Deseret Nocturno*, Tomo 8, Nó. 265, 2 de octubre de 1875.
2. *La Historia de la Iglesia*, 7:382.

Dios" ha sido empleado en las citaciones en este capítulo como refiriéndose a una organización política y no a la Iglesia.

Cuando el gobierno de los Estados Unidos cesa de existir, los Élderes de Israel tomarán la responsabilidad de gobernar el resto de los habitantes de esta nación. Sostendrán la constitución y la mantendrán inviolable. Los líderes de la Iglesia han comentado sobre este principio al clarificar una profecía atribuida a José Smith. Dijo Brigham Young:

> ¿Se destruirá la constitución? No: será mantenida inviolable por este pueblo; y, como dijo José Smith, "*Vendrá el tiempo cuando el destino de esta nación colgará por un solo hilo. En esta ocasión crítica, este pueblo avanzará y la salvará de la destrucción amenazada.*" Así será.[3]

Orson Hyde clarificó el asunto aun más:

> Se ha dicho que hermano José durante su vida declaró que los Élderes de esta Iglesia avanzarían en un tiempo específico cuando la Constitución estaría en peligro, y la rescatarán y la salvarán. Ésto puede ser; pero no recuerdo que lo dijo exactamente así. *Creo que dijo algo así—que el tiempo vendrá cuando la Constitución y el país estarían en peligro de derrocamiento; y, dijo él, si la Constitución acaso se salvará, será por los Élderes de esta Iglesia.* Creo que estos son más o menos los términos, en cuanto lo puedo recordar.
>
> La pregunta es si la salvarán o no. No creo que nos importa si se salva o no: el Señor sostendrá y cuidará su pueblo, si cumplimos con todo deber, y si le tememos y le honramos, y si guardamos sus mandamientos; *y no nos dejará sin una Constitución.*[4]

En 1879, Presidente Juan Taylor refirió a la tensión que será puesta sobre la Constitución y a la manera en que los Santos se presentarán para sostenerla:

> *Cuando el pueblo habrá hecho pedazos a la Constitución de los Estados Unidos, los Élderes de Israel se encontrarán sosteniéndola a la vista de todas las naciones de la tierra y proclamando libertad y derechos iguales para todos los hombres,* y extendiendo la mano de hermandad a los oprimidos de todas las naciones. Ésto es parte del programa, y en tanto que hacemos lo bueno y tememos a Dios, Él nos ayudará y nos sostendrá en todas circunstancias.[5]

La Iglesia mira a la Constitución de los Estados Unidos como una preparación para el Reino de Dios que algún día tendrá dominio universal. Juan Taylor lo consideró como "la cuña entrante para la introducción de una nueva era, y en ella fueron presentados principios para el nacimiento y la organización de un nuevo mundo."[6] Orson Pratt dijo que la Constitución es un "precursor a un estilo de gobierno

---

3. *Diario de Discursos,* 7:15. Para un tratamiento más amplio del tema de la Constitución "colgando por un hilo," véase el apéndice.

4. *Diario de Discursos,* 6:152.

5. *Diario de Discursos,* 21:8.

6. *Diario de Discursos,* 21:31.

infinitamente más grande y más perfecto—un gobierno fundado sobre leyes divinas, con todas sus instituciones, ordenanzas, y oficiales nombrados por el Dios del cielo."[7]

La Base Para el Reino de Dios Fue Establecida Por Revelación a José Smith

El "Reino de Dios" político, o sea el gobierno que los Santos encontrarán necesario establecer durante este período de tensión, no será una organización nueva. Al contrario, será el re-establecimiento de un gobierno que fue anteriormente establecido por el Señor por la instrumentalidad de José Smith. Se dice que las llaves del Reino de Dios has estado sobre la tierra desde los primeros días de la Iglesia. Fue dicho en una revelación en 1831:

> *Las llaves del reino de Dios han sido entregadas al hombre en la tierra*, y de allí rodará el evangelio hasta los extremos de ella, como la piedra cortada del monte, no con mano, ha de rodar, hasta que llene toda la tierra . . .
>
> Implorad al Señor, a fin de que su reino se extienda sobre la faz de la tierra, para que sus habitantes lo reciban y estén preparados para los días que han de venir, en los cuales *el Hijo del Hombre descenderá en el cielo, revestido del resplandor de su gloria, para recibir el reino de Dios establecido sobre la tierra.*
>
> *Por tanto, extiéndase el reino de Dios, para que venga el reino de los cielos.*[8]

Brigham Young dijo que el Profeta José Smith estableció el reino durante los últimos pocos meses antes de su martirio y dijo que la constitución de este reino fue dada por revelación:

> *El profeta dió una repleta e íntegra organización a este reino en la primavera antes que fue asesinado* . . . No os revelaré los nombres de los miembros de este reino, ni tampoco os leeré su constitución, mas *la constitución fue dada por revelación. El día vendrá en que será organizada en fuerza y poder.*[9]

Aparentemente el Profeta registró la organización de este concilio y dictó sus primeros objetivos en las minutas de una reunión que condujo el 11 de marzo de 1844:

> Presentes—José Smith, Hyrum Smith, Brigham Young, Heber C. Kimball, Willard Richards, Parley P. Pratt, Orson Pratt, Juan Taylor, Jorge A. Smith, Guillermo W. Phelps, Juan M. Bernhisel, Lucien Woodworth, Jorge Miller, Alejandro Badlam, Pedro Haws, Erastus Snow, Reynolds Cahoon, Amos Fielding, Alpheus Cutler, Levi Richards, Newel K. Whitney, Lorenzo E. Wasson, y Guillermo Clayton, *quienes organicé en un concilio especial*, para considerar los asuntos contenidos en las cartas arriba citadas, y también la mejor *política que este pueblo debe adoptar para obtener de la*

---

7. *Diario de Discursos*, 7:215.
8. *Doctrina y Convenios* 65:2, 5-6.
9. *Diario de Discursos*, 17:156-57.

> *nación sus derechos y asegurar protección para sí mismos y para sus hijos; y obtener un refugio de descanso en las montañas, u otra región no habitada*, donde podemos gozar la libertad de conciencia que nos garantiza la Constitución de nuestro país, hecho doblemente sagrado por la sangre preciosa de nuestros antepasados, y negado a nosotros por las autoridades actuales que se han contrabandeado a sí mismos en poder en los Estados y en la Nación.[10]

El concilio creció y fue nombrado el "Concilio General" o el "Concilio de Cincuenta." Brigham Young aludió al estado primitivo del Reino político de Dios en una carta que escribió el 3 de mayo de 1844, en que dijo,

> El reino está organizado; y aunque en este momento no es más grande que un grano de mostaza, la pequeña planta está floreciendo y nuestras perspectivas son más brillantes que nunca.[11]

Un acontecimiento que ocurrió un poco después de la muerte del Profeta sirve para establecer la relación entre el Concilio de Cincuenta y la Iglesia. En este tiempo había confusión entre algunos miembros de la Iglesia por razón del martirio del Profeta. Obispo Jorge Miller y Alejandro Badlam quisieron que se reuna el Concilio de Cincuenta para regularizar la Iglesia. La respuesta a su pedido fue registrada en *La Historia de la Iglesia*:

> *Fueron avisados que el Concilio de Cincuenta no era una organización de la Iglesia, sino que fue compuesto de hombres sin consideración a su fe religiosa*, y fue organizado para el propósito de considerar la mejor manera de recibir satisfacción en cuanto a las injusticias que sufrimos a las manos de nuestros enemigos, y para determinar alguna manera de ubicarnos e instalarnos en algún lugar donde podríamos vivir en paz; y que *la organización de la iglesia pertenecía solo al sacerdocio*.[12]

Fue en parte bajo la dirección del Concilio General, o el Concilio de Cincuenta, que los Santos emprendieron su éxodo hacia el oeste. Brigham Young registró en el primer de marzo de 1845 que "nos reunimos con el 'Concilio General' en la Sala de los Setenta. Decidimos mandar nueve hermanos al Oeste, para localizar una ubicación para los Santos."[13]

> El Concilio General [Concilio de Cincuenta] se convocó. Se aprobó que se seleccionara una compañía de 1.500 hombres para ir al valle del Gran Lago Salado [Salt Lake City] y que se nombrara un comité de cinco personas para juntar información en cuanto a la emigración, y dar informes al concilio sobre lo mismo.[14]

---

10. *La Historia de la Iglesia*, 6:260-61.
11. *La Historia de la Iglesia*, 7:381.
12. *La Historia de la Iglesia*, 7:213.
13. *La Historia de la Iglesia*, 7:379.
14. *La Historia de la Iglesia*, 7:439.

Sin embargo, los hermanos aparentemente se dieron cuenta que la hora no había llegado en que el Reino de Dios debía tomar dominio, y que el Concilio en aquel día estaba cumpliendo con solo una función preparatoria. Brigham Young dijo en 1885,

> Como lo indicó Hermano Pratt [esta mañana] ese reino [*i.e.* de Dios] en realidad está organizado y los habitantes de la tierra no lo saben. Si este pueblo sabe algo de ello, bien; *está organizado preliminar a ponerse en marcha en el debido tiempo del Señor, y en una manera que le complacerá.*[15]

El Concilio de Cincuenta, como la práctica del casamiento plural, fue una causa del antagonismo entre los miembros y los no miembros durante los primeros años de la Iglesia en Utah. A razón de estas dificultades, ambas la ideología y la práctica del Reino político de Dios fueron discontinuadas hasta que se acercara el tiempo para su futura necesidad. Este tiempo empezará cuando los gobiernos del estado y el gobierno federal en los Estados Unidos se derrumbarán y los Santos tendrán que establecer su propio gobierno.

La Política Futura del Reino de Dios

Si es válida la suposición que el Concilio de Cincuenta se organizará sobre los mismos principios en el período venidero como se hizo originalmente, entonces ser miembro del Concilio no será limitado a los miembros de la Iglesia de los Santos de los Últimos Días. Dijo Brigham Young,

> Como observó uno de los predicadores esta mañana, *ese reino procede de la Iglesia de Jesucristo de los Santos de los Últimos Días, mas no es la iglesia; porque un hombre puede ser un legislador en ese cuerpo que provendrá las leyes para sostener a los habitantes de la tierra en sus derechos individuales y sin embargo en ninguna manera ser miembro de la Iglesia de Jesucristo.* Y además aunque un hombre ni creyere en ninguna religión, sería perfectamente bien, cuando necesario, darle el privilegio de tener un asiento en ese cuerpo que formará las leyes para gobernar todas las naciones de la tierra y controlar aquellos que no profesan ninguna religión.[16]

Ésto fue enseñado también por Jorge Q. Cannon, quien dijo,

> *Puede ser que habrán aquellos sirviendo como oficiales en el Reino de Dios que no serán miembros de la Iglesia de Jesucristo de los Santos de los Últimos Días. Sobre este punto el Profeta José dió detalladas instrucciones antes de su muerte,* y dió un ejemplo que pidió que los Élderes jóvenes siempre recordaren. Fue al punto de que personas que no pertenecían a la Iglesia de Jesucristo de los Santos de los Últimos Días podrían ser escogidas como oficiales en el Reino de Dios.[17]

15. *La Historia de la Iglesia,* 7:381.
16. *La Historia de la Iglesia,* 7:381-82.
17. *La Historia de la Iglesia,* 7:382.

Según Brigham Young, el Reino de Dios dependerá en la revelación de Dios para sostenerlo. Se llama tal gobierno una teocracia, o sea un gobierno guiado por Dios:

> Hay pocos, si es que hay alguno, que entienden *lo que es un gobierno teocrático . . . sus ciudadanos reconocerán la voluntad y los dictámenes del Todopoderoso.* El Reino de Dios circunscribe y comprende las leyes municipales para las personas en su gobierno exterior, al cual pertenecen los convenios del Evangelio, por medio de los cuales las personas pueden salvarse; y estos convenios pertenecen a la hermandad y la fidelidad.[18]

También dijo:

> ¿Qué entiendo por un gobierno teocrático? *Es uno en que todas las leyes están establecidas y ejecutadas en rectitud, y cuyos oficiales poseen aquel poder que procede del Todopoderoso.* Éste es el tipo de gobierno a que me refiero cuando hablo de un gobierno teocrático, o sea el Reino de Dios sobre la tierra. Este gobierno es, en una palabra, los poderes eternos de los Dioses.[19]

Según Juan Taylor, antes que los hombres aceptarán el dominio del Reino de Dios, la Iglesia tendrá que predicar los primeros principios a todas las naciones para prepararlas:

> *Antes que puede haber un reino de Dios, tendrá que haber una Iglesia de Dios, y por eso se necesita predicar los primeros principios del Evangelio a todas las naciones,* como anteriormente hicieron cuando el Señor Jesucristo y otros aparecieron en la tierra. ¿Y porqué? Por razón de la imposibilidad de introducir la ley de Dios entre un pueblo que no se sujeta al espíritu de revelación ni es guiado por él.[20]

El cambio desde el Gobierno de los Estados Unidos al mando del Concilio de los Cincuenta y el Reino político de Dios no puede ser muy grande. Según Presidente Young, el gobierno teocrático

> es un gobierno republicano, y varía poco en su forma de nuestros Gobiernos Nacionales, Estatales y Territoriales . . .
>
> *La Constitución y las leyes de los Estados Unidos se parecen más a una teocracia que a cualquier otro gobierno ahora en la tierra,* o que jamás ha existido, en cuanto sabemos, al menos el gobierno de los hijos de Israel hasta el tiempo en que eligieron un rey.[21]

Cuando será establecido, el Reino de Dios gobernará con justicia y permitirá a los hombres que siguen los dictámenes de sus propias conciencias. Jorge Q. Cannon dijo,

---

18. *Diario de Discursos,* 6:342.
19. *Diario de Discursos,* 6:346-47.
20. *Diario de Discursos,* 18:137.
21. *Diario de Discursos,* 6:342.

> El Reino de Dios, cuando se establecerá, no será solamente para la protección de la Iglesia de Jesucristo de los Santos de los Últimos Días, sino para la protección de todos los hombres, no importa lo que sean sus percepciones o sus opiniones religiosas. Bajo su regla, nadie será permitido sobrepasar los límites debidos o de perjudicar los derechos de los demás.[22]

Brigham Young dijo que el Reino político de Dios servirá para proteger todos los hombres en sus derechos, no obstante su credo. Empero, hizo contraste de esta política con la de la Iglesia, la cual existe para la perfección de solo los miembros de ella:

> *Este reino es el reino de que habló Daniel, que iba a establecerse en los últimos días; el reino que no será dado a otro pueblo; es le reino que será mantenido por los siervos de Dios, para gobernar las naciones de la tierra,* para establecer las leyes y ordenanzas que serán conformes y aplicable a la Iglesia de Jesucristo de los Santos de los Últimos Días; que se aplicarán a la Iglesia madre, "la santa Iglesia Católica;" se aplicarán a todas la Iglesias Protestantes sobre la tierra; se aplicarán a toda clase de paganos, *y pondrán sus brazos protectorios sobre toda la familia humana, protegiéndola en sus derechos.* Si quieren adorar a un perro blanco, tendrán el privilegio de hacerlo, si quieren adorar al sol, tendrán el privilegio, si quieren adorar a un hombre, tendrán el privilegio, si quieren adorar al "Dios no conocido," tendrán el privilegio. *Este Reino les circunscribirá a todos ellos y despachará leyes y ordenanzas para protegerles en sus derechos*—cada derecho que cada pueblo, secta o persona puede gozar, y la plena libertad que Dios les ha cedido.
>
> ¿Me podéis entender? *Esta Iglesia de Jesucristo de los Santos de los Últimos Días está organizada solamente para el desarrollo de esta Iglesia; no es para desarrollar el Catolicismo, ni es para promover ninguno de los disidentes de la Iglesia Madre, es solo para la Iglesia de Jesucristo de los Santos de los Últimos Días y no para ningún otro grupo o pueblo.* Cuando nos organizamos de acuerdo con estas leyes y ordenanzas hacemos como uno a este pueblo, pero no incluimos los Metodistas, los Presbiterianos o los Calvinistas, son independientes en si mismos.[23]

El Reino de Dios Finalmente Ganará Dominio Mundial

Se puede describir el crecimiento futuro del Reino de Dios como en tres faces—

1. La fase incipiente, cuando será organizado en el Oeste;
2. La fase creciente, durante la cual aumentará en poder mientras guerras y desastres causan que disminuyan el dominio de las otras naciones;
3. La fase de gobernar al mundo, cuando será el reino político por el cual Cristo reinará durante el milenio.

En la fase incipiente el Reino de Dios será pequeña y funcionará solamente en la área controlada por los Santos en las cumbres de las

22. *La Historia de la Iglesia,* 7:382.
23. *Diario de Discursos,* 17:156.

Montañas Occidentales. Élder Parley P. Pratt habló de lo pequeño que sería el reino político de Dios como existirá en esta fase y dijo que funcionará solamente donde los Santos son en la mayoría:

> Por eso el recoger de los Santos; *la organización del reino de Dios, religiosa y políticamente,* si se quiere . . . *Será uno de los más pequeños gobiernos sobre la tierra,* al cual se puede comparar un grano de mostaza. *Cuando vemos las señales en el sol, en la luna, y en las estrellas, y entre las varias naciones, ésto prueba que el reino de Dios está a mano;* en ese entonces podemos buscarlo. No debemos pensar que Rusia ni Inglaterra llegarían a ser este reino, sino el más pequeño gobierno en el mundo, uno tan pequeño que se compara a un grano de mostaza. ¿En dónde lo debemos buscar? . . . *entre los Santos acá mismo, donde componen la mayoría,* donde no hay otro gobierno más grande, donde están rodeados por las montañas, y pueden establecer la paz, y un reino, y un gobierno, y una ley.[24]

Pero aun antes que el reino puede establecerse en este tiempo los Santos tendrán que prepararse para la responsabilidad de gobernar debidamente. Daniel H. Wells, hablando sobre como contestaría la pregunta, "¿Cuándo será dado el reino a las manos de los Santos del Más Alto Dios?" dijo que sería

> *tan pronto como el Señor encuentra que tiene un pueblo sobre la tierra que apoyará y sostendrá ese reino, quienes se encontrarán capaces de mantener sus intereses y de extender su influencia sobre la tierra.* Cuando encuentra que tiene tal pueblo, un pueblo que será firme y fiel con Él, un pueblo que no lo entregará a la falda del diablo, entonces, y no antes, entregará a las manos de los Santos del Más Alto "el reino" en todo su poder e influencia y llenará toda la tierra . . . depende, en gran medida, sobre las personas mismas, de cuan pronto el reino hablado por Daniel será entregado en las manos de los Santos de Dios. *Cuando nos demostramos fieles en cada emergencia que puede llegar, y capaces de afrontar y combatir cada dificultad que amenaza nuestra paz y bienestar, y sobrevencer cada obstáculo que pueda impedir el progreso de la Iglesia y reino de Dios sobre la tierra,* entonces nuestro Padre Celestial tendrá confianza en nosotros, y entonces podrá confiar en nosotros.[25]

La oportunidad de "demostrarnos fieles en cada emergencia que puede llegar," de que él habló, sin duda se habrá presentado en las guerras y los juicios que habrán pasado en los Estados Unidos y en otras naciones antes de aquel tiempo. Según Juan Taylor, los grandes conflictos de aquel día proveerán al Reino de Dios con un objetivo definitivo:

> El Todopoderoso estableció este reino con el orden y con las leyes y con cada cosa que le pertenece, para que podamos entender su voluntad y operar en su reino, que podamos ser enseñados acerca de Dios y entender principios correctos, que *cuando se convulcionarán las naciones podremos presentarnos como salvadores, y hacer lo que será destinado a producir el*

24. *Diario de Discursos,* 1:180-82.

25. *Diario de Discursos,* 23:305.

bienestar de la familia humana y finalmente redimir un mundo arruinado no solamente del punto de vista religioso sino también político.[26]

Después de su período de organización en el Oeste en que será establecida en una forma similar a la en que funcionaba previamente, el Reino de Dios entrará en su segunda fase. En esta época será llevado nuevamente al Condado de Jackson, Missouri por los Santos. Allá empezará a tomar los aspectos de un poder mundial. Juan Taylor habló de las dificultades que le afrontarán.

> Ahora en cuanto al gran futuro, ¿qué diremos? Pues, una pequeña piedra ha sido cortada de las montañas, no con manos, y esta pequeña piedra está llegando a ser una gran nación, y finalmente llenará toda la tierra. ¿Cómo la llenará? ¿Espiritualmente? Sí, *y también políticamente, porque tendrá el mando, el poder, la autoridad y el dominio en sus propias manos. Ésta es la posición que el destino ha dictado que ocupemos . . . Anticipo que nación tras nación se levantará en contra de nosotros hasta que todas se habrán hecho pedazos.* Tenemos muchísimas cosas que lograr; no debemos pensar que no tenemos ningún negocio que cumplir, o que el mundo ha logrado su regeneración *porque tiene que ser lucha tras lucha, y poder tras poder se formará en contra nuestra,* y entonces, si ya no lo hemos aprendido, aprenderemos que Dios es nuestra fuerza y que en Él solo podemos confiar.[27]

Parley P. Pratt relató como otros reinos se derrumbarán mientras el Reino de Dios se elevará:

> Empero, *cuando los tiempos de los Gentiles se cumplen, sus gobiernos e instituciones, y también sus políticas civiles, las del gobierno y las religiosas, se desarraigarán.* Habrá el sacudir de naciones, el caer de imperios, el arrancar de tronos y dominios, como predijo Daniel, y el reino, el poder y *el dominio sobre la tierra volverá a otro pueblo,* y existirá bajo un político distinto, como Daniel también predijo.[28]

Según la proclamación presentada por el Quórum de los Doce Apóstoles un poco después de la muerte del Profeta, los líderes de naciones reconocerán el alzamiento en poder del Reino de Dios. La proclamación declara que no podrán permanecer neutrales, sino que lo apoyarán o lo atacarán:

> Hay otra consideración que toca este asunto que es de suma importancia para todos los gobernadores y las personas del mundo. Es lo siguiente:—*mientras esta obra progresa en su curso continuo, y llega a ser más y más el objeto de intereses políticos y religiosos, ningún rey, ningún gobernador, ni ningún súbdito—ninguna comunidad ni individuo se quedará neutral; al fin todos serán influenciados por un espíritu u otro,* y se declararán o en favor o en contra del reino de Dios, y del cumplimiento de los Profetas en la gran

26. *Diario de Discursos,* 9:342.

27. *Diario de Discursos,* 9:343.

28. *Diario de Discursos,* 3:135.

restauración y retorno de Su pueblo del convenio después de tan larga dispersión . . .

Por tanto, no podéis quedaros como mirones pasivos y no involucrados en *las escenas y los acontecimientos que por su misma naturaleza están dirigidos a reducir todas las naciones y a todos los credos a una sola norma política y religiosa,* y así acabar con las formas y nombres de Babel y con la contención y la guerra. Por tanto, o seréis guiados por el buen Espíritu en echar vuestra suerte y tomar un vivo interés con los Santos del Más Alto y el pueblo del convenio del Señor; o, por otra parte, llegaréis a ser su arraigado enemigo, oponiéndoles con todas las fuerzas en vuestro poder.[29]

José Smith detalló la manera en que algunas naciones reaccionarán al ascenso del Reino de Dios. Dijo en 1843,

En estos días Dios formará otro reino, que nunca será derrumbado, en que pueden entrar otros reinos. Y los reinos que no permiten que se predique el Evangelio serán humillados hasta que lo permiten.

Inglaterra, Alemania, Noruega, Dinamarca, Suecia, Suiza, Holanda y Bélgica tienen entre sus pueblos considerables de la sangre de Israel que tienen que ser recogidos. *Estas naciones se someterán al reino de Dios. Inglaterra será el último de estos reinos a entregarse, pero cuando lo hará, lo hará en una forma tan íntegra como cuando repudió el poder Católico.*[30]

Durante este período el Reino de Dios llegará a ser una norma para las naciones. Parley P. Pratt dijo que será la norma a la cual vendrán las Diez Tribus cuando vuelvan desde el Norte:

Este gobierno tendrá que mantener su carácter, *y llegar a ser la norma,* habiendo desarrollado dentro de sí cada principio para la salvación de los vivos y de los muertos: para llevar las llaves del Sacerdocio que gobiernan en el cielo, en la tierra y en el infierno, y mantener un pueblo para edificar sobre ello todo lo que es necesario para llegar a ser una norma. *A ésta se dirigirán las Diez Tribus,* a ésta se dirigirán los restos esparcidos que están en conocimiento de la promesa hecha a Abraham, que en su simiente, y no en algún Sacerdocio y linaje, todas las naciones y todos los pueblos de la tierra serán bendecidos.[31]

La Segunda Venida de Cristo iniciará la tercera fase del progreso para el Reino de Dios. Estará en ese estado en que gobernará universalmente. En esa época funcionará con capitales en ambas la Nueva Jerusalén (Missouri) y en la Antigua Jerusalén, (Palestina). Brigham Young comentó sobre este gobierno y el dominio que impondrá:

29. *Estrella Milenaria,* 22 de octubre de 1845.

30. Profecía registrada por Edwin Rushton y Teodoro Turley.

31. *Diario de Discursos,* 1:182.

> Tenemos una nación acá en las montañas que más luego será un reino, y que será gobernado por leyes y principios puros. Algunos pueden preguntar "¿Qué os llamáis?" Acá está el pueblo que constituye el reino de Dios. *Puede ser que pasará algún tiempo antes que ese reino será completamente desarrollado, pero llegará el día cuando el Reino de Dios reinará libre e independiente.*
>
> Habrá un reino en la tierra que será controlado sobre los mismos principios, en parte, como los del Gobierno de los Estados Unidos; y gobernará y protegerá las varias clases de hombres en sus derechos, a pesar de sus diferentes modos de adorar: *porque la ley tiene que salir de Sión, y la palabra del Señor de Jerusalén,* y el Señor Jesús gobernará cada nación y reino sobre la tierra.[32]

Orson Pratt dijo que el día vendrá

> en que el gobierno de los Estados Unidos, y de todos los demás, serán desarriagados y los reinos de este mundo serán unidos como uno, y el reino de Dios gobernará toda la tierra.
>
> El núcleo de tal gobierno ya está formado y sus leyes han provenido del trono de Dios.[33]

También habló del respeto que este gobierno recibirá de las naciones de la tierra:

> La ley para el gobierno de todas las naciones procederá de Sión como las leyes del gobierno de los Estados Unidos ahora proceden de la Capital Federal. *Sión será la cabeza del gobierno y sus oficiales recibirán más respeto, y tendrán mucha más influencia, que cualquier otro gobierno sobre la faz de la tierra; todas las naciones prestarán perfecta obediencia a sus mandos y consejos.*[34]

Carlos W. Penrose encapsuló el gobierno mundial que el Reino de Dios impondrá bajo la dirección de Cristo durante el milenio:

> Empero, anticipamos la venida de nuestro Señor Jesucristo, y tenemos la misma confianza en ella como que cuando se pone el sol anticipamos su salida sobra las montañas en la mañana. Y cuando viene, anticipamos que será Él mismo—Jesús de Nazaret, nuestro Hermano Mayor, el primogénito de Dios en el mundo espiritual, el Unigénito de Dios en la carne. *Anticipamos que vendrá para reinar sobre la tierra como Rey de reyes y Señor de señores, anticipamos que todos los reinos, todos los gobiernos, y todas las instituciones que los hombres han formado serán derrumbados,* y como Nebuconosodor vió en la visión que fue interpretada por Daniel, llegarán a ser como la barcia del terrizo otoñal, y serán desbarrados, hasta que no se encontrarán lugar para ellos en toda la tierra; porque *el Reino de Dios y de Su Cristo prevalecerá en todos lugares, y cubrirá toda la tierra.* Porque es el reino de que hablaron los Profetas, y se nos ha dicho que "el reino y el

32. *Diario de Discursos,* 5:329-30.

33. Orson Pratt, *El Vidente,* Tomo I, octubre de 1853, pp. 147-48.

34. *Ibíd.* Tomo II, pp. 266-67.

dominio y las grandeza del reino bajo todos los cielos"—es decir, sobre toda la tierra, ¿no es cierto?—será Su reino y "*será dado a las manos del pueblo de los Santos del Más Alto, y su reino será un reino sempiterno.*" Anticipamos, pues, el cumplimiento de todas estas cosas, y cuando acontecerán, ocurrirán tal cual como están escritas, como se han cumplido las otras profecías.[35]

Sumario

Cuando la ley, el orden y el gobierno se derrumbarán, la Iglesia será requerida a establecer un gobierno para preservar la paz en el Oeste de los Estados Unidos. Se conocerá este gobierno como "el Reino de Dios." Mucho has sido dicho en cuanto a la historia, las características y el futuro de este reino:

1. *La Historia*
   A. El Reino de Dios se organizó primeramente por José Smith un poco antes de su muerte.
   B. Iba a ser gobernado por un "Concilio General" también conocido como el "Concilio de Cincuenta."
   C. Esta organización tuvo una parte importante en el éxodo de la Iglesia hacía el Oeste, pero llegó a ser una fuente de antagonismo para los no-miembros en el Oeste y por eso fue discontinuado por la Iglesia.

2. *Las Características*
   A. El Reino de Dios será dirigido por un Concilio de Cincuenta. Algunos de ellos pueden ser no Santos de los Últimos Días.
   B. Apoyará los derechos de los hombres de todos credos y será dedicado a gobernar con justicia.
   C. El Reino será una teocracia.
   D. Sostendrá los principios de la constitución de los Estados Unidos, y operará en una forma similar al gobierno actual de los Estados Unidos.
   E. Se incluirán en el Reino personas de todas las naciones.

3. *El Futuro* (El futuro Reino de Dios progresará por tres faces de crecimiento.)
   A. *La fase incipiente*—Los Santos estarán en el Oeste. Acá la influencia del Reino será relativamente limitada y desconocida.
   B. *La fase creciente*—Durante este período muchos de los Santos viajarán desde el Oeste a Missouri para establecer la Nueva Jerusalén. Allá el Reino de Dios aumentará en poder, no por guerrear con otras naciones, sino por ser un estandarte de paz y de obediencia, mientras otros gobiernos se derrumbarán como resultado de la corrupción y la guerra.
   C. *La fase de gobernar al mundo*—Este período empezará con la Segunda Venida de Cristo y ocurrirá durante el Milenio.

35. *Diario de Discursos,* 25:222.

CAPITULO SEIS

El Establecimiento de la Nueva Jerusalén

Durante el conflicto en los Estados Unidos, pero después que muchas de las ciudades habrán caído y el bandillaje habrá ganado control, se anticipa que los Santos en las Montañas Rocosas se prepararán a viajar hacia el Este para redimir la tierra de promesa de Sión. Esta tierra, con su centro en Independence, Condado de Jackson, Missouri, ha sido conocida desde los primeros días de la Iglesia como la ubicación final para la reconcentración de los Santos de los Últimos Días. Aunque fueron esforzados a huir de sus hogares en Missouri hace más que cien años, los Santos aún anticipan el tiempo cuando serán llamados a volver y reclamar sus posesiones perdidas y establecer en rectitud una ciudad de Sión.

Será Escogido Un Líder Como Moisés

La *Doctrina y Convenios* habla de un líder como Moisés quién será escogido por Dios para guiar el pueblo en la redención de Sión:

> He aquí, os digo, *la redención de Sión tiene que venir por poder;*
> *por tanto, levantaré a mi pueblo un varón que lo guiará, como Moisés guió a los hijos de Israel.*
> Porque vosotros sois hijos de Israel y de la descendencia de Abraham; y es menester sacaros de la servidumbre con poder y con brazo extendido.[1]

Durante los primeros días de la Iglesia, y especialmente durante el período luego de la llegada de los Santos al Oeste, había mucha especulación tocante la identidad de este futuro líder. Una declaración de Orson Pratt demuestra las posibilidades que habían sido consideradas:

> Así es, antes que podemos volver para heredar esta tierra en toda su plenitud de perfección, *Dios nos ha prometido que levantará un hombre como Moisés. Quien será este hombre, no lo sé;* puede ser una persona completamente desconocida; puede ser uno de nuestros pequeñitos; puede ser una persona todavía no nacida; puede ser alguien de mayor edad. Pero basta decir que Dios levantará tal hombre, y mostrará su poder en él y en el pueblo que encaminará para heredar esa tierra, como hizo con nuestros padres en el desierto.[2]

Al tratar la profecía en La *Doctrina y Convenios* del hombre que será levantado por Dios, Pratt dijo en otra ocasión que

> *Si este hombre existe en la actualidad, o si es alguien aun no nacido; o si es nuestro líder actual quién nos ha dirigido a estos valles en las montañas,* si Dios nos concederá la gran bendición de prolongar su vida para que podrá guiarnos como Moisés, quizás no todos lo sabemos. Ha hecho una obra

---

1. *Doctrina y Convenios,* 103:15-17.
2. *Diario de Discursos,* 21:153.

> grande y asombrosa en dirigir este pueblo a esta tierra y edificar estas ciudades en este desierto; y siento en mi corazón decir que plazca Dios que su vida sea prolongada como la de Moisés, en los días antiguos, quien, cuando tuvo ochenta años, fue mandado para redimir al pueblo de Israel de servidumbre. Dios no está bajo la necesidad de escoger un hombre joven, puede tomar un hombre de ochenta años y llenarle de vigor, fuerza y salud, y puede hacer gracia de nuestro líder actual para guiar a este pueblo en nuestro regreso al Condado de Jackson. Pero si será él o alguna otra persona, *Dios por cierto cumplirá con su promesa* . . . si Presidente Young es el hombre, o si el Señor luego levantará un hombre para este propósito, *por cierto sabemos que cuando llegue ese día el Señor no solamente mandará a sus ángeles delante del ejército de Israel, pero su presencia también estará allá.*[3]

Algunos de los líderes de la Iglesia han considerado la posibilidad que José Smith sería resucitado para cumplir esta misión. Acerca de su tratamiento del asunto ya citado, Orson Pratt dijo,

> Ésto fue dado antes que nuestro Profeta José Smith fue llevado de entre nosotros. Sin duda, cuando la revelación fue dada, muchos de nosotros pensamos que José Smith sería el hombre . . . *pienso que todavía puede ser él. El brazo de Dios no está acortado que no pueda levantarle aun del sepulcro.* Estamos viviendo en la dispensación del cumplimiento de los tiempos, la dispensación de la resurrección, *y pueden haber algunos que despertarán de sus tumbas para ciertos propósitos y para llevar a cabo ciertas obras sobre la tierra que fueron decretadas por el Gran Jehová; y si el Señor encuentra conveniente levantar a ese hombre al comienzo de la escena terminal para encabezar el ejército de Israel, lo hará.* Y si se siente dispuesto a mandarle como personaje espiritual para guiar al campamento de Israel a la tierra de su herencia, bien.[4]

Otro de los primeros apóstoles, Erastus Snow, fue de la opinión que José sería resucitado mucho antes de la venida de Cristo en gloria. En 1884, después de relatar como el Profeta y otros habían cumplido una misión predicando en el Mundo de los Espíritus, habló de una futura misión que cumplirían:

> *La próxima misión será de venir y preparar el camino en Sión y en sus Estacas, y en los templos de nuestro Dios para hacer girar la llave de la resurrección de los muertos,* para levantar a aquellos que están dormidos, y para exaltarles entre los Dioses. *¿Y quién será el primero y el principal? Pues, el que fue escogido por Dios y fue puesto como el primero y el principal para tener las llaves de esta última dispensación.* ¿Cuando ocurrirá? No me es dado declarar el mes, el día ni la hora; pero sí me es dado decir que el tiempo está a mano. *El tiempo está acercándose (mucho más cerca que casi ninguno de nosotros puede ahora comprender) cuando José será vestido con inmortalidad, cuando su hermano, Hyrum, será vestido con inmortalidad, cuando los mártires serán levantados de los muertos, juntos con sus hermanos fieles* quienes han cumplido una buena misión en el mundo espiritual—ellos

3. *Diario de Discursos,* 15:362-63.
4. *Diario de Discursos,* 15:362-63.

también serán llamados para participar en la obra de la gloriosa resurrección. El Señor Jesús, quién fue los primeros frutos de los muertos, el primer fruto de aquellos que duermen, y quién posee las llaves de la resurrección, *llevará a cabo la resurrección del Profeta José y su hermanos, y les asignará la obra de llevar a cabo la resurrección de sus hermanos* en la misma manera que les ha asignado obrar en todas las otras ramas del trabajo desde el comienzo.[5]

Después de hablar de su creencia que la resurrección del Profeta no era muy lejana, Élder Snow enfatizó que ésto ocurriría antes de la aparición del Señor en el templo[6] antes de la venida del Salvador en gloria:

> *Y el Señor Jesús aparecerá y se mostrará a Sus siervos en santos lugares en Su templo, para aconsejarles e instruirles y dirigirles.* Aparecerá en la gloria de Su Padre, en Su cuerpo resucitado, ente aquellos que puedan aguantar Su presencia y Su gloria. Y *anticipo que todo esto será mucho antes que malgastará y destruirá los inicuos de la faz de la tierra.*[7]

Heber C. Kimball también creyó y profetizó que José Smith volvería antes de la segunda venida del Señor y relacionó su regreso con este período. Después de profetizar de la destrucción que engolfaría la parte oeste de Missouri, previó que

> La tensión llegará a ser tan fuerte que los más rectos entre ellos clamarán al Señor día y noche hasta que serán librados.
>
> *Entonces el Profeta José y otros aparecerán y aquellos que han permanecido fieles serán seleccionados para volver al Condado de Jackson, Missouri,* para participar en edificar esa hermosa ciudad, la Nueva Jerusalén.[8]

Así es que las autoridades de la Iglesia han anticipado que se levantará un líder quién guiará a los Santos en el establecimiento de la Nueva Jerusalén, y varios han expresado el pensamiento que esta persona puede ser José Smith como un ser resucitado. Basta decir que los Santos de los Últimos Días anticipan volver al Condado de Jackson bajo un liderismo inspirado y con poder.

La Jornada de los Santos Hacia el Este Mientras la Contención Continua en los Estados Unidos

Después que habrán tomado la decisión de volver al Condado de Jackson, se anticipa que los Santos harán la jornada hacia el poniente como un grupo. Orson Pratt dió una descripción gráfica del regreso de los Santos:

5. *Diario de Discursos,* 25:33-34.
6. Aparentemente ésto es la aparición de Cristo en el Templo en la Nueva Jerusalén. Para un tratamiento de esta aparición véase el próximo capítulo.
7. *Diario de Discursos,* 25:34.
8. *Declaraciones Proféticas de Heber C. Kimball a Amanda H. Wilcox.*

> Volveremos al Condado de Jackson . . . cuando volvamos, habrá una organización muy grande que compondrá miles y decenas de miles, y avanzarán, *cubiertos con la sombra de la gloria de Dios, en forma de nube por día y un pilar de fuego ardiente por noche, la voz del Señor sonando delante de su ejército* . . .
>
> *¿No creará ésto terror sobre todas las naciones de la tierra?* ¿No causarán tales ejércitos que caiga un terror sobre las naciones, aunque no sean tan numerosos como los ejércitos del mundo? El Señor dice que las banderas de Sión serán terribles.[9]

Parece que esta descripción es una interpretación de Isaías 4:5-6. Esta interpretación quizás no es muy apropiada como descripción de la jornada. Sin embargo, por lo menos su comentario indica la magnitud de la empresa y que los miembros de la Iglesia serán organizados en un solo grupo. En otra ocasión dijo que "puede ser que algunos individuos irán para preparar el camino, para comprar un poco más terreno y arreglar las cosas; pero cuando ésto será cumplido, *este pueblo volverá a aquel lugar como un cuerpo,* el Señor yendo con ellos."[10]

Una visión registrada por José Smith fue dada a su escribiente en el templo de Kirtland, en que se vieron "los ejércitos de los cielos protegiendo a los Santos en su regreso a Sión."[11] Parece que si los Santos necesitan la protección de un ejército celestial, la jornada hacia el poniente ocurrirá durante el período de conflicto interno. Por cierto, ésto fue la creencia de Orson Pratt:

> Pues bien, volviendo a profetizar, *cuando llegue el tiempo en que el Señor malgastará esta nación, mandará a su pueblo a volver* y tomar posesión de su propia herencia que compraron hace unos cuarenta y cuatro años en el estado de Missouri.[12]

Una declaración aparentemente hecha por José Smith en 1843 parece poner el tiempo del regreso de los Santos a Missouri como durante la época del conflicto interno. Dijo, "cuando veáis esta tierra ligada con hierro podáis mirar hacia el Condado de Jackson."[13] José F. Smith también expresó la opinión que éste sería un tiempo de conflicto y que puede ser que los santos tendrán que defenderse de sus enemigos sobre la mano diestra y sobre la mano siniestra.

> Cuando Dios guiará el pueblo en su regreso al Condado de Jackson, ¿como lo hará? Permitidme pintaros el cuadro de como algunos de nosotros seremos reunidos y guiados al Condado de Jackson. *Pienso que veo dos o tres centenares de miles de personas encaminándose atravez de la gran llanura aguantando durezas sin nombre en la jornada, manejando y guardando su*

9. *Diario de Discursos,* 15:364.
10. *Diario de Discursos,* 17:304.
11. *La Historia de la Iglesia,* 2:381.
12. *Noticiero Deseret Nocturno,* Tomo 8, Nó. 265, 2 de octubre de 1875.
13. Profecía registrada por Edwin Rushton y Teodoro Turley.

> *ganado por día y por noche, y defendiéndose a si mismos y a sus pequeñitos de enemigos sobre la mano diestra y sobre la mano siniestra, tal cual como cuando llegaron aquí.* Encontrarán la jornada de regreso al Condado de Jackson tan real como cuando vinieron acá. Pues bien, anotadlo. Y aunque seréis guiados por el poder de Dios, "*con brazo extendido,*" *no será más evidente para los participantes que el guiar al pueblo hacia acá. Pensarán que habrán muchas dificultades que aguantar en esta manifestación del poder de Dios,* y que será dejado, tal vez, a sus hijos ver la gloria de su liberación, tal como está dejado a nosotros ver la gloria de nuestra anterior liberación de las manos de aquellos que trataron de destruirnos.[14]

Parece, pues, que el regreso al Condado de Jackson ocurrirá durante el período de guerras internas, y que los Santos encontrarán oposición durante su jornada. También de interés es el hecho que aunque esta descripción profética fue declarada mucho después de la introducción del ferrocarril, no menciona como usados en la jornada los métodos modernos de transporte. Al contrario, las personas estarán "manejando y guardando su ganado" en el camino. Esta predicción puede ser tomada como una indicación de la gran destrucción de los caminos y los sistemas de transporte de esta nación durante el período de conflicto interno. Esta interpretación está verificada, quizás, por una visión atribuida a Wilford Woodruff en que dió a entender que vió varias secciones de los Estados Unidos como si estuvieran engolfadas por una terrible enfermedad. Hablando de la región inmediatamente al oeste de Omaha, Nebraska, el relato dice,

> Al viajar en la senda hacia el Este, ví el camino lleno de gente, la mayor parte mujeres, con solo lo que pudieron llevar en bolsas sobre la espalda viajando a pié hacia las montañas.
>
> Me pregunté como pudieron llegar con bultos tan pequeños sobre las espaldas. Fue notable para mi que habían tan pocos hombres entre ellos. *No me pareció que los autos estaban en marcha. Las rieles se presentaron como aherrumbradas y abandonadas.*[15]

Aunque se anticipa que el viaje hacia el Este será una peregrinación peligrosa, la siguiente declaración por Orson Pratt describe la manera pacible en que se espera que los Santos procederán. También explica que este grupo que regresa será formado de esposas y niños, tanto como de los Élderes de Israel:

> Tal vez preguntaréis si anticipamos volver como una mayoría. Sí. *¿Anticipamos volver como un gran pueblo? Sí. ¿Anticipamos volver con nuestras esposas e hijos? Sí.* ¿Anticipamos volver en una manera pacible? Por supuesto. ¿Jamás habéis visto algún otro sentimiento de parte de los Santos de los Últimos Días, que de promover la paz doquier que se ubiquen? ¿Cuál ha

14. *Diario de Discursos,* 24:156-57.
15. Visión atribuida a Wilford Woodruff, como citada por Roberto W. y Elizabeth A. Smith, *Los Últimos Días,* (Salt Lake City: La Prensa Pyramid, 1948) Edición Décima, p. 78.

sido nuestro objetivo desde el comienzo? Paz y buena voluntad para con todos los hombres.[16]

Muchos de los Santos Permanecerán en el Oeste

Aunque se anticipa que "decenas de miles" de los Santos viajarán hacia el este, Brigham Young aclaró que no todos harán la jornada al Condado de Jackson. Muchos miembros de la Iglesia quedarán para mantener sus hogares en las montañas del Oeste:

> ¿Volveremos al Condado de Jackson? Sí. ¿Cuándo? Tan pronto como se abra el camino. ¿Iremos todos? ¡O No! Por supuesto que no. No hay lugar allí para todos nuestros miembros actuales. Cuando realizamos nuestro retorno *¿quedarán en estas montañas menos personas que contamos acá hoy día? No, en aquel entonces pueden haber cien personas por cada una hoy día.* Es una locura suponer que dejaremos estos hogares, logrados con tal sacrificio, para edificar otros en un nuevo lugar.[17]

Orson Pratt estuvo de acuerdo que habrán Santos en ambos lugares:

> No anticipamos que cuando llegue el tiempo, todos los Santos de los Últimos Días que ya ocupan los valles de las montañas, irán en un cuerpo consolidado, dejando a esta tierra totalmente sin habitantes. No anticipamos ver tal cosa. Pero sí anticipamos que habrá un período en la historia futura de la Iglesia cuando muchos centenares de este pueblo—nuestra juventud, por ejemplo, que se desarrollarán en aquellos días, se unirán en un solo cuerpo, e irán a vivir en las partes orientales del estado de Kansas, y también en las partes occidentales del estado de Missouri.[18]

Pero también dijo que "anticipamos que estas montañas no serán la morada de todos los Santos de los Últimos Días; *anticipamos que la gran mayoridad del pueblo emigrarán.*"[19]

Se anticipa que aquellos que serán escogidos para hacer la peregrina serán los más dignos y los mejores preparados, quienes, como dijo Heber C. Kimball, "obran rectamente y honran sus llamamientos."[20]

---

16. *Diario de Discursos,* 24:23.

17. *Diario de Discursos,* 18:355-56. Aquí puede encontrarse una explicación para una declaración profética hecha por José Smith: "Ésta [La Iglesia] llenará las Montañas Rocosas. Habrán decenas de miles de los Santos de los Últimos Días quienes se juntarán en las Montañas Rocosas y allá abrirán la puerta para el establecimiento del evangelio entre los Lamanitas quienes recibirán el Evangelio y sus investiduras, y las bendiciones de Dios. Este pueblo irá a las Montañas Rocosas; allá edificará templos al Más Alto. Creará allá una posteridad, y los Santos de los Últimos Días que moran en estas montañas quedarán en la carne hasta la llegada del Hijo del Hombre. El Hijo del Hombre vendrá a ellos mientras están en las Montañas Rocosas." *Informe de la Conferencia,* abril de 1898, p. 57.

18. *Diario de Discursos,* 21:149.

19. *Diario de Discursos,* 24:23.

20. *Diario de Discursos,* 9:27.

Estableciendo la Nueva Jerusalén Bajo la Ley de Consagración

Es anticipado por muchos de los Santos, que al llegar en Kansas y Missouri, encontrarán el sitio de su Nueva Jerusalén desolado, vacío, y sin habitantes. En el capítulo que trata los juicios que Dios derramará sobre la tierra [Capítulo tres] se citaron profecías que Dios visitará la región con juicio y que "no habrá dueños dejados para ocupar la región,"[21] y que el Condado de Jackson "será barrido tan limpio de sus habitantes que . . . no habrá ni un perro extraviado para mover su cola."[22] En una visión atribuida a Wilford Woodruff, él fue mostrado la condición de esta región de tierra en el tiempo de la puesta de la piedra angular del templo de la Nueva Jerusalén, y registró que "Parece que estuve parado en la orilla izquierda del río Missouri, e Illinois y toda Iowa eran completos desiertos en que no había ninguna cosa con vida."[23] La repoblación de esta tierra con un grupo de muchos miles de Santos llegando todos a la vez, sin duda será un gran desafío para los líderes de la Iglesia. La división del terreno y el repartimiento de lotes tendrán que ser gobernados y dirigidos muy cuidadosamente.

Parece que ésto se llevará acabo bajo el sistema de la vida comunal conocida en la Iglesia como el *Orden Unido* o la *Ley de Consagración.*

En la Ley de Consagración cada Santo de los Últimos Días que participa reconoce que la tierra pertenece al Señor y se consagra a si mismo y a toda su propiedad a Dios. Entonces llega a ser mayordomo sobre una parte de la propiedad del Señor y como heredero en el sistema tendrá el derecho de recibir del almacén y de desarrollar y extender su mayordomía. Una porción de terreno y de otros materiales le es asignado para desarrollar basado en el número de su familia, el tipo de su negocio, et cétera. La Iglesia le da ayuda financiera para establecer y extender su granja o negocio, pero su progreso es pendiente a la supervisión y revista anual por el Obispo. Las personas viven en unidades de familia y se alimentan alrededor de sus propias mesas. Los Santos de los Últimos Días mantienen que un fiel y sabio mayordomo sobre la propiedad del Señor finalmente recibirá su mayordomía como herencia eterna.[24] Según Orson Pratt, cuando ocurre el regreso a Missouri, involucrarán de inmediato en su plenitud la Ley de Consagración y lo usarán para la distribución de terrenos:

> Hay una cosa por cierto—algo en que vosotros y yo podemos depender, con tanta certeza como la anticipación de nuestra comida cotidiana, y eso es que *el Señor nuestro Dios acompañará a este pueblo en su retorno, y seleccionará de entre este pueblo un número suficiente para hacer muy grande el ejército de Israel. Y cuando llegue ese día, guiará las multitudes de aquellos que emigran*

---

21. *Noticiero Deseret Nocturno,* Tomo 8, Nó. 265, 2 de octubre de 1875.
22. *Declaraciones Proféticas de Heber C. Kimball a Amanda H. Wilcox.*
23. Roberto W. Smith, *op cit.*, p. 80.
24. Véase *Diario de Discursos,* 21:150-53.

> *a sus posesiones en esos dos estados* que he mencionado. Y el terreno así comprado, sin duda, en tanto como sea posible, será localizado en un solo distrito, que será colonizado en una manera muy diferente a como ahora colonizamos estas regiones montañosas. Podéis preguntar, ¿en qué manera seremos diferentes en colonizar esas tierras cuando iremos allá para cumplir con los mandamientos del Señor? Os diré. *Ningún hombre en estas localidades será permitido recibir una mayordomía en aquellas tierras, si no está dispuesto a consagrar todas sus propiedades al Señor. Éso será entre las primeras enseñanzas dadas . . . en aquel día, la totalidad de nuestras propiedades, ascendiendo a una suma mucho más grande, será mantenida en fideicomiso. ¿Para quién? Para la Iglesia de Jesucristo de los Santos de los Últimos Días, y para toda esta gran compañía que se congregará allá.*[25]

Los recursos combinados de los Santos, cuando los consagran a la Iglesia en este tiempo, serán, al parecer, una suma muy grande. Los Santos de los Últimos Días aparentemente tendrán más que suficientes bienes para comprar terrenos adicionales para colonizar y edificar sus ciudades. En las palabras de Orson Pratt,

> *Empero, cuando llegue el tiempo para la compra de esta tierra, tendremos los recursos.* Cómo se realizará lo necesario para lograrlo no es para mí decir. Quizás el Señor abrirá minas de oro y plata, o alguna otra cosa que le convendrá, las riquezas serán derramadas en las faldas de los Santos de los Últimos Días hasta que no sabrán como disponerlas. *Ahora profetizo de nuevo, basado en revelación anterior, que no hay un pueblo sobre la faz de la tierra entera, ni siquiera Londres, o París, o Nueva York, o cualquiera de las grandes ciudades mercantiles del mundo—no hay personas ahora sobre la faz de la tierra tan ricas como serán los Santos de los Últimos Días en unos pocos años.* Teniendo sus millones, por tanto comprarán el terreno, edificarán grandes ciudades, pueblos y aldeas, y construirán una gran ciudad capital, en el lugar céntrico, en el Condado de Jackson, Missouri.[26]

José Smith también registró que

> Se edificará el Templo en el Condado de Jackson en esta generación. Los Santos pensarán que no habrá tiempo para edificarlo, pero con toda la ayuda que recibiréis podréis construir un gran templo rápidamente. Tendrán todo el oro, la plata, y piedras preciosas; porque estas cosas se usarán solo para adornar el templo; tendréis todos los mecánicos adiestrados que queréis.[27]

Parece que hay una contradicción entre estas declaraciones y las profecías citadas en capítulo tres que dicen que el Condado de Jackson en ese tiempo estará sin habitantes. Parece que en cualquier circunstancia en que los Santos pudieran encontrar dueños de terrenos a quienes recompensar, estarían listos y dispuestos de hacerlo. Se debe recordar,

25. *Diario de Discursos,* 21:149-50.

26. *Diario de Discursos,* 21:136.

27. Profecía registrada por Edwin Rushton y Teodoro Turley.

por supuesto, que mucho de este terreno originalmente pertenecía a los Santos.

El establecimiento de la Ley de Consagración aparentemente será una necesidad, porque es una ley celestial y el Señor dijo que "no se puede edificar a Sión sino de acuerdo con los principios de la ley del reino celestial; de otra manera, no la puedo recibir."[28]

Aunque no se establecerá la ley en su plenitud hasta que la Nueva Jerusalén será establecida, Orson Pratt enseñó que antes de que los Santos vuelvan a Missouri, "se aproximará la ley acá en las montañas. Aprenderemos muchos principios puros para capacitarnos para imponer la ley, en lo posible, bajo las circunstancias en que somos puestos aquí."[29] En otra ocasión explicó que mientras que el Señor ayudará a los Santos a prepararse para vivir la Ley de Consagración mientras todavía están en el Oeste, no sintió que vivirían de acuerdo con la ley completa hasta que los Santos llegaran a Missouri:

> Si no podéis negociar con justicia en relacíon a estas pequeñas cuentas, ¿en qué manera se puede esperar que ejecutaréis la pura ley de Dios—la ley de consagración? Os diré, tenemos que empezar y prestar atención con fidelidad a estas cosas pequeñas. Pero cuando somos recién nacidos en su reino no podemos andar solos; no podemos cabriolar, y trotar, y gambetear por todos lados; por tanto Él ha ordenado ciertos auxilios, y gobiernos, y leyes para gobernarnos mientras estamos aun titubeando, y tratando de avanzar hacia un orden más perfecto de las cosas. Este Fondo de Emigración Perpetua es uno de estos auxilios, ordenado para ayudarnos en nuestro estado imperfecto y débil: *más luego, cuando se impondrá la ley completa de Dios, se podrán eliminar estos auxilios. Cuando esto sucederá, no lo sé, pero tengo la idea que no será hasta que volvamos al Condado de Jackson, porque el Señor nos ha dicho en una revelación algo como lo siguiente—"Que se cumplan estas leyes que os he dado concerniente a mi pueblo en el Condado de Jackson después de la redención de Sión."*[30]

Lorenzo Snow también enseñó que una aproximación a la Ley de Consagración sería necesaria mientras los Santos están todavía en las montañas, y dijo que "no serán permitidos entrar en la tierra de donde fuimos expulsados hasta que nuestros corazones están preparados a honrar esta ley, y nos santificaremos por la práctica de la verdad."[31]

El Orden Unido en que entrarán los Santos en Missouri proveerá no solo para las necesidades de individuos y familias, sino también para la construcción pública y los propósitos de la comunidad. En describir esta fase de los beneficios de vivir la Ley de Consagración Orson Pratt explicó,

---

28. *Doctrina y Convenios* 105:5.
29. *Noticiero Deseret Nocturno,* Tomo 8, Nó. 265, 2 de octubre de 1875.
30. *Diario de Discursos*, 2:57.
31. *Diario de Discursos*, 16:276.

> La revelación dice: "Darán al almacén todo lo que no requieren para el sostén de las familias necesitadas." en esta manera el almacén del Señor estará lleno y en gran abundancia; y *estos bienes se usarán para propósitos públicos, y también para proveer herramientas agricultoras, libros, etcétera, para el resto de José que entrarán en el convenio en esos días,* para que también puedan tener sus mayordomías en medio del pueblo de Dios. Habrá una porción de los bienes de estas mayordomías que será consagrada al almacén del Señor, y que *se utilizará para la construcción de Templos, y para el embellecimiento de sitios públicos en la ciudad de la Nueva Jerusalén, para hacerla en tanto sea posible una ciudad de perfección.*[32]

Un Plan Inspirado Para la Ciudad y Para el Templo

Dos años después que se reveló el sitio para la Ciudad de Sión en 1831, José Smith formuló un plan para la ciudad y lo mandó, junto con una explicación detallada de la configuración, a los miembros de la Iglesia viviendo en Missouri. Fue su intención que todas las ciudades fundadas por los Santos siguieran este plan, y "así llenar el mundo en estos últimos días."[33] Aunque los Santos fueron expulsados de sus hogares antes que pudieron construir esta ciudad, este plan en general ha sido utilizado como guía para muchas de las comunidades que la Iglesia ha establecido en el Oeste. Cuatro años después, al registrar la conferencia del 6 de abril de 1837, Wilford Woodruff dijo que el plan fue dado por revelación y se llevará acabo cuando se edifica la Nueva Jerusalén:

> También nos presentó en cierto grado con el plano de la ciudad de Kirtland, que es la fortaleza de la hija de Sión. *El plan que presentó le fue dado en una visión, y el futuro probará que las visiones de José concerniente al Condado de Jackson, y todas las varias estacas de Sión y la redención de Israel se cumplirán en el tiempo designado por el Señor.*[34]

Se deben notar varias cosas de importancia específica en este plan. El plan trató el establecimiento de un plano para una ciudad con 49 manzanas que acomodaría de quince a veinte mil personas. Las calles anchas (40 metros) serían más que suficientes para acomodar los modos avanzados de transporte que se conocen hoy día. Las manzanas debían ser construidas en forma cuadrada, pero las casas debían afrontar en direcciones alternantes de cuadra en cuadra. El terreno para agricultura debía ser ubicado fuera de la ciudad hacía el Norte y el Sur, y la ciudad debería mantenerse libre de edificios antiestéticos. Las partes céntricas del plano fueron reservadas para edificios públicos y en esta manera la ciudad fue organizada para que nadie viviría más que seis cuadras del centro. Al aumentar la población, otros planos similares al plano descrito aquí por el Profeta, serían puestos en secciones contiguas.

---

32. *Diario de Discursos,* 21:152-53.
33. *La Historia de la Iglesia,* 1:358.
34. *Diario Histórico,* 6 de abril de 1837.

En el centro del plano de Sión que José Smith preparó hay dos manzanas con secciones enumeradas donde se anticipa que se edificará un templo grande. El Templo, según el plan del Profeta, tendrá veinticuatro secciones o edificios, cada cual sirviendo a cierta parte del liderazgo del sacerdocio de la Iglesia.[35]

José Smith también dió detalladas instrucciones para uno de los veinticuatro compartimientos del Templo.[36] Parece, sin embargo, que este compartimiento del templo iba a ser de una naturaleza temporaria y no se anticipó que sería parte del edificio final del templo que permanecería para siempre. Una descripción dada por Orson Pratt del Templo que se edificará cuando los Santos vuelvan para redimir a Sión es diferente al plano confeccionado por el Profeta, porque él habla de veinticuatro salas edificadas en forma circular con un arco sobre el centro. Alude a esta descripción como el resultado de una revelación dada cuarenta años más antes (en 1839), pero dice que los nombres de los compartimientos fueron dados "hace algunos cuarenta y cinco o cuarenta y seis años" (que sería en 1833-34, el tiempo en que el Profeta dió el plano de Sión):

> Allá, como quiera que sea, planeamos edificar un templo diferente en algunos respectos que todos los demás templos. Será edificado mucho más grande, cubrirá un terreno más amplio, mucho más que cubre este Tabernáculo, y este Tabernáculo puede acomodar de 12.000 hasta 15.000 personas. Planeamos edificar un templo mucho más grande, muchísimo más grande, *según la revelación que Dios nos dió hace cuarenta años acerca de ese Templo.* Pero podréis preguntar ¿en qué forma se edificará? ¿Se edificará con solo una sala grande, como este Tabernáculo? No; habrán 24 diferentes compartimientos en el Templo que se edificará en el Condado de Jackson.

35. Los nombres de los templos que han de edificarse en los cuadrados pintados como representando el plano de la ciudad de Sión, . . . números 10, 11, y 12, serán llamados: Casa del Señor, para la Presidencia del Alto y Más Santo Sacerdocio, según el orden de Melchizedek, que fue según el orden del Hijo de Dios, sobre el Monte de Sión, Ciudad de la Nueva Jerusalén. Los números 7, 8 y 9: el Santo Repositorio Apostólico, para el uso del Obispo. Los números 4, 5, y 6: La Santa Casa Evangélica, para el Sumo Sacerdocio del Santo Orden de Dios. Los números 1, 2, y 3: La Casa del Señor, para los Élderes de Sión, una Bandera a las Naciones. Los números 22, 23, y 24: La Casa del Señor para la Presidencia del Sumo Sacerdocio, según el Orden de Aarón, un Estandarte para el Pueblo. Los números 19, 20, y 21: La Casa del Señor, La Ley del Reino del Cielo, y Mensajero al Pueblo, para el Más Alto Sacerdocio según el Orden de Aarón. Los números 16, 17, y 18: La Casa del Señor para los Maestros en Sión, Mensajero a la Iglesia. Los números 13, 14, y 15: La Casa del Señor para los Diáconos en Sión, Ayudas en Gobierno. Abajo tiene que ser escrito en cada casa—*SANTIDAD AL SEÑOR. La Historia de la Iglesia,* 1:359.

36. Esta casa del Señor fue planeada como un edificio de ladrillos, de dos pisos, 26 metros de largo y 18 metros de ancho, para reposar sobre un fundamento de piedras. El plano incluyó un techo tejado de bardas de estilo Gótico con un campanario para contener una campana grande sobre el extremo al este. Adentro, los dos pisos fueron de planos idénticos, con púlpitos elevados en cada extremo, y con bancos reversibles en que los espaldares podrían ser movidos, permitiendo que la congregación pudiera sentarse afrontando a un púlpito u otro. *Historia de la Iglesia,* 1:359-62.

Los nombres de estos compartimientos nos fueron dados hace algunos cuarenta y cinco o cuarenta y seis años; todavía tenemos los nombres, *y cuando edificamos estas veinte y cuatro salas, en una forma circular y arqueado sobre el centro, daremos los nombres a todos estos diferentes compartimientos tal cual como fueron particularizados por el Señor por medio de José Smith* . . . Quizás preguntaréis para que propósito se edificarán estos veinte y cuatro compartimientos. Contesto que no es para *convocar al mundo exterior, ni para congregar a los Santos en un solo lugar, sino se edificarán estos edificios con una perspectiva especial a diferentes órdenes, o en otras palabras, los diferentes quórumes o concilios de los dos Sacerdocios que Dios ha ordenado sobre la tierra* . . . ¿Pero habrán otros edificios además de estas 24 *salas que están conectadas en forma circular y arqueado sobre el centro*?—¿Habrán otras salas que se edificarán—no conectadas al Templo? Sí. *Habrán tabernáculos, habrán capillas para la asamblea de las personas en el día del Señor. Habrán varias localidades de convocación para que las personas puedan reunirse; pero el Templo será dedicado al Sacerdocio del Más Alto Dios, y para propósitos sagradísimos y santísimos.*[37]

Aunque aparentemente el semblante del templo se ha visto en visión, se anticipa revelación adicional en el tiempo de su construcción. Al hablar de los hombres que el Señor levantaría para guiar a los Santos a Sión en poder, Orson Pratt comentó en 1879,

> Pienso que, cuando llegue este tiempo, los hombres entenderán todas las particularidades en cuanto al Templo que se edificará en el Condado de Jackson. Sí, *ya se nos ha revelado una parte del plan,* y también el plano que explica como la ciudad de Sión será trazada . . . Esta casa será edificada, pues, de acuerdo a un cierto plan, *que Dios revelará a su siervo, que Él levantará en su propio y debido tiempo.*[38]

En el tiempo de la redención de Sión, se espera que la revelación guiará la construcción de la ciudad entera tanto como el templo. Élder Pratt continua:

> Y *tendrá que dar más revelaciones* sobre otras cosas de igual importancia, porque precisaremos instrucciones en como edificar a Sión; como establecer la ciudad céntrica; como marcar las calles; las clases de árboles ornamentales para adornar las veredas, tanto como todas las demás cosas para embellecerla, y hacerla una ciudad de perfección, como proféticamente la llamó David.[39]

Se espera que este control desde los cielos se extenderá hasta indicar el estilo de arquitectura adoptada atravez de la ciudad. Orson Pratt dijo que "Erigiremos en aquel lugar una hermosa ciudad *según el orden y el plan que el Señor revelará,* una parte de lo cual ya se ha revelado," y

37. *Diario de Discursos,* 24:24-25.

38. *Diario de Discursos,* 21:154.

39. *Diario de Discursos,* 21:154.

añadió que Dios "manifestará el bosquejo y mostrará la clase de arquitectura."[40]

Que la construcción del Templo, como igual de la ciudad, se llevará acabo bajo la dirección del Señor, y no será dejada solo a la ingeniosidad del hombre, también fue claramente enseñado por Presidente Juan Taylor:

> Hablamos de volver al Condado de Jackson para edificar el templo más grandioso que jamás fue construido sobre la tierra y la ciudad más espléndida que jamás fue levantada; sí, ciudades, si queréis. *Los diseños arquitectorios de esos edificios espléndidos, las ciudades, las murallas, los jardines, los emparrados, las calles, etcétera, serán bajo la dirección del Señor quién controlará y manejará todos estos asuntos; y las personas, desde el Presidente hacia abajo, estarán todas bajo la guía y la dirección del Señor en todas las empresas de la vida humana;* hasta que finalmente serán capacitadas a edificar ciudades que serán dignas de ser arrebatadas—para que cuando Sión descienda desde arriba, Sión también ascenderá a la vez desde abajo, y será preparada para asociarse con los de arriba.[41]

¿Quiénes Edificarán la Nueva Jerusalén?

En conección con la ayuda divina que se espera durante la construcción de la Nueva Jerusalén, algunos líderes de la Iglesia han anticipado en ese tiempo la presencia de José Smith y otros, aparentemente como seres resucitados. Heber C. Kimball comentó en 1861,

> Seréis bendecidos, y veréis el día cuando *Presidentes Young, Kimball, y Wells, y los Doce Apóstoles estarán en el Condado de Jackson, Missouri midiendo y marcando vuestras mayordomías. ¿En la carne? Por supuesto.* ¡Qué bien pareceríamos sin la carne! Estaremos allá en la carne, y todos nuestros enemigos no lo podrán impedir. *Hermano Wells, puedes escribir ésto: Estarás allá, y Willard estará allá, y también Jedediah, y José y Hyrum Smith y David, y Parley;* y llegará el día cuando veré esos hombres en la asamblea general de la Iglesia del Primogénito, y en el gran concilio de Dios en Jerusalén, también.[42]

Brigham Young explicó que aunque el Señor dirigirá la obra por revelación, los hombres tendrán que hacer la obra misma:

---

40. *Diario de Discursos,* 15:365. Cuando le preguntó como reconcilió la descripción dada por Orson Pratt del Templo con un techo arqueado con el plan de José Smith de un edificio de estilo Gótico, Presidente José Fielding Smith dijo que "no sabemos como se edificará el Templo o que será su apariencia." Esta conversación siguió una prédica de parte de Presidente Smith a los maestros de Seminarios e Institutos, el 27 de junio de 1960, en el Campus de la Universidad de Brigham Young, y tomó lugar en la presencia de un grupo de maestros. Roy W. Doxey y Ray C. Colton eran miembros del grupo y oyeron la respuesta de Presidente Smith a la pregunta arriba citada.

41. *Diario de Discursos,* 10:147.

42. *Diario de Discursos,* 9:27.

> *Él* [el Señor] *no mandará a sus ángeles a amontonar las piedras para edificar la Nueva Jerusalén. No mandará sus ángeles de los cielos ir a las montañas para cortar madera y labrar tablazones para adornar la ciudad de Sión. Nos ha llamado a nosotros para hacer este trabajo;* y si le dejamos a Él obrar por nosotros, por medio de nosotros, y con nosotros, lo podrá lograr; de otro modo fallaremos, y nunca tendremos la honra de edificar y amplificar a Sión sobre la tierra. ¿Es ésto realmente así? Por cierto. Pues bien, guardemos los mandamientos.[43]

El Libro de Mormón defina a los obreros que edificarán el templo en decir que "Aquellos [los Gentiles, que se juntarán con la Iglesia después de la tensión interna en América] ayudarán a mi pueblo, el resto de Jacob, y también a cuántos que vendrán de la casa de Israel, a fin de que construyan una ciudad que será llamada la Nueva Jerusalén."[44]

Así que tres grupos participarán en levantar esta ciudad:

1. Los Gentiles,
2. Los Lamanitas, y
3. Tantos como vendrán de la Casa de Israel.

Este tercer grupo parece ser una referencia a la venida de las Diez Tribus y a los que en ese tiempo ya serán miembros de la Iglesia, y por lo tanto de la Casa de Israel. La administración de la obra de construcción naturalmente quedará con la Iglesia y con el reino político.

Se verá en los próximos dos capítulos que los tres grupos mencionados participarán, pero quizás la lista está al revés en orden cronológico. Para completamente entender este asunto uno tiene que darse cuenta que se anticipa que la Ciudad de Sión crecerá durante un período de muchos años hasta que llegue a ser una gran metrópoli mundial. En las primeras fases de su desarrollo la mayor parte del trabajo aparentemente será hecho por los miembros de la Iglesia (el tercer grupo) quienes serán ayudados al principio del programa de construcción por la llegada de las Diez Tribus del Norte. Se inaugurará entonces un gran programa misional entre los Lamanitas (el segundo grupo) y ellos vendrán por millones a la nueva Sión. Aparentemente la mayor parte de la obra de construcción entonces será afrontada por ellos. A la vez que la Nueva Jerusalén crece a ser un poder mundial y la tensión llega a su fin en los Estados Unidos, los Gentiles (el primer grupo) también se congregarán en la ciudad y apoyarán y ayudarán el crecimiento.

Un comentario por Orson Pratt sobre este tema es de interés:

> Éllos (los Lamanitas) también serán instruidos por nosotros a cultivar la tierra, a construir edificios como lo hacemos nosotros, instruidos como construir Templos e instruidos por nosotros en las varias ramas de la industria práctica; y entonces, después de haber recibido esta información e instrucción, *tendremos el privilegio de ayudarles a edificar la Nueva Jerusalén.*

---

43. *Diario de Discursos,* 13:313.

44. *3 Nefi* 21:23.

El Señor dice que los Gentiles, que creen en el Libro de Mormón "ayudarán a mi pueblo, el resto de Jacob, a fin de que construyan una ciudad que será llamada la Nueva Jerusalén."

Pues bien, muy muchos, sin leer estas cosas, se han congraciado a sí mismos en el pensamiento que somos nosotros aquellos que cumpliremos todo este trabajo. No es así; nosotros tendremos que ser ayudantes, tendremos que ser nosotros los que cooperamos con el resto de José en llevar a cabo esta gran obra; porque el Señor tendrá respeto hacia ellos, porque son de la sangre de Israel, y las promesas hechas a sus padres extienden a ellos, y ellos tendrán el privilegio de edificar esa ciudad, según la norma que el Señor dará.[45]

Aparentemente es la voluntad del Señor que los reyes y gobernantes entre las naciones Gentiles al fin contribuyan a la construcción de Sión. En la *Doctrina y Convenios* está registrada una revelación en que el Profeta fue mandado publicar una proclamación a "todos los reyes del mundo, hasta sus cuatro ángulos, al honorable presidente electo, a los

45. *Diario de Discursos,* 17:301. Presidente José Fielding Smith, sin embargo, no concurre con esta interpretación, Él dice:

Se me ha llamado la atención a las declaraciones en el Libro de Mormón que algunos interpretan como significar que los Lamanitas serán los líderes en edificar el templo y la Nueva Jerusalén en Missouri. Pero no encuentro ni un pasaje que indica que ésto será el orden de las cosas cuando están por cumplirse estos gran acontecimientos.

La mayor parte de los pasajes usados como evidencia, en una tentativa de comprobar que los Lamanitas serán los principales y que nosotros debemos seguirles, parece venir de las instrucciones dadas por nuestro Señor cuando visitó a los Nefitas después de su resurrección. Capítulos 20 y 21 de Tercer Nefi son las fuentes principales para esta conclusión. Pero no puedo encontrar en ningunas de la palabras rendidas por el Señor ninguna declaración por la cual se puede llegar a esta conclusión. Todo viene por una falta de entender y una mala interpretación.

En estos capítulos desde el principio hasta el fin el Señor está hablando del resto de Jacob. ¿Quién es Jacob cuyo resto debe hacer esta gran obra en estos últimos días? Sin ninguna duda Jacob es Israel.

Y otra vez, cuando habla de la simiente de José, ¿de quién habla? De aquellos que son los descendientes de José, el hijo de Israel, y esto incluye, por supuesto, a los Lamanitas tanto como a los Efrainitas quienes ya están congregándose y quienes están tomando su lugar, según la profecía, a la cabeza para guiar y bendecir toda la casa de Israel. En su discurso, el Salvador dice que los Gentiles que están sobre esta tierra serán bendecidos, si reciben el evangelio, y serán nombrados con la Casa de Israel. Los Gentiles iban a ser un azote a los restos sobre esta tierra. Además, iban a ser sus ayos, y ésto están empezando a ser en estos últimos días, después de los azotes terribles en los días anteriores:

Los Gentiles fueron prometidos que serían privilegiados a tener todas las bendiciones que fueron dadas a Israel, si se arrepientan y reciben el evangelio. Nefi vió todo esto en una visión y fue declarado por el Salvador en la ocasión de su visita a los Nefitas.

También dijo que si los gentiles, no solo sobre esta tierra, pero también los de todas las otras tierras, no se arrepientan, quitaría el evangelio de entre ellos. El resto de la casa de Israel del cual se habla en Primer Nefi, capítulo 13, y en Tercer Nefi, capítulos 16, 20, y 21, no se refiere solamente a los descendientes de Lehi, sino a toda la casa de Israel, los hijos de Jacob, aquellos sobre esta tierra y en otras tierras. La referencia a los gentiles significa todos los gentiles sobre esta tierra y en otras tierras. *Doctrinas de Salvación*, II, pp. 247-48.

eminentes gobernadores de la nación en que vives y a todas las naciones de la tierra esparcidas en el extranjero." La revelación declaró que el Señor estaba por mandar a estos gobernadores "[a prestar] atención a la luz y a la gloria de Sión, porque ha llegado la hora señalada para favorecerla," y Él dijo que "los visitaré y ablandaré sus corazones, muchos de ellos para vuestro beneficio, . . . para que vengan a la luz de la verdad, y los gentiles a la exaltación y enaltecimiento de Sión."[46] Ya se ha visto que habrán sido levantados gobiernos en varios lugares que se mostrarán más receptivos a la obra misional y a la causa de Sión que los gobiernos actuales. Aunque el Profeta fue prohibido por la persecución a escribir esta proclamación durante su vida, fue escrita y publicada por el Quórum de los Doce un poco después de su muerte. Habló de muchos acontecimientos importantes, pero significante en este contexto es la siguiente invitación a gobernantes y reyes:

> He aquí, o vosotros reyes y gobernantes, y el pueblo de los Gentiles, oíd la palabra del Señor, pues este mandamiento es para vosotros. *No solo sois requeridos a arrepentiros y obedecer el Evangelio en su plenitud, y así llegar a ser miembros o ciudadanos del reino de Dios; sino también sois así mandados, en el nombre de Jesucristo, de poner en uso activo para el cumplimiento de estos propósitos vuestra plata y vuestro oro, vuestros barcos y naves de vapor, vuestros ferrocarriles y vuestros caballos, carrozas, camellos, mulas, y camillas.* Porque sed informados que la única salvación que resta para los Gentiles es que sean identificados en el mismo convenio, y que adoren en el mismo altar con Israel. En una palabra, tendrán que llegar al mismo criterio; porque habrá un Señor, y Su nombre uno, y Él será rey sobre toda la tierra.[47]

La Vida Dentro de la Nueva Jerusalén

Los líderes de la Iglesia de los Santos de los Últimos Días han pintado en forma muy clara la clase de vida en la Nueva Jerusalén. Las siguientes citaciones son típicas de las muchas descripciones de la vida que los Santos gozarán. Orson Pratt habló de varias empresas en que los Santos se ocuparán y de las oportunidades para educación que se encontrarán en la Ciudad de Sión:

> Pero quizás preguntaréis aun más concerniente a nuestra emigración a los bordes orientales del Estado de Kansas, y a los bordes occidentales del Estado de Missouri, ¿qué es lo que pensamos hacer en esa parte del país? *Anticipamos ser agricultores, muchos de nosotros. Anticipamos introducir toda clase de maquinaria y de manufactura. Anticipamos edificar molinos. Anticipamos llegar a ser un pueblo muy industrioso, frugal, y económico. Anticipamos tener nuestra mercadería y nuestras tiendas y almacenes en esa tierra.* Anticipamos construir muy muchos centenares de escuelas en ese lugar, lo mismo que ya hemos hecho en este lugar y en los dos próximos

46. *Doctrina y Convenios* 124:2, 3, 6, 9.

47. "Proclamación de los Doce Apóstoles de la Iglesia de Jesucristo de los Santos de los Últimos Días," *Estrella Milenario*, 22 de octubre de 1845.

> Territorios, Idaho al Norte y Arizona al Sur. No calculamos desatender a nuestros hijos en cuanto a su educación. Anticipamos construir un gran número de academias o escuelas superiores y además un gran número de edificios escolares. Anticipamos erigir universidades para la enseñanza de las ramas aun más altas. Anticipamos edificar muchos centenares de capillas, y *anticipamos ser ubicados allí en gran densidad—no un hombre solo ocupando diez o quince kilómetros de terreno y llamándolo su chacra; no anticipamos vivir en esa manera, pero anticipamos ubicarnos en un establecimiento muy denso en esa región.*[48]

También habló de los antecedentes cosmopólitos de muchos de los Santos que se reunirán allí, y de la vida pacífica que gozarán:

> En unos pocos años—no digo el número de años—miraréis hacia los condados occidentales del Estado de Missouri, y hacia los condados orientales de Kansas, y en los alrededores de toda esta región *veréis una tierra poblada, llena de gente, con sus huertas, sus frutales, sus campos de grano, sus hermosas casas con árboles de sombra, sus ciudades y pueblos y aldeas.* Podéis preguntar—¿Quiénes son todas estas personas? La respuesta será—¡los Santos de los Últimos Días! ¿De dónde han vendido? *¡Han venido de todas las naciones de la tierra! ¡Han venido de las montañas de Utah, de Arizona, de Idaho, y de los territorios montañosos del continente de Norte América,* han venido aquí, y están pacíficamente cultivando los terrenos de estos Estados! Ahora, todo esto acontecerá, tan ciertamente acontecerá como que hay un Dios que reina en aquellos cielos, y no faltan muchos años, tampoco.[49]

Élder Juan Taylor habló de su expectación que los Santos sobresaldrán en las artes, la ciencia, y la industria, que edificarán magníficos edificios, y que tendrán dirección divina para guiarles:

> Creemos, además, que Dios, habiendo comenzado su obra, continuará en revelar y desplegar su voluntad a su Sacerdocio, a su Iglesia y reino sobre la tierra, y que entre su pueblo habrá la incorporación de virtud, de verdad, de santidad, de integridad, de fidelidad, de sabiduría y de conocimiento de Dios. *Creemos que habrá organizado un reino temporal de Dios que estará bajo la dirección y los auspicios del Señor de Huestes,* y que en todas nuestras actividades, si tienen que ver con cosas temporales o cosas espirituales, como hemos tenido la costumbre de llamarles, estaremos bajo la dirección del Señor, como dicen las Escrituras, "Acontecerá que todos serán instruidos por el Señor." Ésto es parte y parcela de nuestro credo. *Creemos que levantaremos espléndidos edificios, magníficos templos y hermosas ciudades que llegarán a ser el orgullo, la alabanza y la gloria de toda la tierra. Creemos que este pueblo se sobrepasará en la literatura, en la ciencia y en las artes y en manufactura.* En verdad, habrá una concentración de sabiduría, no solo la sabiduría combinada del mundo como ahora existe, pero los hombres serán inspirados en cuanto a todos estos asuntos en una manera y en tal magnitud como jamás antes han experimentado, y *finalmente, cuando los propósitos del*

48. *Diario de Discursos,* 24:23.
49. *Diario de Discursos,* 21:135.

Señor se llevarán a cabo, tendremos los más magníficos edificios, los más placenteros y hermosos jardines, la más rica y costosa vestidura, y el más sano y el más intelectual pueblo que residirá sobre la tierra. Ésto es parte y parcela de nuestra fe; en hecho, Sión recibirá los elogios de toda la tierra; y como comentó antiguamente la Reina de Sabá, en cuanto a la gloria de Salomón, no se le había contado ni la mitad, así será en cuanto a Israel en sus moradas. *En hecho, si hay algo grande, noble, dignificado, exaltado, si hay algo puro, o santo, o virtuoso, o hermoso, algo diseñado para exaltar o ennoblecer la mente humana para dignificar y elevar a las personas, se encontrará entre los Santos del más Alto Dios.*[50]

Sumario

Los siguientes puntos han sido considerados en conección con el establecimiento de la Nueva Jerusalén:

1. Cuando llegue el tiempo para que los Santos vuelvan al Condado de Jackson, Missouri, el Señor levantará a un hombre "que lo guiará como Moisés." Se ha especulado sobre la identidad de este hombre que incluye la posibilidad que José Smith será resucitado de los muertos para guiar a los Santos en su retorno.
2. Los Santos harán la peregrinación hacia el Este durante el período cuando la tensión interna todavía está enfureciéndose en los Estados Unidos. Tendrán que defenderse contra sus enemigos y aparentemente serán negados los medios más modernos de transporte por razón de la mala condición de los caminos y facilidades.
3. Se anticipa que muchos de los Santos permanecerán en el Oeste aunque el centro de influencia de la Iglesia será mudado al Condado de Jackson.
4. Los Santos, al empezar a planear la ciudad, se organizarán bajo el Orden Unido. Habrá una aproximación a este programa en el Oeste como una medida preparatoria.
5. Los Santos tendrán grandes riquezas y comprarán aquellos terrenos que aun no son de ellos.
6. La tierra, a la llegada de los Santos, estará en una condición desolada y abandonada.
7. El plano de la ciudad fue dado a José Smith por revelación. Se anticipa que se dará más revelación en dirigir la construcción de la ciudad y del templo.
8. La ciudad se edificará por tres grupos de personas durante un período de tiempo extendido. Estos grupos son
   A. Los miembros de la Iglesia y los de la Casa de Israel incluyendo las Diez Tribus.
   B. Los Lamanitas, o Americanos nativos.

50. *Diario de Discursos,* 10:146-47.

C. Los Gentiles que se juntarán con la Iglesia después del período de tensión interna en los Estados Unidos.

La relación entre estos tres grupos se aclarará aun más en los capítulos venideros.

9. Los Santos esperan crecer y prosperar allí y esperan construir una ciudad grandiosa. Sus actividades serán formuladas para santificar y exaltar a las personas.

CAPITULO SIETE

Cuatro Acontecimientos Importantes en los Estados Unidos

Se ha profetizado que, en el período siguiente al comienzo de la Nueva Jerusalén, habrán cuatro acontecimientos preparados para llevarse a cabo. Éllos son

1. El proselitismo intenso y la conversión de los Lamanitas, o sea los nativos de Norte, Centro y Sur América;
2. La aparición del Señor Jesucriso en la Nueva Jerusalén;
3. La venida a la Nueva Jerusalén de las Diez Tribus desde el Norte;
4. La llamada de 144.000 sumo sacerdotes para ministrar el Evangelio en los últimos días.

La Conversión de los Lamanitas

Según Orson Pratt, después que se habrá terminado la construcción del Templo en la Ciudad de Sión, y la ciudad misma se empieza a desarrollar y florecer, el tiempo llegará para que el evangelio sea predicado con gran énfasis a los Lamanitas. Un resto de ese pueblo habrá sido convertido antes que Sión sea redimido, pero el tiempo para que el cuerpo principal del pueblo Lamanita oiga el Evangelio será después del establecimiento de la Nueva Jerusalén:

> La venida de Cristo parece estar a mano, aun así Sión tiene que ser redimido antes de aquel día; el templo tiene que ser edificado sobre el sitio consagrado, y descansar bajo la nube y la gloria del Señor, *y los Lamanitas, muchos de ellos, recogidos, ¡y ellos tendrán que edificar la* NUEVA JERUSALÉN! Es la verdad, así dice el Libro de Mormón, que en tanto que los Gentiles reciban el Evangelio, ayudarán a mi pueblo el resto de Jacob, dice el Señor, a edificar la Nueva Jerusalén. Y cuando lo tendrán edificado, entonces se nos dice que ayudarán a mi pueblo que son de Jacob a recogerse a la Nueva Jerusalén.
>
> *Solamente unos pocos miles o cientos de miles, pues, serán involucrados en esta obra, y entonces, después que esté terminada, ayudaremos recoger a los Lamanitas; y entonces los poderes del cielo estarán entre vosotros; y entonces será la llegada de Cristo.*
>
> *No será antes del recogimiento de los Lamanitas, ni antes de la construcción del templo en el Condado de Jackson; pero habrá un gran pueblo para hacer el trabajo.*[1]

También explicó que el Evangelio será entregado a los Lamanitas después que han sido puestos los cimientos de la ciudad y han edificado el templo, y que el recoger de los Lamanitas a la Nueva Jerusalén ocuparía un período de tiempo extendido:

---

1. *Diario de Discursos*, 3:18.

No me entendáis mal, *no penséis que todas las tribus Lamanitas se convertirán y recibirán este gran grado de educación y civilización antes que podamos volver al Condado de Jackson. No lo penséis ni por un momento, será solo un resto, porque cuando hemos puesto los cimientos de esa ciudad y hemos edificado una parte de ella, y hemos allí edificado un Templo,* habrá otro trabajo que tendremos que hacer en conección a estos restos de Jacob a quienes ayudaremos a edificar la ciudad. ¿Cuál es? Tendremos que mandar misioneros a todas partes de este continente Americano. *No a los Gentiles, porque sus tiempos ya se habrán cumplido;* sino tendremos que ir a todas esas tribus que peregrinan atravez de las regiones frígidas del norte—la América Británica [Canadá], a todas las tribus que moran en los Territorios de los Estados Unidos, también a todas aquellas esparcidas a través de Méjico, y Centro y Sur América, y el objeto de nuestra jornada será declarar a ellos los principios del Evangelio, e inculcarles en un conocimiento de la verdad. "*Entonces ayudarán a mi pueblo que está disperso sobre toda la faz de la tierra, para que sean congregados en la Nueva Jerusalén.*"

¿No será esta una gran obra? *Ocupará un buen tiempo juntar todas estas tribus de Sur América,* porque algunos de ellos tendrán que viajar desde ocho hasta trece mil kilómetros para llegar a la Nueva Jerusalén. Ésto será un buen trabajo, y sin embargo tendremos que cumplirlo después que la ciudad esté edificada.[2]

La proclamación publicada por los Doce Apóstoles un poco después del martirio del Profeta José Smith también refiere al allegamiento de los Lamanitas y dijo que compondrían una nación en esta gloriosa tierra:

También testificamos que los "Indios" [así llamados] de Norte y Sur América son un resto de las tribus de Israel, como ahora está manifestado por el descubrimiento y la revelación de sus antiguos oráculos y registros.

Y *que el tiempo se acerca en que serán recogidos, civilizados y hechos una nación en esta gloriosa tierra.* También llegarán a un conocimiento de sus antepasados, y de la plenitud del Evangelio; y lo abrazarán y llegarán a ser una rama recta de la casa de Israel.[3]

Benjamín F. Johnson dijo que el profeta habló de un tiempo aun en el futuro "*cuando se abrirá un sendero para los Santos a través de Méjico, Sur América, y hasta la Estaca céntrica de Sión.*"[4]

Esta gran obra aparentemente empezará un poco antes de la venida del Salvador a Su Templo en la Nueva Jerusalén y la aparición de las Diez Tribus desde el Norte. Probablemente continuará en cierto grado después que estos gran acontecimientos se cumplan. Este orden de acontecimientos fue enfatizado por Orson Pratt:

---

2. *Diario de Discursos,* 17:301-02.
3. "Proclamación de los Doce Apóstoles de la Iglesia de Jesucristo de los Santos de los Últimos Días," *Estrella Milenaria,* 22 de octubre de 1845.
4. Benjamín F. Johnson, *El Repaso de mi Vida,* (Independence, Missouri: Zion's Printing and Publishing Company, 1947), p. 101.

> Primero, un resto [Lamanita] se convertirá; segundo, Sión será redimida, y todos entre los Gentiles que creerán ayudarán a este resto de Jacob en edificar la Nueva Jerusalén; tercero, un inmenso número de misioneros serán mandados a través de lo largo y lo ancho de este gran continente, para recoger los dispersos de su pueblo a la Nueva Jerusalén; cuarto, el poder del cielo se manifestará en medio de este pueblo, y el Señor también estará entre ellos.[5]

La obra misional entre los Lamanitas marca el comienzo del recogimiento de un poderoso grupo de la sangre de Israel. Este proceso de recogimiento involucra a tres grupos: (1) los Lamanitas en las Américas, (2) las Diez Tribus perdidas de Israel, y (3) los Judíos esparcidos a través del mundo. *Tercer Nefi* 21:23—22:3 da una vista panorámica del orden en que acontecerá el recogimiento de estos tres grupos. Después de la construcción de la Nueva Jerusalén (v. 23) los Lamanitas serán recogidos (v. 24), y entonces el Salvador aparecerá entre ellos (v. 25). La obra entonces comenzará entre las tribus perdidas, las cuales volverán en ese tiempo (v. 26), y entonces Israel saldrá de todas las naciones (v. 27-29). Al recogimiento de Israel, las ciudades desoladas sobre este hemisferio anteriormente en la posesión de los Gentiles serán habitadas por los de Israel (22:1-3). Aquí está citado el pasaje:

> Y ellos [los Gentiles, si es que se arrepientan para poder recibir esta bendición] ayudarán a mi pueblo, el resto de Jacob, y también a cuantos de la casa de Israel vengan, a fin de *que construyan una ciudad que será llamada la Nueva Jerusalén.*
>
> Y entonces *ayudarán a mi pueblo* que está disperso sobre toda la faz de la tierra, *para que sean congregados en la nueva Jerusalén.*
>
> Y entonces el poder del cielo descenderá entre ellos, y también *yo estaré en medio. Y entonces empezará la obra del Padre en aquel día, sí, aun cuando este evangelio será predicado entre el resto de este pueblo.* De cierto os digo que *en ese día empezará la obra del Padre entre todos los dispersos de mi pueblo, sí, aun entre las tribus que han estado perdidas*, las cuales el Padre ha sacado de Jerusalén.
>
> Sí, *empezará la obra entre todos los dispersos de mi pueblo,* y el Padre preparará la vía por la cual puedan venir a mí, a fin de que invoquen al Padre en mi nombre.
>
> Sí, y *entonces empezará la obra, y el Padre preparará la vía, entre todas las naciones,* por la cual su pueblo pueda volver a la tierra de su herencia.
>
> Y *saldrán de todas las naciones;* y no saldrán de prisa, ni irán huyendo, porque yo iré delante de ellos, dice el Padre, y seré su retaguardia.
>
> Entonces se realizará lo que está escrito: ¡Canta, oh, estéril, tú que no dabas a luz! ¡Prorrumpe en cánticos, y da voces de júbilo, tú que nunca estuviste de parto!, porque más son los hijos de la desolada que los de la casada, dice el Señor.
>
> Ensancha el sitio de tu tienda, y extiéndanse las cortinas de tus habitaciones; no seas escasa, alarga tus cuerdas, y haz más fuertes tus estacas;

5. *Diario de Discursos,* 17:302.

> porque hacia la mano derecha y hacia la izquierda te extenderás; y tu posteridad heredará las naciones gentiles, y *hará que habiten las ciudades desoladas.*

Orson Pratt aclaró que estas desoladas ciudades Gentiles serían ocupadas por Israel de los últimos días antes de la venida del Salvador con las huestes del cielo. Aparentemente ésto se hará en un círculo continuamente extendiéndose alrededor del Condado de Jackson. Más y más de las ciudades abandonadas serán habitadas a la vez que los Lamanitas y otros se congregan a Sión:

> Ahora ese orden de las cosas continuará y *se esparcirá desde ese núcleo en el Condado de Jackson* y los condados occidentales de Missouri y los condados orientales de Kansas, adonde se ubicará este pueblo, y *se extenderá por cientos de kilómetros,* sobre la mano izquierda y la mano derecha, al este, al oeste, al norte, y al sur desde la gran ciudad central, y todas las personas serán obligadas a ejecutar la ley en todas sus mayordomías, y entonces habrá una unidad y unión que continuará, y *se derramará más y más ampliamente, y crecerá más y más grande, hasta que las ciudades desoladas de los Gentiles serán habitadas por los Santos.* Entonces será el cumplimiento de la profecía de Isaías, en que dice, "Tu descendencia heredará a los Gentiles, y habitará las ciudades asoladas," porque *Dios les visitará en juicio, y no quedarán dueños para ocupar el territorio.* Entonces se llenará la tierra con los Santos, aquellos que guardarán la ley celestial; y recibirán sus mayordomías según los dictámenes del cielo.
>
> *Más luego el tiempo vendrá para la aparición de Jesús,* y traerá consigo la sociedad celestial que ha sido involucrada en cumplir con estos principios por miles de años en aquel mundo celestial. Descenderán acá, y encontrarán una sociedad tal cual como ellos, en lo que toca a la unión; encontrarán a un pueblo perfeccionado y manteniendo los principios, aquí sobre la tierra, como los mantienen en los cielos.[6]

Para propósito de discusión se puede decir que habrá dos períodos de conversión para el pueblo Lamanita. El primero ocurre antes que los Santos vuelvan para redimir a Sión, y parece, en cierto grado, estar en proceso ahora. El segundo, y el más importante período de la conversión Lamanita, comenzará en los primeros días de la Nueva Jerusalén. Parece que será en esa época que los Lamanitas "florecerán como la rosa,"[7] y las escamas de osbcuridad caerán de sus ojos y "se convertirán en una gente pura y deleitable."[8]

La proclamación de los Doce Apóstoles de 1845 describe el estado final del pueblo Lamanita y dice que Dios

> *congregará a los nativos, los restos de José en América, y hará de ellos una gran nación, fuerte, y poderosa;* y los civilizará y los instruirá, y establecerá una

6. *Noticiero Deseret Nocturno,* Tomo 8, Nó. 265, 2 de octubre de 1875.
7. *Doctrina y Convenios* 49:24.
8. *2 Nefi* 30:6.

santa ciudad, y templo, y un centro de gobierno entre ellos, que será llamada Sión . . .

El despreciado y degenerado hijo del bosque, que ha vagado en melancolía y tristeza, y ha sufrido increpación, entonces dejará caer su disfraz y se presentará en honrada dignidad, y exclamará a los Gentiles que le han envidiado y vendido—"Yo soy José; ¿vive aún mi padre?" o en otras palabras, soy descendiente de aquel José vendido a Egipto. Me habéis odiado, y me habéis vendido, y pensasteis que fui muerto; ¡mas he aquí!, vivo y soy heredero de las herencias, los títulos, los honores, el sacerdocio, el cetro, la corona, el trono, y la vida eterna y la dignidad de mis padres, quienes viven para siempre jamás.

Entonces será ordenado, lavado y ungido con aceite sagrado, y vestido con lino fino, aun la gloriosa y hermosa vestimenta y los mantos reales del sumo sacerdocio, que es según el orden del Hijo de Dios; y entrará en la congregación del Señor, aun en la Sancta Sanctórum, allá ser coronado con autoridad y poder que jamás terminará.

El espíritu del Señor entonces descenderá sobre él como el rocío sobre las montañas de Hermón, y como las refrescantes lluvias sobre las flores del Paraíso.

Su corazón se hinchará con conocimiento, tan amplio como la eternidad, y su mente comprenderá las vastas creaciones de Dios, y sus propósitos eternos de redención, gloria y exaltación, que fueron trazados en el cielo antes que se organizaron los mundos; pero fueron manifestados en estos últimos días, para la plenitud de los Gentiles, y para la exaltación de Israel.[9]

El Señor Vendrá a Su Templo En Sión

Se han profetizado cuatro manifestaciones del Señor durante los últimos días. Tres de estas manifestaciones son apariencias locales en que su venida será percibida solamente en la inmediata proximidad. La cuarta manifestación será su venida en gloria (que comúnmente se llama la segunda venida de Cristo) la cual será observada por toda la humanidad. Estas manifestaciones son

1. La aparición de Cristo en el templo en la Nueva Jerusalén, en cual ocasión dará sus leyes a Sión y ministrará a su pueblo.
2. La aparición de Cristo en Adán-ondi-Ahmán, Missouri, en cual ocasión recibirá las llaves del reino y juzgará a las naciones de la tierra.
3. La aparición de Cristo sobre el Monte de Olivos y en el templo en Jerusalén, Palestina, en cual ocasión salvará a Israel de derrota en la batalla de Armagedón.
4. La aparición de Cristo en gloria a una localidad no especificada, en que será acompañado por las huestes del Cielo y limpiará por fuego la tierra.

9. "Proclamación de los Doce Apóstoles de la Iglesia de Jesucristo de los Santos de los Últimos Días," *Estrella Milenaria*, 22 de octubre de 1845.

En un discurso en que se dirigió a los Judíos, Brigham Young señaló que la venida de Cristo a Palestina sería diferente que su venida a América:

> Cuando viene de nuevo no vendrá como cuando fue rechazado por los Judíos; ni aparecerá primeramente en Jerusalén cuando por segunda vez aparece sobre la tierra; sino aparecerá primero en la tierra en donde comenzó su trabajo en el principio, y sembró el jardín de Edén, y eso se hizo en la tierra de América.[10]

José Smith también comentó sobre la venida del Señor a su pueblo en el nuevamente establecido Sión en Missouri:

> La venida del Mesías entre su pueblo será tan natural, que solo los que le ven sabrán que ha venido, pero Él vendrá y dará sus leyes a Sión, y ministrará a su pueblo. *Ésta no será su venida en las nubes del cielo para vengarse de los inicuos del mundo.*[11]

En un artículo entitulado *La Segunda Venida*, Presidente Carlos W. Penrose describe tres de las apariciones mayores que componen la Segunda Venida del Mesías. Al hacerlo, cuenta de la venida del Señor a la Ciudad de Sión, como el primero de la serie de sus apariciones, y declara que el mundo en general no tendrá conocimiento de su venida en este tiempo:

> Entre el primer grupo mencionado de estas tres clases de hombres, *el Señor aparecerá primero;* y esa aparición no será conocida por el resto de la humanidad. *Vendrá al Templo preparado para Él, y su pueblo fiel verá su rostro, oirá su voz, contemplará su gloria.* De sus propios labios recibirá más instrucciones para el desarrollo y el embellecimiento de Sión y para la extensión y para la segura estabilidad de su Reino.[12]

Esta apariencia será repentina,[13] y el Señor ha dado énfasis a la importancia de que los Santos sean congregados "en uno" en esa ocasión.[14]

La Proclamación publicada por los Doce Apóstoles relata como los Lamanitas estarán presentes y preparados para reunirse con el Salvador en esta ocasión:

> Y *allí el Mesías les visitará personalmente, y los antiguos Santos quienes ya habrán sido levantados de los muertos, estarán con Él;* y establecerá su reino y sus leyes por toda la tierra . .

---

10. *Diario de Discursos*, 11:279.
11. Profecía registrada por Edwin Rushton y Teodoro Turley.
12. *Estrella Milenaria*, 10 de septiembre de 1859.
13. *Doctrina y Convenios* 36:8.
14. *Doctrina y Convenios* 42:36.

> Él [los Lamanitas personificados como un solo individuo] también conocerá a su Redentor, y será llenado de Su presencia, *mientras la nube de su gloria se verá en Su templo.*[15]

Aunque según Presidente Penrose el mundo en general no se dará cuenta que el Señor ha aparecido, aparentemente sabrán de Su gloria que vendrá sobre la ciudad. La *Doctrina y Convenios* declara que "la gloria del Señor estará allí, y el terror del Señor también estará allí," de tal grado que "los inicuos no llegarán a ella," y darán voces a su miedo que los habitantes de Sión "son terribles; por tanto, no podemos prevalecer."[16] El profeta Isaías describió la gloria que vendría sobre el Monte de Sión:

> Y creará Jehová sobre toda la morada del monte de Sión, y sobre los lugares de sus convocaciones, *nube y obscuridad de día, y de noche resplandor de fuego que eche llamas; porque sobre toda gloria habrá un dosel,*
>
> y habrá un abrigo para sombra contra el calor del día, para refugio y escondedero contra el turbión y contra el aguacero."[17]

Los Santos de los Últimos Días suelen aceptar este pasaje de Isaías como una referencia directa a la Nueva Jerusalén puesto que una revelación dada a José Smith habla específicamente del "recogimiento de sus santos sobre el monte de Sión, el cual será la ciudad de la Nueva Jerusalén."[18] El Salvador declara en el *Libro de Mormón* que "los poderes del cielo estarán entre este pueblo; sí, yo mismo estaré en medio de vosotros."[19] También informó que

> Y si mi pueblo me edifica una casa en el nombre del Señor, y no permite que entre en ella ninguna cosa inmunda para profanarla, *mi gloria descansará sobre ella.*
>
> *Sí, y mi presencia estará allí, porque vendré a ella;* y todos los de corazón puro que allí entren verán a Dios.[20]

Según Orson Pratt esta luz y gloria será excesivamente sobresaliente y causará gran excitación a través del mundo:

> *La luz brillará tan notablemente de esa ciudad, extendiendo hasta los mismos cielos,* que en verdad será como una ciudad asentada sobre un monte que no se puede esconder, y *tendrá una fuerte tendencia de llenar de terror a todas las naciones de la tierra.* ¿Lo verán todos? No, algunos pueden estar demasiado lejos, a través del mar, para ver esa luz milagrosa que brillará desde esta ciudad, pero os digo del efecto que tendrá en los reyes, las reinas, los

15. "Proclamación de los Doce Apóstoles de la Iglesia de Jesucristo de los Santos de los Últimos Días," *Estrella Milenaria,* 22 de octubre de 1845.
16. *Doctrina y Convenios* 45:66-70.
17. *Isaías* 4:5-6.
18. *Doctrina y Convenios* 84:2.
19. *3 Nefi* 20:22.
20. *Doctrina y Convenios* 97:15-16.

> gobernadores, los representantes y los jueces de la tierra—oirán de ella por telégrafo; las naciones civilizadas de la tierra recibirán las noticias, pero no las creerán. Dirán, "Que atravesemos el mar y que veamos esta cosa de que nos han informado; que acertemos si es la verdad o no." Bien, cuando se acercan hasta la jornada de uno o dos días de la ciudad se escamarán. Algunos de estos reyes y nobles, *cuando vean la luz brillando como la aurora boreal, iluminando toda la faz de los cielos*—cuando vean brillar esa luz mucho antes que lleguen a la ciudad, el miedo les asirá allí, dice el Salmista, en Salmos 48, se endebilitarán, y sus rodillas darán la una contra la otra como las rodillas de Belsasar. *Se apresurarán a huir de la gloria de Dios y del poder de Dios, y a salir del país lo más antes posible.* Se llenarán de miedo y terror. Tendrá un efecto sobre muchos otros reyes y nobles, los más puros de corazón, los más honestos, quienes son disponibles a recibir la verdad; tendrá un efecto diferente sobre ellos, tanto que dirán con Isaías, "Levántate, resplandece; porque ha venido tu luz, y la gloria de Jehová ha nacido sobre ti. Porque he aquí que tinieblas cubrirán la tierra, y obscuridad las naciones; mas sobre ti amanecerá Jehová, y sobre ti será vista su gloria. *Y vendrán los Gentiles a tu luz, y los reyes al resplandor de tu alzamiento.*"[21]

La gloria de Dios no solo será muy evidente por muchos kilómetros, mas se anticipa que esta gloria tendrá un efecto sobre los materiales que componen el Templo para prevenir su deterioro. Así que la presencia de Dios causará que los edificios sean inmortales. Se espera que ésto sucederá en ambos la Nueva y la Antigua Jerusalén, según Orson Pratt:

> Ahora, en este mundo habrá Templos, y estos Templos serán construidos según la más perfecta ley del reino celestial, porque el mundo en que están edificados o en que permanecerán será un cuerpo celestial. Este último Templo de que yo hablo, o el último Templo que se edificará en el Condado de Jackson, Missouri, será construido según este diseño celestial en todas particularidades. ¿Porqué? Porque nunca perecerá, existirá para siempre . . . No os pido pensar que este Templo y la ciudad en su alrededor desafiará la brusca mano del tiempo, y los efectos de los elementos de nuestro globo, y existirá para siempre, según las leyes naturales; pero hay un principio más alto que las leyes naturales. ¿Nunca habéis pensado en esto?—un principio más alto, un reino más alto que gobierna todas estas leyes de la naturaleza, tales como vosotros y yo nos hemos acostumbrado a entender desde nuestra juventud. *Digo que hay una ley más alta, un poder controlador sobre todas las leyes de la naturaleza, que prevendrá que estos edificios deterioren*; y mientras estoy tratando este tema quiero decir algo sobre otro tema; esto es, la reconstrucción de Palestina junto con la de la Nueva Jerusalén. La Antigua Jerusalén será reconstruida sobre su sitio anterior. Ahora, ¿jamás será destruida esa ciudad?; ¿jamás descaecerá? *¿Jamás será derrumbado el Templo que será edificado en Palestina, o jamás será desbarratado con granizos, lluvia, nieve o escarcha?—¿tendrán estas cosas algún efecto?* No, ni en el mínimo grado.
>
> ¿Porqué? Porque Dios estará allí. Así también estará en el templo de Sión sobre este continente, y por Su poder, por Sus leyes—que son superiores

21. *Diario de Discursos*, 24:29.

a todas las más brutas leyes de la naturaleza—*Él preservará totalmente de decadencia ambas de estas ciudades, una en el hemisferio del Oeste, y otra en el hemisferio del Este.*[22]

Cuando el Señor aparece en el Templo todos aquellos entre los Santos que son dignos serán privilegiados de entrar y verle. Según Orson Pratt:

> Acontecerá que cada hombre y cada mujer que es puro de corazón, que entrará en ese templo [en la Nueva Jerusalén], verá al Señor. *Ahora, qué gran bendición será ver al Señor de Huestes como nos vemos el uno al otro en la carne. Eso ocurrirá, pero no hasta que esté edificado el templo.*[23]

Los Santos no solamente verán al Salvador en el Templo, pero según Lorenzo Snow, vendrá a sus casas y se juntará con ellos:

> Muchos de vosotros estaréis viviendo en el Condado de Jackson y allá ayudaréis edificar el Templo; y si no habréis visto al Señor Jesús hasta este momento, podréis anticipar *de verle muy pronto, y comer y beber con Él, y darle la mano, e invitarle a vuestras casas como fue invitado cuando estaba aquí antes.* Estoy relatándoos ahora cosas de las cuales algo conozco.[24]

La Venida de las Diez Tribus

Parece que la venida de las Diez Tribus desde el Norte que ha sido anticipada por tanto tiempo ocurrirá después que o un poco antes que Sión ha sido santificada y el Señor ha venido a su templo. Oliverio Cowdery comentó que el Ángel Moroni instruyó a José Smith que después que la Iglesia "se habrá *santificado y habrá recibido su herencia en donde la gloria de Dios descansará sobre ellos* . . . y todas las cosas están preparadas, *se revelarán las diez tribus en la tierra norteña, en donde han estado por una larga temporada.*"[25]

También se debe recordar que el orden mostrado en *Tercer Nefi* 21:22—22:3 que se trató antes en este capítulo mostró que primero habrá comenzado la edificación de la Nueva Jerusalén, luego los Lamanitas serán recogidos, y entonces el Salvador aparecerá y en "ese día empezará la obra del Padre entre todos los dispersos de mi pueblo, sí, *aun entre las tribus que han estado perdidas.*"[26] Empero, una revelación atribuida a José Smith habla de la edificación de la Nueva Jerusalén y dice que "las Diez Tribus de Israel os ayudarán a edificarla."[27] Es muy posible, puesto que

---

22. *Diario de Discursos*, 24:25-26.
23. *Diario de Discursos*, 21:330.
24. Declaraciones hechas en una reunión de las autoridades del Sacerdocio en la Estaca de Weber, el 12 de junio de 1901, en la Sala de Asamblea del Barrio Quinto, como citado por N. B. Lundwall en *Los Templos del Más Alto*, (décima edición, Salt Lake City: Bookcraft) p. 259.
25. *Mensajero y Valedor*, octubre de 1835.
26. *3 Nefi* 21:26.
27. Revelación registrada por Edwin Rushton y Teodoro Turley.

no habrá solo una, sino veinticuatro areas del templo, que el Señor pueda aparecer en una parte terminada, y cuando vengan las tribus perdidas, habrán aun otras areas que requerirán su labor.

Otro factor que ayuda en identificar el tiempo cuando se anticipa su retorno es que su venida será precedida por una gran convulsión de la superficie de la tierra que levantará una calzada en medio del gran mar y causará que los confines de los collados eternos temblarán.[28] La revelación de Juan aparentemente se refiere a este gran cataclismo, y dice que cuando los montes y las islas serán trasladados de sus lugares el gran cambio habrá sido precipitado por un terremoto tan poderoso que causará que el sol se ponga negro y la luna roja como sangre:

> Miré cuando abrió el sexto sello, y he aquí *hubo un gran terremoto; y el sol se puso negro como tela de cilicio, y la luna se volvió toda como sangre;*
>
> *y las estrellas del cielo cayeron sobre la tierra,* como la higuera deja caer sus higos cuando es sacudida por un fuerte viento.
>
> Y el cielo se desvaneció como un pergamino que se enrolla; *y todo monte y toda isla se removió de su lugar.*[29]

La *Doctrina y Convenios* relata la venida de las Diez Tribus del Norte. Parece que su venida no será sin novedad porque tendrán que afrontar a sus enemigos durante su avance. Nótese también que al tiempo de su llegada la tierra a la cual llegarán será desolada y resecada y que los confines de la tierra, o toda la tierra de los collados eternos (un término que se usa para identificar el continente Americano) se sacudirá y temblará cuando vengan:

> Y los que estén en los países del norte serán recordados ante el Señor, *y sus profetas oirán su voz, y no se contendrán por más tiempo; y herirán las peñas, y el hielo fluirá ante su presencia.*
>
> Y *se levantará una calzada en medio del gran mar.*
>
> *Sus enemigos llegarán a serles por presa,*
>
> *y en los yermos desolados brotarán pozos de aguas vivas; y la tierra reseca no volverá a tener sed.*
>
> Y traerán sus ricos tesoros a los hijos de Efraín, mis siervos.
>
> *Y los confines de los collados eternos temblarán ante su presencia.*
>
> Y allí se postrarán, y serán coronados de gloria, sí, en Sión, por la mano de los siervos del Señor, los hijos de Efraín.

---

28. *Doctrina y Convenios* 133:27. Se debe cuidar al estudiar la sección 133 de la *Doctrina y Convenios* de no confundir el tiempo del regreso de las tribus perdidas con el tiempo cuando el gran mar será retirado hacia el norte y se unirán las tierras de Jerusalén y la Nueva Jerusalén. Un repaso cuidadoso de toda la sección mostrará que registra varios acontecimientos y que no están registrados en orden cronológico. Véase *Diario de Discursos,* 18:346.

29. *Apocalipsis* 6:12-14. Se nota que este terremoto ocurre al fin de los seis mil años después del comienzo de la existencia temporal de la tierra. (*Doctrina y Convenios* 77:6-7), que según la cronología del Obispo Ussher termina más o menos al fin del siglo veinte. La cercana proximidad al llamamiento de los 144.000 en la revelación parece identificar este terremoto con el cataclismo que precederá la venida de las Diez Tribus.

> Y serán llenos de cantos de gozo sempiterno.
> He aquí, ésta es la bendición del Dios eterno sobre las tribus de Israel, y la bendición más rica sobre la cabeza de Efraín y sus compañeros.[30]

Aunque en ese tiempo profetas obrarán entre las Diez Tribus, parece que la mayoría de estas personas aun no poseerán el sacerdocio. Este poder les será conferido por los Santos en la ciudad de Sión. Dijo Orson Pratt:

> Habiendo hablado del recogimiento de las Diez Tribus, me refiero de nuevo a sus Profetas. "Sus profetas oirán su voz." No penséis que somos nosotros el único pueblo que tendrá profetas. Dios está determinado de levantar Profetas entre ese pueblo, pero *no les cederá toda la plenitud de las bendiciones del Sacerdocio. Se reservará la plenitud para cederles después que lleguen a Sión. Pero los Profetas están entre ellos mientras están en el Norte, y una porción del Sacerdocio estará allá; y Juan el Revelador estará allá,* enseñando, instruyendo y preparándoles para esta gran obra.[31]

Wilford Woodruff también enseñó que las Diez Tribus recibirán la autoridad del Sacerdocio y sus investiduras en la tierra de Sión.[32]

Es profetizado que los registros de las tribus perdidas serán combinados con la *Biblia* y el *Libro de Mormón:*

> Porque he aquí, hablaré a los judíos, y lo escribirán; y hablaré también a los nefitas, y éstos lo escribirán; y también *hablaré a las otras tribus de la casa de Israel que he conducido lejos, y lo escribirán;* y también hablaré a todas las naciones de la tierra, y ellas lo escribirán.
> Y acontecerá que los judíos tendrán las palabras de los nefitas, y los nefitas tendrán las palabras de los judíos; y *los nefitas y los judíos tendrán las palabras de las tribus perdidas de Israel; y éstas poseerán las palabras de los nefitas y los judíos.*
> Y sucederá que mi pueblo, que es de la casa de Israel, será reunido sobre las tierras de sus posesiones; y *mi palabra también se reunirá en una.* Y manifestaré a los que luchen contra mi palabra y contra mi pueblo, que es de la casa de Israel, que yo soy Dios, y que hice convenio con Abraham que me acordaría de su posteridad para siembre.[33]

Estos registros, quizás, serán combinados con los registros de los continentes Americanos escritos durante los tiempos del *Libro de Mormón*, que Orson Pratt dice que en algún tiempo serán transferidos desde el collado Cumorah al templo en la Nueva Jerusalén:

---

30. *Doctrina y Convenios* 133:26-34.

31. *Diario de Discursos,* 18:25. Durante la conferencia del 2-6 de junio de 1831, el Profeta José Smith dijo que Juan el Revelador estuvo en ese tiempo trabajando entre las tribus perdidas. Véase *La Historia de la Iglesia,* 1:176.

32. *Diario de Discursos,* 4:231-32.

33. 2 *Nefi* 29:12-14.

Habían sido entregados al Profeta Mormón, el padre de Moroni, todos los registros sagrados de sus antepasados, grabados sobre planchas de metal. Mormón hizo nuevas planchas sobre las cuales escribió, de los libros más antiguos, una historia condensada de la nación, incorporando en ella muchas revelaciones, profecías, el Evangelio, etcétera. Estas nuevas planchas fueron entregadas a Moroni, en las cuales él terminó la historia. *Mormón depositó todas las planchas antiguas en Cumorah unos trescientos ochenta y cuatro años después de Cristo. Unos treinta y seis años más luego, cuando Moroni depositó los registros que fueron entregados a él, fue inspirado sin duda en seleccionar un lugar en el collado separado del gran depositario sagrado en que se encontraban los numerosos tomos escondidos por su padre.* El lugar particular sobre el collado en donde Moroni escondió el libro fue revelado por un ángel al profeta José Smith, al quien fue entregado el tomo en septiembre de 1827. *Pero el gran depositario de todos los numerosos registros de las antiguas naciones del continente occidental estaba ubicado en otro departamento del collado, y sus contenidos bajo el cargo de Santos ángeles, hasta que llegue el día en que serán transferidos al sagrado templo de Sión.*[34]

El Llamamiento de los 144.000

Parece que después que las Diez Tribus vienen del norte, una fuerza de 144.000 Sumo Sacerdotes se establecerá para ministrar a la Iglesia y buscar la Casa de Israel de entre las naciones del mundo y recogerlas a las tierras de su herencia. Se escogerán doce mil de cada una de las diez tribus de Israel para participar en este gran programa proselitista, que parece indicar que sus llamamientos deben ser después de la venida de las Diez Tribus, puesto que solamente una mínima representación de muchas de las tribus estaría disponible antes de aquel tiempo. El relato Bíblico dice:

> Después de esto vi a cuatro ángeles en pie sobre los cuatro ángulos de la tierra, que detenían los cuatro vientos de la tierra, para que no soplase viento alguno sobre la tierra, ni sobre el mar, ni sobre ningún árbol.
>
> Vi también a otro ángel que subía de donde sale el sol, y tenía el sello del Dios vivo; y clamó a gran voz a los cuatro ángeles, a quienes se les había dado el poder de hacer daño a la tierra y al mar.
>
> diciendo: *No hagáis daño a la tierra, ni al mar, ni a los árboles, hasta que hayamos sellado en su frentes a los siervos de nuestro Dios.*
>
> Y oí el número de los sellados: *ciento cuarenta y cuatro mil sellados de todas las tribus de los hijos de Israel.*
>
> De la tribu de *Judá,* doce mil sellados. De la tribu de *Rubén,* doce mil sellados. De la tribu de *Gad,* doce mil sellados.
>
> De la tribu de *Aser,* doce mil sellados. De la tribu de *Neftalí,* doce mil sellados. De la tribu de *Manasés,* doce mil sellados.
>
> De la tribu de *Simeón,* doce mil sellados. De la tribu de *Leví,* doce mil sellados. De la tribu de *Isacar,* doce mil sellados.

---

34. *Estrella Milenaria,* 28:417-19. Véase también *Diario de Discursos,* 19:38.

> De la tribu de *Zabulón*, doce mil sellados. De la tribu de *José*, doce mil sellados. De la tribu de *Benjamín*, doce mil sellados.[35]

Este pasaje es interpretado en la *Doctrina y Convenios*, donde se declara que los ángeles que mantienen control sobre vida en la tierra serán detenidos por Elías de traer destrucción sobre la tierra, quien les amonesta que "no hagáis daño a la tierra, ni al mar, ni a los árboles, hasta que hayamos sellado en sus frentes a los siervos de nuestro Dios." Entonces se defina el sellamineto de los 144.000:

> [Entendemos] que *aquellos que son sellados son sumos sacerdotes, ordenados según el santo orden de Dios para administrar el evangelio eterno*, porque son éstos los que son *ordenados de entre toda nación, tribu, lengua y pueblo*, por los ángeles a quienes es dado poder sobre las naciones de la tierra para *traer a cuantos quieran venir a la iglesia del Primogénito*.[36]

Este proceso de sellar fue explicado aun más por Orson Pratt, quien dijo que los recipientes gozarían un cambio físico que preservaría sus vidas cuando encuentren pestilencias y terremotos:

> Cuando el Templo está edificado los hijos de los dos Sacerdocios, es decir, los que son ordenados al Sacerdocio de Melquisedec, ese Sacerdocio que es según el orden del Hijo de Dios, con todas sus pertenencias, y los que han sido ordenados al Sacerdocio de Aarón con todas sus pertenencias, el primero llamado los hijos de Moisés, y el segundo llamado los hijos de Aarón, entrarán al Templo . . . y *todos los que son puros de corazón verán el rostro del Señor y eso, también, antes que venga en su gloria en las nubes del cielo*, porque vendrá repentinamente a su Templo, y *purificará a los hijos de Moisés y de Aarón, hasta que serán preparados para ofrecer en ese Templo una oferta que será aceptable en la vista del Señor. En hacer ésto, purificará no solamente las mentes del Sacerdocio en ese Templo, pero purificará sus cuerpos hasta que serán vivificados, y renovados y enfortalecidos, y serán cambiados en parte*, no hasta la inmortalidad, sino cambiados en parte para que puedan ser llenados con el poder de Dios, y podrán aguantar la presencia de Jesús, y ver su rostro en medio de ese Templo.
>
> *Ésto les preparará para administraciones adicionales entre las naciones de la tierra,—les preparará salir en los días de tribulación y venganza sobre las naciones de los inicuos cuando Dios les afligirá con pestilencias, plagas y terremotos, tales como nunca conocieron las generaciones anteriores.* Entonces los siervos de Dios tendrán que ser armados con el Poder de Dios, tendrán que tener esa bendición selladora pronunciada sobre sus frentes para que *puedan afrontar estas desolaciones y plagas y no ser vencidos por ellas. Cuando Juan el Revelador describe esta escena*, él dice que vió mandar cuatro ángeles, listos para detener los cuatro vientos que soplarán de los cuatro ángulos del cielo. Otro ángel ascendió del Este y clamó a los cuatro ángeles, y dijo, "No haced daño a la tierra, mas esperad por un tiempo." "¿Por cuánto tiempo?" "Hasta que hayamos sellado en sus frentes a los siervos de nuestro Dios."

35. *Apocalipsis* 7:1-8.

36. *Doctrina y Convenios* 77:11.

> ¿Para qué? *Para prepararles a afrontar estas desolaciones y plagas, y no ser vencidos. Cuando estén preparados, cuando habrán recibido una renovación de sus cuerpos en el templo del Señor, y habrán sido llenados con el Espíritu Santo y purificados como oro y plata en una caldera de fuego, entonces serán preparados para afrontar las naciones de la tierra y predicar las buenas nuevas de salvación en medio de los juicios que vendrán como torbellino sobre los inicuos.*[37]

El profeta José Smith enseñó que este sellamiento "significa sellar las bendiciones sobre sus cabezas, por lo que se entiende el convenio sempiterno, por tanto haciendo firme su vocación y elección."[38]

Orson Pratt hace este comentario adicional sobre el sellamiento de los 144.000 y enfatiza que serán escogidos después de la aparición de las Diez Tribus:

> *Las Diez Tribus tendrán que aparecer y venir a esta tierra, para ser coronados con gloria en medio de Sión por las manos de los siervos de Dios, aun los hijos de Efraín; y doce mil Sumo Sacerdotes serán elegidos de cada una de esas diez tribus, tanto como de las tribus esparcidas,* y sellados en sus frentes, y serán ordenados y recibirán poder de congregarse desde todas las naciones, tribus, lenguas y pueblos, tantos como vendrán a la asamblea general de la Iglesia del primogénito. ¿No será ésta una gran obra? *Imagináos ciento cuarenta y cuatro mil Sumo Sacerdotes saliendo entre las naciones,* y recogiendo cuantos vendrán a la Iglesia del primogénito. *Todo eso acontecerá, probablemente, en la mañana de los séptimo mil años.* La obra, vosotros Santos de los Últimos Días, es de gran magnitud, y estamos viviendo casi en la víspera de ella.[39]

El Profeta José Smith dió un comentario de importancia especial concerniente a los 144.000, en que señaló que esos grupos escogidos serán acompañados por una gran hueste. Su declaración parece ser un comentario adicional de *Apocalipsis* capítulo siete:

> Continuo mi progreso hacia la vida eterna. No es solo necesario que seáis bautizados para vuestros muertos, sino tendréis que cumplir todas las ordenanzas para ellos, lo mismo que habéis hecho para vosotros mismos. *Habrán 144.000 salvadores sobre el Monte de Sión, y con ellos una hueste innumerable que ningún hombre podrá contar.* ¡Oh! Os imploro a adelantaros, adelantad y asegurad vuestra vocación y eleccíon; y si algún hombre predica otro Evangelio que lo que he predicado, maldecido será.[40]

Esta declaración parece indicar que no todos los 144.000 funcionarán como misioneros, sino que algunos se dedicarán a los templos haciendo el trabajo para los muertos. Se debe notar que la *Doctrina y Convenios*

37. *Diario de Discursos,* 15:365-66. Véase *Malaquías* 3:1-4; *Doctrina y Convenios* 128:24.
38. *La Historia de la Iglesia,* 5:530.
39. *Diario de Discursos,* 16:325-26.
40. *La Historia de la Iglesia,* 6:365.

dice que los 144.000 serán llamados a "administrar el evangelio sempiterno," y no se indica que su función es limitada a la obra misional. Parece que también funcionarán en los barrios, las estacas y los templos de Sión. Algunos de los Santos de los Últimos Días entienden que el Profeta, en mencionar la innumerable hueste se refiere a aquellos que entran la Iglesia del Primogénito por medio de la administración de estos Sumo Sacerdotes. José Smith asimismo comentó que la selección de personas que integrarán los 144.000 sumo sacerdotes ya había empezado en su día:

> Asistí con el quórum a una reunión de oración en la sala de asamblea, y hablé algo en cuanto a los ciento cuarenta y cuatro mil mencionados por Juan el Revelador, mostrando que la selección de personas que formarán ese número ya había comenzado.[41]

Varios diarios mantenidos por los primeros hermanos en la Iglesia contienen declaraciones que dicen que ellos estarán entre los 144.000. Ésto levanta la posibilidad que algunos de los 144.000 serán seres resucitados.

Orson Pratt dijo que el sellar en sus frentes de los siervos de Dios fue necesario para prepararles "para que el poder de la muerte y de las pestilencias y de las plagas que saldrán en esos días barriendo las naciones no tendrán poder sobre ellos."[42]
Esta declaración da la inferencia que habrán grandes juicios que deben venir sobre la tierra después de este tiempo, y que vendrán durante el período en que los 144.000 están trabajando para recoger la casa de Israel.

José Smith enseñó que los 144.000 no solo recibirían ayuda divina por ser sellados contra plagas y pestilencias, sino que en el proceso de recogimiento, "Rectitud y verdad barrerán la tierra como un diluvio," y que "hombres y ángeles cooperarán en el trabajo de llevar a cabo esta gran obra."[43]

---

41. *Diario de Discursos,* 6:196.

42. *Diario de Discursos,* 18:25. José Smith pronunció una declaración que es muy significante en que muestra que el período de tiempo desde el escogimiento de los 144.000 hasta la edificación del templo en la antigua Jerusalén será menos que una generación, porque "comentó que los ciento cuarenta y cuatro mil que son sellados son sacerdotes que serán ungidos para administrar en los sacrificios diarios." (*La Historia de la Iglesia,* 5:326) Para información concerniente a estos sacerdotes que sirven en el templo en Palestina, véase Ezequiel 44 y 45.

43. *La Historia de la Iglesia,* 2:260.

Sumario

Se anticipan cuatro acontecimientos importantes en los primeros días de la Nueva Jerusalén:

1. El Evangelio será llevado a los Lamanitas.
   A. Aunque un número relativamente pequeño de Lamanitas ha sido o será convertido antes del retorno a la Nueva Jerusalén, el período principal de su conversión empezará en los primeros días de esa ciudad.
   B. Se anticipa que millones de Lamanitas se juntarán con la Iglesia. Se congregarán a la area alrededor del Condado de Jackson y habitarán las ciudades cercanas que habrán sido dejadas desoladas.
2. El Señor visitará a los Santos en la Nueva Jerusalén.
   A. Los Santos fieles podrán verle en el Templo. Su residencia será prolongada y entrará en las casas de los miembros de la Iglesia.
   B. La ciudad brillará por razón de la presencia de la gloria de Dios. La luz será visible por muchos kilómetros. La presencia de Dios obrará cierto cambio en el templo para no descaeciere—vendrá a ser inmortal.
3. Las Diez Tribus se revelarán en el Norte y vendrán a la Nueva Jerusalén.
   A. Un gran terremoto acompañará su venida.
   B. Se establecerán en la area de la Nueva Jerusalén y allí recibirán su sacerdocio y sus ordenanzas.
4. Un grupo de 144.000 Sumo Sacerdotes será escogido para administrar el Evangelio.
   A. Habrán 12.000 de cada una de las Doce Tribus de Israel.
   B. Estos hombres, después de su llamamiento, pasarán por cambios físicos que les protegerán de los asolamientos de severas plagas que Dios derramará.

CAPITULO OCHO

La Congregación de la Casa de Israel en Palestina

En un capítulo anterior se vió que el esfuerzo misional durante los últimos días se llevará a cabo en cuatro épocas que son distinguidas por los grupos que son los recipientes de la obra proselitista. La primera época, esa de la obra misional entre los Gentiles, terminará cuando empieza la tensión interna en los Estados Unidos y Dios manda sus juicios sobre las naciones. La segunda parte de la obra misional, en la cual el Evangelio será llevado al pueblo de la Casa de Israel, empezará cuando se lleva el Evangelio a los Lamanitas durante los primeros días de la Nueva Jerusalén. Las dos primeras partes de la obra misional entre la Casa de Israel (la conversión de los Lamanitas y la restauración de las Diez Tribus) fueron tratadas en el capítulo anterior. Este capítulo considerará otro aspecto de la obra de Dios con la Casa de Israel—el recogimiento de los Judíos a su tierra nativa de Palestina.

La Hora de la Congregación de los Judíos

En una revelación dada a José Smith el 7 de marzo de 1831, el Señor reveló la hora en que se puede anticipar la congregación del pueblo Judío. La revelación habló de la destrucción del templo Judío en los antiguos tiempos y del esparcimiento de ese pueblo. Luego se prometió que "serán recogidos de nuevo; *pero quedarán hasta después del cumplimiento de los tiempos de los Gentiles.*"[1]

Durante su visita al pueblo Nefita después de su resurrección, el Señor relató el mismo mensaje en forma clara y enfática. Al hablar de los Gentiles se refirió al tiempo cuando endurecerán sus corazones en contra de Él, y dijo que Él recordará su convenio de juntar a Israel en Palestina:

> Y serán un azote al pueblo de esta tierra. No obstante, *si cuando hayan recibido la plenitud de mi evangelio endurecen sus corazones en contra de mí, haré volver sus iniquidades sobre sus propias cabezas, dice el Padre.*
>
> *Y me acordaré del convenio que he hecho con mi pueblo; y he hecho convenio con ellos de que los recogería en mi propio y debido tiempo,* y que otra vez les daría por herencia la tierra de sus padres, que es la tierra de Jerusalén, que para ellos es la tierra prometida para siempre, dice el Padre.[2]

El Señor identifica más específicamente la hora del recogimiento de los judíos a Palestina como siendo después de unas ocurrencias cronológicas. Se construirá la Nueva Jerusalén, los Lamanitas serán recogidos allá, Cristo aparecerá allá, el Evangelio será predicado a las Diez Tribus, y después de todos estos acontecimientos,

> *Sí, y entonces empezará la obra, y el Padre preparará la vía, entre todas las naciones, por la cual su pueblo pueda volver a la tierra de su herencia.*

---

1. *Doctrina y Convenios* 45:25.
2. *3 Nefi* 20:28-29.

> *Sí, y entonces empezará la obra, y el Padre preparará la vía, entre todas las naciones, por la cual su pueblo pueda volver a la tierra de su herencia.*
>
> Y saldrán de todas las naciones; y no saldrán de prisa, ni irán huyendo, porque yo iré delante de ellos, dice el Padre, y seré su retaguardia.[3]

Así que el Señor ha señalado con cuidado el verdadero tiempo de la congregación del pueblo Judío como un tiempo distante en el futuro, después del cumplimiento de los tiempos de los Gentiles y el retorno de las Diez Tribus.

El Presente—Un Período de Recogimiento Preparatorio

Aunque el verdadero período del recogimiento queda todavía en el futuro, el Señor está preparando ahora el camino para que se cumpla. Tal como el camino está preparándose para la conversión de los Lamanitas por el éxito actual de las misiones—, tal como Dios está aumentando el número de catástrofes naturales de año en año en preparación para el tiempo cuando derramará sus juicios sin medida—, así Él está llevando a cabo un recogimiento preliminario de los judíos a Palestina.

Este movimiento tiene mucho más significado para los Santos de los Últimos Días que para el resto del mundo, porque los Santos pretenden que las llaves de la congregación de Israel fueron restauradas al Profeta José Smith y Oliverio Cowdery por Moisés en 1836.[4] Un poco después de esta ocurrencia Orson Hyde, uno de los Doce Apóstoles, fue comisionado a viajar a Palestina, donde dedicó esa tierra para el retorno de los judíos.[5] El 24 de octubre de 1841,[6] él se paró sobre el Monte de Olivos y en

---

3. *3 Nefi* 21:28-29.
4. *Doctrina y Convenios* 110:11.
5. El siguiente comentario por B. H. Roberts en *La Historia de la Iglesia* es de interés en cuanto a la misión de Orson Hyde: la misión a Jerusalén asignada a los Élderes Orson Hyde y Juan E. Page, del quórum de los Doce, fue superada en importancia solo por aquella asignada al resto de los Doce para ir a Gran Bretaña. Juan E. Page fracasó por completo en cumplir con su asignación, no obstante las muchas veces que el Profeta le exigió y le amonestó. Nunca se apartó de las orillas de América, y finalmente volvió a Nauvoo donde fue severamente reprendido por su falta de fe y energía. Orson Hyde, por su parte, a pesar de muchas dificultades, perseveró en su jornada a la Tierra Santa, hasta que cumplió lo que le había sido asignado. Élder Hyde aparentemente era descendiente de la tribu de Judá; y poco después que el Profeta le conoció, probablemente en el año 1832, al pronunciar una bendición sobre él, dijo: "En el debido tiempo irás a Jerusalén, la tierra de tus padres, y serás centinela a la casa de Israel; y por tu mano el Señor hará una gran obra, que preparará el camino y facilitará en gran manera el recogimiento de ese pueblo." Fue en cumplimiento de esta predicción sobre su cabeza que fue llamado a esta misión a Jerusalén, para dedicar la tierra de Palestina por la autoridad apostólica, en preparación para el retorno de los judíos y otras de las tribus de Israel a aquella tierra de promesa. Él cumplió completamente esta misión. *La Historia de la Iglesia,* 4:xxxi.
6. La tierra de Palestina fue dedicada también por Presidente Jorge A. Smith, en marzo de 1873. Ésto fue justamente cinco años antes que fue formada la organización llamada "Los Que Aman a Sión."

Desde ese tiempo la Iglesia ha visto muchos acontecimientos que han señalado el derramamiento del espíritu de recogimiento a través del mundo. El siguiente breve bosquejo presenta un sumario de los importantes hechos históricos que, según los Santos de los Últimos Días, han marcado el progreso en la preparación para el gran recogimiento en Palestina.

1. 1836—Las llaves para el recogimiento de Israel fueron restauradas en el Templo de Kirtland.
2. 1841—La tierra de Palestina fue dedicada por Orson Hyde para el retorno del resto esparcido de Israel.
3. 1896—La Organización Sionista se organizó. Tuvo su primera conferencia en Basel, Suiza, en 1897, y ha logrado mucho para establecer el espíritu de nacionalismo entre el pueblo Judío.
4. 1917—Las fuerzas Británicas, bajo la dirección del General Allenby, conquistaron a Palestina y la rebataron de las manos del empirio Turco, que la había controlado por cuatro siglos. Inglaterra, en el acuerdo de armisticio, se encargó de Palestina, y un inglés de descendencia Judía, fue emplazado como gobernador. La Declaración de Balfour, una proclamación invitando a los judíos a volver a Palestina, fue proclamada por Inglaterra, y Palestina llegó a ser un lugar de recogimiento para los judíos. Los judíos empezaron a volver a su tierra nativa. Grandes sumas de dinero fueron gastadas por Inglaterra en la reconstrucción de la tierra y sus recursos.
5. 1922—Por razón del descubrimiento de petróleo en las naciones Árabes y por razón del miedo de parte de Inglaterra de empujar a las naciones Árabes al acampamento de sus enemigos, Inglaterra, bajo la dirección del Señor Winston Churchill, registró un "Papel Blanco" que gravemente debilitó los efectos de la Declaración Balfour. El Papel Blanco desató a Tran-Jordán de la área de operaciones Sionistas y habló de organizar un concilio legislativo para supervisar las cosas en Palestina. Aunque todavía afirmó que un Hogar Nacional Judío sería establecido en Palestina, limitó la inmigración judía por declarar que la inmigración "no pueder superar la capacidad del país para absorber a los que nuevamente llegaren al país." No obstante, la amargura de los líderes árabes hacia los judíos que inmigraban creció.
6. 1930—El inglés Señor Passfield anunció que "no quedó ningúna parcela de tierra disponible para la agricultura para los inmigrantes," y el deber de suspender la inmigración hasta que los que se encontraran sin empleo obtuvieran trabajo cayó sobre Gran Bretaña como el Poder Mandatario.
7. 1939—Una declaración Británica de su programa político conocida como el Papel Blanco de 1939 impidió aun más los esfuerzos de los judíos para congregarse a su nuevo hogar. Este papel, que fue basado sobre los fuertes sentimientos manifestados por los árabes

los judíos para congregarse a su nuevo hogar. Este papel, que fue basado sobre los fuertes sentimientos manifestados por los árabes en contra de los judíos, prohibió más inmigración a Palestina después de cinco años "a no ser que los árabes de Palestina estuvieran preparados para aceptarla," y propuso que un gobierno combinado de ambos judíos y árabes se establecería dentro de diez años. Para los judíos ésto significó el derrote del movimiento Sionista y el fin de un hogar judío en Palestina, porque pudieron ver que los judíos tendrían una parte muy restringida en tal arreglo.

8. 1939-1944—Durante la Segunda Guerra Mundial los judíos lucharon al lado de Gran Bretaña mientras el Mufti Arabe de Jerusalén se sujetó a Adolfo Hitler y prestó su influencia hacia la destrucción de los judíos a través de todo el territorio controlado por los poderes del eje Roma-Berlín. Se estima que esta destrucción redujo la población mundial de judíos desde diez y siete millones hasta once millones.[7]

9. 1947—El Comité Especial de las Naciones Unidas sobre Palestina pidió la separación de Palestina en un estado Arabe, un estado Judío y la ciudad de Jerusalén. La Asamblea General de las Naciones Unidas votó en dividir a Palestina antes del 1 de octubre de 1948. Decidieron crear un estado Judío y un estado Arabe. Además, determinaron que la ciudad de Jerusalén (con 100.000 judíos y 105.000 árabes, y un territorio de 840 kilómetros cuadrados) sería gobernado por el Concilio Fiduciario de las Naciones Unidas con un gobernador asignado por ellos. Se decidió que la división de Palestina sería supervisada por una comisión de cinco naciones.

10. 1948—Se retiraron las fuerzas Británicas, y el mandato Británico terminó. La República de Israel fue proclamada en los días 14 y 15 de mayo de 1948. La área asignada a Israel se compuso de unos 14.000 kilómetros cuadrados con una población de 935.000 (538.000 judíos y 397.000 árabes). El territorio Arabe consistió de 11.500 kilómetros cuadrados con una población de 814.000 (804.000 árabes y 10.000 judíos). Se seleccionó un presidente provisional para la república judía.

    El 15 de mayo unidades de los ejércitos Trans-Jordanes, Sirios, Líbanos, Iraques y Egipcios fueron mandados por los árabes a Palestina para luchar en contra de Israel. Después de un breve período de guerra y una tregua temporaria, el Concilio de Seguridad de las Naciones Unidas impuso una tregua permanente

7. *Informe de la Conferencia*, abril de 1950, pp.77-78.

el 16 de julio de 1948. Habían frecuentes infracciones de la tregua de parte de ambos los judíos y los árabes. La inmigración judía aumentó de inmediato.[8] En julio de 1949 Las Naciones Unidas lograron una tregua final. "La división de territorio al tiempo del armisticio dejó en *de facto* posesión de Israel casi todo el territorio ocupado por sus tropas dentro de los bordes del anterior Mandato Palestino: la totalidad de Galilea, el Negeb (incluyendo a Beersheba pero excluyendo a al-'Awja y la tira costal de Gaza), la Llanura Costal, y un amplio corredor hasta la Jerusalén judía."[9]

11. 1949—La República de Israel nombró su primer presidente y ordenó su primera asamblea constituyente el 14 de febrero. Fue

8. J. C. Hurewitz en su libro, *La Lucha Para Palestina*, (Nueva York: W. W. Norton y Compañía, Inc., 1950), pp. 27-28, hizo el siguiente comentario sobre el crecimiento de la población en Palestina:

La población judía de Palestina continuamente aumentó en la segunda mitad del siglo diez y nueve a raíz de la llegada de inmigrantes por razones religiosas. Después de 1882 el nivel de influjo aumentó por razón de la persecución de judíos en el Este de Europa, mayormente Rusia, y por el comienzo del Sionismo. El número de judíos había aumentado desde unos 12.000 en 1845 hasta el doble de ese número en 1882, y desde 47.000 en 1895 hasta casi 85.000 en 1914. Durante la primera guerra mundial la población judía declinó hasta un estimado 65.000 en 1919, o un diez por ciento del total del país. Entre las fechas de septiembre 1920 y diciembre de 1936 unos 280.000 judíos emigraron a Palestina con autorización mandataria, aumentando el número de judíos hasta 404.000 o cerca de treinta por ciento de la población entera. Judíos de Polonia encabezaron la lista de los recién llegados. El influjo alcanzó su cima después de 1932, cuando un repentino aumento de anti-Semitismo causó un brusco aumento en inmigración desde el centro de Europa. Entre 1933 y 1936 el tamaño de la comunidad judía, o *Yishuv* (colonia), como llegó a conocerse, aumentó por 83 por ciento como resultado de la llegada de 166.000 colonistas. Entre los inmigrantes habían judíos de los cercanos países árabes y los más lejanos países orientales, atraídos al hogar nacional por razón de las más grandes oportunidades económicas . . .

Primeramente los inmigrantes ocuparon mayormente las cuatro "ciudades santas" de Jerusalén, Hebrón, Safed, y Tiberias. Pero por el año 1914 los judíos habían fundado cuarenta y cuarto pueblos, cuyos habitantes, que numeraron 14 por ciento del total judío, continuaron sin cambio durante la Primera Guerra Mundial. Como resultado del planeamiento centralizado de los años después de la guerra, el número de pueblos aumentó hasta 203 en 1936 con una población de 98.000, o 24 por ciento del total. Aparte de Jerusalén y sus alrededores inmediatos, la región de colonización judía se limitó mayormente a un pequeño distrito al sureste de Jaffa, la Llanura Costal desde esa ciudad hasta Jaffa, el Valle de Jesreel, y el Este de Galilea. Dos terceras partes vivían en Tel Aviv, Jerusalén y Jaffa. De hecho, Tel Aviv, que empezó como un suburbio norteño de Jaffa en 1909, por 1936 había llegado a ser la ciudad más grande en el país, con una población enteramente judía de unos 150.000. La población judía aumentó por casi 400 por ciento entre 1914 y 1936; la área de terreno judío aumentó por menos de 300 por ciento, desde aproximadamente 45.000 hectáreas hasta 125.000. Ésto representó alrededor de 4,6 por ciento de toda la área del país.

9. Hurewitz, *Ibíd*, p. 319.

aceptada como miembro de las Naciones Unidas el 11 de mayo de 1949.

12. Los acontecimientos que han ocurrido desde la formación de la República de Israel están bosquejados en esta breve declaración de la revista *Semana de Negocios* (Business Week):

> En solo 10 años, el pueblo ha convertido un semi-desierto no productivo a un estado moderno. Ha absorbido 1,3 millones de inmigrantes. Ha triplicado su producción industrial y agricultural (la producción nacional total ahora es de alrededor de $1,6 billones). El ingreso por persona se ha multiplicado desde $200 hasta $600. Además, Israel ha construido más de 450 nuevos pueblos, ha construido 200.000 casas, ha multiplicado seis veces el transporte por tierra, y cuenta con una flotilla mercantil de 200.000 toneladas.
>
> Estas demostraciones de crecimiento, junto con las campañas militares del Sinaí durante la crisis de Suez—cuando las fuerzas de Israel invadieron a Egipto—han dado confianza a Israel. Aún así, los problemas de la nación parecen ser formidables. La presión constante de Egipto y otros vecinos árabes está esforzando a Israel a gastar más para la defensa. Hay poco relevo a la vista, salvo un completo cambio en dirección de la política del Medio Éste.[10]

¿Cuántos judíos se congregarán? La Cámara Estadística Judía estimó que en el año 1961 había aproximadamente 12.650.000 judíos viviendo en el mundo. De ese número cerca de la séptima parte vivía en Palestina. Las persecuciones de la Segunda Guerra Mundial hicieron una gran reducción en la población de este pueblo, pero sus números ahora están continuamente aumentando. La profecía no da ninguna indicación del porcentaje o del número de judíos que volverán a Palestina.

Las escrituras son explícitas en la declaración que el Señor "juntará los desterrados de Israel, y reunirá los esparcidos de Judá de los cuatro confines de la tierra."[11] Pero también es de interés notar que varios pasajes hablan de lugares específicos desde donde vendrá el resto de la Casa de Israel. Isaías dice que el resto se congregará desde "Asiria, Egipto, Patros, Etiopía, Elam, Sinar y Hamat, y las costas del mar."[12] También dice que misioneros serán mandados "a Tarsis, a Fut y Lud que dispararon arco, a Tubal y a Javán, a las costas lejanas"[13] para recoger el resto esparcido de Israel.

Los antiguos profetas también hablaron de un camino que en los últimos días extenderá "de Egipto a Asiria, y asirios entrarán en Egipto, y egipcios en Asiria."[14] No es claro si todas las referencias bíblicas tratan

10. "Israel Salta Sus Primeros 10 Años," *Semana de Negocios*, 3 de mayo de 1958, p. 80.
11. *Isaías* 11:12. Véase *1 Nefi* 22:25; *3 Nefi* 16:5.
12. *Isaías* 11:11.
13. *Isaías* 66:18-21.
14. *Isaías* 19:23.

el mismo camino, pero hablan del "Camino de Santidad,"[15] y proclaman al pueblo "enderezad calzada en la soledad."[16] Jeremías habla de la dirección del camino como la misma por la cual las tribus de Israel fueron llevadas hacia el Norte a través de Asiria:

> ¿No es Efraín hijo precioso para mí? ¿no es niño en quien me deleito? pues desde que hablé de él, me he acordado de él constantemente. Por eso mis entrañas se conmovieron por él; ciertamente tendré de él misericordia, dice Jehová.
>
> Establécete señales, ponte majanos altos, nota atentamente la calzada; *vuélvete por el camino por donde fuiste,* virgen de Israel, vuelve a estas tus ciudades.[17]

Isaías apercibió la rapidez de la jornada de los judíos en su recogimiento, y también vió que "arrebatarán la presa," o en otras palabras, traerán consigo las riquezas de otras naciones que esas naciones no podrán recobrar. A la vez Isaías divisa tristeza y contención en el país cuando vuelven:

> Alzará pendón a naciones lejanas, y silbará al que está en el extremo de la tierra; y he aquí que *vendrá pronto y velozmente.*
>
> No habrá entre ellos cansado, ni quien tropiece; ninguno se dormirá, ni le tomará sueño; a ninguno se le desatará el cinto de los lomos, ni se le romperá la correa de sus sandalias.
>
> *Sus saetas estarán afiladas, y todos sus arcos entesados; los cascos de sus caballos parecerán como de pedernal, y las ruedas de sus carros como torbellino.*
>
> Su rugido será como de león; rugirá a manera de leoncillo, crujirá los dientes, y *arrebatará la presa: se la llevará con seguridad,* y nadie se la quitará.
>
> Y bramará sobre él en aquel día como bramido del mar; entonces mirará hacia la tierra, y *he aquí tinieblas de tribulación,* y en sus cielos se oscurecerá la luz.[18]

La Hora de la Conversión de los Judíos

Orson Pratt comentó sobre el regreso de los judíos a Palestina y describió las varias actitudes que señalarán aquellos que volverán:

> *Los judíos dispersados entre los Gentiles no vendrán a cantar en las alturas de Sión,* o solo muy pocos de ellos, mas irán a Jerusalén. *Algunos creerán en el verdadero Mesías, y miles de los más rectos, cuyos padres no concordaron con el derramamiento de la sangre del Hijo de Dios, recibirán el Evangelio antes que se congregan de entre las naciones. Muchos de ellos, sin embargo, no recibirán el Evangelio, pero al ver que otros van a Jerusalén ellos también irán;* y cuando llegan a Palestina, al lugar de su antigua Jerusalén, y ven algunos de los

---

15. *Isaías* 35:8-10.
16. *Isaías* 40:3.
17. *Jeremías* 31:20-21.
18. *Isaías* 5:26-30.

> judíos creyentes tratando de cumplir con las profecías y llevarlas a cabo, también se presentarán y ayudarán en la misma obra. *A la vez tendrán sus sinagogas, en que predicarán en contra del Jesús de Nazaret, "aquel impostor," como le nombran, quien fue crucificado por sus padres.*[19]

Su declaración parece ser un sumario de las varias opiniones de los miembros de la Iglesia en cuanto al tiempo de la conversión del pueblo judío. Las escrituras hablan de tres períodos de conversión cuando secciones de los judíos recibirán al Salvador antes que regresan a Palestina. Jacob declara que "cuando lleguen al conocimiento de su Redentor, [serán] reunidos de nuevo en las tierras de su herencia,"[20] y registra una declaración por el Salvador que "cuando llegue el día en que crean en mí, que yo soy Cristo, he hecho convenio con sus padres que entonces serán restaurados en la carne, sobre la tierra, a las tierras de su herencia."[21] Nefi enseña que otros de la Casa de Israel, un segundo grupo, no aceptará el Evangelio antes que vuelvan a Palestina, sino que Dios "los sacará otra vez de su cautividad, y serán reunidos en las tierras de su herencia; y serán sacados de la obscuridad y de las tinieblas; y sabrán que el Señor es su Salvador y su Redentor, el Fuerte de Israel."[22] Otros de los judíos no se convertirán hasta que Cristo aparece sobre el Monte de Olivos:

> Y entonces me mirarán los judíos y dirán: ¿Qué heridas son éstas en tus manos y en tus pies?
>
> *Entonces sabrán que yo soy el Señor,* porque les diré: Éstas son las heridas con que fui herido en casa de mis amigos. Soy el que fue levantado. Soy Jesús que fue crucificado. Soy el Hijo de Dios.[23]

Así que la conversión de los judíos no se puede identificar como ocurriendo todo a la vez, pero tiene que ser aceptado como un proceso continuo, con tres faces, que culminará en la venida de Cristo durante la batalla de Armagedón.

Sumario

1. El Salvador identificó el recogimiento de los judíos como un proceso que seguirá el cumplimiento de los tiempos de los Gentiles y la construcción de la Nueva Jerusalén.
2. No obstante, los Santos de los Últimos Días reconocen la mano del Señor en la preparación del pueblo Judío para su retorno a Palestina. Empezando con la restauración de las llaves en 1836 para el recogimiento de Israel, una serie de acontecimientos

19. *Diario de Discursos,* 18:64.
20. *2 Nefi* 6:11.
21. *2 Nefi* 10:7.
22. *1 Nefi* 22:12.
23. *Doctrina y Convenios* 45:51-52.

importantes ha resultado en el reciente establecimiento de la nación de Israel en Palestina y un aumento de la población judía en ese país.

3. Cuando llegue el tiempo para el recogimiento de los judíos, serán reunidos en Palestina desde todo el mundo con varias creencias religiosas.
   A. Algunos judíos aceptarán el evangelio antes de reunirse en Palestina.
   B. Otros se convertirán en Palestina después de congregarse allá.
   C. Un grupo numeroso, si no la mayor parte, no aceptará el evangelio hasta que Cristo se muestra a ellos sobre el Monte de Olivos.

Otras profecías que tratan el recogimiento a Palestina se considerarán en capítulo trece.

CAPITULO NUEVE

Plagas y el Libro de Apocalipsis

La Importancia Cronológica del Escogimiento de los 144.000 Sumo Sacerdotes

En la opinión de los Santos de los Últimos Días, el libro de *Apocalipsis* contiene un relato profético de muchos acontecimientos importantes que culminan en la venida de Cristo en gloria. De interés singular en cuanto a estas profecías es lo contenido en los capítulos seis hasta once de ese libro.[1] Una serie de preguntas y contestaciones registrada por José Smith y conocida como Sección Setenta y Siete de la *Doctrina y Convenios* provee una detallada llave a esta parte de la obra profética de Juan y constituye la base para el entendimiento de muchos acontecimientos futuros para los Santos de los Últimos Días.

En sección setenta y siete el Profeta registra que la tierra pasará por siete mil años de existencia temporal.[2] Es intepretado que el tiempo presente es cerca del fin del sexto mil años desde el tiempo de Adán, quien se piensa fue puesto sobre la tierra alrededor de 4.000 A.C. Un acontecimiento importante o una característica de cada uno de los períodos de mil años se describe en el Libro de *Apocalipsis* por cada época desde el tiempo de Adán hasta el fin del milenio. Estas épocas son marcadas por el abrimiento de sellos—un sello para cada período de mil años.

El sexto sello habla de dos acontecimientos importantes que acaecerán sobre la tierra durante el actual período de mil años. El primero de los dos acontecimientos es un gran terremoto, mientras el segundo es la asignación de 144.000 hombres quienes serán sellados en contra de las grandes plagas que se derramarán. Puesto que se cree que el sexto período de mil años está llegando a su fin, y puesto que estos dos acaecimientos aun no han ocurrido, aparentemente ocurrirán en cercana proximidad el uno al otro. La anticipada proximidad del terremoto al otro acontecimiento parece identificar el terremoto como aquel que ocurrirá cuando las Diez Tribus vienen del Norte.[3]

En el relato de *Apocalipsis* se abre el séptimo sello, que significa el séptimo mil años, después del llamamiento de los 144.000. Evidentemente ocurre solo un corto tiempo después de su llamamiento, porque las plagas en contra de las cuales serán sellados ocurren durante la primera parte de esa era Milenial. Puesto que el *Libro de Apocalipsis* detalla cuidadosamente los acontecimientos durante una porción extensiva del séptimo mil

---

1. El autor ha preparado un audio-disco en inglés entitulado *Interpretando el Libro de Apocalipsis* [Interpreting the Book of Revelation], que explica muchas importantes doctrinas encontradas en la revelación de Juan. (Publicado por *Horizon Publishers*.)
2. *Doctrina y Convenios* 77:6.
3. Para un tratamiento de estos dos acaecimientos, véase capítulo siete.

años, hace del llamamiento de los 144.000 un eslabón importante entre esos acontecimientos y aquellos ya tratados.

El llamamiento de los 144.000 marca un punto clave entre dos clases de profecía. El lector probablemente ha notado que la mayor parte de las profecías citadas han sido declaraciones de las Autoridades Generales modernas de los Santos de los Últimos Días en vez de declaraciones encontradas en las antiguas escrituras. El llamamiento de los 144.000 es el punto en donde habrá una transición a los temas que serán tratados más extensivamente en las escrituras mismas. Es en este punto en que la profecía cambia su vista desde las Américas hasta el mundo en general, con particular énfasis en los acontecimientos futuros en Palestina.

El Comienzo del Séptimo Período de Mil Años

Se anticipa que la mayor parte del próximo, o el séptimo período de mil años, será ocupada por el reino milenio de Cristo como el Rey y Gobernador sobre la tierra. Siguiendo su explicación en la *Doctrina y Convenios* de los acontecimientos que ocurrirán en el sexto período de mil años, José Smith se refiere a los acontecimientos que ocurrirán inmediatamente después del empiezo del séptimo mil años en contestar la pregunta "¿Qué hemos de entender por el son de trompetas que se menciona en el capítulo 8 del Apocalipsis?" Dijo él,

> Que así como Dios hizo el mundo en seis días, y en el séptimo día acabó su obra y la santificó, y también formó al hombre del polvo de la tierra, de igual manera, *al principiar el séptimo milenio, el Señor Dios santificará la tierra, consumará la salvación del hombre y juzgará y redimirá todas las cosas,* salvo lo que no haya puesto en su poder, cuando él haya sellado todo hasta el fin de todas las cosas; y *el son de las trompetas de los siete ángeles es la preparación y terminación de su obra al comenzar el séptimo milenio, la preparación de la vía antes de la hora de su venida.*[4]

En cuanto a esta declaración es aparente que José Smith mantuvo que los actos culminantes inaugurando el reino milenio de Cristo no pasarían hasta después del comienzo del séptimo mil años de la existencia temporal de la tierra. La revelación de Juan indica que en ese tiempo gran destrucción será derramada sobre la tierra.[5] El Profeta también detalló por inspiración que las cosas tratadas en capítulo nueve de *Apocalipsis* "se cumplirán después que sea abierto el séptimo sello, *antes de la venida de Cristo.*"[6] Parece, entonces, que la serie de siete trompetas que Juan bosqueja en capítulos ocho a once, abarca un período del futuro que comienza después que los 144.000 son llamados y sellados en Sión, y continua hasta después de la Batalla de Armagedón. Culminarán cuando "el Señor Dios santificará la tierra, consumará la salvación del

4. *Doctrina y Convenios* 77:12.
5. Véase *Apocalipsis* 8.
6. *Doctrina y Convenios* 77:13.

hombre y juzgará y redimirá todas las cosas, salvo lo que no haya puesto en su poder,"[7] al tiempo de su venida en gloria.

Trompetas y Plagas Tienen Interpretaciones Literales

Es el entendimiento de los Santos de los Últimos Días que las varias trompetas, plagas, voces de tormenta, etcétera, que son mencionadas en las escrituras, deben ser interpretadas como cumpliéndose literalmente. Se puede encontrar una llave para tales cosas en un relato encontrado en la *Doctrina y Convenios*, tocando la resurrección de los rectos. En este libro una revelación declara que "sonará una trompeta larga y fuertemente, *así como en el monte de Sinaí*, y toda la tierra temblará."[8] Esta declaración obviamente es una alusión al relato bíblico en donde Dios habló a los Hijos de Israel sobre el Monte de Sinaí por medio de Moisés y les dió los Diez Mandamientos. Los Hijos de Israel fueron instruidos que "cuando suene largamente la bocina, subirán al monte." Tres días después, cuando hubieron truenos y relámpagos y una espesa nube sobre el monte, las personas oyeron el "sonido de bocina muy fuerte; y se estremeció todo el pueblo que estaba en el campamento." Esta bocina sirvió como señal a Moisés para que juntara al pueblo, cuando "el sonido de la bocina iba aumentando en extremo,"[9] Moisés habló y comunicó con el Señor. Estas bocinas o trompetas no fueron fabricadas por los hombres, sino fueron de una naturaleza sobrenatural, y tan fuertes que causaron que las personas temblaran. Así también será la trompeta que levantará a los rectos muertos.

Orson Pratt fue muy enfático en insistir que el son de las trompetas y las plagas de *Apocalipsis* deben interpretarse literalmente. Dijo él:

> *Vendrá el tiempo cuando los siete ángeles que tienen las últimas siete trompetas sonarán sus trompetas literalmente, y el sonido de ellas será oído entre las naciones,* justo antes de la venida del Hijo del Hombre; *y todos los juicios predichos por Juan, que seguirán el son de cada una de las siete trompetas, serán cumplidos literalmente sobre la tierra en sus tiempos y estaciones.*"[10]

El tiempo de plagas durante el ministerio de los 144.000 parece ser el tiempo en que el Señor testificará a las personas de la tierra por medio de terremotos, relámpagos y tempestades, los cuales hablarán con verdaderas voces. Una revelación a José Smith pregunta que dirán los hombres cuando

> venga el día en que *los truenos hagan oír sus voces desde los extremos de la tierra, hablando a los oídos de todos los vivientes, diciendo: Arrepentíos y preparaos para el gran día del Señor?*

---

7. *Doctrina y Convenios* 77:12.
8. *Doctrina y Convenios* 29:13.
9. *Éxodo* 19:13-19.
10. *Diario de Discursos*, 18:227.

> Sí, ¿y cuando los relámpagos resplandezcan desde el este hasta el oeste, y llegue el clamor de sus voces a todos los vivientes, haciendo zumbar los oídos de todos los que oigan, *diciendo: Arrepentíos, porque el gran día del Señor ha llegado?*
>
> Y además, *el Señor emitirá su voz desde los cielos,* diciendo ¡Escuchad, oh naciones de la tierra, y oíd las palabras del Dios que os hizo![11]

Élder Pratt mantuvo que estas tormentas hablarán palabras literalmente, llamando a los hombres a arrepentirse:

> Es verdad que hasta el momento el Señor no ha hablado por la voz de truenos, llamando a todas las personas desde los confines de la tierra, diciendo, "Arrepentíos y preparaos para el gran día del Señor," pero tal día vendrá; y cuando venga *no será solo una tormenta ordinaria y común, tal como experimentamos nosotros de cuando en cuando, extendiéndose solamente sobre una pequeña parte del campo, sino el Señor causará que los truenos suenen sus voces desde los cabos de la tierra hasta que suenen en los oídos de todos los que viven, y estos truenos usarán las mismas palabras que aquí están predichas*—"Arrepentíos oh vosotros habitantes de la tierra, y preparad el camino del Señor, preparáos para el gran día del Señor." *Cada alma que vive oirá distintamente estas palabras, así sea si está en América, en Asia, en Africa, en Europa o sobre las islas del mar.* Y no solamente los truenos, sino también los relámpagos proclamarán sus voces en los oídos de todos los que viven, diciendo "Arrepentíos, porque el gran día del Señor ha llegado." *Además de las voces de truenos y relámpagos, el Señor mismo, antes de que venga en su gloria, hablará desde los cielos por su propia voz en los oídos de todos los que viven, mandándoles a arrepentirse y a prepararse para su venida.*[12]

Los truenos, los relámpagos y las tempestades previamente citados en la *Doctrina y Convenios* parecen estar de acuerdo con el horario de *Apocalipsis* inmediatamente antes que la serie de siete ángeles suenen sus trompetas para traer las plagas y la destrucción:

> Y el ángel tomó el incensario, y lo llenó del fuego del altar, y lo arrojó a la tierra; y *hubo truenos, y voces, y relámpagos, y un terremoto.*
>
> Y los siete ángeles que tenían las siete trompetas se dispusieron a tocarlas.[13]

Puede haber una continuación de estos mensajes del cielo en la hora del terremoto que interrumpirá la Batalla de Armagedón:

> *Entonces hubo relámpagos y voces y truenos, y un gran temblor de tierra, un terremoto* tan grande, cual no lo hubo jamás desde que los hombres han estado sobre la tierra.[14]

---

11. *Doctrina y Convenios* 43:21-23. Véase *Doctrina y Convenios* 88:89-91.
12. *Diario de Discursos,* 15:332-33.
13. *Apocalipsis* 8:5-6.
14. *Apocalipsis* 16:18.

Se anticipan estos mensajes también a la hora de la venida de Cristo en su gloria:

> Y el templo de Dios fue abierto en el cielo, y el arca de su pacto se veía en el templo. *Y hubo relámpagos, voces, truenos, un terremoto y grande granizo.*[15]

Las Plagas

La plagas que acompañarán las voces de las primeras cinco trompetas (profetizado en *Apocalipsis* capítulos ocho a once) caen en la cronología profética de Juan después de la selección de los 144.000.

La primera plaga causará que se queme todo el pasto de la tierra, como también la tercera parte de los árboles. Así es caracterizado por gran calor, aunque no se ha revelado si es de fuego, o de sequía o de los efectos abrazantes del sol.

La segunda plaga cambiará la tercera parte del mar en sangre, y matará la tercera parte de las criaturas del mar.

En la tercera plaga un cambio en el agua la amargará y matará a muchos hombres.

El sonar de la cuarta trompeta no revela ningún daño a la tierra, pero sí revela que se obscurecerá la tercera parte del sol, de la luna y de las estrellas. (Se debe notar que en ambos de los otros dos casos en que las profecías dicen que el sol será obscurecido, ocurre un terremoto. Éstos son los terremotos que aparentemente precederán o acompañarán la venida de las Diez Tribus del norte y el terremoto que interrumpirá la Batalla de Armagedón.)[16]

La quinta plaga será compuesto de langostas, que no dañarán el pasto, ni los árboles, ni ninguna otra cosa verde, sino atacarán solamente a aquellos hombres que no tienen el sello de Dios en sus frentes. Atormentarán a los hombres cinco meses. Juan los pinta como un ejército marchando a la batalla, y está declarado que el diablo es su líder.

Éstas, entonces, son las plagas que la tierra sufrirá después que los Santos han establecido la Nueva Jerusalén y han sido escogidos los 144.000.[17]

Parece que la *Doctrina y Convenios* alude a estas mismas plagas, en cuanto dice que cierto tiempo antes de la venida del Señor en gloria

> *El sol se obscurecerá y la luna se tornará en sangre; las estrellas caerán del cielo* y habrá señales mayores arriba en el cielo y abajo en la tierra;
> y habrá *lloro y lamentos* entre las huestes de los hombres;
> Y *se enviará una fuerte tormenta de granizo para destruir las cosechas de la tierra.*

15. *Apocalipsis* 11:19.
16. Véase a *Joel* 2:10, 31; 3:12-15; *Apocalipsis* 6:12-14.
17. El relato en *Apocalipsis* de estas plagas está citado en la columna izquierda de la próxima sección.

Y acontecerá que a causa de la iniquidad del mundo, me vengaré de los malvados, por cuanto no se arrepienten, porque la copa de mi indignación está llena; pues he aquí, mi sangre no los limpiará si no me escuchan.

Por lo tanto, yo, *Dios el Señor, enviaré moscas sobre la faz de la tierra, las cuales se prenderán de sus habitantes, y comerán su carne y harán que se crían gusanos en ellos;*

y serán atadas sus lenguas a fin de que no hablen contra mí, y la carne se les caerá de los huesos, y los ojos de las cuencas;

y acontecerá que las bestias del monte y las aves del aire los devorarán.[18]

Una Comparación Con Otra Serie de Siete Angeles en el Libro de Apocalipsis

Juan, el Revelador, profetiza un segundo relato de siete ángeles también derramando ampollas de destrucción, pero el tiempo del cumplimiento de sus misiones no es claro. Se puede fijar que su obra terminará con la Batalla de Armagedón, pero el tiempo en que empieza no es cierto. Parece que la obra de estos siete ángeles es o (1) una declaración repetida de las plagas tratadas en la sección arriba citada (aunque en diferente orden), o (2) comienza después de la sexta plaga y ocurre entre la sexta plaga y la batalla de Armagedón. Está presentado abajo la evidencia para cada interpretación. Para mostrar que pueden considerarse idénticos con las plagas en *Apocalipsis* capítulos ocho a once, son presentadas en columnas paralelas. Nótese que el orden sufre el mayor cambio a la venida de los ángeles sexto y séptimo. La columna sobre la mano derecha no está en orden cronológico, como está en la Revelación de Juan, sino está ajustada para mostrar una comparación con los acontecimientos presentados en la columna sobre la mano izquierda.

Apocalipsis 8-11	**Apocalipsis 16**
La Primera Trompeta	**La Cuarta Plaga**
El primer ángel tocó la trompeta, y hubo granizo y fuego mezclados con sangre, que fueron lanzados sobre la tierra; y *la tercera parte de los árboles se quemó, y se quemó toda la hierba verde.* (8:7)	El cuarto ángel derramó su copa sobre el *sol, al cual fue dado quemar a los hombres con fuego.* Y los hombres se quemaron con el gran calor, y blasfemaron el nombre de Dios, que tiene poder sobre estas plagas, y no se arrepintieron para darle gloria. (16:8-9)
La Segunda Trompeta	**La Segunda Plaga**
El segundo ángel tocó la trompeta, y como una gran montaña ardiendo en fuego fue precipitada en el mar; *y la tercera parte del mar se convirtió en sangre.*	El segundo ángel derramó su copa sobre el *mar, y éste se convirtió en sangre como de muerto; y murió todo ser vivo que había en el mar.* (16:3)

18. *Doctrina y Convenios* 29:14-20.

Y murió la tercera parte de los seres vivientes que estaban en el mar, y la tercera parte de las naves fue destruida. (8:8-9)

La Tercera Trompeta

El tercer ángel tocó la trompeta, y cayó del cielo una gran estrella, ardiendo como una antorcha, *y cayó sobre la tercera parte de los ríos, y sobre las fuentes de las aguas.*

Y el nombre de la estrella es Ajenjo. Y la tercera parte de las aguas se convirtió en ajenjo; y muchos hombres murieron a causa de esas aguas, *porque se hicieron amargas.* (8:10-11)

La Tercera Plaga

El tercer ángel derramó su copa sobre *los ríos, y sobre las fuentes de las aguas, y se convirtieron en sangre.* (16:4)

La Cuarta Trompeta

El cuarto ángel tocó la trompeta, y fue herida la tercera parte del sol, y la tercera parte de la luna, y la tercera parte de las estrellas, *para que se oscureciese la tercera parte de ellos,* y no hubiese luz en la tercera parte del día, y asimismo de la noche. (8:12)

La Cuarta Plaga

El quinto ángel derramó su copa sobre el trono de la bestia; y *su reino se cubrió de tinieblas,* y mordían de dolor sus lenguas,

Y blasfemaron contra el Dios del cielo por sus dolores y por sus úlceras, y no se arrepintieron de sus obras. (16:10-11)

La Quinta Trompeta

El quinto ángel tocó la trompeta, y vi una estrella que cayó del cielo a la tierra; y se le dió la llave del pozo del abismo.

Y abrió el pozo del abismo, y subió humo del pozo como humo de un gran horno; y *se oscureció el sol y el aire por el humo del pozo.*

Y del humo salieron langostas sobre la tierra; y se les dió poder, como tienen poder los escorpiones de la tierra.

Y se les mandó que no dañasen a la hierba de la tierra, ni a cosa verde alguna, ni a ningún árbol, sino *solamente a los hombres que no tuviesen el sello de Dios en sus frentes.*

La Quinta Plaga

Fue el primero, y derramó su copa sobre la tierra, y *vino una úlcera maligna y pestilente sobre los hombres que tenían la marca de la bestia, y que adoraban su imagen.* (16:2)

Y les fue dado, no que los matasen, sino *que los atormentasen cinco meses; y su tormento era como tormento de escorpión cuando hiere al hombre.*

Y en aquellos días los hombres buscarán la muerte, pero no la hallarán; y ansiarán morir, pero la muerte huirá de ellos.

El aspecto de las langostas era semejante a caballos preparados para la guerra; en las cabezas tenían como coronas de oro; sus caras eran como caras humanas;

tenían cabello como cabello de mujer; sus dientes eran como de leones;

tenían corazas como corazas de hierro; el ruido de sus alas era como el estruendo de muchos carros de caballos corriendo a la batalla;

tenían colas como de escorpiones, y también aguijones, y en sus colas tenían poder para dañar a los hombres durante cinco meses.

Y tienen por rey sobre ellos al ángel del abismo, cuyo nombre en hebreo es Abadón, y en griego, Apolión. (9:1-11)

La Sexta Trompeta

El sexto ángel tocó la trompeta, y oí una voz de entre los cuatro cuernos del altar de oro que estaba delante de Dios,

diciendo al sexto ángel que tenía la trompeta: *Desata a los cuatro ángeles que están atados junto al gran río Eufrates.*

Y fueron desatados los cuatro ángeles que estaban preparados para la hora, día, mes y año, a fin de matar a la tercera parte de los hombres.

Y el número de los ejércitos de *los jinetes era doscientos millones.* Yo oí su número.

La Sexta Plaga

El sexto ángel derramó su copa sobre el *gran río Eufrates; y el agua de éste se secó, para que estuviese preparado el camino a los reyes del oriente.* (16:12)

Así ví en visión los caballos y a sus jinetes, los cuales tenían corazas de fuego, de zafiro y de azufre. Y las cabezas de los caballos eran como cabezas de leones; y de su boca salían fuego, humo y azufre.

Por estas tres plagas fue muerta la tercera parte de los hombres; por el fuego, el humo y el azufre que salían de su boca. (9:13-18)

El Primer Acto Intermediario Entre la Sexta y la Séptima Trompeta

La voz que oí del cielo habló otra vez conmigo, y dijo: Ve y toma el librito que está abierto en la mano del ángel que está en pie sobre el mar y sobre la tierra.

Y fui al ángel, diciéndole que me diese el librito. Y él me dijo: Toma, y cómelo; y te amargará el vientre, pero en tu boca será dulce como la miel.

Entonces tomé el librito de la mano del ángel, y lo comí; y era dulce en mi boca como la miel, pero cuando lo hube comido, amargó mi vientre.

Y él me dijo: *Es necesario que profetices otra vez sobre muchos pueblos, naciones, lenguas y reyes.* (10:8-11)

Primer Acto Intermediario

Y vi salir de la boca del dragón, y de la boca de la bestia, y de la boca del falso profeta, *tres espíritus inmundos* a manera de ranas;

pues *son espíritus de demonios, que hacen señales, y van a los reyes de la tierra en todo el mundo, para reunirlos a la batalla de aquel gran día del Dios Todopoderoso.*

He aquí, yo vengo como ladrón. Bienaventurado el que vela, y guarda sus ropas, para que no ande desnudo, y vean su vergüenza.

Y *los reunió en el lugar que en hebreo se llama Armagedón.* (16:13-16)

El Segundo Acto Intermediario Entre la Sexta y la Séptima Trompeta

Entonces me fue dada una caña semejante a una vara de medir, y se me dijo: Levántate, y *mide el templo de Dios, y el altar, y a los que adoran en él.*

Pero el patio que está fuera del templo déjalo aparte, y no lo midas, porque ha sido entregado a los gentiles; *y ellos hollarán la ciudad santa cuarenta y dos meses.*

Y *daré a mis dos testigos que profeticen por mil doscientos sesenta días,* vestidos de cilicio.

Estos testigos son los dos olivos, y los dos candeleros que están en pie delante del Dios de la tierra.

Si alguno quiere dañarlos, sale fuego de la boca de ellos, y devora a sus enemigos; y si alguno quiere hacerles daño, debe morir él de la misma manera.

Estos tienen poder para cerrar el cielo, a fin de que no llueva en los días de su profecía; y tienen poder sobre las aguas para convertirlas en sangre, y para herir la tierra con toda plaga, cuantas veces quieran.

Cuando hayan acabado su testimonio, la bestia que sube del abismo hará guerra contra ellos, y *los vencerá y los matará.*

Y *sus cadáveres estarán en la plaza de la grande ciudad* que en sentido espiritual se llama Sodoma y Egipto, donde también nuestro Señor fue crucificado.

Y *los de los pueblos, tribus, lenguas y naciones verán sus cadáveres por tres días y medio,* y no permitirán que sean sepultados.

Y los moradores de la tierra se regocijarán sobre ellos y se alegrarán, y se enviarán regalos unos a otros; porque estos dos profetas habían atormentado a los moradores de la tierra.

Pero después de tres días y medio entró en ellos el espíritu de vida enviado por Dios, y se levantaron sobre sus pies, y cayó gran temor sobre los que los vieron.

Y oyeron una gran voz del cielo, que les decía: Subid acá. Y *subieron al cielo en una nube; y sus enemigos los vieron.*

En aquella hora hubo un gran terremoto, y la décima parte de la ciudad se derrumbó, y por el terremoto murieron en número de siete mil hombres; y los demás se aterrorizaron, y dieron gloria al Dios del cielo. (11:1-13)

La Séptima Plaga

El séptimo ángel derramó su copa por el aire; y salió una gran voz del templo del cielo, del trono, diciendo: Hecho está.

Entonces hubo relámpagos y voces y truenos, y un gran temblor de tierra, un terremoto tan grande, cual no lo hubo jamás desde que los hombres han estado sobre la tierra.

Y la gran ciudad fue dividida en tres partes, y las ciudades de las naciones cayeron; y la gran Babilonia vino en memoria delante de Dios, para darle el cáliz del vino del ardor de su ira.

Y toda isla huyó, y los montes no fueron hallados.

Y cayó del cielo sobre los hombres un enorme granizo como del peso de un talento; y los hombres blasfemaron contra Dios por la plaga del granizo; porque su plaga fue sobremanera grande. (16:17-21)

La Séptima Trompeta

El séptimo ángel tocó la trompeta, y hubo grandes voces en el cielo, que decían: Los reinos del mundo han venido a ser de nuestro Señor y de su Cristo; y él reinará por los siglos de los siglos.

Y los veinticuatro ancianos que estaban sentados delante de Dios en sus tronos, se postraron sobre sus rostros, y adoraron a Dios,

diciendo: Te damos gracias, Señor Dios Todopoderoso, el que eres y que eras y que has de venir, porque has tomado tu gran poder, y has reinado.

Y se airaron las naciones, y tu ira ha venido, y el tiempo de juzgar a los muertos, y de dar el galardón a tus siervos los profetas, a

> los santos, y a los que temen tu nombre, a los pequeños y a los grandes, y de destruir a los que destruyen la tierra.
>
> Y el templo de Dios fue abierto en el cielo, y el arca de su pacto se veía en el templo. Y hubo relámpagos, voces, truenos, un terremoto y grande granizo. (11:15-19)

La interpretación que las plagas de *Apocalipsis* diesiseis vendrán después del son de la sexta trompeta, que anunciará un período de inmensa devastación, resultaría en que la secuencia temporal se arreglase en la siguiente manera:

Apocalipsis 8 a 11	**Apocalipsis 16**
La Primera Trompeta (8:7)	
La Segunda Trompeta (8:8-9)	
La Tercera Trompeta (8:10-11)	
La Cuarta Trompeta (8:12)	
La Quinta Trompeta (9:1-11)	
La Sexta Trompeta (9:13-18)	
	La Primera Plaga (16:2)
	La Segunda Plaga (16:3)
	La Tercera Plaga (16:4)
	La Cuarta Plaga (16:8-9)
	La Quinta Plaga (16:10-11)
	La Sexta Plaga (16:12)
Recogimiento de las Tribus a Israel (10:8-11)	Reunirse para la Batalla de Armagedón (16:13-16)
Batalla de Armagedón (11:1-13)	La Séptima Plaga (16:17-21)
La Séptima Trompeta (11:15-19)	

Se puede ver que no es posible hacer una decisión conclusiva del orden cronológico de la venida de estos dos grupos de ángeles. Sin embargo, se puede generalizar el mensaje de *Apocalipsis* por decir que una serie de terribles plagas vendrá sobre la tierra después de la selección de los 144.000 y antes de la Batalla de Armagedón.

Una Comparación Con Ángeles Con Trompetas en la Doctrina y Convenios

Se habla en la *Doctrina y Convenios* 88:95-119 de otro informe de siete ángeles. En este capítulo los ángeles suenan sus trompetas y después las suenan por segunda vez en el mismo orden. Aunque se tratará su mensaje más luego en esta obra, se tratará aquí la hora de su venida. Comienzan a funcionar a la venida final del Salvador—después que se despliega la cortina del cielo, y habrá sido revelada la faz del Señor, los

Santos vivientes se habrán arrebatados, y los rectos muertos se habrán levantado.

> Y habrá *silencio en el cielo por espacio de media hora;* e inmediatamente después *se desplegará el velo del cielo,* como un rollo que se desenvuelve después de haber sido arrollado, y la faz del Señor será descubierta.
>
> Y *los santos que se hallen sobre la tierra, que estén vivos, serán vivificados y arrebatados para recibirlo.*
>
> Y los que hayan dormido en sus sepulcros saldrán, porque *serán abiertos sus sepulcros; y también ellos serán arrebatados para recibirlo* en medio del pilar del cielo.
>
> Ellos son de Cristo, las primicias, *los que descenderán con él primero,* y los que se encuentran en la tierra y en sus sepulcros, que son los primeros en ser arrebatados para recibirlo; y todo esto por la voz del son de la trompeta del ángel de Dios.
>
> Y después de esto, *otro ángel tocará, y será la segunda trompeta; y entonces viene la redención de los que son de Cristo a su venida,* los que han recibido su parte en aquella prisión preparada para ellos, a fin de que recibiesen el evangelio y fuesen juzgados según los hombres en la carne.[19]

Orson Pratt pensaba que las primeras siete trompetas en la sección ochenta y ocho de la *Doctrina y Convenios* fueron las mismas trompetas como aquellas de *Apocalipsis* ocho a once. Al explicar la resurrección como se relata en la *Doctrina y Convenios* sección ochenta y ocho, mantuvo que debe haber un período extendido de meses o aun años entre la hora cuando los Santos serían levantados de sus sepulcros y la misma venida del Salvador. Entonces describió lo que acontecería durante el intervalo:

> También podemos levantar el tema de la declaración de Juan tocante los dos testigos que profetizarán en cuanto a este período. Profetizarán por tres años y medio, y su asignación será Jerusalén, después que habrá sido reconstruida por los judíos. Por razón de sus profecías y el poder de Dios que les acompañará, las naciones que están unidas en contra de Jerusalén serán detenidas en sus tentativas ofensivas. Estos profetas las restringirán por medio de su fe y poder. Al fin estas naciones sobrevendrán a los dos testigos y ellos, sus misiones ya terminadas, sufrirán la muerte, y sus cuerpos yacerán tres días y medio en las calles de la ciudad. Entonces acaecerá un gran terremoto, y estos dos testigos serán arrebatados al cielo.
>
> *Todo ésto ocurre después que comienzan a sonar esas trompetas* [Doctrina y Convenios 88:95-110]; y si estos dos testigos han de cumplir una misión de tres años y medio, *muestra que el tocar de las trompetas no ocurrirá, como muchos suponen, en rápida sucesión, sino que ciertas ocurrencias tendrán que cumplirse entre los varios sonidos de las trompetas. Por fin, todas las siete habrán sonido, y entonces comienzan a sonar por segunda vez.* Según la revelación de la cual acabo de leer, el segundo sonar de las trompetas no es para producir destrucción entre las naciones, sino el sonar de la primera trompeta revelará los actos secretos de Dios, sus propósitos y acontecimien-

19. *Doctrina y Convenios* 88:95-99.

> tos sobre la tierra durante los primeros mil años; el sonar de la segunda revelará los acontecimientos y los propósitos del Gran Jehová durante los segundo mil años, y así y así, hasta que el séptimo habrá sonido por segunda vez, y pronuncia que la obra de Dios está terminada, en cuanto a la gran preparación requerida para su segunda venida.
>
> *Notese, pues, que es al son de la primera de estas siete trompetas* [Doctrina y Convenios 88:95-110] *que la primera resurrección ocurre; y todas estas grandes obras se llevarán a cabo sobre la tierra, y pasan años antes de que Cristo desciende con todos sus Santos;* es decir, si entendemos correctamente estas cosas, por lo poco que está revelado sobre el tema.[20]

Su interpretación aparentemente fue basada en la suposición que el silencio en el cielo por media hora en la *Doctrina y Convenios* 88:95 es el mismo tiempo que la media hora de silencio mencionada en *Apocalipsis* 8:1. Pero esta interpretación probablemente no es aceptable debido a la gran diferencia en los mensajes y las misiones de los varios ángeles en el relato en la *Doctrina y Convenios,* en comparación con la tarea cumplida por los ángeles en *Apocalipsis* capítulos ocho a once. Si es que la serie de ángeles con trompetas en la *Doctrina y Convenios* es diferente que los ángeles de que se habla en *Apocalipsis,* entonces la correlación entre los dos relatos sería como lo siguiente:

Apocalipsis 8-11	**Doctrina y Convenios 88:95-110**
Media Hora de Silencio en el Cielo (intermedio entre la selección de los 144.000 y el comienzo de las plagas.) (8:1)	
La Primera Trompeta (8:7)	
La Segunda Trompeta (8:8-9)	
La Tercera Trompeta (8:10-11)	
La Cuarta Trompeta (8:12)	
La Quinta Trompeta (9:1-11)	
La Sexta Trompeta (9:13-18)	
La Batalla de Armagedón (11:1-13)	
La Séptima Trompeta (11:15-19)	
	Media Hora de Silencio en el Cielo (intermedio entre la Batalla de Armagedón y la

20. *Diario de Discursos,* 16:329.

Venida de Cristo en Gloria.) (88:95)

El Velo del Cielo Desplegado (88:95)

La Faz del Señor Descubierta (88:95)

Los Santos Vivos Arrebatados al Cielo. (88:96)

Los Muertos Arrebatados al Cielo. (88:97) Ésta es la primera trompeta.

La Segunda Trompeta. (La Venida de Cristo.) (88:99)

Las Trompetas Tres Hasta Siete. (88:100-106)

Las Siete Trompetas Suenan Otra Vez. (88:108-110)

Sumario

1. La selección de los 144.000 es una importante varilla de conección porque establece la relación entre las muchas profecías que tratan América y la Nueva Jerusalén y las profecías bíblicas de los acontecimientos subsecuentes. A la vez representa un punto de cambio desde las profecías hechas en mayor parte por los profetas modernos en los últimos días, hacia el pasado y los días de las profecías encontradas en la Biblia.
2. La selección de los 144.00 es un acontecimiento que se profetiza ocurrirá durante los séptimo mil años de la existencia temporal de la tierra. Las cronologías indican que el fin de este período de mil años ya está cerca.
3. El relato en *Apocalipsis* describe un gran terremoto que acaecerá durante la sexta época de mil años. Puesto que no sabemos de ningún cumplimiento de esta profecía hasta la fecha, se anticipa que ocurrirá en el futuro. Lo cercano del fin de los mil años parece indicar que el terremoto sucederá inmediatamente antes de la selección de los 144.000. Ésto une el terremoto con el que acompañará el retorno de las Diez Tribus, cuya venida tiene que preceder el llamamiento de los 144.000 puesto que muchos de ellos serán seleccionados de las tribus que vuelven.
4. El séptimo período de mil años abarcará el Milenio. Empezando poco después del llamamiento de los 144.000, este período tendrá

por preludio una serie de plagas que fueron profetizadas por Juan el Revelador.

5. Estas plagas serán anunciadas por ángeles sonando trompetas. Éstos serán sones literales de trompetas y serán oídos a través de todo el mundo.
6. Parece que las plagas de que se habla en *Apocalipsis* 8-11 serán las mismas plagas profetizadas en *Apocalipsis* 16. Si no es así, entonces las plagas de *Apocalipsis* 16 empiezan después de la sexta trompeta de la plagas profetizadas en *Apocalipsis* 8-11.
7. Parece que los ángeles que suenan trompetas en *Apocalipsis* 8-11 son diferentes que los ángeles de que se habla en *Doctrina y Convenios* 88:95-110. Aparentemente los ángeles de que se habla en la *Doctrina y Convenios* cumplen sus responsabilidades después de aquellos tratados en *Apocalipsis*.

CAPITULO DIEZ

El Conflicto Universal y la Caída de las Naciones Cristianas

Se ha mostrado que antes de que se cumplan los tiempos de los Gentiles, es anticipado que guerras y revoluciones revolcarán en cierto grado los gobiernos despóticos que no permiten que sea predicado el Evangelio dentro de sus bordes. Los Santos de los Últimos Días han tomado tal guerrillear como un factor que ayuda en establecer gobiernos que serán más dispuestos a recibir a los misioneros "Mormones" y permitirles llevar su mensaje a aquellos que lo reciban. Durante el tiempo de estas guerras no se anticipa que los Santos saldrán de sus tierras nativas en gran números, pero aparentemente se quedarán en sus hogares aunque es posible que sufrirán brusca persecución y mucha tribulación. No obstante, cuando se cumplen los tiempos de los Gentiles, se anticipa que muchas naciones se derrumbarán, para nunca jamás componerse.

Está previsto que si los Gentiles en América no se arrepientan, la tensión interna, que resultará en mayor parte por la decadencia espiritual, precipitará en caos a la nación. Durante ese tiempo de desorden se anticipa que el lugar de mayor seguridad se encontrará entre los Santos en las Montañas Rocosas. Se cree que durante esa época el Lugar Céntrico de Sión será redimido y edificado. Cuando este programa de construcción comienza y los Lamanitas y las Diez Tribus vienen a Sión, el tiempo llegará para que se nombren los 144.000 ministros de entre las tribus de Israel y los sellen con poder para administrar el Evangelio a las naciones de la tierra. Se anticipa que estos Sumo Sacerdotes serán investidos con poderes especiales para afrontar las plagas que se derramarán en ese día.

La Guerra Global—la Cuarta Guerra Mundial

Cinco de esta plagas profetizadas por Juan el Revelador fueron tratadas en el capítulo anterior. La sexta será una gran guerra que aparentemente comenzará cerca del río Eufrates y que se cree destruirá la tercera parte de la humanidad:

> El sexto ángel tocó la trompeta, y oí una voz de entre los cuatro cuernos del altar de oro que estaba delante de Dios,
>
> diciendo al sexto ángel que tenía la trompeta: *Desata a los cuatro ángeles que están atados junto al gran río Eufrates.*
>
> *Y fueron desatados los cuatro ángeles que estaban preparados para la hora, día, mes y año, a fin de matar a la tercera parte de los hombres.*
>
> *Y el número de los ejércitos de los jinetes era doscientos millones. Yo oí su número.*

Así vi en visión los caballos y a sus jinetes, los cuales tenían corazas de fuego, de zafiro y de azufre. Y las cabezas de los caballos eran como cabezas de leones; y de su boca salían fuego, humo y azufre.

Por estas tres plagas fue muerta la tercera parte de los hombres; por el fuego, el humo y el azufre que salían de su boca.[1]

Una revelación a José Smith que se refiere a la Nueva Jerusalén en esa época, enfatiza que este conflicto tendrá proporciones mundiales, porque dice que "se recogerán en ella de todas las naciones debajo del cielo; y será el único pueblo que no estará en guerra el uno contra el otro."[2] Ésto probablemente será por razón de la gloria de Dios que habrá rodeado la ciudad.

Orson Pratt enseñó que en aquel día en el futuro, cuando el Espíritu del Señor se habrá retirado de los Gentiles y los misioneros de Sión habrán sido mandados a buscar a Israel, se derramarán los juicios del Señor. En esa hora los misioneros enfatizarán aun más la proclamación del Señor de los juicios universales:

No es solo un Evangelio para predicarse a todas las naciones de la tierra, sino que como parte de la prédica *tendréis que proclamar a todo pueblo a temer a Dios y darle gloria, porque la hora de su juicio ha llegado.* Y al llegar estos juicios, *reinos y tronos serán derrumbados y revolcados. Imperio guerreará contra imperio, reino contra reino, y ciudad contra ciudad, y habrá una revolución general por toda la tierra, los judíos huyendo a su propio país,* desolación atrapando a los inicuos, con la ligereza de torbellinos y furias derramados.[3]

En otra ocasión Orson Pratt habló de una gran guerra de desolación sobre la tierra, después que se cumplan los tiempos de los Gentiles y el Señor haya retirado a sus siervos de entre ellos. Con una énfasis especial al escenario europeo, él explicó:

Cuando llegue ese día [cuando los misioneros serán mandados a volver a sus hogares] habrán guerras, no guerras tales como se han luchado en los siglos y años ya pasados y fugados, sino *una guerra de desolación.* Cuando digo desolación, quiero decir *que malgastará a estas naciones europeas. Ciudades serán dejadas vacías, sin habitantes. Las personas se destruirán por la espada en sus propias manos. No solo ésto pero muchas otras ciudades se quemarán;* porque cuando los ejércitos en contención están enfurecidos con horrible enojo, sin el Espíritu de Dios entre ellos, cuando no tienen ese espíritu de humanidad que ahora caracteriza muchas de las guerras entre las naciones, cuando están dejados solos, no habrá merced, no tomarán presos, *sino una guerra de destrucción, de desolación, de incendio de ciudades y aldeas, hasta que la tierra yace en desolación.*[4]

---

1. *Apocalipsis* 9:13-18.
2. *Doctrina y Convenios* 45:69.
3. *Diario de Discursos,* 14:65-66.
4. *Diario de Discursos,* 20:150-51.

Élder Pratt habló también del alcance universal de este conflicto y dijo que los judíos que han quedado esparcidos entra las naciones en ese tiempo huirán en grandes números a Palestina:

> Más luego el Espíritu de Dios saldrá por completo de esas naciones gentiles, y las dejará solas. *Entonces encontrarán alguna otra ocupación en vez de guerrear contra los Santos que moran entre ellos—en vez de alzar la espada y luchar contra el Cordero de Dios; porque entonces la guerra comenzará con fervor*, y una guerra tal cual probablemente nunca fue concebida en los corazones de los hombres de nuestra época. *No habrá nación de los Gentiles sobre la faz del mundo entero que no será involucrada en guerra fulminante sino solamente el Reino de los Santos de los Últimos Días.* Estarán luchando la una contra la otra. Y cuando llegue ese día, *los judíos huirán a Jerusalén, y estas naciones casi se malgastarán la una a la otra,* y aquellos que quedan serán quemadas; porque ése será el último sobresaliente juicio que cubrirá la tierra para limpiarla de iniquidad.[5]

Sus palabras parecen proveer la solución al problema de cual será la influencia que causará a los judíos congregarse en Palestina. Por otra parte, la congregación de los judíos en Jerusalén sirve para indicar que el conflicto universal ocurrirá después de la venida de las Diez Tribus y la selección de los 144.000 sumo sacerdotes.

Las Naciones Cristianas Caerán

Orson Pratt pronosticó el derrumbe de Inglaterra después que los rectos de esa nación hayan sido recogidos. En consideración de otras declaraciones que hizo, parece que anticipó el cumplimiento de esta profecía durante este período de devastación universal:

> Pero, si como nación, no os arrepintáis y no os juntéis con el reino de Dios, entonces los días ya están a mano cuando los rectos serán recogidos de entre vosotros; y ¡ay de vosotros cuando venga ese día! Porque será un día de venganza sobre la nación británica; y perecerán vuestros ejércitos; vuestras fuerzas marinas cesarán; vuestras ciudades serán pilladas, quemadas y despojadas, y vuestras fortalezas serán derrumbadas; los pobres se levantarán en contra de los ricos, y sus almacenes y sus mansiones espléndidas serán rapiñadas, su mercadería, y su oro, y su plata y sus ricos tesoros serán saqueados; entonces los Señores, los Nobles y los mercantes del país, y todos aquellos en altos lugares serán derrumbados, y se sentarán en el polvo y aullarán por razón de las miserias que vendrán sobre ellos; y aquellos que trafican por el mar lamentarán y se dolerán; porque su tráfico cesará. Y así os visitará el Señor Todopoderoso, por razón de vuestra gran iniquidad en rechazar a Sus siervos y Su reino; y *si continuáis en endurecer vuestros corazones, vuestro resto que quedará será consumido como el seco rastrojo ante la llama devoradora,* y todo el país será limpiado por el fuego del Señor, para que su suciedad no más suba delante de Él.[6]

5. *Diario de Discursos,* 7:188.
6. *Estrella Milenaria,* Tomo 19, pp. 680-681, 24 de octubre de 1857.

Carlos W. Penrose también habló de esta época de guerrillear universal y amonestó de las muchas manifestaciones de destrucción y tensión que entonces acaecerán. Explicó que

> Por rechazar este Evangelio que "será predicado en todo el mundo para testimonio" de la venida de Cristo, *el mundo aumentará en confusión, duda, y horrible tensión. A la vez que los puros de corazón, los mansos de la tierra, saldrán de entre ellos, así también se retirará de entre ellos el Espíritu de Dios.* La obscuridad de sus mentes en relación a cosas eternas llegará a ser más negra, las naciones se confrontarán en espantosa y sangrienta guerra, los crímenes que ahora están llegando a ser tan frecuentes sucederán continuamente, las ligas que atan familias serán echadas abajo y violadas, las pasiones de la naturaleza humana serán usadas en maneras de lo más pervertido, hasta que los mismos elementos parecerán ser afectados por las convulsiones nacionales y sociales que agitarán al mundo, y *tormentas, terremotos, y espantosos desastres por mar y por tierra causarán terror y espanto entre los pueblos; nuevas enfermedades incinuarán su horrible camino por las filas de los malvados;* la tierra, remojada con cuajarón y profanada con la suciedad de sus habitantes, empezará *a retener sus frutos en su estación; las olas del mar se arrojarán allende de sus bordes*, y todas las cosas estarán en conmoción; y en medio de todas estas calamidades, *los doctos entre las naciones desaparecerán*, y miedo tomará poder de los corazones de toda persona.[7]

Una profecía pronunciada por el Profeta Daniel habla del tiempo de conflicto universal y predice el resultado de esta contención. Profetizó sobre cuatro bestias, que los Santos de los Últimos Días entienden que se refiere a cuatro grandes poderes mundiales en varias épocas del pasado. El primero era Babilonia; el segundo, los medas y los pérsicos; la tercera, Grecia; y la cuarta, Roma y los reinos que nacieron del Imperio Romano. Aunque cada uno de estos poderes fue derrumbado por los ataques del que le siguió, sus pueblos continuaron en existir y sus descendientes han continuado hasta el día de hoy. Daniel habló del derrumbamiento de los descendientes de cada uno de esto cuatro reinos en un tiempo aún en el futuro. Aparentemente hablando de la destrucción de las naciones que tuvieron su origen en el Imperio Romano, dijo:

> Estuve mirando hasta que fueron puestos tronos, . . . miraba hasta que *mataron a la bestia, y su cuerpo fue destrozado y entregado para ser quemado en el fuego.*
>
> *Habían también quitado a las otras bestias su dominio, pero les había sido prolongada la vida* hasta cierto tiempo.[8]

Orson Pratt, comentando sobre la profecía de Daniel, explicó su mensaje como que el conflicto universal resultaría en la destrucción de las naciones que han descendido del Imperio Romano:

---

7. *Estrella Milenaria,* Tomo 21, p. 582, 19 de septiembre de 1859.

8. *Daniel* 7:9, 11-12.

> *La cuarta bestia, representada por el Imperio Romano, y los reinos que han brotado de este, será "destrozado y entregado para ser quemado en el fuego."* Aquí, pues, podemos leer del destino de aquella parte de los habitantes de la tierra que componen la cuarta bestia: o, en otras palabras, *el destino de los reinos de Europa, es decir, Alemania, Francia, Italia, España, Portugal, Escandinavia, y el gran poder norteño de Rusia, Austria y Prusia,* y todas aquellas varias naciones que pertenecen más especialmente a este gran poder de hierro que una vez oprimió tan cruelmente al pueblo: "su cuerpo fue destrozado y entregado para ser quemado en el fuego," que significa la naturaleza del juicio que les acaecerá. *De acuerdo con otras profecías en el libro de Daniel, una serie de juicios, grandes y terribles, les sobrevendrán antes que venga el fuego del cual se habla. Nación se levantará en guerra en contra de nación, reino en contra de reino:* o sea, en las palabras de Isaías, "Porque he aquí que Jehová vendrá con fuego, y sus carros como torbellino, para descargar su ira con furor, y su reprensión con llama de fuego. Porque Jehová juzgará con fuego y con su espada a todo hombre; y los muertos de Jehová serán multiplicados."
>
> Así parece que el cuerpo del cuarto poder será entregado a la ardiente llama, que significa la completa extinción de ese poder de la faz de la tierra. *Las naciones paganas representando a las otras tres bestias, no serán destruidas en ese tiempo: sino que sus vidas serán prolongadas, y su dominio será retirado de ellos. Aunque sus vidas serán prolongadas, no obstante no tendrán poder para reinar y gobernar, solo como son permitidos.* Si leeréis desde el comienzo de capítulo 36 hasta el fin de capítulo 39 de *Ezequiel*, encontraréis mucho declarado en cuanto a las naciones paganas. "Y los paganos sabrán que yo soy Jehová," etcétera. Pero el cuarto poder representa las naciones del Cristianismo moderno. No tendrán el privilegio de la prolongación de sus vidas como los paganos. ¿Porqúe no? ¿Quiere decir él que habla que el Cristianismo moderno es más inicuo que los paganos? Sí: *los pueblos del Cristianismo poseen más luz y conocimiento que los paganos, y por lo tanto, están bajo la mayor condenación; porque serán juzgados según la luz y el conocimiento que ya tienen.* Las naciones más avanzadas, así llamadas, están rechazando el mensaje del Evangelio que les es enviado por autoridad divina; y por esa razón su destrucción es inevitable, y como se ha decretado, tendrán que fallecer. Sus vidas no serán prolongadas. *No solamente serán así visitados los reinos y gobiernos de Europa, y las porciones occidentales de Asia, sino también aquellos que han nacido de estos reinos, que han inmigrado a este hemisferio del Oeste, y a otras partes.*[9]

Así enseñó Élder Pratt el mensaje de Daniel: que en un tiempo todavía en el futuro las naciones que originaron en el Imperio Romano, o las naciones que han abrazado al Cristianismo, serán derrotadas. Esos pueblos que descendieron de Babilonia, Meda, Persia y Grecia perderán su dominio y poder político en el mismo conflicto, pero no perderán su identidad cultural como naciones hasta un tiempo más luego.

9. *Diario de Discursos,* 18:339-40. Líneas repetidas en el texto han sido omitidas por el autor.

Fue su enseñanza, sin embargo, que todos los gobiernos por fin serán destruidos:

> Esta profecía de Daniel dará un verídico entendimiento del asunto a nuestros sabios y nuestros hombres de Estado, y todos que desean saber *el destino futuro del gobierno Americano, los gobiernos de Europa, y todos los reinos de la tierra. Su destino es su total destrucción* de sobre la tierra, no obstante lo grande o poderoso que lleguen a ser. Aunque nuestra nación pueda pillar sobre la mano derecha y la mano izquierda; aunque pueda anexar las posesiones británicas, y extender sus dominios hacia el sur y tomar posesión de todo este gran hemisferio del Oeste, y *aunque nuestra nación llegue a ser tan poderosa en población como es en el extenso de su territorio, su destino está predicho por la declaración del Profeta Daniel. "Fueron como tamo de las eras del verano,* y se los llevó el viento sin que de ellos quedara rastro alguno." *Así con los reinos de Europa, así con los reinos del oeste de Asia y el este de Europa.*[10]

Sumario

1. Habrá un período de conflicto universal cuando terrible guerra engolfará al mundo. Vendrá después de la construcción de la Nueva Jerusalén y durante el tiempo en que Israel estará congregándose a Palestina.
2. El único lugar que estará libre de guerra durante este período será la Nueva Jerusalén—aparentemente por razón de la gloria de Dios que destellará de ella.
3. El conflicto aparentemente servirá como una influencia en motivar a muchos judíos a volver a Palestina, quienes de otro modo se hubiesen quedado en otros países.
4. El conflicto destruirá, como entidades políticas, a las naciones que han descendido del Imperio Romano. Puesto que éstas son las naciones que han adoptado principios Cristianos, ésto representa un juicio mayor sobre el Cristianismo de hoy día.
5. Las naciones no Cristianas, o paganas, también serán alteradas por la guerra. Perderán su poder y dominio pero mantendrán sus identidades nacionales.
6. La guerra será mucho más devastadora que cualquier guerra anterior, porque causará la muerte de la tercera parte de la población de la tierra. Los sobrevivientes quedarán en una condición desorganizada en tierras llenas de cascotes y caos.

---

10. *Diario de Discursos,* 15:72-73.

CAPITULO ONCE

La Aparición de Cristo en el Concilio en Adán-ondi-Ahmán

Adán Es el Anciano de Días

En un cierto tiempo durante el período de conflicto universal se anticipa la convocación de un importante concilio en el continente Americano. Los Santos de los Últimos Días aceptan la declaración de Daniel de una visión profética de este concilio como una importante expresión en cuanto a esta gran asamblea. El profeta hebreo dijo:

> *Estuve mirando hasta que fueron puestos tronos,* y se sentó un Anciano de días, cuyo vestido era blanco como la nieve, y el pelo de su cabeza como lana limpia; su trono llama de fuego, y las ruedas del mismo, fuego ardiente.
> Un río de fuego precedía y salía de delante de él; *millares de millares le servían, y millones de millones asistían delante de él; el Juez se sentó, y los libros fueron abiertos.*[1]

Esta profecía de Daniel interrumpe su profecía de la destrucción de las naciones Cristianas de que se habló en el capítulo anterior. Hay dos puntos que parecen indicar la posición cronológica de este acontecimiento: primero, antes que ocurre, nos informa Daniel, tronos serán derrumbados. Aparentemente el conflicto universal estará bien en marcha. No obstante, en el concilio el juicio está fijado. Se verá que el segundo punto será el juzgar de las naciones y su futuro destino. Ésto aparentemente sucederá antes del fin del conflicto universal, puesto que causará el derrumbamiento de muchas naciones.

José Smith y otros prominentes líderes entre los Santos de los Últimos Días hablaron repetidamente de este acontecimiento y su importancia en la descripción de los sucesos de los Santos de los Últimos Días. En identificar el Anciano de días, el Profeta dijo:

> Daniel habla en su séptimo capítulo del Anciano de días: *él quiere decir el más viejo hombre, nuestro Padre Adán, Miguel, dictará que se juntaran sus hijos y convocará con ellos un concilio para prepararlos para la venida del Hijo del Hombre.* Él (Adán) es el padre de la familia humana, y preside sobre los espíritus de todos los hombres, *y todos aquellos que han tenido llaves tendrán que pararse delante de él en este gran concilio.* Ésto puede suceder antes de que algunos de nosotros partimos de esta escena de acción. *El Hijo del Hombre se para delante de él, y a él le es dado gloria y dominio. Adán entrega su mayordomía a Cristo,* la cual le fue facilitada como poseyendo las llaves del universo, pero mantiene su posición como la cabeza de la familia humana.[2]

---

1. *Daniel* 7:9-10.
2. *La Historia de la Iglesia,* 3:386-87.

José Smith habló mucho acerca de Adán y el papel que se cree que desempeña en los asuntos de esta tierra. En otra ocasión dijo que Adán posee las llaves de la dispensación del cumplimiento de los tiempos:

> Empezando con *Adán, quien fue el primer hombre, de quien se habla en Daniel como el "Anciano de Días," o en otras palabras, el primero y más viejo de todos,* el supremo, el gran progenitor, de quien se nombra en otro lugar como Miguel porque fue el primero y el padre de todos, no solo de sus descendientes, sino el primero de poseer las bendiciones espirituales, a quien se reveló el plan de las ordenanzas para la salvación de su posteridad hasta el fin, y a quien Cristo se reveló primero, y por medio de quien Cristo ha sido revelado desde el cielo, y continuará de ser revelado de ahora en adelante. *Adán posee las llaves de la dispensación del cumplimiento de los tiempos: i.e., la dispensación de todos los tiempos que han sido y que serán revelados por él, desde el principio hasta Cristo, y desde Cristo hasta el fin de todas las dispensaciones que serán reveladas.* "Dándonos a conocer el misterio de su voluntad, según su beneplácito, el cual se había propuesto en sí mismo, de reunir todas las cosas en Cristo, en la dispensación del cumplimiento de los tiempos, así las que están en los cielos, como las que están en la tierra." (Efesios 1:9-10.)
>
> *Ahora el propósito en si mismo en la escena culminante de la última dispensación es que todas las cosas que pertenecen a esa dispensación deben conducirse precisamente de acuerdo con las dispensaciones anteriores.*
>
> Y de nuevo, *Dios propone en si mismo que no habrá un cumplimiento eterno, hasta que cada dispensación será cumplida y aliada en una,* y todas las cosas no obstante lo que sean, que deben aliarse en una en esas dispensaciones hasta el mismo cumplimiento y gloria eterna, deben ser en Cristo Jesús; por lo tanto, Él fijó las ordenanzas para que sean lo mismo para siempre jamás, y *puso a Adán para vigilarlas, para revelarlas desde los cielos al hombre, o mandar ángeles para revelarlas.* "¿No son todos espíritus ministradores, enviados para servicio a favor de los que serán herederos de la salvación?" (Hebreos 1:14.)
>
> *Estos ángeles están bajo la dirección de Miguel o Adán, quién obra bajo la dirección del Señor.* De la referencia arriba citada aprendemos que Pablo entendió perfectamente los propósitos de Dios en relación a su conección con el hombre, y ese glorioso y perfecto orden que Él estableció en Sí Mismo, por lo cual envió poder, revelaciones, y gloria . . .
>
> Ésto, entonces, es la naturaleza del Sacerdocio; *cada hombre poseyendo la Presidencia de su dispensación, y un hombre poseyendo la Presidencia de todas ellas, aun Adán; y Adán recibiendo su Presidencia y autoridad del Señor,* pero no puede recibir una plenitud hasta que Cristo presente el Reino al Padre, que será al fin de la última dispensación.[3]

El Sitio y la Descripción del Concilio en Adán-ondi-Ahmán

En 1838 el Profeta señalo que esta anticipada asamblea se convocará en un lugar conocido entre los Santos de los Últimos Días como Adán-ondi-Ahmán. José Smith escribió lo siguiente en cuanto al sitio de ese

3. *La Historia de la Iglesia,* 4:207-09.

lugar en el Estado de Missouri y como fue originalmente designado:

> En la tarde subí por el río como un kilómetro al balsadero de Wight, acompañado por Presidente Rigdon y mi secretario, Jorge W. Robinson, con el propósito de seleccionar y establecer título a una parcela de la ciudad cerca a dicho balsadero en el Condado de Daviess, municipio 60, extensiones 27 y 28, y secciones 25, 36, 31 y 30, lo cual los hermanos llaman "*Monte Vertiente,*" *pero por la boca del Señor fue nombrado Adán-ondi-Ahmán, porque, dijo Él, es el lugar adonde Adán vendrá para visitar a su pueblo, o el Anciano de Días se sentará, del cual habló Daniel el Profeta.*[4]

Se anticipa que los que presenciarán el concilio de Adán-ondi-Ahmán incluirán todos aquellos que, en los siglos pasados de la historia de la tierra, han poseído llaves del sacerdocio y responsabilidades, y también muchos que estarán viviendo en la mortalidad sobre la tierra. El concilio será asistido por una gran multitud de seres mortales e inmortales. Orson Pratt maravilló sobre el vasto número que Daniel declaró estarían presentes en esa convocación:

> *¿Cuánto es diez mil por diez mil? Solo cien millones, pero eso haría una congregación bastante grande.* Todos los habitantes de los Estados Unidos solo numeran unos cuarenta millones, contando hombres, mujeres y niños. Si fuesen congregados en un solo lugar, presentarían un gran espectáculo; pero supongamos que doblamos ese número, haciendo ochenta millones, ¡Qué congregación más vasta sería ésta, casi no podemos comprender su magnitud; y aún añadiremos otros veinte millones para alcanzar el número de la congregación que el Profeta Daniel vio parada delante del Anciano de Días. *Tal cuerpo de personas debe extenderse sobre muchos kilómetros del campo, no obstante lo cercano que puedan estar el uno al otro.* Dudo que los extremos de tal congregación podrían ser vistos por los ojos naturales de mortales; desaparecerían en la distancia.[5]

No obstante, José Fielding Smith cree que esta reunión, a pesar de que será gigantesca en su alcance, se llevará acabo en secreto:

> *Cuando se convoque esta reunión, el mundo no sabrá de ella; los miembros de la Iglesia por mayor parte no sabrán de ella,* sin embargo será preparatoria a la venida de nuestro Señor Jesucristo en nubes de gloria como dijo el Profeta José Smith. El mundo no puede tener conocimiento de ella. *Los Santos no pueden saber de ella—al menos aquellos que serán llamados oficialmente a este concilio*—porque precederá la venida de Jesucristo como un ladrón en la noche, sin el conocimiento de todo el mundo.[6]

---

4. *La Historia de la Iglesia,* 3:35. Véase la *Doctrina y Convenios* 116.
5. *Diario de Discursos,* 18:338-39.
6. José Fielding Smith, *El Camino Hacia la Perfección [The Way to Perfection],* (Quinta Edición, Utah, la Sociedad Genealógica, 1943), p. 291. Ésto parece ser su interpretación de Primer Tesalonicenses 5:2. No parece haber nada que indica que este pasaje se refiere al Concilio en Adán-ondi-Ahmán, o que el concilio se llevará

Los Propósitos del Concilio en Adán-ondi-Ahmán

Los Santos de los Últimos Días mantienen que el concilio en Adán-ondi-Ahmán servirá varios propósitos importantes. Orson Pratt explicó que el concilio se convocaría para organizar el Sacerdocio de todas las dispensaciones para que cada hombre y su familia conozcan sus asignados lugares:

> ¿Quién era este personaje llamado el Anciano de Días? Nos dijo José Smith el Profeta—el gran Profeta de los últimos días, a quien Dios levantó por su propia voz y por la ministración de ángeles para introducir la gran y la última dispensación del cumplimiento de los tiempos—la última dispensación sobre la tierra en tanto que concierne la proclamación de merced; digo que nos contó este Profeta que el Anciano de Días es el personaje más anciano que jamás tenía existencia acá en la tierra. ¿Y quién fue él? Pues, y por supuesto, el Viejo Padre Adán, él fue el hombre más anciano que jamás ha vivido en todos los días de los cuales tenemos conocimiento alguno. Él viene, entonces, como el gran juez, para convocar este innumerable hueste de que habla Daniel. Viene en fuego ardiente. Sería imposible, aún por un hombre tan grande como Daniel, describir cabalmente la gloria y la bendición y la grandeza de este personaje. Viene como un hombre inspirado del eterno trono de Jehová mismo. *Viene para poner en orden los concilios del Sacerdocio que pertenecen a todas las dispensaciones, para concretar en una gran familia y casa el Sacerdocio y los concilios de los Santos de todas las dispensaciones anteriores.*
>
> ¿Para qué es todo esto? ¿Para qué todo este arreglo? Para qué toda esta organización? ¿Para qué todo este juicio y el abrir de los libros? *Es para preparar el camino para otro personaje majestuoso a quien Daniel vio viniendo con las nubes del cielo, es decir, el Hijo del Hombre, y estas nubes del cielo trajeron el Hijo del Hombre cerca al Anciano de Días.* Y cuando el Hijo del Hombre vino al Anciano de Días, he aquí, *un reino fue entregado al Hijo del Hombre, y grandeza y gloria, que todo pueblo, nación y lenguaje le sirva,* y su reino sería un reino sempiterno, un reino que nunca jamás sería despojado.
>
> Ésto explica la razón porque nuestro padre Adán viene como el Anciano de Días con todo ese numeroso hueste, y les organiza de acuerdo a los registros del libro, cada hombre en su lugar, preparatorio a la venida del Hijo del Hombre para recibir el reino. *Entonces cada familia que está en el orden del Sacerdocio, cada hombre y cada mujer, cada hijo o hija, no obstante su parentela, su raza o Sacerdocio, conocerá su lugar.*[7]

A continuar, Pratt habló de nuevo del propósito y del carácter de esa reunión, diciendo que en el Concilio cada quórum del Sacerdocio de las varias dispensaciones tendrá su lugar. También dió a entender que entre los participantes en la reunión estarían no solo seres resucitados, sino también seres espirituales:

---

acabo en secreto. Parece que un concilio de tal magnitud involucraría un considerable número de los miembros de la Iglesia. Aún así, la gran mayoría de los participantes aparentemente tendrían que venir de detrás del velo.

7. *Diario de Discursos,* 17:185-86.

> Este hombre se sentará sobre su trono, y diez mil veces diez mil seres inmortales—sus hijos—se pararán delante de él, con todos sus diferentes grados de Sacerdocio, según el orden que Dios ha asignado y ordenado. *Entonces, y nunca hasta entonces, cada quórum del Sacerdocio en esta Iglesia de los Santos de los Últimos Días encontrará su lugar.* Si traspasamos el velo no veremos esta perfecta organización de los Santos de todas las generaciones hasta que llegue este período. *Ésto será antes de que Jesús viene en su gloria.* Entonces entenderemos que hay un lugar para la Primera Presidencia de esta Iglesia; para los Doce Apóstoles llamados en esta dispensación; para los doce discípulos que fueron llamados entre el resto de José sobre este hemisferio en tiempos antiguos; para los Doce que fueron llamados entre las diez tribus de Israel en la tierra norteña; para los Doce que fueron llamados en Palestina, quienes ministraron en la presencia de nuestro Salvador; *todos los varios quórumes y concilios del Sacerdocio en cada dispensación que ha acontecido desde los días de Adán hasta el presente encontrarán sus lugares,* según los llamamientos, los dones, las bendiciones, las ordenaciones y las llaves del Sacerdocio que el Señor Todopoderoso les ha conferido en sus varias generaciones. Ésto, entonces, será una de las más grandes reuniones que jamás habrá ocurrido sobre la faz de nuestro globo. ¿De qué genio de persona debemos ser nosotros, mis hermanos y hermanas, y todo el pueblo de Dios en los últimos días, para que podamos ser nombrados dignos *de participar en las augustas asambleas que han de venir de los mundos eternos, cuyos cuerpos han prorrumpido de la tumba, saliendo con una naturaleza inmortal y eterna.*[8]

Otro propósito de este concilio es revelado en la cotización original de Daniel que dijo que "el Juez se sentó, y los libros fueron abiertos." El Profeta José Smith aclaró que ésto significaba dando el poder de juicio a los Santos. En aclarar el asunto, dijo que guerras, incendios, pestilencias y terremotos continuarían uno tras otro "hasta que venga el Anciano de Días, entonces se dará el juicio a los Santos."[9] Élder Pratt explicó que ésto incluiría el poder de juzgar a las naciones que en aquel entonces existirán:

> Los registros de las naciones—su ascendencia y descendencia, con todo lo que pertenece a ellas, en la capacidad nacional, será escrito. Entonces también habrán los registros de las familias y de los individuos, aun de todos los pueblos y lenguas de la tierra. Se abrirán los libros, y el juicio se sentará. ¿Cuál juicio? *No el juicio final, porque ésto acontecerá más de mil años más tarde. Este juicio se refiere a las naciones que en ese tiempo existirán, y será de estos registros y por este juicio que serán juzgados. Las calamidades de que se ha hablado ocurrirán en cumplimiento de las Escrituras, y de los grandes propósitos de Jehová.*[10]

---

8. *Diario de Discursos,* 17:187-88.
9. *La Historia de la Iglesia,* 3:391.
10. *Diario de Discursos,* 18:342.

La Aparición de Cristo y la Aceptación de Su Dominio

Se opina que durante el Concilio en Adán-ondi-Ahmán, Cristo hará el segundo de su serie de cuatro apariciones profetizadas. Al relatar la venida del Anciano de Días y el conflicto universal, Daniel profetiza que

> Miraba yo en la visión de la noche, y he aquí con las nubes del cielo venía uno como un hijo de hombre, que vino hasta el Anciano de días, y le hicieron acercarse delante de él.
>
> Y le fue dado dominio, gloria y reino, para que todos los pueblos, naciones y lenguas le sirvieran; su dominio es dominio eterno, que nunca pasará, y su reino uno que no será destruido.[11]

Un propósito principal del Concilio en Adán-ondi-Ahmán será afectar la entrega de las llaves del poder del mundo al Salvador. Cada líder entregará su autoridad a Adán, quién, a la vez, la dará al Salvador. Nótese que el completo control mundial será cedido al Salvador y a Él le será dado dominio, gloria y reino, para que todos los pueblos, naciones y lenguas le sirvan.[12] De este tiempo en adelante, pues, Cristo se encontrará como la cabeza literal del reino de Dios. Ese reino cesará de ser un reino preparatorio y se afirmará como el poder por lo cual el mundo será gobernado. Aquellas naciones que no se unen con este reino, de ese tiempo en adelante, perecerán. Citando a Orson Pratt,

> Los reinos del mundo se han envejecido, y a razón de la iniquidad, son destinados a ser hecho pedazos con rapidez, pero el reino de Dios endurará para siempre. Es destinado a aumentarse en fuerza, poder y dominio, e imponer su dominio sobre toda la tierra. *Aquellas naciones y reinos que no se unirán con el reino de Dios, y ser uno con el, honrando sus leyes e instituciones, completamente perecerán, y no se encontrará lugar para ellos.*[13]

Se espera que el concilio en Adán-ondi-Ahmán señalará el fin de la persecución contra los Santos en los últimos días. El Profeta José Smith, comentando sobre el libro de *Daniel*, dijo.

> El "Cuerno" hizo guerra con los Santos y los vencía, hasta que vino el Anciano de días; y el Anciano de Días dio el juicio a los Santos del Altísimo; llegó el tiempo en que los Santos poseían el Reino. Ésto no solo nos hace ministros acá, sino también en la eternidad.[14]

Se anticipa que el concilio será un importante punto de cambio que finalmente influenciará la actitud del mundo entero hacia la Iglesia.

---

11. *Daniel* 7:13-14.
12. *Daniel* 7:14. B. H. Roberts definitivamente asoció este pasaje con *Daniel* 7:9-10, así incluyéndolo como parte de los acontecimientos del Concilio en Adán-ondi-Ahmán. Véase *La Historia de la Iglesia*, 3:35.
13. *Estrella Milenaria*, Tomo 19, pp. 680-681, 24 de octubre de 1857.
14. *La Historia de la Iglesia*, 3:389. Véase a *Daniel* 7:21-22.

Sumario

1. Durante el período de conflicto universal un concilio importante se conducirá en Adán-ondi-Ahmán, Missouri.
2. El Concilio será bajo la dirección del Anciano de Días, quien es Adán.
3. Según Daniel, habrá un inmenso número de participantes en el Concilio. Algunos serán seres mortales, pero la mayor parte aparentemente vendrán de tras del velo.
4. El Salvador aparecerá a Adán y recibirá el dominio que viene por medio de aceptar el Reino de Dios.
5. El Concilio de Adán-ondi-Ahmán cumplirá cinco propósitos:
   A. Se entregarán las llaves de cada dispensación a Adán.
   B. Los miembros de la Iglesia serán organizados en una gran familia con Adán como el patriarca.
   C. Cada quórum del sacerdocio que ha existido en todas las épocas será asignado su lugar en el gobierno de la Iglesia.
   D. El juicio será fijado. En adición de juzgar los asuntos dentro de la Iglesia, se anticipa que los Santos juzgarán a las naciones que existen en este tiempo y determinarán sus destinos.
   E. Poder, gloria y dominio será entregado al Salvador.

CAPITULO DOCE

El Crecimiento y Desarrollo en Sión y Palestina Después de la Era del Conflicto Global

Se ha visto que durante el ministerio de los 144.000 Sumo Sacerdotes, se anticipa que el mundo atestiguará un gran derramamiento de plagas, conflicto y devastación. Incluido entre las plagas habrá una terrible guerra que traerá desolación al continente Europeo. No se conoce la duración en total de estos juicios. Sin embargo, ambos las escrituras y los comentarios por las Autoridades Generales de la Iglesia apuntan ciertas condiciones y ocurrencias que aparentemente acaecerán en una atmósfera más pacífica después del conflicto universal y antes de la aparición de Cristo sobre el Monte de Olivos durante la Batalla de Armagedón. Se verá en este capítulo que este intervalo será un tiempo de crecimiento y desarrollo tanto para la Nueva Jerusalén como la tierra de Palestina.

El Crecimiento de Sión en los Estados Unidos

Se anticipa que la ciudad de la Nueva Jerusalén sobre el continente Americano gozará un gran aumento en ambos importancia y población a la vez que el mundo reconoce su progreso y estabilidad.

Orson Pratt notó que después que otras naciones se han desecho, muchas personas aceptarán con gozo la causa y el dominio de Sión:

> Cuando llegue ese día en que el Señor despojará tales personas, cuando llegue el día en que cumplirá las revelaciones de Isaías, tanto como las muchas otras revelaciones que se han dado, Sión tendrá que manifestarse en su fuerza y poder, y los habitantes de las naciones lejanas dirán, "Por cierto, Sión es la ciudad de nuestro Dios, porque el Señor está allí, y Su Gloria está allí, y el poder y la fuerza de Su terror está allí,"—terror a los malvados, terror a aquellos que cometen pecado: y *muchas personas dirán, "Venid, que nos sujetemos a sus leyes." Ésto pasará después que el Señor habrá despojado a las naciones, y después que las habrá destruido y malgastado, en tanto que aplica a las porciones inicuas. Los que quedan reconocerán a Sión con gozo,* reconocerán a Dios y a Su pueblo, y reconocerán las leyes que literalmente emanarán de Sión a las naciones de la tierra.[1]

Parece que a la vez que esos pueblos vienen a la Nueva Jerusalén, esa ciudad y la región alrededor experimentarán gran crecimiento. Élder Pratt dijo que muchas de las ciudades desoladas de esta nación serán repobladas, y Sión empezará a incrementarse hasta que cubrirá los dos continentes Americanos:

> Entonces se cumplirá otra declaración en este mismo capítulo que acabo de leer—"Porque te extenderás a la mano derecha y a la mano izquierda; y tu descendencia heredará naciones, y habitará las ciudades asoladas." Bien, *hay muchísimas ciudades en los Estados Unidos que no serán totalmente destruidas*

1. *Diario de Discursos,* 22:36.

> *cuando los habitantes serán arrebatados de la faz de la tierra. Sus casas, sus ciudades desoladas permanecerán sin ocupantes hasta que Sión en su gloria y fuerza agrandará el lugar de sus pabellones,* y extenderá los muros de sus habitaciones. Ésto es el destino de esta nación, y el destino de los Santos de los Últimos Días.[2]

La Proclamación publicada por el Quórum de los Doce poco después de la muerte del Profeta citó la siguiente referencia a la expansión de Sión sobre ambos de los continentes Americanos y a la unidad que en aquel entonces existirá entre sus pueblos:

> La ciudad de Sión, con su Santuario y Sacerdocio, y la gloriosa plenitud del Evangelio, compondrá una norma que hará fin a los contenciosos credos, y los porfiados políticos, por medio *de efectuar la unión de las repúblicas, los estados, las provincias, los territorios, las naciones, las tribus, las parentelas, las lenguas, los pueblos y las sectas del Norte y Sur América en una gran y común liga de hermandad;* mientras verdad y conocimiento les harán libres, y amor convalidará su unión.[3]

Aparentemente esta proclamación fue tomada de las enseñanzas del Profeta, porque la siguiente instrucción fue registrada por Élder Benjamín F. Johnson,

> *Él nos enseño que los Santos llenarían el gran Oeste, y a través de Méjico y Centro y Sur América haríamos una gran obra para la redención del resto de Jacob,* y nos enseñó en cuanto al reino de Dios como se organizará sobre la tierra por medio de "las naciones que no se adiestrarán más para la guerra," y todas adoptando la Constitución Divina de los Estados Unidos como el paladín de libertad y derechos iguales.[4]

El período que sigue el conflicto universal es así tomado por los Santos de los Últimos Días como una época cuando la influencia del Evangelio se desparramará por razón del reconocimiento que recibirá como una fuente de estabilidad, de fuerza y de dominio recto. Se mostrará luego que esta obra alcanzará su último cumplimiento durante el Milenio.

David, El Príncipe

En una oportunidad José Smith habló de David, el antiguo líder de Israel, y señaló que perdió una parte de su gloria por razón de la transgresión. Entonces el Profeta explicó en cuanto a su eterno sacerdocio que "*el trono y reino de David le será quitado y será dado a otro por el nombre de David en los últimos días, que vendrá de su mismo linaje.*"[5]

---

2. *Diario de Discursos,* 24:31-32.
3. "Proclamación de los Doce Apóstoles de la Iglesia de Jesucristo de los Santos de los Últimos Días," *Estrella Milenaria,* 22 de octubre de 1845.
4. "Una Interesante Carta," carta no publicada escrita por Benjamín F. Johnson a Jorge S. Gibbs, 1903, la Biblioteca de la Universidad de Brigham Young, p. 8.
5. *La Historia de la Iglesia,* 6:253. Véase *Doctrina y Convenios* 132:38-39.

Aparentemente este nuevo líder para Israel aparecerá inmediatamente antes de la Batalla de Armagedón. Como su antiguo predecesor, reinará como príncipe y su nombre será David. Jeremías dijo que el Señor levantará un David como rey de Israel en la hora cuando ese pueblo servirá al Señor su Dios.[6] Zacarías se refiere a él como la RAMA, y al compararlo con un sacerdote por nombre de Josué quién vivía en aquel entonces, relató la gran responsabilidad que David tendría en Palestina en los últimos días. El Profeta dijo que "*Él edificará el templo de Jehová,* y él llevará gloria, y se sentará y dominará en su trono, y habrá sacerdote a su lado."[7] El Señor dijo en Ezequiel que "levantaré sobre ellas [Israel] a un pastor, y él las apacentará; a mi siervo David, él las apacentará, y él les será por pastor."[8]

Muchos de los profetas del Antiguo Testamento hablan del David a quien se levantará en este período futuro. Isaías enseñó que él será dado "por testigo a los pueblos, por jefe y por maestro a las naciones," y dijo que llamará a una nación que no conoce, y naciones que no le conocen a él correrán a él porque el Señor le honrará.[9]

Parece muy posible que esa profecía de Isaías puede ser interpretada por otra porción de sus enseñanzas. Capítulo once de Isaías habla de una importante persona llamada una "vara" y un "vástago":

> Saldrá *una vara del tronco de Isaí, y un vástago retoñará* de sus raíces.
>
> Y reposará sobre él el Espíritu de Jehová; espíritu de sabiduría y de inteligencia, espíritu de consejo y de poder, espíritu de conocimiento y de temor de Jehová.
>
> Y le hará entender diligente en el temor de Jehová. No juzgará según la vista de sus ojos, ni argüirá por lo que oigan sus oídos;
>
> sino que juzgará con justicia a los pobres, y argüirá con equidad por los mansos de la tierra; y herirá la tierra con la vara de su boca, y con el espíritu de sus labios matará al impío.
>
> Y será la justicia cinto de sus lomos, y la fidelidad ceñidor de su cintura.[10]

La Sección 113 de la *Doctrina y Convenios* dice que este individuo

> Es un siervo en las manos de Cristo, que en parte desciende de Isaí, así como de Efraín, o sea, de la casa de José, a quien se ha dado mucho poder.[11]

Después de contar del recto juicio y poder que este individuo poseerá, Isaías describe el ambiente pacífico que prevalecerá durante el Milenio

6. *Jeremías* 30:9.
7. *Zacarías* 6:11-13. Véase 3:8-9; *Jeremías* 23:5-6, *Oseas* 3:4-5.
8. *Ezequiel* 34:23-24.
9. *Isaías* 55:3-5.
10. *Isaías* 11:1-5.
11. *Doctrina y Convenios* 113:4.

(Isaías 11:6-9) y entonces, hablando de ese período, dice,

> Acontecerá en aquel tiempo que la raíz de Isaí, la cual estará puesta por pendón a los pueblos, será buscada por las gentes; y su habitación será gloriosa.[12]

La *Doctrina y Convenios* identifica la "raíz" como

> "un descendiente de Isaí, así como de José, a quien por derecho pertenecen el sacerdocio y las llaves del reino, y será por pendón y para el recogimiento de mi pueblo en los postreros días.[13]

Así que parece que el individuo a quien Isaías se refiere como la "vara," el "vástago," y la "raíz" tendrá ciertas características:

1. Vivirá durante un período (aparentemente inmediatamente antes del comienzo del milenio) cuando podrá juzgar a los pobres con justicia y a la misma vez causar que se maten a los inicuos. (*Isaías* 11:1-5)
2. Vivirá hasta en el Milenio. (*Isaías* 11:6-10)
3. Será puesto por pendón del pueblo (*Isaías* 11:10) y a él buscarán los Gentiles (ésto puede ser como los Gentiles codician las riquezas de Palestina y causan la Batalla de Armagedón).
4. Será un poderoso e importante siervo en las manos de Cristo. (*Doctrina y Convenios* 113:4)
5. Será descendiente de ambos Judá (por Isaí) y José (por Efraín). (*Doctrina y Convenios* 113:4, 6)

Es significante notar que esta profecía (Isaías 11) fue citada por el Ángel Moroni cuando ese ser celestial apareció por primera vez al Profeta. Moroni dijo que la profecía "estaba por cumplirse."[14]

Ezequiel también mantuvo que el Príncipe David tomará un importante papel en la adoración por parte de Israel en los últimos días:

> Mas al príncipe corresponderá el dar el holocausto y el sacrificio y la libación en las fiestas solemnes, en las lunas nuevas, en los días de reposo y en todas las fiestas de la casa de Israel; él dispondrá la expiación, la ofrenda, el holocausto y las ofrendas de paz, para hacer expiación por la casa de Israel.[15]

El mismo vidente hebreo enseñó que David será el profeta que tendrá el privilegio de acercarse al Señor cuando viene a su Templo en Jerusalén, y una puerta especial será reservada para su uso cuando el Señor estará allí.[16] Ezequiel dice además que dos parcelas de tierra, una sobre el Este y la otra sobre el Oeste fuera de los límites de Jerusalén, serán dadas por

12. *Isaías* 11:10.
13. *Doctrina y Convenios* 113:6.
14. *José Smith—Historia* 1:40.
15. *Ezequiel* 45:17. Véase 46:2, 12.
16. *Ezequiel* 44:1-3.

el pueblo al Príncipe como herencia, y también le darán como oblación una porción de sus cosechas y sus rebaños.[17]

Parece, entonces, que ese David de los últimos días ejercitará control tanto religioso como político sobre Palestina en el período inmediatamente antes del comienzo del Milenio y durante los primeros días de esa época. Él tendrá mando sobre el recogimiento de Israel y la construcción del templo en Jerusalén, y recibirá al Salvador a su venida a Palestina.

El Traslado de la Diez Tribus desde Sión a Palestina

Otro acontecimiento importante que aparentemente ocurrirá durante este período que sigue el conflicto universal será el traslado de las Diez Tribus desde un sitio cerca de la Nueva Jerusalén hasta la tierra de Palestina. Aunque las Américas han sido apartadas como la tierra de herencia para los descendientes de José,[18] sin embargo parece que algunas de las tribus de ambos Manasés y Efraín volverán a Palestina y se ubicarán allá, puesto que Ezequiel les incluye en su repartimiento de la tierra de Palestina en los últimos días.[19]

No obstante, según Orson Pratt, estas tribus demorarán largo tiempo en la región de la Nueva Jerusalén (por lo menos hasta después de la selección de los 144.000) antes que viajan a Palestina:

> ¿Por cuanto tiempo demorarán en las alturas de Sión aquellos que vienen de las tierras del norte? Bastante tiempo. Tendrán que cultivar trigo y la uva, vino y aceite, ganar rebaños y manadas, y sus almas tendrán que llegar a ser como jardines florecientes. *Morarán en Sión un buen tiempo, y durante ese tiempo, se escogerán doce mil de cada una de las diez tribus, además de los doce mil que se escogerán de Judá, José, y las demás tribus, ciento cuarenta y cuatro mil en total.* ¿Escoger para qué propósito? Para que el poder de la muerte y la pestilencia que saldrán barriendo las naciones de la tierra en aquellos días no tengan ningún poder sobre ellos.[20]

Aparentemente, aunque las tribus demorarán en la Sión de los últimos días por un buen tiempo, sin embargo es posible que volverán a tiempo para participar en la reconstrucción de la ciudad de Jerusalén y el templo antes que aparece el Señor. Orson Pratt enseñó que "la totalidad de las doce tribus de Israel volverán a Palestina en Asia y reconstruirán su ciudad de Jerusalén y un templo dentro de esa ciudad antes de, y en preparación para, la venida del Señor."[21] El hecho de que la venida del Señor a que se refirió Pratt es la venida sobre el Monte de Olivos es obvio cuando se considera otra declaración que hizo. Nótese

17. *Ezequiel* 45:7, 13-16.
18. Véase *1 Nefi* 5:5, *Alma* 46:23-24.
19. *Ezequiel* 48:1-5.
20. *Diario de Discursos,* 18:25.
21. *Diario de Discursos,* 14:349-50.

también que habla del regreso de las tribus a Palestina después de la época del conflicto universal:

> Es por razón de ésto, la luz que las naciones tienen en su intermedio, que no podrán creer que el Señor no les visitará primero; *y cuando les habrá visitado y les habrá derrumbado, pondrá su mano pesadamente sobre las naciones paganas en Asia, y también aquellas en Africa, y serán visitadas con severo juicio, pero no serán destrozadas por completo. Una parte de las naciones paganas serán redimidas. ¿Porqué? Verán el poder y la gloria de Dios que se manifestará entre las tribus de Israel, quienes serán recogidas de entre ellos para volver a su propia tierra.* Verán la gloria de Dios manifestada como en tiempos antiguos y dirán, "Seguramente no adoraré a cocodrilos, ni a serpientes; ni adoraré al sol, ni la luna, porque hay un Dios manifestado entre aquel pueblo, Israel, quien es digno de las naturalezas y los atributos de un Dios. Arrojaré mis Dioses a los topos y los murciélagos, y adoraré al Dios de Israel. Entonces se cumplirá lo que fue dicho por el profeta Ezequiel, "y sabrán las naciones que yo soy Jehová." *Y acontecerá, después de ese tiempo, cuando Jesús habrá levantado a todos los rectos de sus sepulcros, que descenderá con todas las huestes de los cielos acompañándole, y se parará sobre el Monte de Olivos, y saldrá de Jerusalén y los judíos saldrán al monte para encontrarle y confesarle como su Mesías y Rey; y entonces acontecerá que las naciones paganas también le reconocerán más completamente como el verídico y único Dios.* Entonces se cumplirá lo que está escrito en el último capítulo de Zacarías que toda nación en los alrededores de Jerusalén se subirá a Jerusalén de año en año para adorar al Rey, el Señor de huestes, y también para guardar la Fiesta Solemne de los Tabernáculos. Habrán muy muchas de esas solemnes asambleas y fiestas que fueron ordenadas en los tiempos antiguos, que serán restablecidas en medio de Israel cuando regresa.[22]

Hay varios pasajes de las escrituras que aparentemente apoyan a Pratt en su punto de vista que las Diez Tribus volverán a Palestina antes de la Batalla de Armagedón y de la venida de Cristo sobre el Monte de Olivos. La Revelación de Juan parece indicar que se habrá edificado un templo antes de la Batalla de Armagedón porque al profetizar de la batalla habla del "templo de Dios, y el altar, y a los que adoran en él." También relata que el patio que está fuera del templo "ha sido entregado a los gentiles, y ellos hollarán la ciudad santa cuarenta y dos meses."[23] También se ha visto que un líder Israelita, un príncipe con el nombre de David, será levantado en los últimos días y que "edificará el templo de Jehová"[24] que será establecido. Puesto que el templo probablemente será construido antes de la Batalla de Armagedón, y puesto que David será responsable para su construcción, aparentemente David subirá a poder antes del tiempo de la aparición de Cristo sobre el Monte de Olivos. Ezequiel

22. *Diario de Discursos*, 20:153.

23. *Apocalipsis* 11:1-13.

24. *Zacarías* 6:12-13. Para asegurarse que la RAMA es el Príncipe David, compárese este pasaje con *Ezequiel* 44:2-4.

declara que ambos Israel y Judá volverían a Palestina y David sería establecido como su rey, y luego el Señor pondría su santuario, o templo, entre ellos. En hacerlo habló de un "palo" de Judá y otro "palo" para "José, palo de Efraín, y para toda la casa de Israel sus compañeros." Entonces registró que el Señor los haría "uno solo, y serán uno solo en tu mano." Siguiendo el relato, Ezequiel clarificó su profecía por declarar:

> Así ha dicho Jehová el Señor: He aquí, yo tomo a los hijos de Israel de entre las naciones a las cuales fueron, y los recogeré de todas partes, y los traeré a su tierra;
>
> y los haré una nación en la tierra, en los montes de Israel, *y un rey será a todos ellos por rey; y nunca más serán dos naciones, ni nunca más serán divididos en dos reinos. . . .*
>
> *Mi siervo David será rey sobre ellos; . . . y mi siervo David será príncipe de ellos para siempre.*
>
> Y haré con ellos pacto de paz, pacto perpetuo será con ellos; y los estableceré y los multiplicaré, *y pondré mi santuario entre ellos para siempre.*
>
> Estará en medio de ellos mi tabernáculo, y seré a ellos por Dios, y ellos me serán por pueblo.[25]

Parece que el horario de este acontecimiento puede verificarse aun más por una combinación de dos citaciones de las escrituras. El Apóstol Juan, en su visión de los hechos de los últimos días, previó un período de guerra mundial en que la tercera parte de los hombres han de perecer, y se le mostró también la Batalla de Armagedón. Pero entre estas dos revelaciones una voz del cielo le habló, diciendo:

> Ve y toma el librito que está abierto en la mano del ángel que está en pie sobre el mar y sobre la tierra.
>
> Y fui al ángel, diciéndole que me diese el librito. Y él me dijo: Toma, y cómelo; y te amargará el vientre, pero en tu boca será dulce como la miel.
>
> Entonces, tomé el librito de la mano del ángel, y lo comí; y era dulce en mi boca como la miel, pero cuando lo hube comido, amargó mi vientre.
>
> Y él me dijo: Es necesario que profetices otra vez sobre muchos pueblos, naciones, lenguas y reyes.[26]

---

25. *Ezequiel* 37:15-27. Parece que Ezequiel estableció los siguientes acontecimientos en orden cronológico: (1) las Diez Tribus serán unidas mayormente con Judá en la tierra de Palestina, (2) David el Príncipe les gobernará, (3) el templo será edificado "y pondré mi santuario entre ellos para siempre," y (4) los paganos conocerán el poder de Dios por ver el derrumbamiento de las fuerzas de Gog en la Batalla de Armagedón. Véase *Ezequiel* 37:15-28, 38:16.

El Profeta Jeremías también indicó que la cautividad de Judá y de Israel terminará y ellos serán restaurados a sus herencias en Jerusalén. Entonces relata como habitarán los lugares desolados de Palestina y los harán florecer, y continua su relato por contar como David reinará sobre ellos y ejecutará juicio en rectitud en la tierra. En los días de su reino "será salvo Judá." Si esta frase se refiere al escenario de Armagedón, entonces su declaración también es una representación de la cronología. Véase a *Jeremías* 33:7-16.

Las declaraciones de Zacarías y de Isaías parecen indicar que Israel y Judá se unirán en batallas contra otras naciones, y estas batallas aparentemente se lucharán antes del conflicto de Armagedón. Véase a *Zacarías* 10:3-10, *Isaías* 11:13-16.

26. *Apocalipsis* 10:8-11.

En la interpretación de este pasaje José Smith registró que "Hemos de entender que *fue una misión* y ordenanza para él, ***de recoger a las tribus de Israel;*** he aquí, éste es Elías, el cual, como está escrito, tiene que venir y restaurar todas las cosas."[27] Pues parece que Juan profetizó que Israel sería recogido a Palestina entre la sexta plaga y la Batalla de Armagedón.

La Distribución de Terreno Entre las Tribus

En su visión Ezequiel vio y registró los bordes que finalmente rodearán el país de Israel en los últimos días. Estos bordes han de encerrar una área mucho más grande que el actual territorio de Palestina:

> Y este será el límite de la tierra hacia ***el lado del norte;*** desde el Mar Grande, camino de Hetlón viniendo a Zedad,
>
> Hamat, Berota, Sibraim, que está entre el límite de Damasco y el límite de Hamat; Hazar-haticón, que es el límite de Haurán.
>
> Y será el límite del norte desde el mar hasta Hazar-enán en el límite de Damasco al norte, y al límite de Hamat al lado del norte.
>
> Del *lado del oriente*, en medio de Haurán y de Damasco, y de Galaad y de la tierra de Israel, al Jordán; esto mediréis de límite hasta el mar oriental.
>
> Del *lado meridional, hacia el sur,* desde Tamar hasta las aguas de las rencillas; desde Cades y el arroyo hasta el Mar Grande; y esto será el lado meridional, al sur.
>
> Del *lado del occidente* el Mar Grande será el límite hasta enfrente de la entrada de Hamat; este será el lado occidental.
>
> Repartiréis, pues, esta tierra entre vosotros según las tribus de Israel.[28]

Ezequiel también vió (*Ezequiel* 47, 48) que un lugar de herencia para cada una de las doce tribus[29] sería establecida en tiras paralelas corriendo en la dirección Este-Oeste a través de la tierra de Palestina. El Templo, y una área para los sacerdotes y una área especial para el gobernador se apartarán en el centro. Pfeiffer bosqueja esta distribución de tierra en su *Introducción al Antiguo Testamento*:

> Las doce tribus están arregladas en tiras paralelas, siete al norte (Dan, Aser, Naftalí, Manasés, Efraín, Rubén, Judá) y cinco (Benjamín, Simeón, Isacar, Zabulón, Gad) al sur de la área sagrada (48:1-7, 48:23-29). Esta zona sagrada u "oblación" (45:1-8; 48:8-22) es una tira 25.000 codos por largo y 10.000 por ancho que abarca el dominio de los sacerdotes con el Templo en el centro; al norte del Templo es el dominio de los Levitas (10.000 codos de ancho), al sur es la ciudad, un cuadro de 45.000 codos en cada lado, todo rodeado por una tira de tierra abierta de ancho de 250 codos; al Este y al

---

27. *Doctrina y Convenios* 77:14.

28. *Ezequiel* 47:15-21.

29. Nótese que aunque los continentes de las Américas fueron prometidos para los descendientes de José, sin embargo habrán lugares en Palestina que serán heredados por los descendientes de ambos Efraín y Manasés. Se puede concebir que éstas pueden ser las personas que estaban con las tribus perdidas, y es posible que prefieren volver a la tierra de Palestina con las demás de las tribus.

Oeste de la ciudad son sus tierras—dos rectángulos 5.000 por 10.000 codos en tamaño. El cuadrado entero, 25.000 codos en cada lado, que abarca los dominios de los Levitas y los sacerdotes y la ciudad con sus terrenos es rodeada por los territorios de las tribus de Judá (al norte) y Benjamín (al sur), y por el dominio del príncipe (al éste y al oeste).[30]

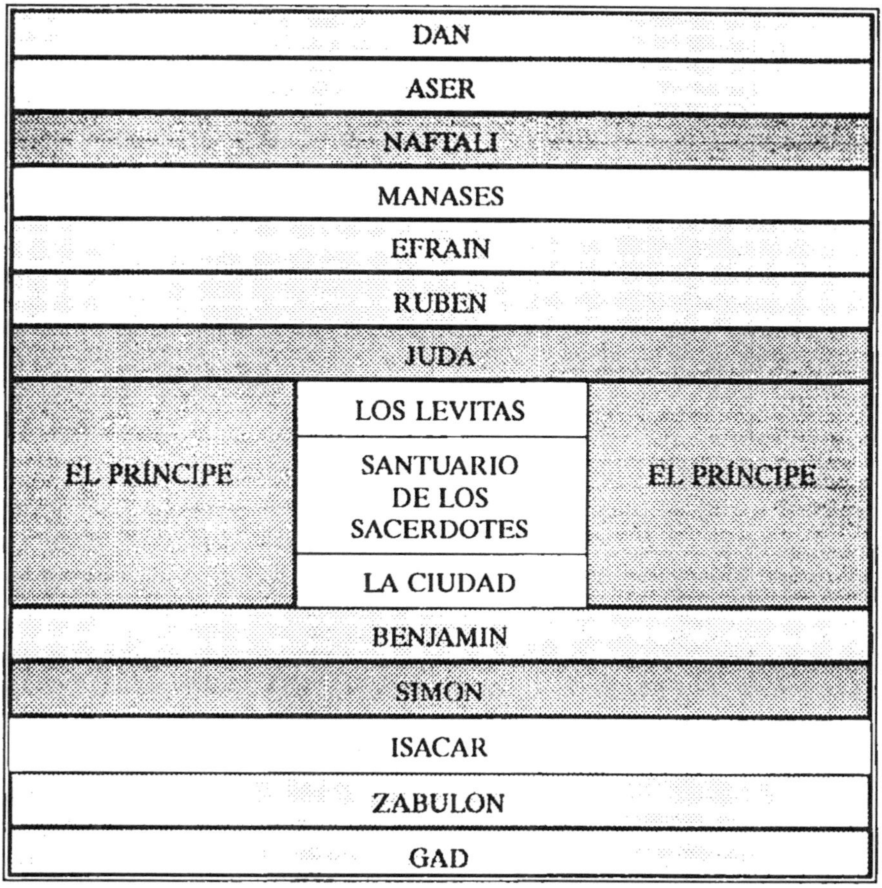

La Parcelación de la Tierra de Palestina Entre las Diez Tribus Según la Visión de Ezequiel.

El Profeta Jeremías predijo la área que la ciudad de Jerusalén finalmente abarcaría:

> He aquí que vienen días, dice Jehová, en que la ciudad será edificada a Jehová, desde la torre de Hananeel hasta la puerta del Angulo.

30. Roberto H. Pfeiffer, *Introducción al Antiguo Testamento [Introduction to the Old Testament],* (Nueva York: Harper & Brothers, 1948), p. 556. Según Pfeiffer, un codo hebreo es el equivalente de 17,58 pulgadas o 44,65 centímetros.

Y saldrá más allá el cordel de la medida delante de él sobre el collado de Gareb, y rodeará a Goa.

Y todo el valle de los cuerpos muertos y de la ceniza, y todas las llanuras hasta el arroyo de Cedrón, hasta la esquina de la puerta de los caballos al oriente, será santo a Jehová; no será arrancada ni destruida más para siempre.[31]

La Construcción del Templo en Jerusalén y la Restauración de Adoración Sacrificador

Aparentemente la época después del conflicto universal también será la época en que se edificará el templo en Jerusalén y cuando Palestina emprenderá su tiempo de mayor productividad. Presidente Carlos W. Penrose habló del removimiento de la mezquita muslímica que ahora ocupa el sitio donde se edificará el templo:

La obra avanza para el recogimiento de los judíos a su propia tierra para que puedan reconstruirla tal cual como era en tiempos anteriores; que *el templo pueda ser reconstruido sobre su sitio original;* que se pueda preparar el camino para la venida del Mesías.[32]

El Profeta Ezequiel vió en visión este templo y dió una detallada descripción de él. Sigue un breve sumario de la descripción de Ezequiel, dado por el comentador bíblico Roberto H. Pfeiffer:

Lo sagrado del Templo, completamente rodeado por el dominio sacerdotal, es asegurado aun más por ser encerrado dentro de dos atrios, en vez de un solo atrio en el Templo de Salomón. El muro externo que separa lo sagrado de lo común, encierra un cuadrado de 500 codos por lado (42:20), que contiene el atrio exterior (40:28-37) y un rectángulo 350 por 200 codos, dentro de lo cual reposa el santuario. Los legos adoran en el atrio exterior (46:3, 9) y no más participan en los ritos sacri6cadores. Los sacri6cios privados del príncipe son matados por los sacerdotes (46:2), los del pueblo por los Levitas (44:11), quienes también hierven la carne (46:24) que las personas comen en el atrio exterior. Aunque el plan de Ezequiel de tener dos atrios en vez de uno solo fue adoptado en el Templo después del destierro, los legos no renunciaron su costumbre inmemorial de ofrecer sus propios sacri6cios en el atrio interior (cf. *Levítico* 1:5, 11, etcétera).[33]

Ezequiel habla de un gran río que procederá desde debajo del templo, y predice que las aguas de este río "salen a la región del oriente, y descenderán al Araba, y entrarán en el mar [Muerto]; y entradas en el

31. *Jeremías* 31:38-40.

32. *Diario de Discursos*, 24:215.

33. Pfeiffer, *op. cit.*, p. 656. Ésto es un bosquejo de la descripción de Ezequiel registrada en *Ezequiel* 40-42.

mar, recibirán sanidad las aguas."[34] José Smith comentó sobre este pasaje y dijo que:

> Judá tendrá que volver, Jerusalén tendrá que reconstruirse, al igual el templo, y agua salir desde debajo del templo, y sanadas las aguas del Mar Muerto. *Tomará un buen tiempo para reconstruir los muros de la ciudad y del templo, etcétera; y todo ésto tiene que hacerse antes que el Hijo del Hombre aparecerá.* Habrán guerras y rumores de guerras, señas arriba en los cielos y abajo sobre la tierra, el sol se cambiará en obscuridad y la luna en sangre, terremotos en diversos lugares, los mares arrojándose allende de sus bordes; entonces aparecerá una gran señal del Hijo del Hombre en el cielo. Pero ¿qué harán los del mundo? Dirán que es un planeta, un cometa, etcétera. Pero el Hijo del Hombre vendrá como la señal del Hijo del Hombre, que será como la luz del alba saliendo del Este.[35]

Ezequiel trata el servicio de adoración en el templo que se edificará y revela que los principios del sacrificio por sangre serán restaurados.

> Y me dijo: Hijo de hombre, así ha dicho Jehová el Señor: *Estas son las ordenanzas del altar el día en que sea hecho, para ofrecer holocausto sobre él y para esparcir sobre él sangre.*
>
> A los sacerdotes levitas que son del linaje de Sadoc, que se acerquen a mí, dice Jehová el Señor, para ministrar ante mí, darás un becerro de la vacada para expiación.
>
> Y tomarás de su sangre, y pondrás en los cuatro cuernos del altar, y en las cuatro esquinas del descanso, y en el borde alrededor; así lo limpiarás y purificarás.
>
> Tomarás luego el becerro de la expiación, y lo quemarás conforme a la ley de la casa, fuera del santuario.
>
> Al segundo día ofrecerás un macho cabrío sin defecto, para expiación; y purificarán el altar como lo purificaron con el becerro.
>
> Cuando acabes de expiar, ofrecerás un becerro de la vacada sin defecto, y un carnero sin tacha de la manada;
>
> y los ofrecerás delante de Jehová, y los sacerdotes echarán sal sobre ellos, y los ofrecerán en holocausto a Jehová.
>
> Por siete días sacrificarán un macho cabrío cada día en expiación; asimismo sacrificarán el becerro de la vacada y un carnero sin tacha del rebaño.
>
> Por siete días harán expiación por el altar, y lo limpiarán, y así lo consagrarán.
>
> Y acabados estos días, del octavo día en adelante, los sacerdotes sacrificarán sobre el altar vuestros holocaustos y vuestras ofrendas de paz; y me seréis aceptos, dice Jehová el Señor.[36]

34. *Ezequiel* 47:1-8.
35. *La Historia de la Iglesia,* 5:337.
36. *Ezequiel* 43:18-27.

El Profeta José Smith explicó que el principio de sacrificio es eterno y que se ofrecen sacrificios cuando los poderes del Sacerdocio de Melquizedec son suficientemente expresados. No obstante, explicó que la restauración del principio de sacrificio por sangre no significa que la Ley de Moisés, con sus ritos y ceremonias, será restablecida:

> En general se supone que sacrificio fue completamente revocado cuando se ofreció el Gran Sacrificio [*i.e.*, el sacrificio del Señor Jesús], y que no habrá ninguna necesidad para la ordenanza de sacrificio en el futuro: pero aquellos que afirman ésto por cierto no son al tanto con los deberes, los privilegios y la autoridad del sacerdocio ni con los Profetas.
>
> *El ofrecer sacrificios siempre ha sido relacionado con y forma una parte de los deberes del Sacerdocio. Empezó con el Sacerdocio, y continuará hasta después de la venida de Cristo, de generación en generación . . .*
>
> *Estos sacrificios, tanto como cada ordenanza que pertenece al Sacerdocio, cuando el Templo del Señor se edificará, y los hijos de Leví purificados, serán restaurados en su plenitud y llevados a cabo en todo sus poderes, sus ramificaciones y sus bendiciones.* Ésto siempre ha existido y siempre existirá cuando los poderes del Sacerdocio de Melquizedec se manifiestan suficientemente; de otro modo ¿cómo puede llevarse a cabo la restitución de todas las cosas pronunciadas por los Santos Profetas? *No se debe entender que la ley de Moisés se establecerá de nuevo con todos sus ritos y variedad de ceremonias; ésto nunca ha sido mencionado por los Profetas; pero las cosas que existían antes del tiempo de Moisés, es decir, el sacrificio, continuarán.*[37]

Profecías Que Tratan las Acciones Políticas de Israel

Isaías parece señalar que cuando las tribus de Israel vuelvan a Palestina vivirán en paz entre sí y derogarán su rivalidad entre los reinos del norte y del sur. Él dice que "se disipará la envidia de Efraín, y los enemigos de Judá serán destruidos. Efraín no tendrá envidia de Judá, ni Judá afligirá a Efraín."[38] Sin embargo, varias profecías hablan de la necesidad para la expansión que Israel sentirá por razón de su sobrepoblación, diciendo que su lugar de herencia "no les bastará,"[39] y que los Israelitas al congregarse dirán, "Estrecho es para mí este lugar; apártate, para que yo more."[40]

Se han profetizado también las contenciones políticas de Israel con los países vecinos. Se predice una guerra contra las naciones que le rodean durante el período después del retorno de las Diez Tribus a Palestina:

> *Sino que* [Efraín y Judá] *volarán sobre los hombros de los filisteos al occidente, saquearán también a los de oriente; Edom y Moab les servirán, y los hijos de Amón los obedecerán.*

37. *La Historia de la Iglesia*, 4:211-12.

38. *Isaías* 11:13.

39. *Zacarías* 10:10.

40. *Isaías* 49:20.

Y secará Jehová la lengua del mar de Egipto; y levantará su mano con el poder de su espíritu sobre el río, y lo herirá en sus siete brazos, y hará que pasen por él con sandalias.[41]

De interés especial es la repetición de profecías que tratan el eventual derrumbamiento de Egipto. Joel dice que "Egipto será destruido, y Edom será vuelto en desierto asolado, por la injuria hecha a los hijos de Judá; porque derramaron en su tierra sangre inocente."[42] Ésto aparentemente ocurre antes de la batalla de Armagedón, porque Egipto es notablemente ausente de la lista de Ezequiel de aquellos que lucharán en esa batalla bajo el liderismo de Gog. (Véase a *Ezequiel* 38:16.)

El conflicto con Egipto y con las naciones que componen la región de la antigua Asiria también está predicho por Zacarías. Aparentemente ambos de estas regiones serán vencidas, aunque no es claro qué papel Israel tomará en su derrumbamiento:

Contra los pastores se ha encendido mi enojo, y castigaré a los jefes; pero Jehová de los ejércitos visitará su rebaño, *la casa de Judá, y los pondrá como su caballo de honor en la guerra.*

De él saldrá la piedra angular, de él la clavija, de él el arco de guerra, de él también todo apremiador.

Y serán como valientes que en la batalla huellan al enemigo en el lodo de las calles; y pelearán, porque Jehová estará con ellos; y los que cabalgan en caballos serán avergonzados.

Porque yo fortaleceré la casa de Judá, y guardaré la casa de José, y los haré volver; porque de ellos tendré piedad, y serán como si no los hubiera desechado; porque yo soy Jehová su Dios, y los oiré.

Y *será Efraín como valiente,* y se alegrará su corazón como a causa del vino; sus hijos también verán, y se alegrarán; su corazón se gozará en Jehová.

Yo los llamaré con un silbido, y los reuniré, porque los he redimido; y serán multiplicados tanto como fueron antes.

Bien que los esparciré entre los pueblos, aun en lejanos países se acordarán de mí; y vivirán con sus hijos, y volverán.

Porque *yo los traeré de la tierra de Egipto, y los recogeré de Asiria; y los traeré a la tierra de Galaad y del Líbano, y no les bastará.*

Y la tribulación pasará por el mar, y herirá en el mar las ondas, y se secarán todas las profundidades del río; y *la soberbia de Asiria será derribada, y se perderá el cetro de Egipto.*[43]

Isaías también habla del pueblo reuniéndose desde Asiria y Egipto en un tiempo cuando estarán por perecer:

Acontecerá en aquel día, que trillará Jehová desde el río Eufrates hasta el torrente de Egipto, y vosotros, hijos de Israel, seréis reunidos uno a uno.

Acontecerá también en aquel día, que se tocará con gran trompeta, y *vendrán los que habían sido esparcidos en la tierra de Asiria, y los que habían*

---

41. *Isaías* 11:14-15.

42. *Joel* 3:19.

43. *Zacarías* 10:3-11.

sido desterrados a Egipto, y adorarán a Jehová en el monte santo, en Jerusalén.[44]

Y en otra ocasión habla de un resto de la casa de Israel, "el que quedó" que vendrá "de Asiria,"[45] como si fuera que muchos se habían destruido. Se anticipa, pues, que Palestina participará en una serie de guerras locales entre el tiempo en que Judá y las diez tribus habrán vuelto a Palestina y el tiempo de la Batalla de Armagedón.

Sumario

En la época entre el conflicto universal y la batalla de Armagedón, ambos la Nueva Jerusalén y la tierra de Palestina experimentarán un importante período de expansión.

1. La Nueva Jerusalén crecerá y extenderá sus bordes por muchos kilómetros en todas direcciones.
   A. Los Gentiles desde a través del mundo, que vendrán porque sus naciones se habrán destruido, se ligarán a los Lamanitas y a las Diez Tribus quienes recientemente se habrán congregado allí. Vendrán a razón de la norma de paz y obediencia a la ley que se mantendrá en la Nueva Jerusalén.
   B. El Reino de Dios extenderá su dominio a través de los dos continentes Americanos y unirá a todos los pueblos de las Américas durante este período.
2. Éste será el período en que ambos Judá y las Diez Tribus de Israel se congregarán en Palestina. Les serán aporcionadas tiras paralelas de tierra que corran en dirección Este-Oeste en que las personas de cada una de las doce tribus se ubicarán.
3. Los bordes de Israel en esa época serán mucho más grandes de que son en el tiempo actual.
4. El templo será reconstruido en Jerusalén y la adoración sacrificador será restaurada allá.
5. Cuando el pueblo de Israel vuelva a Israel un importante líder, conocido como David, el Príncipe, será levantado por Dios para guiarles. El:
   A. será el pendón al cual se congregará Israel.
   B. edificará el templo de Jerusalén.
   C. oficiará en los servicios del templo y recibirá al Mesías cuando viene.
   D. juzgará al pueblo con justicia.
   E. vivirá inmediatamente antes del comienzo del milenio y en la primera parte de ese período.
   F. será descendiente de ambos Judá y José.

44. *Isaías* 27:12-13.
45. *Isaías* 11:16.

6. Se han profetizado varias guerras o contenciones políticas que aparentemente involucrarán a Israel después que todas las tribus se habrán congregado pero antes de la batalla de Armagedón. Las naciones modernas que corresponden a las antiguas naciones de Egipto, Filistea, Edom, Moab, y Asiria serán conquistadas.

CAPITULO TRECE

La Batalla de Armagedón y la Aparición de Cristo Sobre el Monte de Olivos

A la vez que el pueblo de Judá y las Diez Tribus regresan a Israel y empiezan a prosperar en el país, se anticipa que incurrirán la envidia de las naciones vecinas. Estas naciones afrontarán a Palestina para guerrear en contra de ellas para satisfacer su avaricia. Esta guerra, que se profetiza durará por varios años, se conoce como la Batalla de Armagedón. Carlos W. Penrose expresó esta idea cuando escribió que "las naciones bancarrotas, envidiando las riquezas de los hijos de Judá, buscarán pretexto para provocar una guerra en contra de ellos, e invadirán la 'tierra santa' 'para quitar despojos, y arrebatar presa'.[1] Joel predijo la proclamación llamando las naciones al valle de decisión para guerrear:

> *Proclamad esto entre las naciones,* proclamad guerra, despertad a los valientes, acérquense, vengan todos los hombres de guerra.
> Forjad espadas de vuestros azadones, lanzas de vuestras hoces; diga el débil: Fuerte soy.
> Juntaos y venid, *naciones todas de alrededor,* y congregaos; haz venir allí, oh Jehová, a tus fuertes.
> *Despiértense las naciones, y suban al valle de Josefat; porque allí me sentaré para juzgar a todas las naciones de alrededor.*
> Echad la hoz, porque la mies está ya madura. Venid, descended, porque el lagar está lleno, rebosan las cubas; porque mucha es la maldad de ellos.
> *Muchos pueblos en el valle de la decisión; porque cercano está el día de Jehová en el valle de la decisión.*[2]

Ezequiel previó el establecimiento de Israel en los últimos días en la tierra de promisión, y vio que su pueblo, recogido de las naciones, habitarían aun los lugares desolados y los causarían a prosperar. Vio que esta riqueza causaría que otras naciones se levantarían para tratar de despojar a Palestina. Dirigiéndose a estas naciones opositoras, profetizó:

> Subirás tú, y vendrás como tempestad; *como nublado para cubrir la tierra* serás tú y todas tus tropas, y muchos pueblos contigo.
> Así ha dicho Jehová el Señor: En aquel día subirán palabras en tu corazón, y concebirás mal pensamiento,
> *y dirás: Subiré contra una tierra indefensa, iré contra gentes tranquilas que habitan confiadamente; todas ellas habitan sin muros, y no tienen cerrojos ni puertas;*
> *para arrebatar despojos y para tomar botín,* para poner tus manos sobre *las tierras desiertas ya pobladas,* y sobre el pueblo recogido de entre las

---

1. *Estrella Milenaria,* Tomo 21, p. 582, 10 de septiembre de 1859.
2. *Joel* 3:9-14.

naciones, que se hace de ganado y posesiones, que mora en la parte central de la tierra.[3]

Orson Pratt observó que el recogimiento de Israel a Palestina podría perjudicar seriamente la economía de algunas de las naciones, y ellas tratarían de recobrar las riquezas tomadas por los Israelitas saliendo de entre ellas:

> Cuando los Rothschilds y los grandes banqueros entran la nación judía volverán a su propia tierra para reconstruir la ciudad de Jerusalén, llevando consigo su dinero, causando casi la ruina de algunas de las naciones, y esas marcharán al saqueo contra Jerusalén.[4]

Las Naciones Que Atacarán a Palestina

¿Cuales naciones atacarán a Palestina? Ezequiel dio una lista detallada:

> Hijo de hombre, pon tu rostro contra *Gog en tierra de Magog, príncipe soberano de Mesec y Tubal,* y profetiza contra él,
>
> y dí: Así ha dicho Jehová el Señor: He aquí, yo estoy contra tí, oh Gog, príncipe soberano de Mesec y Tubal.
>
> Y te quebrantaré, y pondré garfios en tus quijadas, y *te sacaré a tí y a todo tu ejército,* caballos y jinetes, de todo en todo equipados, gran multitud con paveses y escudos, teniendo todos ellos espadas;
>
> *Persia, Cus y Fut* con ellos; todos ellos con escudo y yelmo;
>
> *Gomer,* y todas sus tropas; la casa de *Togarma,* de los confines del norte, y todas sus tropas; *muchos pueblos contigo.*[5]

Parece que la declaración de Ezequiel se refiere a los descendientes de los nietos de Noé, quienes se esparcieron sobre la faz de la tierra después del diluvio. Se conoce el capítulo diez de Génesis como la "Tabla de Naciones," y provee alguna información tocante a esos grupos étnicos. Magog, Tubal, Mesec y Gomer todos fueron hijos de Jafet, y Togarma fue el nieto de Jafet, hijo de Gomer.[6] Ezequiel también menciona la tierra de Persia, la cual también fue habitada por los descendientes de Jafet, o que clasifican los etnologistas como el pueblo Indo-Europeo. Etiopía y Libia, dos países habitadas por los descendientes de Cam, también están incluidas en la lista. Aunque no se conocen todos los grupos étnicos mencionados en la Tabla de Naciones, cada uno de los pueblos mencionados por Ezequiel ha sido identificado con cierta confianza y por eso se conocen las regiones de que habló el profeta. El lector reconocerá que esta lista incluye los pueblos que viven en las naciones actuales de Turquía, Persia, Etiopía, Libia y la punta austral de Rusia inmediatamente arriba del Mar Caspio. Se notará que en la

3. *Ezequiel* 38:9-12.
4. *Diario de Discursos,* 14:352.
5. *Ezequiel* 38:2-6.
6. *Génesis* 10:1-3.

profecía de Ezequiel, se identifica a Gog, el líder de los invasores, por dos indicios que parecen ser en conflicto el uno con el otro. Parece que si Gog es de ser un individuo de la tierra de Magog (y la terminología de Ezequiel es demasiado impreciso para determinar este punto sin duda), entonces será un Ruso. No obstante, la repetición del profeta de la idea que Gog será el mayor príncipe de Mesec y Tubal daría más confianza a la idea que Gog será un gobernador Turco. No es posible determinar por seguro el asunto en base a la limitada evidencia disponible hoy día.

Aunque Ezequiel dijo que estas naciones invasoras tendrán "muchos pueblos contigo" [con ellos], sin embargo parece que estos países muy probablemente serán los líderes del ataque contra Palestina, de otro modo, Ezequiel no las hubiera nombrado.[7]

El profeta Joel añade Tiro y Sidón a la lista de lugares opositores:

> Porque he aquí que en aquellos días, y en aquel tiempo en que haré volver la cautividad de Judá y de Jerusalén,
>
> reuniré a todas las naciones, y *las haré descender al valle de Josefat, y allí entraré en juicio con ellas a causa de mi pueblo, y de Israel mi heredad,* a quien ellas esparcieron entre las naciones, y repartieron mi tierra;
>
> y echaron suertes sobre mi pueblo, y dieron los niños por una ramera, y vendieron las niñas por vino para beber.
>
> Y también, *¿qué tengo yo con vosotras, Tiro y Sidón, y todo el territorio de Filistea?* ¿Queréis vengaros de mí? Y si de mí os vengáis, bien pronto haré yo recaer la paga sobre vuestra cabeza.[8]

Orson Pratt dice que el pueblo del mundo no se habrá arrepentido después de las muchas señas que se habrán dado, sino que se habrán dado a si mismos al poder del diablo, y que las fuerzas que vendrán en contra de Israel numerarán en los millones:

> Después que el reino de Dios se habrá esparcido sobre la faz de la tierra, y que toda jota y tilde de las profecías se habrán cumplido en relación al esparcimiento del Evangelio entre las naciones,— *después que las señas se habrán mostrado arriba en los cielos, y abajo sobre la tierra, sangre, fuego, y vapor de humo,—después que el sol se habrá obscurecido, y que la luna tendrá el aspecto de sangre, y las estrellas aparentemente se habrán arrojado de sus lugares, y todas las cosas habrán estado en conmoción por razón de la intensa obscuridad sobre el Cristianismo, y de la fuerza de las ligas del clericalismo con las cuales serán atadas, que no entenderán, y serán entregadas a la dureza de*

---

7. Parece que en este punto el pasaje no está tratando "las naciones que están en los cuatro ángulos de la tierra" (véase *Apocalipsis* 20:8) o si no se opina que Ezequiel lo hubiera notado. Se debe recordar que se anticipa que la mayor parte de las naciones Europeas estarán en una desplomada condición y que los continentes Americanos mayormente estarán bajo el control del Reino de Dios. Muchas de las naciones paganas no participarán en la lucha de Armagedón, porque Ezequiel registra que "todas las naciones verán mi juicio que habré hecho" después que vencen a Gog y sus fuerzas. (*Ezequiel* 39:21-23). No obstante, las fuerzas en contra de Palestina serán tan grandes que Zacarías dice que "yo reuniré a todas las naciones para combatir contra Jerusalén." (*Zacarías* 14:2)

8. *Joel* 3:1-4.

sus corazones. Entonces será el cumplimiento de aquella declaración, que vendrá el día en que el Señor tendrá poder sobre sus Santos, y el Diablo tendrá poder sobre su propio dominio. Él les cederá al poder del Diablo, y él tendrá poder sobre ellos, y los transportará como la paja en el torbellino. Juntará millones sobre millones en los valles alrededor de Jerusalén para poder destruir a los judíos después que se han congregado. ¿Cómo hará ésto el Diablo? Lo hará por hacer milagros. La Biblia dice que los reyes de la tierra y los grandes serán engañados por estos falsos milagros. Dice que habrá tres espíritus inmundos que saldrán obrando milagros, y que son espíritus de diablos. ¿Adónde van? A los reyes de la tierra; ¿y qué harán? Los recogerán a la batalla para el gran día del Dios Todopoderoso. ¿Adónde? En el valle de Armagedón.[9]

El Sitio del Campo de la Batalla

La batalla de las naciones decaídas contra Israel se centralizará en el valle de Armagedón, que es Esdraelón, una llanura triangular unos cien kilómetros al noroeste de Jerusalén:

> Pues son espíritus de demonios, que hacen señales, y van a los reyes de la tierra en todo el mundo, para reunirlos a la batalla de aquel gran día del Dios Todopoderoso.
>
> He aquí, yo vengo como ladrón. Bienaventurado el que vela, y guarda sus ropas, para que no ande desnudo, y vean su vergüenza.
>
> Y *los reunió en el lugar que en hebreo se llama Armagedón.*[10]

Este lugar también se llama Josefat o el Valle de Decisión:

> Despiértense las naciones, y *suban al valle de Josefat;* porque allí me sentaré para juzgar a todas las naciones de alrededor.
>
> Echad la hoz, porque la mies está ya madura. Venid, descended, porque el lagar está lleno, rebosan las cubas; porque mucha es la maldad de ellos.
>
> *Muchos pueblos en el valle de la decisión;* porque cercano está el día de Jehová en el valle de la decisión.[11]

Como se verá en la descripción que sigue de la batalla, el campo de batalla aparentemente se extenderá hasta que se guerreará dentro de los recintos de Jerusalén, y hasta que los muertos estén esparcidos a través de las montañas de Israel.

---

9. *Diario de Discursos,* 7:188-89.

10. *Apocalipsis* 16:14-16. En un tratamiento de la derivación de la palabra Armagedón, Andrés Zenos, del Seminario Teológico Presbiteriano, dice: "Según la vista comúnmente aceptada, Har-Magedon es sencillamente una transcripción del hebreo para "montaña de Megedón'. Ésto no ocurre en el Antiguo Testamento, pero la llanura de Megedón [Llanura de Esdraelón] era la escena proverbial de contenciones decisivas. (*Zacarías* 12:11; *Jueces* 5:19; *2 Reyes* 9:27, 23:29), y la teoría de Gunkel puede ser correcta en tanto que toma en cuenta un cambio, bajo la influencia Babilónica desde 'llanura de Megedón' hasta 'montaña de Megedón.'" Funk y Wagnell, *Diccionario Clásico Bíblico, [Standard Bible Dictionary]* (Tercera Edición Revisada, Garden City, Nueva York: Garden City Books, 1936), p. 331.

11. *Joel* 3:12-14.

La Batalla

Joel describe la venida al ataque de una formidable muchedumbre como un ejército bien disciplinado:

> Día de tinieblas y de oscuridad, día de nube y de sombra; como sobre los montes se extiende el alba, así vendrá un pueblo grande y fuerte; *semejante a él no lo hubo jamás, ni después de él lo habrá en años de muchas generaciones.*
>
> Delante de él consumirá fuego, tras de él abrasará llama; como el huerto del Edén será la tierra delante de él, y detrás de él como desierto asolado; ni tampoco habrá quien de él escape.
>
> Su aspecto, como aspecto de caballos, y como gente de a caballo correrán.
>
> Como estruendo de carros saltarán sobre las cumbres de los montes; como sonido de llama de fuego que consume hojarascas, como pueblo fuerte dispuesto para la batalla.
>
> Delante de él temerán los pueblos; se pondrán pálidos todos los semblantes.
>
> *Como valientes correrán, como hombres de guerra subirán el muro; cada cual marchará por su camino, y no torcerá su rumbo.*
>
> *Ninguno estrechará a su compañero, cada uno irá por su carrera; y aun cayendo sobre la espada no se herirán.*
>
> *Irán por la ciudad,* correrán por el muro, subirán por las casas, entrarán por las ventanas a manera de ladrones.
>
> *Delante de él temblará la tierra, se estremecerán los cielos; el sol y la luna se oscurecerán, y las estrellas retraerán su resplandor.*[12]

Durante este terrible guerrear la mayor parte de los judíos serán matados, según Zacarías, mientras los que quedan serán purificados por el Señor:

> Levántate, oh espada, contra el pastor, y contra el hombre compañero mío, dice Jehová de los ejércitos. Hiere al pastor, y serán dispersadas las ovejas; y haré volver mi mano contra los pequeñitos.
>
> Y acontecerá *en toda la tierra, dice Jehová, que las dos terceras partes serán cortadas en ella, y se perderán; mas la tercera quedará en ella.*
>
> *Y meteré en el fuego a la tercera parte, y los fundiré* como se funde la plata, y los probaré como se prueba el oro. El invocará mi nombre, y yo le oiré, y diré: Pueblo mío; y él dirá: Jehová es mi Dios.[13]

Aparentemente la batalla se extenderá hasta Jerusalén, y esa ciudad será rodeada y atacada por cuarenta y dos meses. Según Juan, durante este tiempo dos profetas estarán predicando dentro de la ciudad. Finalmente serán matados, yacerán en la calle por tres días y medio, y entonces serán arrebatados al cielo:

---

12. *Joel* 2:2-10.

13. *Zacarías* 13:7-9.

> Entonces me fue dada una caña semejante a una vara de medir, y se me dijo: Levántate, y mide el templo de Dios, y el altar, y a los que adoran en él.
>
> Pero *el patio que está fuera del templo déjalo aparte, y no lo midas, porque ha sido entregado a los gentiles; y ellos hollarán la ciudad santa cuarenta y dos meses,*
>
> Y *daré a mis dos testigos*[14] *que profeticen por mil doscientos sesenta días,*[15] vestidos de cilicio. Estos testigos son los dos olivos, y los dos candeleros que están en pie delante del Dios de la tierra.
>
> Si alguno quiere dañarlos, sale fuego de la boca de ellos, y devora a sus enemigos; y si alguno quiere hacerles daño, *debe morir* él de la misma manera.
>
> *Estos tienen poder para cerrar el cielo, a fin de que no llueva en los días de su profecía; y tienen poder sobre las aguas para convertirlas en sangre, y para herir la tierra con toda plaga, cuantas veces quieran.*
>
> Cuando hayan acabado su testimonio, la bestia que sube del abismo hará guerra contra ellos, y los vencerá y *los matará.*
>
> *Y sus cadáveres estarán en la plaza de la grande ciudad que en sentido espiritual se llama Sodoma y Egipto,* donde también nuestro Señor fue crucificado.
>
> *Y los de los pueblos, tribus, lenguas y naciones verán sus cadáveres por tres días y medio, y no permitirán que sean sepultados.*
>
> Y los moradores de la tierra se regocijarán sobre ellos y se alegrarán, y se enviarán regalos unos a otros; porque estos dos profetas habían atormentado a los moradores de la tierra.
>
> Pero *después de tres días y medio entró en ellos el espíritu de vida enviado por Dios, y se levantaron sobre sus pies,* y cayó gran temor sobre los que los vieron.
>
> Y oyeron una gran voz del cielo, que les decía: subid acá. *Y subieron al cielo en una nube;* y sus enemigos los vieron.[16]

La declaración de Juan que los Gentiles hollarán la ciudad santa está apoyada por la afirmación de Zacarías que la mitad de la ciudad caerá en cautividad:

> Porque yo reuniré a todas las naciones para combatir contra Jerusalén; y *la ciudad será tomada, y serán saqueadas las casas, y violadas las mujeres; y*

---

14. *Isaías* 51:19-20, *Zacarías* 4:14, y *Doctrina y Convenios* 133:58 aparentemente se refieren a estos dos profetas.

15. La declaración de Juan que los dos profetas laborarán por 1260 días, o cuarenta y dos meses, parece indicar que la batalla de Armagedón es separada y distinta del período de conflicto universal mencionado en un capítulo anterior. La sexta trompeta, (*Apocalipsis* 9:13-21) aparentemente registra el conflicto universal en que "la tercera parte de los hombres" será matada, y la indicación del tiempo del conflicto es "[una] hora, día, mes y año," o aproximadamente trece meses. Así que cada una de estas épocas tiene diferente duración y también es indicado por Juan como hechos distintos. Si hay contención continua entre los dos conflictos es una pregunta que no tiene respuesta por la evidencia a mano. Sin embargo, en algunas maneras parece que Armagedón puede considerarse como la consumación del conflicto universal que ocurrirá.

16. *Apocalipsis* 11:1-12.

> *la mitad de la ciudad irá en cautiverio,* mas el resto del pueblo no será cortado de la ciudad.[17]

La Venida de Cristo

Según Zacarías, después que la ciudad de Jerusalén ha sido en parte conquistada, el Señor aparecerá sobre el Monte de Olivos:

> Y se afirmarán sus pies en aquel día sobre el monte de los Olivos, que está en frente de Jerusalén al oriente; y el monte de los Olivos se partirá por en medio, hacia el oriente y hacia el occidente, haciendo un valle muy grande; y *la mitad del monte se apartará hacia el norte, y la otra mitad hacia el sur.*
>
> *Y huiréis al valle de los montes,* porque el valle de los montes llegará hasta Azal; huiréis de la manera que huisteis por causa del *terremoto* en los días de Uzías rey de Judá; y *vendrá Jehová mi Dios, y con él todos los santos.*[18]

Juan el Revelador da una descripción aun más gráfica de Su venida. Describe al Señor como llegando sobre un caballo blanco, vestido con vestimenta roja, y seguido por otros también cabalgados:

> Entonces vi el cielo abierto; y he aquí un *caballo blanco,* y el que lo montaba se llamaba Fiel y Verdadero, y con justicia juzga y pelea.
>
> Sus ojos eran como llama de fuego, y había en su cabeza muchas diademas; y tenía un nombre escrito que ninguno conocía sino él mismo.
>
> *Estaba vestido de una ropa teñida en sangre;* y su nombre es: EL VERBO DE DIOS.
>
> *Y los ejércitos celestiales,* vestidos de lino finísimo, blanco y limpio, *le seguían en caballos blancos.*
>
> De su boca sale una espada aguda, *para herir con ella a las naciones,* y él las regirá con vara de hierro; y él pisa el lagar del vino del furor y de la ira del Dios Todopoderoso.
>
> Y en su vestidura y en su muslo tiene escrito este nombre: REY DE REYES Y SEÑOR DE SEÑORES.[19]

Presidente Carlos W. Penrose hizo un sumario de las varias apariciones del Salvador en los últimos días. Después de describir la aparición de

---

17. *Zacarías* 14:2.

18. *Zacarías* 14:4-5.

19. *Apocalipsis* 19:11-16. Es difícil determinar si esta es una descripción de la venida de Cristo sobre el Monte de Olivos o su venida final en gloria. Se asigna a la interpretación actual porque:
    1. Él viene para herir las naciones. A su venida final en gloria el juicio será un juicio individual.
    2. Su venida está seguida por "la gran cena de Dios" en que los animales comen los cuerpos de los que fueron matados. No obstante, a su venida los inicuos serán consumidos por fuego. (*Apocalipsis* 19:7-8)

    Las descripciones de las apariciones de Cristo en ambas ocasiones Le presentan como vestido en rojo. Para información que muestra que la Venida Sobre el Monte de Olivos no es la venida final en gloria, véase el sumario de este capítulo.

Cristo a los Santos en la Nueva Jerusalén, habló de su segunda aparición mayor como Su venida sobre el Monte de Olivos:

> Su próxima aparición será entre los afligidos y casi vencidos hijos de Judá. Al crisis de su hado, cuando las tropas enemigas de varias naciones están saqueando la ciudad y todos los horrores de la guerra están abrumando el pueblo de Jerusalén, pondrá su pie sobre el Monte de Olivos, el cual partirá a su toque. Asistido por una hueste del cielo, derrumbará y destruirá los combinados ejércitos de los Gentiles, y aparecerá a los judíos que le adoran como el poderoso Librador y Conquistador por tanto tiempo esperado por su raza.[20]

El Terremoto

Se opina que el terremoto tratado por Zacarías, que causa que el Monte de Olivos se separe en el medio, es el mismo desastre profetizado por Juan que derrumbará una parte de la ciudad de Jerusalén. En registrar su visión dice que inmediatamente después que los dos profetas ascienden al cielo, "En aquella hora hubo un gran terremoto, *y la décima parte de la ciudad se derrumbó,* y por el terremoto murieron un número de siete mil hombres; y los demás se aterrorizaron, y dieron gloria al Dios del cielo."[21] Entonces agregó la explicación que el terremoto fue tan extenso en su alcance que "la gran ciudad fue dividida en tres partes, y *las ciudades de las naciones cayeron.*"[22]

Ezequiel también profetizó de este gran terremoto:

> En aquel tiempo, cuando venga Gog contra la tierra de Israel, dijo Jehová el Señor, subirá mi ira y mi enojo.
>
> Porque he hablado en mi celo, y en el fuego de mi ira; Que *en aquel tiempo habrá gran temblor sobre la tierra de Israel;*
>
> que los peces del mar, las aves del cielo, las bestias del campo y toda serpiente que se arrastra sobre la tierra, y todos los hombres que están sobre la faz de la tierra, *temblarán ante mi presencia; y se desmoronarán los montes, y los vallados caerán,* y todo muro caerá a tierra.[23]

La *Doctrina y Convenios* también habla de un terremoto al tiempo de la aparición de Cristo sobre el Monte de Olivos.

> Entonces el brazo del Señor caerá sobre las naciones.
>
> Y *entonces el Señor pondrá su pie sobre este monte, y se partirá por en medio, y temblará la tierra y se tambaleará, y también se estremecerán los cielos.*
>
> Y el Señor emitirá su voz, y todos los confines de la tierra la oirán; y las naciones de la tierra se lamentarán, y los que hayan reído descubrirán su insensatez.

---

20. *Estrella Milenaria,* Tomo 21, p. 583, 10 de septiembre de 1859.
21. *Apocalipsis* 11:13.
22. *Apocalipsis* 16:19.
23. *Ezequiel* 38:18-20.

> Y la calamidad oprimirá al burlador, y el mofador será consumido; y los que se desvelan para obrar iniquidad serán talados y echados al fuego.[24]

La declaración de Joel que "El sol y la luna se oscurecerán, y las estrellas retraerán su resplandor"[25] durante la contención en el valle de decisión puede encontrar su explicación en el polvo, las cenizas y los escombros que serán arrojados al aire por este terremoto.

Puede ser en este tiempo también que la tierra desde Geba (10 kilómetros al norte de Jerusalén) hasta Rimón (45 kilómetros al sur de Jerusalén), que ahora es excesivamente montañosa, "se volverá como llanura."[26]

La Conclusión de la Batalla

Cuando el Salvador viene dará nuevo coraje a los hijos de Israel, y lucharán con la fuerza de David para despojar a sus enemigos. Así parece que la batalla puede continuar hasta después de la aparición del Salvador y no terminarse al tiempo exacto de su venida. Zacarías dice que "en aquel día Jehová defenderá al morador de Jerusalén; el que entre ellos fuere débil, en aquel tiempo será como David; y la casa de David como Dios, como el ángel de Jehová delante de ellos."[27]

Además de renovar la fuerza de los ejércitos de Israel a su venida, parece que Dios también derramará sus juicios sobre las naciones que les atacan. Ezequiel registra que la promesa del Señor que "yo litigaré contra él [Gog] con *pestilencia* y con sangre; y haré llover sobre él, sobre sus tropas y sobre los muchos pueblos que están con él, *impetuosa lluvia, y piedras de granizo, fuego y azufre*"[28] y también que "*enviaré fuego sobre Magog*, y sobre los que moran con seguridad en las costas; y sabrán que yo soy Jehová."[29]

En su visión de estos juicios Juan registró que "*cayó del cielo sobre los hombres un enorme granizo* como del peso de un talento; y los hombres blasfemaron contra Dios por la plaga del granizo; porque su plaga fue sobremanera grande.[30]

Zacarías recontó de aun otro juicio que se derramará:

---

24. *Doctrina y Convenios* 45:47-50. El autor reconoce ciertos problemas que se levantan de esta sección en el asunto de la cronología. Sin embargo, parece que la mayor parte de la evidencia no apoya su declaración que la venida sobre el Monte de Olivos es la venida final en gloria cuando los inicuos serán destruidos.

25. *Joel* 3:15.

26. *Zacarías* 14:10.

27. *Zacarías* 12:8.

28. *Ezequiel* 38:22.

29. *Ezequiel* 39:6.

30. *Apocalipsis* 16:21. Un talento de plata pesa como 45 kilos, un talento de oro como 90 kilos. Estos granizos, entonces, serán gigantescos. Granizos de estas dimensiones por cierto indicarían la posibilidad de grandes pertubaciónes atmosféricas durante la Batalla de Armagedón.

> Y esta será la plaga con que herirá Jehová a todos los pueblos que pelearon contra Jerusalén: *la carne de ellos se corromperá estando ellos sobre sus pies, y se consumirán en las cuencas sus ojos, y la lengua se les deshará en su boca. . . .*
>
> Así también será la plaga de los caballos, de los mulos, de los camellos, de los asnos, y de todas las bestias que estuvieren en aquellos campamentos.[31]

Según Ezequiel los del ejército que servían bajo el mando de Gog se afrontarán el uno al otro, "Y en todos mis montes llamaré contra él la espada, dice Jehová el Señor, *la espada de cada cual será contra su hermano.*"[32]

Zacarías registra una profecía similar, "acontecerá en aquel día que habrá entre ellos gran pánico enviado por Jehová; y trabará cada uno de la mano de su compañero, y levantará su mano contra la mano de su compañero.[33]

Así dicen los profetas del acontecedero fracaso de las fuerzas de Gog. Joel dice que el enemigo será esforzado a retirarse a una tierra seca y desierta:

> Y haré alejar de vosotros al del norte, y lo echaré en tierra seca y desierta; su faz será hacia el mar oriental, y su fin al mar occidental; y exhalará su hedor, y subirá su pudrición, porque hizo grandes cosas.[34]

Ezequiel hizo una descripción de como solamente la sexta parte de las naciones atacantes escaparán, y como los animales vendrán para devorar los restos de los que fueron matados. Predice también la muerte del líder enemigo, Gog, sobre los montes de Israel:

> Tú pues, hijo de hombre, profetiza contra Gog, y dí: Así ha dicho Jehová el Señor: He aquí yo estoy contra tí, oh Gog, príncipe soberano de Mesec y Tubal.
>
> Y te quebrantaré, y te conduciré y te haré subir de las partes del norte, y te traeré sobre los montes de Israel;
>
> y sacaré tu arco de tu mano izquierda, y derribaré tus saetas de tu mano derecha.
>
> *Sobre los montes de Israel caerás tú y todas tus tropas, y los pueblos que fueron contigo; a aves de rapiña de toda especie, y a las fieras del campo, te he dado por comida.*
>
> Sobre la faz del campo caerás; porque yo he hablado, dice Jehová el Señor.[35]

---

31. *Zacarías* 14:12, 15. Es interesante notar que esta plaga será de una naturaleza similar a la enfermedad peculiar que cayó sobre muchas de las pandillas que participaron en el asesinato del Profeta José Smith. Véase también *Doctrina y Convenios* 29:18-19, *Isaías* 66:23-24.

32. *Ezequiel* 38:21.

33. *Zacarías* 14:13.

34. *Joel* 2:20.

35. *Ezequiel* 39:1-5.

Y de nuevo:

> Y tú, hijo de hombre, así ha dicho Jehová el Señor. Dí a las aves de toda especie, y a toda fiera del campo: Juntaos, y venid; reuníos de todas partes a mi víctima que sacrifico para vosotros, un sacrificio grande sobre los montes de Israel; y comeréis carne y beberéis sangre.
>
> *Comeréis carne de fuertes, y beberéis sangre de príncipes de la tierra*; de carneros, de corderos, de machos cabríos, de bueyes y de toros, engordados todos en Basán.
>
> Comeréis grosura hasta saciaros, y beberéis hasta embriagaros de sangre de las víctimas que para vosotros sacrifiqué.
>
> Y os saciaréis sobre mi mesa, de caballos y de jinetes fuertes y de todos los hombres de guerra, dice Jehová el Señor.[36]

Juan llamó este acontecimiento la gran cena de Dios:

> Y vi a un ángel que estaba en pie en el sol, y clamó a gran voz, diciendo a todas las aves que vuelan en medio del cielo: Venid, y congregaos a *la gran cena de Dios*,
>
> para que comáis carnes de reyes y de capitanes, y carnes de fuertes, carnes de caballos y de sus jinetes, y carnes de todos, libres y esclavos, pequeños y grandes.[37]

La tarea de ensepultar a la multitud de personas quienes fueron matadas en la Batalla de Armagedón aparentemente quedará como una horrenda advertencia de como Israel fue casi destruida:

> Y los moradores de las ciudades de Israel saldrán, *y encenderán y quemarán armas*, escudos, paveses, arcos y saetas, dardos de mano y lanzas; y *los quemarán en el fuego por siete años.*
>
> No traerán leña del campo, ni cortarán de los bosques, sino quemarán las armas en el fuego; y *despojarán a sus despojadores, y robarán a los que les robaron, dice Jehová el Señor.*
>
> En aquel tiempo *yo daré a Gog lugar para sepultura allí en Israel*, el valle de los que pasan al oriente del mar; y *obstruirá el paso a los transeúntes, pues allí enterrarán a Gog y a toda su multitud; y lo llamarán el Valle de Hamón-gog.*
>
> Y *la casa de Israel los estará enterrando por siete meses*, para limpiar la tierra.
>
> Los enterrará todo el pueblo de la tierra; y será para ellos célebre el día en que yo sea glorificado, dice Jehová el Señor.
>
> Y *tomarán hombres a jornal que vayan por el país con los que viajen, para enterrar a los que queden sobre la faz de la tierra, a fin de limpiarla; al cabo de siete meses harán el reconocimiento.*
>
> Y pasarán los que irán por el país, y el que vea los huesos de algún hombre pondrá junto a ellos una señal, hasta que los entierren los sepultureros en el valle de Hamón-gog.

---

36. *Ezequiel* 39:17-20.

37. *Apocalipsis* 19:17-18.

> Y también el nombre de la ciudad será Hamona; y limpiarán la tierra.[38]

La Conversión de los Judíos y la Venida de Cristo al Templo en Jerusalén

Será a esta venida del Salvador que los muchos judíos que hasta ahora no han creído en Jesús reconocerán que Él es el Cristo:

> Y entonces me mirarán los judíos y dirán: ¿Qué heridas son éstas en tus manos y en tus pies?
>
> Entonces sabrán que yo soy el Señor, porque les diré: Éstas son las heridas con que fui herido en casa de mis amigos. Soy el que fue levantado. Soy Jesús que fue crucificado. Soy el Hijo de Dios.[39]

El conocimiento que Jesús es el Cristo traerá la repentina realización que sus padres mataron al Mesías. Según Zacarías, esta realización causará gran lamentación entre los judíos. También lamentarán por sus amados que habrán perdido durante la guerra:

> Y derramaré sobre la casa de David, y sobre los moradores de Jerusalén, espíritu de gracia y de oración; *y mirarán a mí, a quien traspasaron, y llorarán como se llora por hijo unigénito,* afligiéndose por él como quien se aflige por el primogénito.
>
> *En aquel día habrá gran llanto en Jerusalén, como el llanto de Hadadrimón en el valle de Meguido.*
>
> Y la tierra lamentará, cada linaje aparte; los descendientes de la casa de David por sí, y sus mujeres por sí; los descendientes de la casa de Natán por sí, y sus mujeres por sí;
>
> los descendientes de la casa de Levi por sí, y sus mujeres por sí; los descendientes de Simei por sí, y sus mujeres por sí;
>
> todos los otros linajes, cada uno por sí, y sus mujeres por sí.[40]

Ezequiel describe la entrada del Señor en el Templo en Jerusalén:

> Me hizo volver hacia la puerta exterior del santuario, la cual mira hacia el oriente; y estaba cerrada.
>
> Y me dijo Jehová: Esta puerta estará cerrada; no se abrirá, ni entrará por ella hombre, porque *Jehová Dios de Israel entró por ella; estará, por tanto, cerrada.*
>
> En cuanto al príncipe, por ser el príncipe, él se sentará allí para comer pan delante de Jehová; por el vestíbulo de la puerta entrará, y por ese mismo camino saldrá.[41]

---

38. *Ezequiel* 39:9-16.
39. *Doctrina y Convenios* 45:51-52. Véase *Zacarías* 13:6.
40. *Zacarías* 12:10-14.
41. *Ezequiel* 44:1-3.

El Intervalo Entre la Venida de Cristo a Palestina y la Venida de Cristo en Su Gloria

Varios pasajes de las escrituras parecen indicar que habrá un intervalo entre la venida de Cristo sobre el Monte de Olivos y su venida final en gloria. Isaías habló de la venida del Señor a Jerusalén en un tiempo cuando "vendrá el enemigo como rio" y de su gloria que descansará sobre esa ciudad mientras se engrandece en fama y hermosura. Entonces habla de la venida de las huestes de los Gentiles para adorar allá, y el recogimiento del pueblo.[42] También predijo de la luz que emanará del Señor mientras está allí, y del rápido crecimiento de la nación. Quizás esta escritura, en un sentido más amplio, se aplica a la Sión en América:

> *Y temerán desde el occidente el nombre de Jehová, y desde el nacimiento del sol su gloria; porque vendrá el enemigo como río, mas el Espíritu de Jehová levantará bandera contra él.*
>
> *Y vendrá el Redentor a Sión, y a los que se volvieren de la iniquidad en Jacob, dice Jehová.*
>
> Y este será mi pacto con ellos, dijo Jehová: El Espíritu mio que está sobre tí, y mis palabras que puse en tu boca, no faltarán de tu boca, ni de la boca de tus hijos, ni de la boca de los hijos de tus hijos, dijo Jehová, desde ahora y para siempre.
>
> Levántate, resplandece; porque ha venido tu luz, y la gloria de Jehová ha nacido sobre ti.
>
> Porque he aquí que *tinieblas cubrirán la tierra, y oscuridad las naciones; mas sobre ti amanecerá Jehová, y sobre ti será vista su gloria.*
>
> Y *andarán las naciones a tu luz, y los reyes al resplandor de tu nacimiento.*
>
> Alza tus ojos alrededor y mira, todos éstos se han juntado, vinieron a ti; tus hijos vendrán de lejos, y tus hijas serán llevadas en brazos.
>
> Entonces verás, y resplandecerás; se maravillará y ensanchará tu corazón, *porque se haya vuelto a ti la multitud del mar, y las riquezas de las naciones hayan venido a ti.*
>
> Multitud de camellos te cubrirá; dromedarios de Madián y de Efa; vendrán todos los de Sabá; *traerán oro e incienso, y publicarán alabanzas de Jehová.*
>
> Todo el ganado de Cedar será juntado para ti; carneros de Nebaiot te serán servidos; serán ofrecidos con agrado sobre mi altar, y glorificaré la casa de mi gloria.
>
> *¿Quiénes son éstos que vuelan como nubes, y como palomas a sus ventanas?*
>
> Ciertamente a mí esperarán los de la costa, y las naves de Tarsis desde el principio, para traer tus hijos de lejos, su plata y su oro con ellos, al nombre de Jehová tu Dios, y al Santo de Israel, que te ha glorificado.
>
> *Y extranjeros edificarán tus muros, y sus reyes te servirán; porque en mi ira te castigué, mas en mi buena voluntad tendré de ti misericordia.*
>
> Tus puertas estarán de continuo abiertas; no se cerrarán de día ni de noche, para que *a ti sean traídas las riquezas de las naciones, y conducidos a ti sus reyes.*

---

42. Versículo ocho está interpretado por algunos como una alusión a viaje por aire.

Porque la nación o el reino que no te sirviere perecerá, y del todo será asolado.

La gloria del Líbano vendrá a ti, cipreses, pinos y bojes juntamente, para decorar el lugar de mi santuario; y yo honraré el lugar de mis pies.

Y vendrán a ti humillados los hijos de los que te afligieron, y a las pisadas de tus pies se encorvarán todos los que te escarnecían, y te llamarán Ciudad de Jehová, Sion del Santo de Israel.

En vez de estar abandonada y aborrecida, tanto que nadie pasaba por ti, haré que seas una gloria eterna, el gozo de todos los siglos.

Y mamarás la leche de las naciones, el pecho de los reyes mamarás; y conocerás que yo Jehová soy el Salvador tuyo y Redentor tuyo, el Fuerte de Jacob.

En vez de bronce traeré oro, y por hierro plata, y por madera bronce, y en lugar de piedras hierro; y pondré paz por tu tributo, y justicia por tus opresores.

Nunca más se oirá en tu tierra violencia, destrucción ni quebrantamiento en tu territorio, sino que a tus muros llamarás Salvación, y a tus puertas Alabanza.

El sol nunca más te servirá de luz para el día, ni el resplandor de la luna te alumbrará, sino que *Jehová te será por luz perpetua, y el Dios tuyo por tu gloria.*

No se pondrá jamás tu sol, ni menguará tu luna; porque Jehová te será por luz perpetua, y los días de tu luto serán acabados.

Y *tu pueblo, todos ellos serán justos, para siempre heredarán la tierra;* renuevos de mi plantío, obra de mis manos, para glorificarme.

El pequeño vendrá a ser mil, el menor, un pueblo fuerte. Yo Jehová, a su tiempo haré que esto sea cumplido pronto.[43]

Los comentarios de Isaías que esta época será en un tiempo cuando "tinieblas cubrirán la tierra, y oscuridad las naciones"—su referencia al recogimiento continuo cuando algunos "[volarán] como nubes, y como palomas a sus ventanas" y otros vendrán por "las naves de Tarsis"—su manera de referirse a las naciones que aun "del todo [el reino] será asolado," y que "el pequeño vendrá a ser mil" indicarían que ésta será una época que aun precede la aparición final del Salvador cuando se inaugurará un tiempo de paz mundial por limpiar y expurgar por fuego a los inicuos de la tierra. No obstante, este pasaje definitivamente habla de un tiempo después de la batalla de Armagedón cuando el Salvador habrá venido y liberado al pueblo de Israel, cuando "la gloria de Jehová ha nacido sobre ti," y "andarán las naciones a tu luz, y los reyes al resplandor de tu nacimiento," cuando "nunca más se oirá en tu tierra violencia, destrucción ni quebrantamiento en tu territorio;" y "tu pueblo, todos ellos serán justos." Este pasaje, entonces, parece ser una indicación del intervalo entre la aparición del Señor sobre el Monte de Olivos y Su venida final en gloria. No parece ser ninguna indicación de la duración de tal intervalo. Se debe notar, sin embargo, que otra generación habrá

43. *Isaías* 59:19-21; 60:1-22.

nacido y crecido, porque Isaías dice que "vendrán a ti humillados los hijos de los que te afligieron."

Otros pasajes también parecen hablar de actividades que aparentemente ocurren antes de la limpieza final de la tierra cuando los elementos serán limpiados por ardiente fuego y los inicuos serán como paja pero aun así después que habrá sucedido la batalla de Armagedón. Por ejemplo, Zacarías recontó de un período después de la venida del Señor sobre el Monte de Olivos cuando las naciones no solo *serán requeridas* a salir de Jerusalén en paz, sino estarán *bajo la obligación* de volver allí para adorar el Señor de Huestes:

> Y *todos los que sobrevivieren de las naciones que vinieron contra Jerusalén, subirán de año en año para adorar al Rey,* a Jehová de los ejércitos, y a celebrar la fiesta de los tabernáculos.
>
> Y acontecerá que *los de las familias de la tierra que no subieren a Jerusalén para adorar al Rey, Jehová de los ejércitos, no vendrá sobre ellos lluvia.*
>
> Y si la familia de Egipto no subiere y no viniere, sobre ellos no habrá lluvia; *vendrá la plaga* con que *Jehová herirá las naciones* que no subieren a celebrar la fiesta de los tabernáculos.
>
> Esta será la pena del pecado de Egipto, y del pecado de todas las naciones que no subieren para celebrar la fiesta de los tabernáculos.[44]

Se verá que tales condiciones son muy diferentes del ambiente que se profetiza que existirá durante el Milenio.

Tal cual como está profetizado que el Salvador demorará en la Nueva Jerusalén después de su aparición allá, se dice que también demorará en la Antigua Jerusalén. Ezequiel revela que Dios estará entre los hijos de Israel y ellos le verán cara a cara. También predijo la impresión que el milagroso perdón de Jerusalén tendrá sobre aquellos que quedarán entre las naciones paganas:

> *Y pondré mi gloria entre las naciones, y todas las naciones verán mi juicio que habré hecho,* y mi mano que sobre ellos puse.
>
> *Y de aquel día en adelante sabrá la casa de Israel que yo soy Jehová su Dios.*
>
> *Y sabrán las naciones* que la casa de Israel fue llevada cautiva por su pecado, por cuanto se rebelaron contra mí, y yo escondí de ellos mi rostro, y los entregué en manos de sus enemigos, y cayeron todos a espada.
>
> Conforme a su inmundicia y conforme a sus rebeliones hice con ellos, y de ellos escondí mi rostro.
>
> Por tanto, así ha dicho Jehová el Señor: Ahora volveré la cautividad de Jacob, y tendré misericordia de toda la casa de Israel, y me mostraré celoso por mi santo nombre.
>
> Y ellos sentirán su vergüenza, y toda su rebelión con que prevaricaron contra mí, cuando habiten en su tierra con seguridad, y no haya quien los espante;

44. *Zacarías* 14:16-19.

> *cuando los saque de entre los pueblos, y los reúna de la tierra de sus enemigos, y sea santificado en ellos ante los ojos de muchas naciones.*
>
> *Y sabrán que yo soy Jehová su Dios,* cuando después de haberlos llevado al cautiverio entre las naciones, *los reúna sobre su tierra, sin dejar allí a ninguno de ellos.*
>
> *Ni esconderé más de ellos mi rostro;* porque habré derramado de mi Espíritu sobre la casa de Israel, dice Jehová el Señor.[45]

La Obra Misional en el Intervalo Entre la Batalla de Armagedón y la Venida de Cristo en Su Gloria

Parece que no hay un indicio cierto para la duración de este intervalo importante. No debe ser muy largo, porque el príncipe, David, aparentemente vendrá para reinar inmediatamente antes de la batalla de Armagedón y no habrá muerto al tiempo de la venida de Cristo en gloria.[46] Sin embargo, el intervalo debe ser de suficiente duración para permitir el cumplimiento de dos importantes acontecimientos:

1. La misión a las naciones paganas.
2. La misión final a toda la humanidad. Esta misión aparentemente empezará en ese tiempo y continuará hasta en el Milenio.

Se ha visto en los pasajes citados arriba que la salvación milagrosa de Israel que Cristo llevará a cabo durante la Batalla de Armagedón resultará en la conversión de muchos del pueblo pagano. Vendrán a Palestina para adorar al Señor mientras Él está reinando en Jerusalén. Ésto probablemente será un tiempo de gran proselitismo entre las personas de las naciones paganas.

Durante o después de la misión a las naciones paganas vendrá la misión final a toda la humanidad, durante la cual serán rebuscados los rectos sin consideración a raza, credo o nacionalidad. Estos rectos serán recogidos por el pueblo de Israel desde entre los inicuos y serán traídos a Palestina o a la Sión Americana. El período final de recogimiento, según Isaías, sucederá después que la paz habrá extendido a Israel "como un rio," y Jerusalén habrá llegado a ser un "santo monte," pero en preparación para la limpieza de toda la tierra por fuego:

> Oíd palabra de Jehová, vosotros los que tembláis a su palabra: Vuestros hermanos que os aborrecen, y os echan fuera por causa de mi nombre, dijeron: Jehová sea glorificado. Pero *él se mostrará para alegría vuestra, y ellos serán confundidos.*
>
> *Voz de alboroto de la ciudad, voz del templo, voz de Jehová que da el pago a sus enemigos.*
>
> Antes que estuviese de parto, dio a luz; antes que le viniesen dolores, dio a luz hijo.
>
> ¿Quién oyó cosa semejante? ¿Quién vio tal cosa? ¿Concebirá la tierra en un día? *¿Nacerá una nación de una vez? Pues en cuanto Sión estuvo de parto, dio a luz sus hijos.*

---

45. *Ezequiel* 39:21-29.

46. Para referencias y más detalles, véase el capítulo anterior.

Yo que hago dar a luz, ¿no haré nacer? dijo Jehová. Yo que hago engendrar, ¿impediré el nacimiento? dice tu Dios.

Alegraos con Jerusalén, y gozaos con ella, todos los que la amáis; llenaos con ella de gozo, todos los que os enlutáis por ella;

para que maméis y os saciéis de los pechos de sus consolaciones; para que bebáis, y *os deleitéis con el resplandor de su gloria.*

Porque así dice Jehová: He aquí que *yo extiendo sobre ella paz como un río, y la gloria de las naciones como torrente que se desborda;* y mamaréis, y en los brazos seréis traídos, y sobre las rodillas seréis mimados.

Como aquel a quien consuela su madre, así os consolaré yo a vosotros, *y en Jerusalén tomaréis consuelo.*

Y veréis, y se alegrará vuestro corazón, y vuestros huesos reverdecerán como la hierba; y la mano de Jehová para con sus siervos será conocida, y *se enojará contra sus enemigos.*

Porque he aquí que Jehová vendrá con fuego, y sus carros como torbellino, para descargar su ira con furor, y su reprensión con llama de fuego.

Porque Jehová juzgará con fuego y con su espada a todo hombre; y *los muertos de Jehová serán multiplicados.*

Los que se santifican y los que se purifican en los huertos, unos tras otros, los que comen carne de cerdo y abominación y ratón, juntamente serán talados, dice Jehová.

Porque yo conozco sus obras y sus pensamientos; *tiempo vendrá para juntar a todas las naciones y lenguas; y vendrán, y verán mi gloria.*

Y pondré entre ellos señal, y enviaré de los escapados de ellos a las naciones, a Tarsis, a Fut y Lud que disparan arco, a Tubal y a Iaván, a las costas lejanas que no oyeron de mí, ni vieron mi gloria; y publicarán mi gloria entre las naciones.

Y traerán a todos vuestros hermanos de entre todas las naciones, por ofrenda a Jehová, en caballos, en carros, en literas, en mulos y en camellos, a mi santo monte de Jerusalén, dice Jehová, al modo que los hijos de Israel traen la ofrenda en utensilios limpios a la casa de Jehová.

Y tomaré también de ellos para sacerdotes y levitas, dice Jehová.

Porque como los cielos nuevos y la nueva tierra que yo hago permanecerán delante de mí, dice Jehová, así permanecerá vuestra descendencia y vuestro nombre.

Y de mes en mes, y de día de reposo en día de reposo, vendrán todos a adorar delante de mí, dijo Jehová.

Y saldrán, y verán los cadáveres de los hombres que se rebelaron contra mí; porque su gusano nunca morirá, ni su fuego se apagará, y serán abominables a todo hombre.[47]

Aparentemente el conocimiento que Dios está morando con los Israelitas causará que muchas personas se conviertan, porque Zacarías registró:

Así ha dicho Jehová de los ejércitos: Aun *vendrán pueblos, y habitantes de muchas ciudades;*

47. *Isaías* 66:5-24.

y vendrán los habitantes de una ciudad a otra, y dirán: Vamos a implorar el favor de Jehová, y a buscar a Jehová de los ejércitos. Yo también iré.

Y *vendrán muchos pueblos y fuertes naciones a buscar a Jehová de los ejércitos en Jerusalén, y a implorar el favor de Jehová.*

Así ha dicho Jehová de los ejércitos: En aquellos días acontecerá que diez hombres de las naciones de toda lengua *tomarán del manto a un judío, diciendo: Iremos con vosotros, porque hemos oído que Dios está con vosotros.*[48]

El Salvador, mientras ministraba a los Lamanitas, repitió parte de su revelación a Isaías que puede pertenecer a este período después de la batalla de Armagedón. Lo definó como un tiempo después que "el Padre ha desnudado su santo brazo a la vista de todas las naciones," y antes que "todos los extremos de la tierra verán la salvación del Padre." Habló de un período cuando los misioneros publicarán paz sobre las montañas, y aun así los rectos serán recogidos de entre los inicuos en preparación para su destrucción final:

Entonces los juntará de nuevo el Padre, y les dará Jerusalén por tierra de su herencia.

Entonces prorrumpirán en gozo: ¡Cantad juntamente, lugares desolados de Jerusalén; porque el Padre ha consolado a su pueblo, ha redimido a Jerusalén!

El Padre ha desnudado su santo brazo a la vista de todas las naciones; y todos los extremos de la tierra verán la salvación del Padre; y el Padre y yo somos uno.

Entonces se realizará lo que está escrito: ¡Despierta, despierta otra vez, y *vístete de tu fortaleza, oh Sión; vístete tus ropas de hermosura, oh Jerusalén,* ciudad santa; porque nunca más vendrá a ti incircunciso ni inmundo!

¡Sacúdete del polvo; levántate, toma asiento, oh Jerusalén; *suéltate las ataduras de tu cuello, oh cautiva hija de Sión!*

Porque así dice el Señor: Os habéis vendido por nada, y sin dinero seréis redimidos.

En verdad, en verdad os digo que los de mi pueblo conocerán mi nombre, sí, en aquel día sabrán que yo soy el que hablo.

Y *entonces* dirán: ¡*Cuán hermosos sobre las montañas son los pies del que les trae buenas nuevas; que publica la paz;* que les trae gratas nuevas del bien; que publica salvación; que dice a Sión: Tu Dios reina!

Y entonces se oirá el pregón: ¡Apartaos, apartaos, salid de ahí, no toquéis lo que es inmundo; salid de en medio de ella; sed limpios los que lleváis los vasos del Señor.

Porque no saldréis con prisa ni iréis huyendo, porque el Señor irá delante de vosotros, y el Dios de Israel será vuestra retaguardia.[49]

Ésta aparentemente será la época cuando la nación judía recibirá el sacerdocio, porque la *Doctrina y Convenios* interpreta "Vístete de poder" como el dar del sacerdocio a Israel, y "suelte las ataduras de su cuello"

---

48. *Zacarías* 8:20-23.

49. *3 Nefi* 20:33-42.

como una exhortación al resto esparcido de Israel que aun no está recogido para deshacerse de las maldiciones de Dios que todavía sufre a razón de vivir entre los inicuos:

> ¿Qué quiere decir el mandamiento dado en el primer versículo del capítulo 52 de Isaías, que dice: Vístete de poder, oh Sión, y a qué pueblo se refería Isaías?
>
> Se estaba refiriendo a los que Dios llamaría en los últimos días, los cuales habrían de tener el poder del sacerdocio para establecer de nuevo a Sión y efectuar la redención de Israel. *Vestirse de poder significa vestirse con la autoridad del sacerdocio, al que ella, Sión, tiene derecho por linaje; también para recuperar el poder que había perdido.*
>
> ¿Qué hemos de entender por el segundo versículo que dice que Sión suelte las ataduras de su cuello?
>
> Hemos de entender que se exhorta a los restos esparcidos a que vuelvan al Señor de quien se apartaron; y si lo hacen, el Señor ha prometido que les hablará, o sea, les dará revelaciones. Véanse los versículos 6, 7 y 8. *Las ataduras de su cuello son las maldiciones de Dios sobre ella,* o sea, sobre el resto de Israel en su estado de esparcimiento entre los gentiles.[50]

Sumario

Después del retorno de los judíos y las Diez Tribus a Palestina, el pueblo Israelita aumentará en riqueza y poder. Su prosperidad atraerá a las naciones vecinas que encenderán guerra contra ellos a razón de su celos y avaricia.

1. Serán las naciones vecinas que atacarán a Palestina. Porque sus fuerzas serán tan numerosas, varios pasajes dicen que todas las naciones se juntarán para la batalla. No obstante, se ha visto en un capítulo anterior que Europa, durante este período, estará en una condición devastadora y las Américas estarán bajo la influencia de Sión. La descripción de Ezequiel (la más extensiva en las escrituras) indica que la guerra será de carácter local en vez de mundial.
2. La guerra toma su nombre del valle de Armagedón que está ubicado unos cien kilómetros al norte de Jerusalén. Se anticipa que la guerra se esparcirá sobre la mayor parte de Palestina y continuará por lo menos por tres años y medio.
3. Durante la batalla habrá dos profetas en Jerusalén que tendrán poder de controlar los elementos. Serán matados y luego revivicados.
4. Mientras la fuerza de los Israelitas está menguando y están por rendirse a sus enemigos, el Salvador aparecerá repentinamente sobre el Monte de Olivos. Un terremoto entonces partirá el monte y sacudirá ambos Palestina y otras naciones.

50. *Doctrina & Convenios* 113:7-10.

5. Muchos han entendido que la aparición de Cristo sobre el Monte de Olivos sería su venida final en gloria que verían todos los hombres y que limpiaría la tierra por fuego. Ésta es una suposición errónea. Muchos acontecimientos que se profetiza seguirán la aparición de Cristo indican que su venida sobre el Monte de Olivos es de carácter local con efectos que no son típicos de su venida final en gloria:
   A. El terremoto que acompaña su venida destruye parte de la ciudad de Jerusalén pero no causa que se consuman las montañas como lo hará el calor de su venida en gloria.
   B. Los ejércitos invasores continuarán a luchar.
      (1) Serán rebatidos hacia el norte .
      (2) Serán asolados con pestilencias, granizos y una plaga que pudrirá la carne.
      (3) Se opondrán el uno al otro y lucharán entre sí.
   C. La mayor parte del ejército invasor, incluyendo a Gog, su líder, será despachado. Sus cuerpos yacerán sobre las montañas y serán consumidos por las aves y las bestias.
   D. Se encontrarán las armas de guerra sobre los collados de Israel, y éstas proveerán combustibles para fuegos por siete años.
   E. Los triunfadores rapiñarán y despojarán los cuerpos de los vencidos.
   F. Los cuerpos difuntos hederán.
   G. Sepultarán a los muertos durante siete meses.
   H. Conversos aún estarán seleccionados y recogidos de entre los inicuos.

   Todos estos elementos se presentan en fuerte contraste a la venida de Cristo en gloria, durante la cual las cosas corrumpibles de la tierra, tanto las animadas como las inanimadas, que no han obedecido la ley terrestre, serán destruidas de inmediato por fuego.[51]

51. Ésto se tratará en el siguiente capítulo.

CAPITULO CATORCE

La Venida de Cristo en Gloria

En los capítulos anteriores se han considerado tres apariciones del Salvador—su venida al templo en la Nueva Jerusalén, su venida al concilio en Adán-ondi-Ahmán, y su aparición sobre el Monte de Olivos. Después de estos acontecimientos, y después del intervalo en que Palestina será reedificada y los rectos se habrán congregado allí, Él se presentará en su más gloriosa aparición—su advenimiento en gloria.[1] Según las profecías, la tierra habrá pasado por muchos cambios en preparación para esta ocurrencia. Grandes terremotos habrán cambiado la faz de la tierra; la guerra habrá enfurecido por todo el mundo y habrá traído gran desorientación política; el hambre y la pestilencia se habrán derramado por los continentes, dejando desoladas muchas ciudades; la población mundial habrá disminuido drásticamente, en las palabras de Isaías, hasta que "disminuyeron los hombres" de la tierra; los rectos habrán sido recogidos a las áreas que rodean la nueva y la antigua Jerusalén; y los inicuos que permanecen habrán sido ceñidos en pecado y estarán en condiciones de ser barridos de la faz de la tierra. Carlos W. Penrose dio este dramático bosquejo de la venida final del Señor:

> Se traba la lengua del hombre, y la pluma cae de la mano del escritor, mientras la mente está arrebatada en contemplar la sublime y terrible majestad de su venida para vengarse de los inicuos y reinar como Rey del mundo entero.
>
> ¡Viene! *se estremece la tierra,* y las altas montañas tiemblan; *el gran abismo se retira al norte* como si fuera espantado, y *los cielos desgarrados* resplandecen como bronce en la caliente caldera. ¡Viene! *Los santos muertos surgen de sus sepulcros,* y "*nosotros que vivimos, que habremos quedado*" *seremos* "*arrebatados*" *con ellos para encontrarle.* Los impíos se apresurarán a esconderse de su presencia y llamarán a las tambaleando piedras para que les cubran. ¡Viene! con todas las huestes de los rectos glorificados. El soplido de sus labios mata a los inicuos. Su gloria es como un fuego consumidor. *Los soberbios y los rebeldes serán como paja; son abrasados* y "no les dejará ni raíz ni rama." Barre la tierra "con escobas de destrucción." Inunde la tierra con los diluvios ardientes de su furia, y la suciedad y las abominaciones del mundo son consumidas. *Satanás y sus huestes ocultas son aprehendidos y atados*—y el príncipe del poder del aire ha perdido su dominio, porque Él cuyo derecho es reinar ha venido, y "los reinos del mundo han venido a ser de nuestro Señor y de su Cristo."[2]

1. Se anticipa otras apariciones del Salvador además de estas tres, e.g., "Porque he aquí, se pondrá de pie sobre el monte de los Olivos y sobre el potente océano, sí, el gran abismo, y sobre las islas del mar y sobre la tierra de Sión." *Doctrina y Convenios* 133:20.
2. *Estrella Milenaria*, tomo 21, p. 583, 10 de septiembre de 1859.

Las Trompetas Anuncian la Venida de Cristo

Las escrituras describen detalladamente la venida del Salvador y el dramático prodigio que acompañará Su advenimiento. La sección ochenta y ocho de la *Doctrina y Convenios* predice estos acontecimientos:

> Y habrá *silencio en el cielo por espacio de media hora;* e inmediatamente después *se desplegará el velo del cielo,* como un rollo que se desenvuelve después de haber sido arrollado, y *la faz del Señor será descubierta.*
>
> Y *los santos que se hallen sobre la tierra, que estén vivos, serán vivificados y arrebatados para recibirlo.*
>
> Y *los que hayan dormido en sus sepulcros saldrán,* porque *serán abiertos sus sepulcros; y también ellos serán arrebatados para recibirlo* en medio del pilar del cielo.
>
> Ellos son de Cristo, las primicias, los que descenderán con él primero, y los que se encuentran en la tierra y en sus sepulcros, que son los primeros en ser arrebatados para recibirlo; y todo esto por la voz del *son de la trompeta* del ángel de Dios.
>
> Y después de esto, otro ángel tocará, y será *la segunda trompeta*; y entonces viene *la redención de los que son de Cristo a su venida,* los que han recibido su parte en aquella prisión preparada para ellos, a fin de que recibiesen el evangelio y fuesen juzgados según los hombres en la carne.
>
> Y además, sonará otra trompeta, que es *la tercera trompeta;* y *entonces vienen los espíritus de los hombres que han de ser juzgados, y que se hallan bajo condenación.*
>
> Y *éstos son el resto de los muertos;* y no vuelven a vivir sino hasta que pasen los mil años, ni volverán a vivir hasta el fin de la tierra.
>
> Y sonará otra trompeta, que es *la cuarta trompeta,* diciendo: Se encuentran entre *los que han de quedar hasta ese grande y postrer día, sí, el fin, quienes permanecerán sucios aún.*
>
> Y otra trompeta sonará, la cual es *la quinta trompeta,* y es el quinto ángel que vuela por en medio del cielo y entrega el evangelio eterno a todas las naciones, tribus, lenguas y pueblos;
>
> y éste será el sonido de su trompeta, diciendo a todo pueblo, tanto en el cielo como en la tierra y debajo de la tierra; porque todo oído lo oirá, y toda rodilla se doblará, y toda lengua confesará, al escuchar el sonido de la trompeta, que dice: Temed a Dios y dad gloria al que se sienta sobre el trono, para siempre jamás; porque *la hora de su juicio ha llegado.*
>
> Y además, otro ángel, que es *el sexto ángel,* tocará su trompeta, diciendo: *¡Ha caído la que hizo que todas las naciones bebieran del vino de la ira de su fornicación;* ha caído, ha caído!
>
> Y otro ángel más, que es *el séptimo ángel,* tocará su trompeta, diciendo: *¡Consumado es; consumado es!* El Cordero de Dios ha vencido y pisado él solo el lagar, sí, el lagar del furor de la ira del Dios Omnipotente.
>
> Y *entonces serán coronados los ángeles con la gloria de la potencia de él, y los santos serán llenos de la gloria de él, y recibirán su herencia y serán hechos iguales con él.*
>
> *Y entonces el primer ángel hará sonar de nuevo su trompeta en los oídos de todos los vivientes, y revelará los hechos secretos de los hombres y las prodigiosas obras de Dios durante el primer milenio.*

> Y entonces el segundo ángel tocará su trompeta y revelará las obras secretas de los hombres, y los pensamientos e intenciones de su corazón, y las prodigiosas obras de Dios durante el segundo milenio.
>
> *Y así, hasta que el séptimo ángel toque su trompeta;* y estará de pie sobre la tierra y sobre el mar, y jurará en el nombre del que se sienta sobre el trono, que el tiempo dejará de ser; y *Satanás será atado,* aquella serpiente antigua que es llamada el diablo, y no será desatado por espacio de mil años.[3]

A razón de la importancia y lo profundo de esta escritura, se repite aquí en forma de bosquejo con comentarios por las Autoridades Generales de los Santos de los Últimos Días que pueden clarificar algunas de sus enseñanzas.

1. *Habrá silencio en el cielo por espacio de media hora.* Orson Pratt hizo este comentario en cuanto a este período de silencio:

> Inmediatamente después del sonar de esta trompeta, "habrá silencio en el cielo por espacio de media hora." *Si la media hora del cual aquí se habla es según nuestros cálculos—treinta minutos, o si es según los cálculos del Señor* no sabemos. Sabemos que la palabra hora se usa en algunas de las Escrituras para indicar un tiempo comparativamente largo. Por ejemplo, nosotros, los Santos de los Últimos Días, estamos viviendo en la undécima hora, es decir, el undécimo período de tiempo; y *por todo lo que sabemos, la media hora durante la cual silencio prevalecerá en el cielo puede ser un tiempo extensivo.* Durante el período de silencio todas las cosas mantendrán perfecto silencio; ningún ángel volando durante esa media hora; ningún sonar de trompetas; ningún ruido en los cielos arriba; pero inmediatamente después de este gran silencio se desplegará el velo del cielo como un pregamino que se desenvuelve.[4]

2. *El velo del templo se desplegará como se desenvuelve un rollo, y la faz del Señor será revelada.* Debe notarse que el cielo ya habrá desvanecido "como un pergamino que se enrolla" durante un terremoto que ocurrirá durante el sexto mil años.[5] Por razón de que la venida del Señor sucederá más tarde, durante el séptimo mil años, ésto indicaría que (1) hay dos ocasiones cuando se desplegarán los cielos, o (2) el texto de *Apocalipsis* se ha corrompido, o (3) esta interpretación de la *Doctrina y Convenios* es errónea. Nótese también que este pasaje habla de los cielos desplegándose, mientras Isaías en su descripción de la venida del Señor con venganza, refiere a que "*se enrollarán* los cielos como un libro"[6]

3. *Los Santos que están vivos serán arrebatados a encontrarle.* Orson Pratt enseñó que estos santos se convertirán en seres trasladados:

---

3. *Doctrina y Convenios* 88:95-110.
4. *Diario de Discursos,* 16:328.
5. *Apocalipsis* 6:14. Véase *Doctrina y Convenios* 77:6-7.
6. *Isaías* 34:4.

serán preparadas, y los Santos de los Últimos Días y de los Días Anteriores estarán juntos para participar en la santa cena, tal como estamos haciendo esta tarde, sino que será preparada más perfectamente.[7]

4. *La primera de una serie de trompetas sonará, y los que han sido resucitados serán arrebatados al cielo.* Orson Pratt mantuvo que éstas serán señales de verídicas trompetas y comentó sobre el alcance del sonido de tales instrumentos:

> *También creemos, como también los del mundo Cristiano en general, que habrá el sonido audible de una trompeta*—la trompeta del arcángel—en los cielos al tiempo de este gran escenario que se desplegará a la humanidad; que al son de esta trompeta los muertos en Cristo saldrán de sus polvorosas y silenciosas tumbas; que al son de esta trompeta los Santos que están vivos serán arrebatados instantáneamente para encontrar al Señor en el aire. Los Cristianos en general que aun no pueden espiritualizar completamente ni el sentido ni el significado de las Escrituras también creen esta doctrina.[8]

Aparentemente se habló de esta misma trompeta en otra revelación en que el Señor dice,

> Escuchad, pues he aquí, el gran día del Señor está cerca.
>
> Porque viene el día en que el Señor hará resonar su voz desde el cielo; los cielos se estremecerán y la tierra temblará, y la trompeta de Dios sonará larga y fuertemente, y dirá a las naciones dormidas: ¡Levantaos, santos, y vivid; quedaos, pecadores, y dormid hasta que llame otra vez![9]

Las otras seis trompetas suenan en sus turnos, declarando lo que será el orden de la resurrección. Nótese que todos los acontecimientos de que hablan los ángeles aparentemente no ocurren a la hora de la venida de Cristo, sino que los ángeles están prediciendo y anunciando lo que ocurrirá hasta el fin del mundo.[10] Élder José Fielding Smith da este bosquejo del orden de las resurrecciones:

> En la revelación moderna dada a la Iglesia, el Señor ha revelado más en cuanto a este suceso glorioso. *Habrá por lo menos dos clases que tendrán el privilegio de resucitarse en este momento: Primero aquellos que "morarán en la presencia de Dios y de su Cristo para siempre jamás"; y segundo, los hombres honorables, que pertenecen al reino terrestre tanto como aquellos del reino celestial.*
>
> *A la hora de la venida de Cristo* "los que hayan dormido en sus sepulcros saldrán, porque serán abiertos sus sepulcros; y también ellos serán arrebatados para recibirlo en medio del pilar del cielo—Ellos son de Cristo, las primicias, los que descenderán con él primero, y los que se encuentran en

7. *Diario de Discursos*, 8:52.
8. *Diario de Discursos*, 18:57-58.
9. *Doctrina y Convenios* 43:17-18.
10. Después que cada uno de los ángeles ha sonido su trompeta dos veces, entonces y no antes será el tiempo para que se ate a Satanás por mil años hasta el fin del milenio. *Doctrina y Convenios* 88:110. Véase *Apocalipsis* 20:1-3.

> la tierra y en sus sepulcros, que son los primeros en ser arrebatados para recibirlo; y todo esto por la voz del son de la trompeta del ángel de Dios." Éstos son los justos, "cuyos nombres están escritos en el cielo, donde Dios y Cristo son los jueces de todo. *Son hombres justos hechos perfectos mediante Jesús, el mediador del nuevo convenio, que obró esta perfecta expiación derramando su propia sangre.*"
>
> Siguiendo este gran acontecimiento, y *después que el Señor y los rectos que son arrebatados a encontrarle habrán descendido a la tierra, sucederá otra resurrección. Ésta puede considerarse como parte de la primera, aunque sucede más tarde.* En esta resurrección vendrán los del orden terrestre, que no eran dignos de ser arrebatados para encontrarle, pero que son dignos de salir y gozar el reino milenial.
>
> Está escrito que el segundo ángel sonará, cual es la segunda trompeta, "y entonces viene la redención de los que son de Cristo a su venida, los que han recibido su parte en aquella prisión preparada para ellos, a fin de que recibiesen el evangelio y fuesen juzgados según los hombres en la carne."
>
> *Esta otra clase, que también tendrá el derecho de la primera resurrección, son aquellos que no son miembros de la Iglesia del Primogénito, pero aún han vivido vidas honorables, aunque rehusaron aceptar la plenitud del evangelio.*
>
> *También como parte de esta clase son aquellos que murieron sin la ley y por tanto no están bajo condenación por violar los mandamientos del Señor.* La promesa de redención de la muerte les es dada en las siguientes palabras: "Y entonces serán redimidas las naciones paganas, y los que no conocieron ninguna ley tendrán parte en la primera resurrección; y les será tolerable." Éstos, también, participarán en las misericordias del Señor y recibirán la unión inseparable del espíritu y cuerpo, así llegando a ser inmortales, pero no con la plenitud de la gloria de Dios.
>
> *Todos los mentirosos, y hechiceros, y adúlteros y quienquiera que ama y obra mentira, no resucitarán en este tiempo, sino serán despachados al infierno por mil años donde sufrirán la ira de Dios hasta pagar el precio de sus pecados, si es posible, por lo que sufrirán.*
>
> *Éstos son los "espíritus de los hombres que han de ser juzgados, y que se hallan bajo condenación.* Y éstos son el resto de los muertos; y no vuelven a vivir sino hasta que pasen los mil años, ni volverán a vivir hasta el fin de la tierra."
>
> Éstos son las huestes del mundo telestial que son condenados a padecer "la ira de Dios en la tierra"; y que "son arrojados al infierno, y padecen la ira de Dios Todopoderoso hasta el cumplimiento de los tiempos, cuando Cristo haya subyugado a todo enemigo debajo de sus pies y haya perfeccionado su obra."[11]

Estos siete ángeles también anuncian que todos sobre la tierra darán reverencia al Salvador, que la grande y abominable iglesia ha caído, y que el Cordero ha pisado solo el lagar del vino.

5. *Entonces los ángeles serán coronados y los Santos serán llenos de su gloria y serán hechos iguales a Él.*

6. *Los siete ángeles de nuevo sonarán sus trompetas cada uno en su turno.* Cada uno revelará los hechos secretos de los hombres durante un

---

11. José Fielding Smith, *Doctrinas de Salvación [Doctrines of Salvation]*, 2, pp. 296-98.

período de mil años que ha pasado durante la existencia de la tierra. Ésto parece ser el acontecimiento del cual habla la primera sección de la *Doctrina y Convenios*:

> Porque, en verdad, la voz del Señor se dirige a todo hombre, y no hay quien escape; ni habrá ojo que no vea, ni oído que no oiga, ni corazón que no sea penetrado.
>
> Y los rebeldes serán traspasados de mucho pesar; *porque se pregonarán sus iniquidades desde los techos de las casas, y sus hechos secretos serán revelados.*[12]

Miguel (Adán), el séptimo ángel, proclamará que el tiempo dejará de ser, y que Satanás será atado.

Los Santos También Descenderán

La *Doctrina y Convenios* sección veintinueve presenta la próxima fase del relato y narra la actual venida del Señor:

> Porque la hora está cerca, y próximo está el día cuando la tierra estará madura; y todos los soberbios y los que hacen maldad serán como rastrojo, y *yo los abrasaré, dice el Señor de los Ejércitos, a fin de que no exista maldad en la tierra;*
>
> porque la hora está cerca, y lo que hablaron mis apóstoles se ha de cumplir; porque acontecerá tal como dijeron;
>
> *porque con poder y gran gloria me revelaré desde los cielos, con todas sus huestes, y moraré en rectitud con los hombres sobre la tierra mil años, y los malvados no permanecerán.*
>
> Y además, de cierto, de cierto os digo, y ha salido como un firme decreto por la voluntad del Padre, que *mis apóstoles, los Doce que estuvieron conmigo durante mi ministerio en Jerusalén, estarán a mi diestra, el día de mi venida en una columna de fuego,* ataviados con vestidos de rectitud, y con coronas sobre sus cabezas, en gloria igual que yo, para juzgar a toda la casa de Israel, sí, a cuantos me hayan amado y guardado mis mandamientos, y a ningún otro.
>
> *Porque sonará una trompeta larga y fuertemente, así como en el monte de Sinaí,*[13] *y toda la tierra temblará, y saldrán, sí, los que murieron en mí, para recibir una corona de rectitud* y ser revestidos así como yo, para estar conmigo, a fin de que seamos uno.[14]

Orson Pratt dio esta impresionante lista de aquellos que acompañarán al Salvador en Su venida:

> ¿Quién estará con Jesús cuando aparece? El decreto se ha publicado, diciendo, mis *apóstoles* que estuvieron conmigo en Jerusalén serán ataviados con vestidos de rectitud y estarán conmigo. El resplandor de sus rostros brillará con todo el fulgor y plenitud esplendoroso que rodeará al Hijo del

---

12. *Doctrina y Convenios* 1:2-3.
13. Véase *Éxodo* 19:13-19.
14. *Doctrina y Convenios* 29:9-13.

> Hombre cuando aparece. Estarán todos esos personajes a quienes Él refiere. Estarán todos *los Santos de los días anteriores, Enoc y su ciudad,* con toda la grandeza y resplandor que les rodea: estarán *Abraham, Isaac, y Jacob,* sentados sobre sus tronos, juntos con *todas las personas que han sido redimidas y atraídas cerca a la presencia de Dios.* Todo será desenvuelto y desplegado, y todo esto para que lo vean los inicuos tanto como los rectos; porque *los inicuos aun no habrán sido destruidos.* Cuando ésto ocurre, habrá Santos de los Últimos Días viviendo en la tierra, y ascenderán y asociarán con esa vasta multitud; porque serán llenos de anhelo de ir adonde están los Santos de la Iglesia del Primogénito, y la Iglesia del Primogénito se anhelará en venir y saludar a los Santos sobre la tierra, y ésto atraerá a la asamblea general de los redimidos a ser uno; y así se cumplirá la declaración de Pablo, "de reunir todas las cosas en Cristo, en la dispensación del cumplimiento de los tiempos, así las que están en los cielos, como las que están en la tierra."[15]

Su comentario es en cierto modo una interpretación de la *Doctrina y Convenios* 27:5-14:

> He aquí, así me parece sabio; por tanto, no os maravilléis, porque la hora viene cuando *beberé del fruto de la vid con vosotros en la tierra; y con Moroni,* a quien he enviado para revelaros el Libro de Mormón, que contiene la plenitud de mi evangelio eterno, y a quien he encomendado las llaves de los anales del palo de Efraín;
>
> y también con *Elías,* a quien he encomendado las llaves de llevar a cabo la restauración de todas las cosas concernientes a los últimos días, que se han declarado por boca de todos los santos profetas desde el principio del mundo;
>
> y también con *Juan, hijo de Zacarías,* a quien él (Elías) visitó y prometió que tendría un hijo cuyo nombre sería Juan, y que éste sería lleno del espíritu de Elías;
>
> y os he enviado a este Juan a vosotros, mis siervos José Smith, hijo, y Oliver Cowdery, para ordenaros al primer sacerdocio que habéis recibido, a fin de que fueseis llamados y ordenados como Aarón;
>
> y también con *Elías* el profeta, al que he encomendado las llaves del poder de volver el corazón de los padres a los hijos, y el corazón de los hijos a los padres, para que toda la tierra no sea herida con una maldición;
>
> y también con *José,* y con *Jacob, Isaac* y *Abraham,* vuestros padres, por quienes permanecen las promesas;
>
> y también con *Miguel,* o sea, Adán, el padre de todos, el príncipe de todos, el anciano de días;
>
> y también con *Pedro, Santiago* y *Juan,* a quienes os he enviado a vosotros, por medio de los cuales os he ordenado y confirmado para ser apóstoles y testigos especiales de mi nombre, y para poseer las llaves de vuestro ministerio y de las mismas cosas que les revelé a ellos;
>
> a quienes he encomendado las llaves de mi reino y una dispensación del evangelio para los últimos tiempos; y para el cumplimiento de los tiempos, en la cual juntaré en una todas las cosas, tanto las que están en el cielo, como las que están en la tierra,
>
> *y también con todos aquellos que mi Padre me ha dado de entre el mundo.*

15. *Diario de Discursos,* 8:51.

Descripción del Señor a Su Venida

La presentación física del Señor a Su venida está descrita en la *Doctrina y Convenios* 133:46-52:

Y se dirá: ¿Quién es éste que desciende de Dios en el cielo con *ropas teñidas;* sí, de regiones desconocidas, vestido con su *atavío glorioso,* que viene en la grandeza de su potencia?

Y él dirá: Soy aquel que hablé en justicia, poderoso para salvar.

Y *los vestidos* del Señor *serán rojos;* y su ropa como del que ha pisado el lagar.

Y tan grande será la gloria de su presencia, que el sol esconderá su faz avergonzado, y la luna retendrá su luz, y las estrellas serán arrojadas de sus lugares.

Y se oirá su voz: *He pisado yo solo el lagar* y he traído juicio sobre todo pueblo; y nadie estuvo conmigo;

y *los he hollado con mi furor y los pisé con mi ira,* y con su sangre he salpicado mis vestidos y manchado toda mi ropa; porque *éste fue el día de venganza que estaba en mi corazón.*

Y *ahora el año de mis redimidos ha llegado;* y harán memoria de la amorosa bondad de su Señor, y de todo lo que sobre ellos ha conferido de acuerdo con su bondad, y de acuerdo con su amorosa misericordia, para siempre jamás.[16]

El Profeta Isaías dio una descripción similar de la venida del Señor:

¿Quién es éste que viene de Edom, de Bosra, con *vestidos rojos*? ¿éste hermoso en su vestido, que marcha en la grandeza de su poder? Yo, el que hablo en justicia, grande para salvar.

¿Por qué es *rojo tu vestido, y tus ropas como del que ha pisado en lagar*?

He pisado yo solo el lagar, y de los pueblos nadie había conmigo; los pisé con mi ira, y *los hollé* con mi furor; y su sangre salpicó mis vestidos, y manché todas mis ropas.

Porque el día de la venganza está en mi corazón, y el año de mis redimidos ha llegado.

Miré, y no había quien ayudara, y me maravillé que no hubiera quien sustentase, y me salvó mi brazo y me sostuvo mi ira.

16. Es difícil determinar si este pasaje se refiere a la venida final de Cristo en su gloria o a su aparición sobre el Monte de Olivos. En el capítulo anterior *Apocalipsis* 19:11-16 se interpretó como refiriéndose al primer acontecimiento. Este pasaje parece tratar la segunda ocasión porque:
    1. Esta aparición está acompañada por gran gloria, o luz, que "se avergüenza" el sol por razón de su brillantez.
    2. *Apocalipsis* 19:15 parece decir que pisando el lagar indica la aparición de Cristo durante la batalla de Armagedón. En ese relato Jesús pisaba el lagar a su venida. En este relato el pisar el lagar está tratado como en el pasado, como si ésta aparición sucediera más luego. Él dice que lo hizo solo. En el relato en *Apocalipsis* vino con las huestes del cielo. Ésto no es necesariamente en conflicto. Cristo tomó la responsabilidad de afligir a las naciones por sí solo aunque fue acompañado por sus huestes.
    3. En este relato el Salvador anuncia que el año de sus redimidos ha venido.

> Miré, y no había quien ayudara, y me maravillé que no hubiera quien sustentase, y me salvó mi brazo y me sostuvo mi ira.
>
> Y con mi ira hollé los pueblos, y los embriagué en mi furor, y derramé en tierra su sangre.[17]

Cada Ojo Atestiguará Su Venida

Cuando viene el Señor, todas las personas le verán, porque registrada en una revelación es Su mandamiento de preparar para el tiempo "cuando el velo que cubre mi templo, en mi tabernáculo, el cual esconde la tierra, será quitado, y *toda carne me verá juntamente.*"[18] Orson Pratt comentó que aun los muertos le verían:

> Parece, pues, que el segundo advenimiento del Hijo de Dios será de una naturaleza totalmente diferente a cualquier cosa que jamás ha ocurrido sobre la faz de la tierra, acompañado con gran poder y gloria, *algo que no sucederá en una pequeña parte de la tierra como en Palestina, percibido solo por unas pocas personas, sino que será un advenimiento visto por todos*—toda carne verá la gloria del Señor; cuando se revelará por segunda vez, *cada ojo, no solo los viviendo en ese momento en la carne, en mortalidad sobre la tierra, sino también los mismísimos muertos,* también aquellos que le traspasaron, aquellos que vivieron hace mil ochocientos años, quienes se ocuparon en la cruel faena de traspasar sus manos y sus pies y su costado, *también le verán en ese momento.*[19]

Ésto también fue el mensaje de Juan el Revelador, que enseñó que "viene con las nubes, y todo ojo le verá, y los que le traspasaron; y todos los linajes de la tierra harán lamentación por él."[20]

Isaías también testificó que "se manifestará la gloria de Jehová, y toda carne juntamente la verá."[21]

Moroni habló de un tiempo de juicio a la venida de Cristo, en cual momento se decidirá quienes vivirán con él sobre la tierra:

> *He aquí, ¿creeréis en el día de vuestra visitación —he aquí, cuando venga el Señor, sí, ese gran día cuando la tierra se plegará como un pergamino, y los elementos se derretirán con ardiente calor, sí, ese gran día en que seréis llevados para comparecer ante el Cordero de Dios—diréis entonces que no hay Dios?*
>
> ¿Seguiréis entonces negando al Cristo, o podréis mirar al Cordero de Dios? ¿Suponéis que moraréis con él, estando conscientes de vuestra culpa? ¿Suponéis que podríais ser felices morando con ese santo Ser, mientras

17. *Isaías* 63:1-6. Este pasaje es más difícil que el anterior para asignar a una venida particular. Aquí el Salvador dice que ha pisado el lagar solo y que el día de sus redimidos ha venido, sin embargo dice que los pisará como si fuera aun en el futuro. No se puede dar a este pasaje ninguna asignación definitiva.

18. *Doctrina y Convenios* 101:23.

19. *Diario de Discursos,* 18:170.

20. *Apocalipsis* 1:7.

21. *Isaías* 40:5.

> He aquí, os digo que seríais más desdichados, morando en la presencia de un Dios santo y justo, con la conciencia de vuestra impureza ante él, que si vivierais con las almas condenadas en el infierno.
> *Porque he aquí, cuando se os haga ver vuestra desnudez delante de Dios, y también la gloria de Dios y la santidad de Jesucristo, ello encenderá una llama de fuego inextinguible en vosotros.*[22]

El Señor mismo habla de este juicio y dice que "en mi propio y debido tiempo vendré sobre la tierra en juicio, y mi pueblo será redimido y reinará conmigo sobre la tierra."[23]

Los Cambios en la Configuración de la Tierra

Es indicado que al tiempo de la venida de Cristo la tierra temblará y se tambaleará:

> Será quebrantada del todo la tierra, enteramente desmenuzada será la tierra, en gran manera será la tierra conmovida.
> *Temblará la tierra como un ebrio,* y será removida como una choza; y se agravará sobre ella su pecado, y caerá, y nunca más se levantará.[24]

Isaías explicó los grandes cambios que sufrirá la configuración de la tierra cuando profetizó de la

> Voz que clama en el desierto: Preparad camino a Jehová; enderezad calzada en la soledad a nuestro Dios.
> Todo valle sea alzado, y bájese todo monte y collado; y lo torcido se enderece, y lo áspero se allane.[25]

Aparentemente será a la venida de Cristo en gloria que la localidad de los mares y los continentes será cambiada en gran manera, como se describe en la *Doctrina y Convenios*:

> Y alzará su voz desde Sión, y hablará desde Jerusalén, y se oirá su voz entre todo pueblo.
> Y será una voz como el estruendo de muchas aguas, y como la voz de grandes truenos que *derribarán los montes; y no se hallarán los valles.*
> *Mandará al mar profundo, y será arrojado hacia los países del norte, y las islas serán una sola tierra;*
> *y la tierra de Jerusalén y la de Sión volverán a su propio lugar,* y la tierra será como en los días antes de ser dividida.
> Y el Señor, sí, el Salvador, estará en medio de su pueblo y reinará sobre toda carne.[26]

---

22. *Mormón* 9:2-5.
23. *Doctrina y Convenios* 43:29.
24. *Isaías* 24:19-20.
25. *Isaías* 40:3-4.
26. *Doctrina y Convenios* 133:21-25.

Este cataclismo, que combinará en uno todos los océanos, servirá para volver la tierra a su configuración original, antes de ser dividida,[27] según la explicación dada por José Fielding Smith:

> Tenemos toda confianza en el hecho que Adán moraba en este continente Americano. Pero cuando Adán vivía acá no fue el continente Americano, ni fue el hemisferio Oeste, *porque toda la tierra estaba en un solo lugar, y todo el agua estaba en un solo lugar. No había ningún Océano Atlántico separando los hemisferios.* "Dijo también Dios: Júntense las aguas que están debajo de los cielos en un lugar, y descúbrase lo seco. Y fue así. Y llamó Dios a lo seco Tierra, y a la reunión de las aguas llamó Mares. Y vio Dios que era bueno."
>
> Si todo el agua estaba en un solo lugar, pues, naturalmente toda la tierra estaría en un solo lugar; por tanto, la forma de la tierra, en cuanto al agua y la superficie de la tierra, no era como lo encontramas hoy día. Luego leemos en Génesis que llegó el tiempo en que la tierra fue dividida. Hay algunos que creen que ésto significa sencillamente que la superficie de la tierra fue dividida entre las varias tribus, pero ésto no es el significado; fue una verdadera división de la superficie de la tierra, *y fue quebrantada como la encontramos en la actualidad.*
>
> El Señor reveló al Profeta José Smith que cuando Él viene, como parte de la gran restauración, esta superficie de la tierra será vuelta a su forma original. Cuando llegue ese tiempo, la tierra de Sión (el hemisferio del Oeste) y la tierra de Jerusalén "volverán a su propio lugar, y la tierra será como en los días antes de ser dividida." Juan vio este día cuando "toda isla huyó, y los montes no fueron hallados."[28]

La Tierra Será Purificada por Fuego

A la venida de Cristo, cada cosa corruptible de la tierra será consumida por fuego y ferviente calor:

> Y *toda cosa corruptible, bien sea del hombre o de las bestias* del campo, *las aves* del cielo o *los peces* del mar, que more sobre la faz de la tierra, será consumida.
>
> y también *lo que fuere de elemento se derritieran con calor abrasador;* y todas las cosas serán hechas nuevas, a fin de que mi conocimiento y gloria moren sobre toda la tierra.[29]

El *Libro de Mormón* indica que "los elementos se derretirán con calor abrasador, y la tierra se plegara como un pergamino, y pasaran los cielos y la tierra,"[30] y también que al mandato de Dios "la tierra se plegará como un rollo."[31]

27. Véase *Génesis* 10:25, *Moisés* 2:9-10, y *Abraham* 4:9-10.

28. José Fielding Smith, *Doctrinas de Salvación [Doctrines of Salvation]*, 3, pp. 74-75.

29. *Doctrina y Convenios* 101:24-25.

30. *3 Nefi* 26:3.

31. *Mormón* 5:23.

Muchos se han preguntado que será el origen del fuego al tiempo de la venida de Cristo en gloria. El ángel Moroni explicó este asunto al Profeta José, diciendo que serían las huestes celestiales (y por lo tanto no las bombas atómicas o hidrógenas) que quemarán a los inicuos:

> Porque, he aquí, viene el día que arderá como un horno, y todos los soberbios, si, todos los que obran inicuamente, arderán como rastrojo; *porque los que vienen los quemarán*, dice el Señor de los Ejércitos, de modo que no les dejará ni raíz ni rama.[32]

De nuevo, el Señor dijo que Él mismo quemaría la tierra en este tiempo:

> Porque la hora está cerca, y próximo está el día cuando la tierra estará madura; y todos los soberbios y los que hacen maldad serán como rastrojo, y *yo los abrasaré*, dice el Señor de los Ejércitos, a fin de que no exista maldad en la tierra;[33]

Este abrasar aparentemente vendrá de la gloria que brillará de su persona, porque la revelación registra que "la presencia del Señor será como el fuego de fundición que abrasa, y como fuego que hace hervir las aguas."[34]

Aparentemente ésto fue a lo que Moisés se refirió cuando dijo que si hubiera visto a Dios con sus ojos naturales me "habría desfallecido y me habría muerto en su presencia."[35]

Isaías evidentemente aludío a la venida del Señor en gloria cuando dijo que por razón de la plena iniquidad, "Por esta causa la maldición consumió la tierra, y sus moradores fueron asolados; por esta causa fueron consumidos los habitantes de la tierra, y disminuyeron los hombres."[36] Tal limpieza por fuego se entiende como el bautismo de la tierra por fuego y por el Espíritu Santo. Dijo Orson F. Whitney:

> La tierra experimentó *un bautismo por ser sumergido en agua, para la remisión de sus pecados, el limpiar de sus iniquidades.* "Como fue en los días de Noé, así también será en la venida del Hijo del Hombre." ¿Será inundada el mundo en agua otra vez? No; porque Dios prometió a Noé y estableció su arco en las nubes como seña que el mundo nunca jamás sería inundado en agua; pero *en el día de la venida del Hijo del Hombre recibirá el bautismo de fuego y del Espíritu Santo.* Juan el Bautista dijo: "Viene tras mí el que es más poderoso que yo, a quien no soy digno de desatar encorvado la correa de su calzado. Yo a la verdad os he bautizado con agua; pero él os bautizará con Espíritu Santo." *No solo el hombre, sino la tierra misma, que es una criatura viva, tiene que pasar por esta ordenanza—este doble bautismo.*[37]

---

32. *José Smith—Historia* 1:37.
33. *Doctrina y Convenios* 29:9.
34. *Doctrina y Convenios* 133:41.
35. *Moisés* 1:11.
36. *Isaías* 24:5-6.
37. *Diario de Discursos,* 26:266.

Orson Pratt añadió:

> La *segunda ordenanza establecida para la santificación de la tierra es aquella de fuego y del Espíritu Santo.* El día vendrá que abrasará como un horno, y todos los soberbios y los que hacen maldad serán como rastrojo; después de lo cual la gloria de Dios cubrirá la tierra como las aguas cubren el abismo. *He aquí, el bautismo de fuego primero, y luego del Espíritu Santo.* Tal como el hombre recibe el bautismo de fuego y del Espíritu Santo por la imposición de manos de parte de un administrador legal, así también recibe la tierra lo mismo, no por su propia voluntad, sino por la voluntad ordenada de Dios. Tal como el hombre se convierte en una nueva criatura por nacer de nuevo, primero por agua, y luego del espíritu, así también la tierra en la misma manera llega a ser una nueva tierra por nacer de nuevo de estos elementos limpiadores y purificadores. *Tal como el hombre llega a ser recto por medio del nuevo nacimiento, así la tierra llega a ser una tierra recta por el mismo proceso.*[38]

Aquellos que serán consumidos por fuego serán los más inicuos—aquellos que han vivido solamente por la ley telestial, según José Fielding Smith:

> Cuando viene el reinado de Jesucristo durante el milenio, *solamente aquellos que han vivido la ley telestial serán desplazados.* La tierra será limpiada de toda su corrupción e iniquidad. Aquellos que han vivido vidas virtuosas, que han sido honestos en sus tratados con los demás y que se han esforzado a hacer lo bien a lo mejor de sus entendimientos, permanecerán. . . .
>
> Así aprendemos que todas las cosas corruptibles, o sea los hombres o las bestias o los elementos, se consumirán; pero todos que no padecen este horrible decreto permanecerán. Así que los honestos y rectos de todas las naciones, parentelas y creencias, que han guardado la ley terrestre o celestial, permanecerán: *Bajo estas condiciones, las personas entrarán al gran reinado de Jesucristo, llevando consigo sus creencias y doctrinas religiosas. No se les quitará su agencia.*[39]

Este fuego no solamente limpiará la tierra, sino también la renovará, y la tierra será restituida a su gloria paradisíaca. Por ejemplo Isaías habló de "nuevos cielos y nueva tierra; y de lo primero no habrá memoria, ni más vendrá al pensamiento."[40] Tocando este asunto Élder José Fielding Smith comentó:

> Los Santos de los Últimos Días creen que el día está cercano, aun a las puertas, cuando Cristo aparecerá como el legítimo gobernador de la tierra. Cuando llegue este tiempo, la tierra entera y todas las cosas que permanecerán sobre su superficie serán cambiadas, y "la tierra será renovada y recibirá su gloria paradisíaca." *Ésto significa que la tierra volverá a una condición*

38. *Diario de Discursos,* 1:331.

39. José Fielding Smith, *Doctrinas de Salvación [Doctrines of Salvation],* 3, pp. 62-63.

40. *Isaías* 65:17.

similar a la que prevalecía cuando reinaba la paz y la rectitud y antes que entró la muerte con su horrible infamia de maldad y destrucción.

Cuando llegue ese día la iniquidad tendrá que cesar y toda criatura inmunda será barrida de la tierra porque no podrán aguantar las cambiadas condiciones.

Todo "elemento se derretirá con calor abrasador, y todas las cosas serán hechas nuevas, a fin de que mi conocimiento y gloria moren sobre toda la tierra. Y en ese día la enemistad del hombre y la enemistad de las bestias, sí, la enemistad de toda carne, cesará ante mi faz.[41]

La Boda del Cordero

Juan Taylor, hablando de un pasaje de la *Perla de Gran Precio*, enseñó que la ciudad de Sión de los últimos días en su totalidad será arrebatada al cielo, y que allá será reunida con la ciudad de Enoc, y descenderán juntos:

> Más luego cuando llegó el tiempo para el cumplimiento de los propósitos de Dios, y antes de la destrucción de los inicuos, Enoc fue arrebatado al cielo y su Sión consigo. Y nos dicen en las revelaciones de los últimos días en cuanto a estos asuntos que se edificará una Sión en nuestro día; que grandes molestias sobrevendrán los habitantes de la tierra; y que cuando llegue el tiempo, *esa Sión que fue arrebatada descenderá, y la Sión que se organizará aquí ascenderá,* las dos poseídas por el mismo espíritu, sus pueblos habiendo sido preservados por el poder de Dios según sus propósitos, y como hijos de Él, participarán en los acontecimientos de los últimos días. Se nos dice que cuando estas dos Siones se encuentran, caerán sobre los cuellos los unos de los otros, y se abrazarán y besarán.[42]

En esta manera los Santos anteriores se unirán con los Santos de los Últimos Días. Cristo, el Cordero, vendrá y será unido con la Iglesia, Su esposa, y su unión es nombrada como "las bodas del Cordero:"

> Y oí como la voz de una gran multitud, como el estruendo de muchas aguas, y como la voz de grandes truenos, que decía: ¡Aleluya, porque el Señor nuestro Dios Todopoderoso reina!
>
> Gocémonos y alegrémonos y démosle gloria; porque *han llegado las bodas del Cordero, y su esposa se ha preparado.*
>
> *Y a ella se le ha concedido que se vista de lino fino, limpio y resplandeciente; porque el lino fino es las acciones justas de los santos.*
>
> Y el ángel me dijo: Escribe: Bienaventurados los que son llamados a la cena de las bodas del Cordero. Y me dijo: Estas son palabras verdaderas de Dios.[43]

41. José Fielding Smith, *Doctrinas de Salvación [Doctrines of Salvation]*, 3, pp. 56-57.
42. *Diario de Discursos*, 25:305.
43. *Apocalipsis* 19:6-9.

En su interpretación de este pasaje Élder José Fielding Smith dijo:

> *Esta profecía de la boda del Cordero es un modo de hablar, refiriéndose a la segunda venida de nuestro Salvador* y a la fiesta, o cena, que los rectos recibirán a su venida. Al enseñar a los judíos, y más especialmente a sus discípulos, el Salvador habló del Esposo cuando hizo referencia a si mismo.[44]

Sumario

1. La venida nal de Cristo en gloria será precedida por una serie de sones de trompeta por los ángeles. Cada ángel predirá un importante acontecimiento que ocurrirá entre la venida de Cristo en gloria y el n de la tierra. También cada ángel revelará los hechos secretos de los hombres durante uno de los siete mil años de la existencia de la tierra.
2. Cuando Cristo viene será acompañado por las huestes del cielo—los Santos de tiempos anteriores. Será vestido en ropa roja.
3. Los rectos muertos resucitarán antes de o al mismo tiempo de su venida[45] y serán arrebatados para encontrarle en el aire. Los Santos vivos que son dignos también serán arrebatados y descenderán con el Salvador y sus ángeles. Otros serán resucitados cuando Cristo se arrima a la tierra.
4. Cada ojo atestiguará su venida. Aun los muertos le verán.
5. A su venida se sacudirá la tierra por poderosos terremotos. Los mares serán empujados al norte. Las montañas se consumirán con ferviente calor. La con guración entera de la tierra será cambiada.
6. La tierra será limpiada por fuego. Aquellos que no han vivido por la ley terrestre o celestial serán arrebatados de la tierra. Los objetos animados tanto como los inanimados serán destruidos.
7. La limpieza de la tierra por fuego se interpreta como un bautismo por fuego siguiendo el bautismo por agua que la tierra recibió en el tiempo de Noé.
8. La venida de Cristo a su Iglesia se conoce como "la boda del Cordero."

---

44. José Fielding Smith, *Doctrinas de Salvación [Doctrines of Salvation]*, 3, p. 61.

45. Véase las declaraciones en Capítulo seis bajo la sección títulada "Será Escogido Un Líder Como Moisés," que expresa las opiniones de los primeros hermanos que muchos serían resucitados antes de la venida final de Cristo en gloria. Se puede afirmar la opinión de ellos. Nótese que la *Doctrina y Convenios* 45:45-52 indica que una resurrección precederá la venida del Salvador sobre el Monte de Olivos. La Proclamación publicada por los Doce dice que el Salvador tendrá consigo seres resucitados cuando aparece en el templo de la Nueva Jerusalén. Se ha levantado anteriormente la pregunta que si algunos de los 144.000 serán seres resucitados. Se cree que muchos de aquellos que participan en el concilio en Adán-ondi-Ahmán habrán salido de la tumba.

CAPITULO QUINCE

El Milenio

La Vida Extendida y la Resurrección

Las escrituras revelan una detallada representación de las condiciones que existirán durante el período de mil años conocido por los Santos de los Últimos Días como el Milenio. Prominente entre las enseñanzas basadas en las escrituras es la doctrina que el poder de la muerte será vencido en cierto grado, y durante esta época "no habrá más allí niño que muera de pocos días, ni viejo que sus días no cumpla; porque el niño morirá de cien años, y el pecador de cien años será maldito."[1]

Aunque todos los mortales que viven durante el milenio tendrán que morir, sin embargo se explica en una revelación dada a José Smith que se cambiarán en un abrir y cerrar de ojos a un estado resucitado sin ser sepultados:

> Y el que viva cuando el Señor venga, y haya guardado la fe, bendito es; sin embargo, le es señalado morir a la edad del hombre.
>
> Por tanto, los niños crecerán hasta envejecer; los ancianos morirán; mas *no dormirán en el polvo, antes serán cambiados en un abrir y cerrar de ojos.*
>
> Así que, por esta causa los apóstoles predicaron al mundo la resurrección de los muertos.[2]

El Profeta también enseñó que aquellos que "mueran en el Señor . . . se levantarán de los muertos y no morirán después, y recibirán una herencia ante el Señor en la ciudad santa."[3] Tratando lo que parece ser una combinación de mortales e inmortales Orson Pratt comentó:

> "¿Pensáis," diría uno, "que *habrán seres mortales viviendo sobre la tierra cuando vienen estas huestes celestiales?" Sí, y morarán juntos.* ¿Qué? ¡Personas no sujetas a enfermedades, ni a tristeza, ni castigo, personas cuyos cuerpos son celestiales e inmortales, que durarán en sus cuerpos por toda la eternidad! ¿Asociarán con seres mortales? Sí . . .
>
> *No tengo duda que habrá cierto grado de la gloria de seres inmortales que no será concedido a los seres mortales durante todo el tiempo del milenio.* Reyes y sacerdotes vendrán acá para reinar, y asociarán libremente con sus hijos, los de quienes son sus antepasados. Y *los mortales pueden recibir instrucciones de los inmortales,* que les prepararán para el tiempo cuando la tierra sufrirá un cambio más grande aún. *Los hijos de la mortalidad necesitarán esta preparación para poder vivir cuando la tierra está quemándose, que será su destino final.*[4]

---

1. *Isaías* 65:20.
2. *Doctrina y Convenios* 63:50-52.
3. *Doctrina y Convenios* 63:49.
4. *Diario de Discursos,* 18:320. En cuanto a este punto el Profeta José dijo que "Cristo y los Santos resucitados reinarán sobre la tierra durante los mil años. Probablemente no morarán sobre la tierra, pero la visitarán cuando quieran o cuando sea necesario para gobernarla." *La Historia de la Iglesia* 5:212.

Un Período de Paz y Rectitud

Según Isaías, el Milenio será un período de paz, cuando las enemistades entre los animales que ahora se acepta como cosa natural cesará y el conflicto y perturbaciones no se permitirán existir:

> Morará el lobo con el cordero, y el leopardo con el cabrito se acostará; el becerro y el león y la bestia doméstica andarán juntos, y un niño los pastoreará.
>
> La vaca y la osa pacerán, sus crías se echarán juntas; y el león como el buey comerá paja.
>
> Y el niño de pecho jugará sobre la cueva del áspid, y el recién destetado extenderá su mano sobre la caverna de la víbora.
>
> *No harán mal ni dañarán en todo mi santo monte; porque la tierra será llena del conocimiento de Jehová,* como las aguas cubren el mar.[5]

Juan dijo que al comienzo del Milenio Satanás será atado, y no será permitido tentar a los hombres:

> Vi a un ángel que descendía del cielo, con la llave del abismo, y una gran cadena en la mano.
>
> Y prendió al dragón, la serpiente antigua, que es el diablo y *Satanás, y lo ató por mil años;*
>
> y lo arrojó al abismo, y lo encerró, y puso su sello sobre él, para que no engañase más a las naciones, hasta que fuesen cumplidos mil años; y después de esto debe ser desatado por un poco de tiempo.[6]

La *Doctrina y Convenios* añade que "en ese día Satanás no tendrá poder para tentar a ningún hombre."[7] Nefi dio la razón por la falta de poder de Satanás durante este período, diciendo que "*a causa de la rectitud del pueblo del Señor, Satanás no tiene poder;* por consiguiente, no se le puede desatar por el espacio de muchos años; pues no tiene poder sobre el corazón del pueblo, porque el pueblo mora en rectitud, y el Santo de Israel reina."[8]

Erastus Snow comentó sobre la idea de atar a Satanás, y dijo que su retiro resultaría en verídicos cambios en la tierra y su atmósfera:

> Esta promesa que tenemos que cuando llegue el tiempo del cual se escribe en las Escrituras, ese Satanás será atado, y cesará de ejecutar poder y dominio sobre los corazones de los hijos de Dios por el plazo de mil años, los niños que crecen en el Señor no sufrirán la muerte; es decir, no dormirán en la tierra, sino que se cambiarán en un momento, en el cerrar y abrir de ojos, y serán arrebatados, y su descanso será glorioso.
>
> Así distingo entre ellos y nosotros, porque en ese tiempo crecerán con un entendimiento más completo y perfecto de las leyes de la vida y la salud,

5. *Isaías* 11:6-9. Véase *Isaías* 65:25.
6. *Apocalipsis* 20:1-3.
7. *Doctrina y Convenios* 101:28.
8. *1 Nefi* 22:26.

> y las obedecerán. Y las tentaciones y maldades que nos rodean sobre cada mano les serán quitadas. *Los elementos que ahora están bajo el control del príncipe y poder del aire, y que están cargados con la muerte, con los cuales estamos constantemente en contacto, en ese entonces serán quitados; los elementos serán santificados, la maldición quitada de la tierra y la atmósfera en su alrededor, y los poderes de la obscuridad que reinan en la atmósfera serán restringidos a su propia región,* y los tabernáculos de los hijos de los hombres crecerán sin pecado hasta la salvación.
>
> Así que sus tabernáculos no serán sujetos a dolor y enfermedad como son los nuestros. *No habrá dolor ni enfermedad, porque no habrá ninguna infracción de las leyes de vida y salud.* No habrá intemperancia de ninguna clase, porque no habrá ningún espíritu inmundo a nuestro lado continuamente listo a seducir y atraer al pecado. Sino que el Espíritu del Señor estará con cada persona para guiarle constantemente, y la ley del Señor será escrita en su corazón, tal que no será necesario decir el uno al otro, "Este es el camino, andad por él." No habrá ningún Diablo para tentar sobre la mano derecha y sobre la izquierda, diciendo, "Éste es el camino, andad por él." Por eso, teniendo esta buena influencia continuamente en su alrededor para guardarles en el camino estrecho, crecerán sin enfermedades ni dolores ni la muerte.[9]

Sin embargo parece que aun estará la iniquidad sobre la tierra. Dijo José Fielding Smith,

> El Profeta José Smith dijo: "*Habrá hombres inicuos sobre la tierra durante los mil años.* Las naciones paganas que no vendrán para adorar serán visitadas con los juicios de Dios, y finalmente tendrán que ser destruidas de la tierra." [*Historia Documentaria de la Iglesia*, V, pp. 212]
>
> El dicho que habrán hombres inicuos sobre la tierra durante el Milenio ha sido mal-entendido por muchos, porque el Señor declaró que los malvados no permanecerán, sino que serán consumidos. En usar este término "malvados [inicuos]" debe interpretarse en el idioma del Señor como está registrado en la *Doctrina y Convenios* sección 84 versículos 49-53. Aquí el Señor habla de aquellos que no han recibido el evangelio como inicuos porque todavía están bajo la esclavitud del pecado, no habiendo sido bautizados. Los habitantes del orden terrestre permanecerán sobre la tierra durante el Milenio, y éstos estarán sin las ordenanzas del evangelio.[10]

Orson Pratt explicó este problema con aun más claridad en decir que los hombres todavía tendrán su libre albedrío y así serán capaces de cometer pecado:

> La pregunta puede levantarse aquí—"*¿será posible que los hombres cometan pecado durante el Milenio?" Sí. ¿Porqué? Porque no han perdido su albedrío.* El albedrío continua doquier que haya seres inteligentes, así sea en el cielo, como sobre la tierra, o entre cualquiera de las creaciones que Dios ha hecho; doquier que encontráis seres inteligentes, allá encontraréis una agencia, quizás no al mismo nivel, bajo todas las circunstancias, pero siempre

9. *Diario de Discursos,* 7:355-56.

10. José Fielding Smith, *Doctrinas de Salvación [Doctrines of Salvation],* 3, pp. 63-64.

donde haya inteligencia habrá la actuación del albedrío. Por ejemplo, cuando Satanás será atado y un sello puesto sobre él en su bajísimo pozo, su albedrío está parcialmente destruido en algunas cosas. No tendrá poder de salir del pozo; ahora tiene ese poder; en ese tiempo no tendrá poder de tentar a los hijos de los hombres, ahora tiene ese poder; consecuentemente su albedrío en aquel entonces será en gran manera destruido o prohibido que lo use, pero no completamente. *El Señor no destruirá el albedrío de las personas durante el Milenio, por lo tanto habrá la posibilidad que pecasen durante ese tiempo. Pero si los que viven en ese período pequen, no será por razón del poder del diablo para tentarles, porque no tendrá ningún poder sobre ellos, y pecarán sencillamente porque eligen de hacerlo por medio de su propio libre albedrío.*[11]

La Vida Hogareña y la Sociabilidad Mientras el Señor Mora Entre los Hombres

Según Isaías, la vida hogareña continuará durante el Milenio en forma similar a lo que gozamos en la actualidad:

> Edificarán casas, y morarán en ellas; plantarán viñas, y comerán el fruto de ellas.
>
> No edificarán para que otro habite, ni plantarán para que otro coma; porque según los días de los árboles serán los días de mi pueblo, y mis escogidos disfrutarán la obra de sus manos.
>
> No trabajarán en vano, ni darán a luz para maldición; porque son linaje de los benditos de Jehová, y sus descendientes con ellos.[12]

Brigham Young expresó la misma idea al definir el Milenio:

> El Milenio consiste en esto—cada *corazón en la Iglesia y el Reino de Dios siendo unido en uno;* el Reino amplificándose hasta *sobrevencer cada cosa oponiendo la economía del cielo, y Satanás siendo atado,* y teniendo puesto sobre él un sello. Todas las cosas demás serán como ya son, comeremos, beberemos, nos vestiremos con ropa. Deje que sean santificadas las personas, y la tierra bajo sus pies será santificada.[13]

La Escrituras afirman que los hombres continuarán a gozar la misma sociabilidad que ya es de ellos:

> Cuando se manifieste el Salvador, lo veremos como es. Veremos que es un varón como nosotros.
>
> Y *la misma sociabilidad que existe entre nosotros aquí existirá entre nosotros allá,* pero la acompañará una gloria eterna que ahora no conocemos.[14]

---

11. *Diario de Discursos,* 16:319-20.
12. *Isaías* 65:21-23.
13. *Diario de Discursos,* 1:203.
14. *Doctrina y Convenios* 130:1-2.

Una revelación moderna registra la promesa del Señor que "con poder y gran gloria me revelaré desde los cielos, con todas sus huestes, y moraré en rectitud con los hombres sobre la tierra mil años, y los malvados no permanecerán."[15] Aparentemente el Reino de Dios será dado al mando del Señor, y Él "estará en medio de ellos y su gloria estará sobre ellos, y él será su rey y su legislador."[16] Una revelación a José Smith dice:

> Mas de cierto os digo, que vendrá tiempo cuando no tendréis rey ni gobernante, porque yo seré vuestro rey y velaré por vosotros.
>
> Por tanto, escuchad mi voz y seguidme, y seréis un pueblo libre; y *no tendréis más leyes que las mías cuando yo venga*, porque soy vuestro legislador, y ¿qué cosa hay que detenga mi mano?[17]

El Gobierno de los Santos

Los Santos de los Últimos Días creen que habrán dos capitales durante el Milenio. Isaías dice que "de Sión saldrá la ley, y de Jerusalén la palabra de Jehová."[18] Orson Pratt dio esta explicación en cuanto a la ley:

> Pero Sión también será edificada. Otra ciudad, no la antigua Jerusalén, sino una nueva Jerusalén, que se llamará Sión, sobre el gran hemisferio Oeste, preparatoria a la venida del Señor. "De Sión saldrá la ley," dice el profeta. ¿Qué ley? *Una ley para gobernar las naciones, una ley enseñándoles como salvarse, una ley informando a los reyes y los emperadores y los nobles de la tierra como se pueden salvar, y como pueden salvar a sus muertos.*[19]

Muchos, durante este período, heredarán tierras en que morar. Éstas serán asignadas por "uno poderoso y fuerte," según la *Doctrina y Convenios*:

> Y sucederá que yo, Dios el Señor, enviaré a uno poderoso y fuerte, con el cetro de poder en su mano, revestido de luz como un manto, cuya boca hablará palabras, palabras eternas, mientras que sus entrañas serán una fuente de verdad, para poner en orden la casa de Dios y *para disponer por sorteo las heredades de los santos cuyos nombres, junto con los de sus padres e hijos, estén inscritos en el libro de la ley de Dios;*
>
> mientras que aquel hombre, que fue llamado por Dios y nombrado, que extienda su mano para sostener el arca de Dios, caerá por el dardo de la muerte, como el árbol herido por el fulgente golpe del rayo.
>
> Y *todos aquellos cuyos nombres no estén asentados en el libro de memorias, no hallarán herencia en aquel día*, antes serán desarraigados y se

15. *Doctrina y Convenios* 29:11.
16. *Doctrina y Convenios* 45:59.
17. *Doctrina y Convenios* 38:21-22.
18. *Isaías* 2:3.
19. *Diario de Discursos*, 14:350.

les señalará su porción entre los incrédulos en donde es el lloro y el crujir de dientes.[20]

Orson Pratt también enseñó que los Santos en Sión habrán recibido solamente una mayordomía hasta después que los Santos resucitados se habrán presentado y recibido sus herencias, y que después de la resurrección los santos vivos recibirán su porción eterna:

---

20. *Doctrina y Convenios* 85:7-9. Ésta es una escritura muy contenciosa porque ha sido tomada y explotada por facciones apóstatas que se han separado de la Iglesia. Varios líderes de estos grupos han pretendido ser aquel "poderoso y fuerte." Las siguientes declaraciones de clarificación son tomadas de un anuncio oficial de la Primera Presidencia de la Iglesia publicada en la *Era de Mejoramiento* en 1907. Se publicó el anuncio para explicar el significado de sección 85 de la *Doctrina y Convenios* que trata las funciones de Eduardo Partridge como Obispo del Condado de Jackson.

"Aquellos, empero, que hasta el momento se han proclamado a si mismos como el 'poderoso y fuerte,' han manifestado la mayor ignorancia de las cosas de Dios y del orden de la Iglesia. "Sí, su ignorancia insufrible y su egoísmo han estado a la base de todas sus pretensiones y la causa de toda la molestia en que han caído. No parecen tener presente el hecho que la Iglesia de Cristo y de los Santos está perfectamente organizada, y *que cuando viene él que será llamado para repartir a los Santos sus herencias, será designado por la inspiración del Señor a las debidas autoridades de la Iglesia, asignado y sostenido según el orden proveído para el gobierno de la Iglesia.*

"Por cierto, en la faz de esta clara declaración del Señor que los pecados de Eduardo Partridge le fueron perdonados, no pensamos que su triste y temprano fallecimiento fue el cumplimiento del amenazado juicio de la revelación. Pero del hecho que él fue el hombre así amenazado, no hay duda; no solo por razón de lo que aquí está expuesto, sino porque también Orson Pratt, uno que conocía a Eduardo Partridge y un participante activo en todos estos asuntos históricos, declaró públicamente desde el púlpito en la ciudad de Salt Lake, cerca del tiempo del fallecimiento de Presidente Young, que el hombre a quien ese pasaje de la revelación en cuestión se refiere, fue Obispo Eduardo Partridge. De la veracidad de esta declaración, no puede haber ninguna duda; y en este momento él fue el historiador de la Iglesia además de ser miembro del quórum de los Apóstoles.

"Ahora, en cuanto al 'poderoso y fuerte,' que será mandado por Dios, para 'poner en orden la casa de Dios y para disponer por sorteo las heredades de los santos.' ¿Quién es él? ¿Qué posición tendrá en la Iglesia? ¿En qué manera vendrá a su llamamiento? Dirigimos primero vuestra atención al hecho que *esta carta entera mandada a Guillermo W. Phelps, tanto como la parte luego aceptada como la palabra del Señor, tuvo que ver con los asuntos de la Iglesia en Sión, Independence, Condado de Jackson, Missouri.* Y en tanto que por medio de su arrepentimiento y sus sacrificios y sufrimiento, el Obispo Eduardo Partridge sin ninguna duda obtuvo una mitigación del amenazado juicio en contra de él de caer 'por el dardo de la muerte, como el árbol heido por el fulgente golpe del rayo,' así también se puede considerar de haber pasado la necesidad de mandar otro para asumir su estación— 'uno poderoso y fuerte, para poner en orden la casa de Dios y para disponer por sorteo las heredades de los santos'—y *que se considera como terminada la ocurrencia entera de que trata la profecía.*

"Empero, si hay aquellos que aun insistirán que el cumplimiento de la profecía que trata la venida de uno 'poderoso y fuerte' pertenece al futuro, *los Santos de los Últimos Días deben saber que será un futuro obispo de la Iglesia que estará con los Santos en Sión, Condado de Jackson, Missouri, cuando el Señor les establecerá en esa tierra;* y que también será tan bendecido con el espíritu y el poder de su llamamiento que podrá poner en orden la casa de Dios, perteneciente al departamento de la obra bajo su jurisdicción; y que con rectitud y justicia dispondrá 'por sorteo las heredades de los santos.' *Poseerá la misma alta y exaltada estación que Eduardo Partridge poseía;* porque este último fue llamado a hacer justamente este tipo de tarea—es decir, poner en orden la casa de Dios, perteneciente a la ubicación de los Santos en sus herencias. . ." "Uno Poderoso y Fuerte," *Era de Mejoramiento,* Tomo X. No. 12, octubre de 1907, pp. 930, 939-41.

Quizás preguntaréis ¿cuándo vendrá este tiempo? en que los Santos reciban sus *bona fide* herencias. *El tiempo vendrá en que los Santos recibirán sus mayordomías cuando habrán vuelto a las tierras de las cuales fueron expulsados; pero las herencias no les serán dadas hasta después que el Señor habrá asignado a los rectos muertos sus herencias, y después los rectos vivos recibirán las suyas.* Ésto encontraréis registrado en la *Doctrina y Convenios*; y en el mismo Libro está predicho que habrá uno '*poderoso y fuerte,*' *que también será un personaje inmortal,*—uno vestido de luz como si fuese ropa:—uno cuyas entrañas son una fuente de verdad. Su misión será dividir por sorteo a los Santos sus herencias, de acuerdo con su fidelidad en sus mayordomías. *Ésto, también, está de acuerdo con otra revelación,* dada el 27 de diciembre de 1832, que dice, en gran simplicidad, que cuando los Santos son resucitados y arrebatados al cielo, y los Santos vivos también son arrebatados, y que *cuando el séptimo ángel habrá sonado su trompeta, entonces los Santos recibirán sus herencias.* [*Doctrina y Convenios* 88:95-110] *El tiempo está allí nombrado, concerniente el período que el Señor tiene en su propia mente, cuando se darán las herencias. Finalmente, después que los Santos habrán sido resucitados y arrebatados al cielo, en conección con los Santos viviendo aún; y después que el séptimo ángel suene su trompeta, la tierra será dada a los Santos del Más Alto como herencia para ser dividida entre ellos.*[21]

El juicio durante el Milenio será dado a los Santos. En las palabras de Juan el Revelador,

> Y vi tronos, y se sentaron sobre ellos los que *recibieron facultad de juzgar;* y vi las almas de los decapitados por causa del testimonio de Jesús y por la palabra de Dios, los que no habían adorado a la bestia ni a su imagen, y que no recibieron la marca en sus frentes ni en sus manos; y *vivieron y reinaron con Cristo mil años.*[22]

Ésto se clarificó aun más en el Libro de Mormón, en donde está bosquejado el papel que tomarán los Apóstoles en el programa de juicio:

> Y me dijo: ¿Te acuerdas de los doce apóstoles del Cordero? He aquí, *ellos son los que juzgarán a las doce tribus de Israel; por tanto, los doce ministros de tu posteridad serán juzgados por ellos,* pues vosotros sois de la casa de Israel.
>
> Y estos doce ministros que tú ves juzgarán a tu posteridad. Y he aquí, son justos para siempre; porque a causa de su fe en el Cordero de Dios, sus vestidos son emblanquecidos en su sangre.[23]

Orson Pratt enseñó que los dos grupos de apóstoles tendrán instalados en su debidas tierras doce tronos, y que el proceso de juicio continuará a funcionar en los mundos eternos:

> Y Jesús y los Doce Apóstoles estarán entre nosotros. Y tenemos un registro de sus tronos. "Y Jesús les dijo: De cierto os digo que en la regeneración,

21. *Diario de Discursos*, 21:150-51.
22. *Apocalipsis* 20:4.
23. *1 Nefi* 12:9-10.

cuando el Hijo del Hombre se siente en el trono de su gloria, vosotros que me habéis seguido también os sentaréis sobre doce tronos, para juzgar a las doce tribus de Israel." Entonces las doce tribus volverán, *y doce hombres sentados en doce tronos, en la tierra de Palestina,* reinarán sobre ellos. *Los Doce Discípulos levantados en esta tierra, hace 1800 años, tendrán sus tronos;* quienes, después de ser juzgados por los Doce en Jerusalén, se sentarán sobre sus tronos y juzgarán el resto de la tribu de José. *Y tendrán esa obra que cumplir en los mundos eternos.*[24]

Declaró también, al hablar de los doce apóstoles originales, que el proceso de juzgar será un proceso continuo—un proceso de gobernar en vez de juzgar, y los jueces se sentarán en juicio como los jueces en Israel antes del tiempo de Saul. Otros además de los apóstoles tendrán responsabilidades:

Y estos serán los hombres que estarán con Jesús cuando desciende sobre el Monte de Olivos, después que se habrán abierto los sepulcros de los justos. En la resurrección saldrán inmortales, eternos, vestidos con la plenitud de esa gloria que pertenece al reino celestial. También reinarán como reyes y sacerdotes acá sobre la tierra. *A algunos de los Santos resucitados serán dadas diez ciudades para gobernar. A otros les serán dadas cinco ciudades para gobernar, según sus obras acá en esta vida. Todos no tendrán el mismo poder. Todos no tendrán el mismo dominio.* Los Doce tendrán doce tronos—uno para cada uno, para juzgar a las doce tribus de Israel. *Las tribus necesitarán ser juzgados, durante los mil años enteros que vivan sobre la tierra; necesitarán jueces entre sí,* para manifestarles lo que es importante que sepan los hombres, mujeres y niños.

Estos doce hombres asignados a juzgar a estas doce tribus de Israel no puedan ser, como si fuera, jueces sobre toda la tierra a la vez. *No pueden estar presentes en todos lugares al mismo momento, y por eso habrá otros jueces, otros hombres de Dios,* que son juzgados dignos en los ojos del Más Alto.[25]

Brigham Young habló de la rectitud del juicio que suministrarán.

Cuando es dado el juicio a los Santos, será por razón de su rectitud, porque juzgarán tal como los ángeles y los Dioses, y no como hacen los inicuos en la actualidad, que no aman ni a Dios ni a la justicia, que no aman ni la verdad ni la misericordia, que juzgan según la iniquidad de sus corazones.[26]

El Espíritu Será Derramado

Habrá un gran derramamiento del Santo Espíritu durante el Milenio, según el Profeta Joel:

24. *Diario de Discursos,* 19:176.
25. *Diario de Discursos,* 20:155.
26. *Diario de Discursos,* 19:7.

> Y después de esto *derramaré mi Espíritu sobre toda carne,* y profetizarán vuestros hijos y vuestras hijas; vuestros ancianos soñarán sueños, y vuestros jóvenes verán visiones.
> Y también sobre los siervos y sobre las siervas derramaré mi Espíritu en aquellos días.[27]

Durante el Milenio el Señor revelará muchas cosas ahora escondidas del mundo. Nótense las promesas que ha hecho:

> Sí, en verdad te digo que *el día en que el Señor venga, él revelará todas las cosas:*
> cosas que han pasado y cosas ocultas que ningún hombre conoció; cosas de la tierra, mediante las cuales fue hecha, y su propósito y estado final;
> cosas sumamente preciosas; cosas que están arriba y cosas que están abajo; cosas que están dentro de la tierra y sobre la tierra y en el cielo.[28]

José Smith comentó sobre las verdades que serán reveladas al hombre:

> Ni tampoco podemos nosotros ni ellos perfeccionarnos sin los que han fallecido en el evangelio; porque al iniciarse la dispensación del cumplimiento de los tiempos, dispensación que ya está comenzando, es menester que una unión entera, completa y perfecta, así como un encadenamiento de dispensaciones, llaves, poderes y glorias se realicen y *sean revelados desde los días de Adán hasta el tiempo presente. Y no sólo esto, sino que las cosas que jamás se han revelado desde la fundación del mundo, antes fueron escondidas de los sabios y entendidos, serán revelados a los niños pequeños y a los de pecho en ésta, la dispensación del cumplimiento de los tiempos.*[29]

Entre las revelaciones que tienen que salir a la vista es el Libro de Enoc, que contendrá la profecía de Adán sobre el futuro del mundo:

---

27. *Joel* 2:28-29. Aunque este pasaje es citado a menudo por los autores de los Santos de los Últimos Días refiriéndose a la restauración del Evangelio, B. H. Roberts comentó sobre el pasaje y lo aplicó directamente al Milenio: "Porque Pedro, haciendo referencia al Espíritu que estaba reposando en ese momento sobre los Doce Apóstoles, dijo, 'esto es lo dicho por el profeta Joel,' etcétera, la muy general opinión prevalece que la profecía de Joel entonces fue cumplida, y por lo tanto los últimos días habían llegado. Ésto es una interpretación completamente errónea del propósito de Pedro en refirirse a la citación tanto como del pasaje mismo. No hay ninguna duda que Pedro quiso decir solamente: Este Espíritu que ahora veis reposando sobre estos Apóstoles de Jesús de Nazaret, es ese mismo Espíritu del cual vuestro Profeta Joel dice que será derramado en los últimos días sobre toda carne. Obviamente no quiso significar que esta ocasión en que los Apóstoles recibieron el Espíritu Santo fue un completo cumplimiento de la predicción de Joel. Para insistir en tal exégesis sería culpar al jefe de los Apóstoles con palpable ignorancia del significado de la profecía de Joel. En la ocasión tratada el Espíritu Santo fue derramado sobre los Doce Apóstoles, quienes fueron dados poder de hablar en varias lenguas; *la profecía de Joel, para su cumplimiento completo requiere que el Espíritu del Señor, el Espíritu Santo, se derrame sobre toda carne; y sin duda se refiere a aquel tiempo que vendrá en el bendito milenio* cuando la enemistad cesará no solo entre hombre y hombre, sino aun entre las bestias de los bosques y del campo; y entre el hombre y la bestia, como descrito por Isaías . . . *La Historia de la Iglesia* 1:xxxii.

28. *Doctrina y Convenios* 101:32-34.

29. *Doctrina y Convenios* 128:18.

Y el Señor le dio consuelo a Adán, y le dijo: Te he puesto para estar a la cabeza; multitud de naciones saldrán de ti, y tú les serás por príncipe para siempre.

Y Adán se puse de pie en medio de la congregación, y a pesar de que lo agobiaba el peso de sus años, lleno del Espíritu Santo, *predijo todo cuanto habría de sobrevenir a su posteridad hasta la última generación.*

Todas estas cosas se escribieron en el libro de Enoc, y se testificará de ellas a su debido tiempo.[30]

La verdades que tratan la creación física de la tierra y del universo también serán dadas a conocer:

Dios os dará conocimiento por medio de su Santo Espíritu, sí, por el inefable don del Espíritu Santo, conocimiento que no se ha revelado desde el principio del mundo hasta ahora;

el cual nuestros antepasados con ansiosa expectativa han aguardado a que se revelara en los postreros tiempos, hacia los cuales sus mentes fueron orientadas por los ángeles, como que se hallaba reservado para la plenitud de su gloria;

una ocasión futura en la que nada se retendrá, sea que haya un Dios o muchos dioses, serán manifestados.

Todos los tronos y dominios, principados y potestades, serán revelados y *señalados a todos los que valientemente hayan perseverado en el evangelio de Jesucristo.*

Y también, si se han fijado límites a los cielos, los mares o la tierra seca, o el sol, la luna o las estrellas,

todos los tiempos de sus revoluciones, todos los días, meses y años señalados; y todos los días de sus días, meses y años, y todas sus glorias, leyes y tiempos fijos, serán revelados en los días de la dispensación del cumplimiento de los tiempos,

conforme con lo decretado en medio del Concilio del Dios Eterno de todos los otros dioses, antes que este mundo fuese, que habría de reservarse para su cumplimiento y fin, cuando todo hombre ha de entrar en su eterna presencia y en su reposo inmortal.

¿Hasta cuándo pueden permanecer impuras las aguas que corren? ¿Qué poder hay que detenga los cielos? *Tan inútil le sería al hombre extender su débil brazo para contener el río Misuri en su curso decretado, o volverlo hacia atrás, como evitar que el Todopoderoso derrame conocimiento desde el cielo sobre la cabeza de los Santos de los Últimos Días.*[31]

Aparentemente las verdades serán tan maravillosas que "desde el principio del mundo no han escuchado los hombres, ni percibido con sus oídos, ni ha visto ojo alguno, además de ti, oh Dios, cuán grandes cosas has preparado para aquel que te espera."[32] Probablemente será por razón

30. *Doctrina y Convenios* 107:55-57.

31. *Doctrina y Convenios* 121:26-33.

32. *Doctrina y Convenios* 133:45.

de este rico derrame del Santo Espíritu que "la tierra será llena del conocimiento de Jehová, como las aguas cubren el mar."[33]

Durante la edad del Milenio los redimidos serán llenos del conocimiento del Señor, y cantarán una nueva canción, el lírico del cual ya se ha dado:

> El Señor de nuevo ha traído a Sión;
> el Señor ha redimido a su pueblo, Israel,
> conforme a la elección de gracia,
> la cual se llevó a cabo por la fe y el convenio de sus padres.
> El Señor ha redimido a su pueblo,
> y Satanás está atado, y el tiempo ha dejado de ser.
> El Señor ha reunido en una todas las cosas.
> El Señor ha bajado a Sión desde lo alto.
> Ha hecho subir a Sión desde abajo.
> La tierra ha estado de parto y ha dado a luz su fuerza;
> y la verdad está establecida en sus entrañas;
> y los cielos le han sonreído;
> y está revestida con la gloria de su Dios,
> porque él está en medio de su pueblo.
> Gloria y honra, y poder y fortaleza,
> sean atribuidos a nuestro Dios,
> porque en él abundan la misericordia,
> la justicia, gracia, verdad y paz,
> para siempre jamás. Amén.[34]

Orson Pratt enseñó que en este tiempo aun el reino animal también será dotado con mayor inteligencia.

> El conocimiento de Dios cubrirá todo el mundo, como las aguas cubren el gran abismo. *Y entonces el reino animal manifestará más inteligencia y más conocimiento que ahora manifiesta en su condición caída.* En verdad, tenemos una declaración por Juan el Revelador que cuando este tiempo viene sabrán aun como alabar a Dios. Él dice, "y a todo lo creado que está en el cielo, y sobre la tierra, y debajo de la tierra, y en el mar, y a todas las cosas que en ellos hay, oí decir: al que está sentado en el trono, y al Cordero, sea la alabanza, la honra, la gloria y el poder, por los siglos de los siglos." *¿Qué? ¿El reino animal dotado con lenguaje? Sí, un lenguaje de alabanza,* diciendo algo del cordero que fue matado, y de su gloria y excelencia. ¡Qué hermosa creación será cuando todas estas cosas se cumplan![35]

Muchas Iglesias Durante el Milenio

Según Jorge Q. Cannon, durante el Milenio, todos los hombres conocerán al Señor, y estarán familiarizados con Su dominio y ley:

---

33. *Isaías* 11:9.

34. *Doctrina y Convenios* 84:99-102.

35. *Diario de Discursos,* 20:18.

> Si leéis el capítulo 20 de *Apocalipsis*, veréis que el Señor reveló a Juan que habrá mil años de descanso, un milenio o época milenial, cuando la tierra descansará de iniquidad, y entonces conocimiento la cubrirá como las aguas cubren el abismo, y cuando un hombre no tendrá que decir a otro, "¿Conoce al Señor?" sino cuando, según las palabras del Profeta, "*todos me conocerán, desde el más pequeño de ellos hasta el más grande;*" cuando las leyes de Dios serán escritas en los corazones de todos los hijos de los hombres, y comprenderán su ley.[36]

Aparentemente los hombres no solo tendrán conocimiento de Cristo sino que se inclinarán y darán reverencia a Su ley, porque Pablo declara,

> Por lo cual Dios también le exaltó hasta lo sumo, y le dio un nombre que es sobre todo nombre,
>
> para que en el nombre de Jesús se doble toda rodilla de los que están en los cielos, y en la tierra, y debajo de la tierra; y toda lengua confiese que Jesucristo es el Señor, para gloria de Dios Padre.[37]

La misma idea está incluida en las revelaciones de los últimos días:

> Os digo, pues, que os he mandado mi convenio sempiterno, el mismo que existió desde el principio.
>
> y lo que he prometido, lo he cumplido, y *las naciones de la tierra se inclinarán a él; y si no lo hacen de sí mismas, serán derribadas, porque lo que ahora de sí mismo se ensalza será despojado de poder.*[38]

Pero parece que la referencia citada arriba no se interpreta con el sentido que todas las personas se juntarán a la Iglesia de Cristo. Brigham Young repetidamente enseñó que aun habría una variedad de iglesias sobre la tierra durante el Milenio:

> Cuando las naciones verán juntas la gloria de Dios, el espíritu de sus sentimientos puede expresarse en estas palabras, "Maldito seré si te sirvo." En aquellos días los Metodistas y los Presbiterianos, encabezados por sus sacerdotes, no serán permitidos formar pandillas para esforzar, matar y hurtar a los Santos de los Últimos Días; ni tampoco serán permitidos a los Santos de los Últimos Días levantarse para decir, "Mataremos a vosotros, Metodistas, Presbiterianos, y etcétera," *ni tampoco será permitida ninguna de las sectas del Cristianismo perseguir la una a la otra.*
>
> ¿Qué harán? Oirán de la sabiduría de Sión, y *los reyes y los soberanos de las naciones subirán a Sión para informarse de las cosas del Señor, y ponerse al tanto del gran conocimiento, sabiduría y entendimiento manifestado por medio de los Santos del Más Alto. Anunciarán al pueblo de Dios que pertenecen a tal y tal Iglesia, y que no quieren cambiar su religión.*
>
> *Serán atraídos a Sión por la gran sabiduría desplegada allá, y la atribuirán a la perfidia y la austicia del hombre.* Se les preguntará, "¿Qué queréis hacer, vosotros extranjeros de lejos?" "Queremos vivir de acuerdo con nuestra

---

36. *Diario de Discursos*, 14:321.
37. *Filipenses* 2:9-11.
38. *Doctrina y Convenios* 49:9-10.

religión." "¿Doblaréis la rodilla con nosotros ante Dios?" "Oh sí, como os guste;" y *en ese tiempo cada rodilla doblará, y cada lengua reconocerá que Dios es el formador y hacedor de todas las cosas, el gobernador y controlador del universo. Tendrán que doblar la rodilla y confesar que Él es Dios, y que Jesucristo, quién sufrió para los pecados del mundo, es en verdad su Redentor;* que por el derramar de su sangre Él ha redimido a los hombres, las mujeres, los niños, las bestias, las aves, los peces, la tierra misma, y cada cosa que Juan vio y oyó alabando en el cielo.

Preguntarán "¿Si doblo la rodilla y confieso que Él es el Salvador, el Cristo, para la gloria del Padre, me permitiréis volver a casa a *ser Presbiteriano?*" "Sí." "¿Y no me perseguiréis?" "Nunca." "¿Me permitiréis volver a casa y *juntarme con la Iglesia Griega?*" "Sí." "¿Me *permitiréis ser de los Amigos Shakers, o de los Shakers Tembladores?*" "Oh sí, podéis ser lo que queréis, pero tengáis en cuenta que no podéis perseguir a vuestros vecinos, tenéis que portaros bien, y no molestar a vuestros vecinos, y *dejarles que adoren el son, la luna, un perro blanco, o cualquier cosa que les parece bien, teniendo en cuenta que cada rodilla tendrá que doblar y cada lengua confesar. Cuando habréis pagado este tributo al Más Alto, quién os creó y os preserva, podéis ir y adorar lo que queréis, o hacer lo que queréis,* si no viola los derechos de vuestros vecinos.[39]

En otra ocasión dijo,

> En el milenio los hombres tendrán el privilegio de ser Presbiterianos, Metodistas o paganos, pero no tendrán el privilegio de tratar el nombre y el carácter de la Deidad como lo han hecho anteriormente. No, sino cada rodilla doblará y cada lengua confesará a la gloria de Dios el Padre que Jesús es el Cristo.[40]

Comentó que muchos quedarán como miembros de sus respectivas iglesias porque no se humillarán suficientemente para aceptar el Evangelio y ser enseñados, aun que tendrán adecuado testimonio de la veracidad de la Iglesia:

> *Anticipo con toda confianza que vendrá el tiempo cuando cada lengua confesará, y cada rodilla doblará al Salvador, aunque las personas pueden creer lo que quieren en cuanto a la religión.* El reino que Daniel vio en verdad formará leyes para proteger a cada hombre en sus derechos, como hace nuestro gobierno actualmente, no obstante si las religiones de las personas son verídicas o falsas. Creemos ésto tan sinceramente como creemos cualquier otra cosa, y creo que el rumbo de este pueblo lo ha comprobado, en cuanto concierne los actos de los hombres. *Toda la creación no podría pedir por más testigos que ahora tienen, que el Nuevo Testamento es la verdad, que Jesús es el Cristo, que los Santos Profetas son verídicos, que el Libro de Mormón es la verdad, y que José Smith fue un Profeta y un Revelador. Pero el Señor ha decretado que ningún hombre recibirá los beneficios del sempiterno Sacerdocio sin humillarse ante Él, y darle la gloria por haberle enseñado, para que pueda testificar a cada hombre de la verdad, y no depender en las palabras*

39. *Diario de Discursos*, 2:316-17. Véase Mosíah 27:31.

40. *Diario de Discursos*, 12:274.

> *de ningún individuo sobre la tierra, sino conocer por sí mismo,* vivir "por toda palabra que sale de la boca de Dios," amar al Señor Jesucristo y las instituciones de Su Reino, y finalmente entrar en Su gloria. Cada hombre y mujer puede ser un Revelador, y tener el testimonio de Jesús, que es el espíritu de la profecía, y prever la mente y la voluntad de Dios, concerniente a ellos, rechazar lo malo, y escoger lo bueno.[41]

Presidente Brigham Young también mantuvo que habrá millones durante el Milenio que rehusarían aceptar a Cristo como su redentor:

> Cuando todas las naciones serán tan subyugadas a Jesús que cada rodilla doblará y cada lengua confesará, aun *habrá millones sobre la tierra que no creerán en él: pero serán obligados a reconocer su reinante gobierno.* Podéis nombrar ese gobierno eclesiástico, o cualquier término que os guste; *no obstante, no hay ningún gobierno verídico sobre la tierra sino el gobierno de Dios, o el santo Sacerdocio.* ¿Os diré lo que es? En una palabra, *es un sistema perfecto de gobierno—un reino de Dioses y ángeles y todos los seres que se sujetarán a ese gobierno.* No habrá otro gobierno verídico en el cielo ni sobre la tierra. No me echéis a mi la culpa por creer en un gobierno puro y santo.[42]

Los esfuerzos de la Iglesia serán dirigidos hacia tres objetivos mayores durante el Milenio: (1) la obra misional, (2) la obra del templo, y (3) la enseñanza de los Santos y su preparación para la exaltación.

La Obra Misional

Concerniente a la obra misional durante el Milenio, Presidente José Fielding Smith dijo:

> *El Evangelio será enseñado más intensamente y con más poder durante el milenio, hasta que todos los habitantes de la tierra lo abrazarán.* Satanás será atado para que no pueda tentar a ningún hombre. Si algún hombre rehusa aceptar el evangelio bajo esas condiciones será maldito. Por medio de las revelaciones dadas a los profetas, aprendemos que *durante el reinado de Jesucristo por mil años al fin todas las persona abrazarán la verdad . . . Si el conocimiento del Señor cubre la tierra como las aguas cubren el mar, entonces tendrá que ser aceptado universalmente.* Además, la promesa del Señor por Jeremías es que ya no más será necesario a ninguno enseñar a su vecino, "diciendo, Conoce a Jehová: porque todos me conocerán, desde el más pequeño de ellos hasta el más grande, dice Jehová."[43]

Se anticipa que el cuarto esfuerzo misional de los últimos días, la misión final a toda la humanidad, continuará a través del Milenio. Sin embargo, el lector notará que la interpretación de Presidente José Fielding Smith que todos aceptarán el evangelio no está apoyado por las declaraciones de los hermanos citadas en la sección anterior.

---

41. *Diario de Discursos,* 2:189.
42. *Diario de Discursos,* 7:142.
43. José Fielding Smith, *Doctrinas de Salvación [Doctrines of Salvation],* 3, 64-65.

La Obra del Templo

Muchos de los líderes de los Santos de los Últimos Días han comentado sobre la obra del templo que se llevará acabo durante esta época de paz. Jorge Q. Cannon, después de citar varios pasajes de escritura que corresponden a la obra del templo, declaró,

> Cito estos pasajes como ocurren a la mente. Todos estáis familiarizados con ellos. Se cumplirán, y habrá mil años de descanso, durante lo cual Satanás será atado, y cuando *la simiente de los rectos aumentará y cubrirá la tierra.* En ese período glorioso todas las cosas sobre la faz de la tierra serán hermosas; las enfermedades y los crímenes serán desterrados; y durante ese período, como Dios ha revelado, *la ocupación de este pueblo será poner los cimientos para la redención de los muertos,* los millones sin número que vivían sobre la tierra y murieron sin oír y obedecer el plan de salvación.[44]

Juan Taylor habló de los miles de templos que en aquel entonces existirán:

> Ésta es una gran obra. Bien pudiera haber dicho a José Smith, "Estás poniendo los cimientos de una gran obra—tan extensa que no hay sino pocos que pueden aun comenzar a comprenderla. Leemos a veces del milenio. Pero ¿qué conocemos de ello? Es un tiempo cuando esta obra marchará, y *Templos, miles de ellos, serán levantados* para el cumplimiento de los objetos diseñados, en que se recibirán de los cielos comunicaciones en cuanto a nuestra obra, como la podemos cumplir, y para quien.[45]

Wilford Woodruff declaró que Templos serían edificados a través de los continentes americanos y en Europa:

> Cuando viene el Salvador, mil años serán dedicados a esta obra de redención; y Templos aparecerán sobre toda esta tierra de José, *el Norte y Sudamérica y también en Europa y en otros lugares;* y todos los descendientes de Sem, Cam y Jafet quienes no recibieron el Evangelio en la carne, tendrán que ser representados vicariamente en los Templos de Dios, antes de que el Salvador puede presentar el Reino al Padre, diciendo, "Consumado es."[46]

Fue la enseñanza de Presidente Young que seres resucitados volverán a la tierra y revelarán los datos necesarios para que puedan cumplir la obra del templo para los muertos:

> Se está predicando ya el Evangelio a los espíritus presos, y cuando llegue el tiempo para que los siervos de Dios oficien a favor de ellos, *los nombres de aquellos que han recibido el Evangelio en el espíritu serán revelados por los ángeles de Dios y por los espíritus de hombres justos hechos perfectos; también los lugares de su nacimiento, la época en que vivieron, y todas las cosas tocándoles que es menester registrar en la tierra,* y entonces serán salvos para

44. *Diario de Discursos,* 14:321-22.
45. *Diario de Discursos,* 25:185.
46. *Diario de Discursos,* 19:230.

> así recibir el derecho de entrar en la presencia de Dios, con todos sus parientes quienes han oficiado en su favor. Los inicuos serán limpiados y purificados por fuego; algunos de ellos serán salvos como si fuese por fuego.[47]

En relación a este tema también dijo,

> Nuestros cuerpos ahora son mortales. En la *resurrección* habrá una reunión de los espíritus y los cuerpos, y *andarán, hablarán, comerán, beberán, y gozarán. Aquellos que han sobrevencido estas pruebas son aptos socios para ángeles—para los Dioses, y son aquellos que entrarán al Templo del Señor que se edificará en los últimos días, cuando salvadores vendrán al Monte Sión, y dirán, "He aquí, hijos míos, quiero que ésto y aquello sean hechos. Acá están los nombres de tal y tal, de nuestros padres, y madres—nuestros antepasados;* les presentaremos. Salid, vosotros que no habéis pasado las pruebas de la muerte y la resurrección—vosotros que viváis en la carne, y cumplid las ordenanzas para aquellos que han muerto sin la ley." *Aquellos que son resucitados así dictarán en el Templo. Cuando los Santos pasan por la muerte, no pueden oficiar en este mundo de pecado, pero dictarán a aquellos que están aquí.*[48]

Erastus Snow declaró que José Smith dirigirá la obra del templo conducida durante el Milenio:

> La mañana de la resurrección alborea. Pronto encontraremos a José y sus hermanos supervisando y dirigiendo los labores de los Élderes de Israel en los Templos de nuestro Dios, trabajando para la redención de los muertos, cual obra continuará durante el descanso de los mil años cuando el Salvador reinará sobre la tierra.[49]

Los Santos Se Prepararán Para la Exaltación

Un tercer propósito del Milenio será la preparación de los Santos para la exaltación. Ésto puede llevarse a cabo, en parte, por los seres resucitados que habrán retornado de las regiones celestiales. Según Orson Pratt enseñarán a los hijos de los hombres y les cederán muchas preciosas verdades:

> El Señor Jesucristo estará aquí, por parte del tiempo, para instruirnos, y *los antiguos patriarcas, incluyendo a Adán, bajarán de su mundo celestial, donde primero fueron hechos espiritualmente.* Vendrán sobre esta creación; y tendrán sus moradas; y frecuentemente, sin duda tendrán gran gozo recogiendo a sus hijos fieles, desde el día de su propia probación hasta la centésima generación. Será algo placentero para uno de nuestros antepasados que nació hace cien generaciones decir, "Venid, hijos míos, que estáis aquí en la carne y que hasta ahora no se os han hechos inmortales, vosotros, moradores sobre la faz de la tierra, redimidos en parte—venid, tengo noticias

47. *Diario de Discursos*, 9:317.

48. *Diario de Discursos*, 8:225.

49. *Diario de Discursos*, 23:188.

gloriosas para comunicaros. *Tengo algo que no poseéis, conocimiento que no habéis ganado, porque hemos estado arriba en aquel mundo celestial; hemos estado morando en la presencia de nuestro Padre y Dios.* Fuimos restaurados allá en la dispensación en que morimos y en que fuimos trasladados, y hemos aprendido muy muchas cosas de las cuales los hijos de la mortalidad no saben nada. Venid, juntáos, para que podéis observar vuestros padres anteriores, los padres de vuestros padres y así y así, hasta que extendéis por cien generaciones. Oíd las instrucciones que os impartirán. *Os hablarán del reino celestial, y su más alta gloria, y de las bendiciones que gozarán aquellos que alcanzarán la plenitud de ese reino.*" ¿No dará ésto ánimo a aquellos que aun son mortales, durante el milenio? Creo que sí. Entonces el conocimiento de los padres, el conocimiento de la tierra, y de las cosas de Dios, y el conocimiento de lo que es celestial, y grande y glorioso, y bien lejos de la comprensión de seres imperfectos como somos ahora en nuestra condición decaída—entonces ese conocimiento será desplegado a las mentes de los hijos de los hombres, durante sus respectivas generaciones acá sobre la tierra, durante el gran día de descanso de la creación. ¿Para qué propósito es todo ésto? *Es para preparar a sus hijos, durante el milenio que puedan hacer celestial a esta tierra, como la otra más anciana, que ellos, juntos con esta creación, puedan ser coronados con la presencia de Dios el Padre, y su Hijo Jesucristo. Ganamos este conocimiento e información por grados.* Nuestros hijos son educados y enseñados, hasta que los cielos lleguen a ser familiares con ellos; hasta que el Señor llegue a ser familiar con ellos; su rostro llegue a ser familiar a todos los rectos sobre la tierra.[50]

El milenio también consistirá de un descanso para la tierra:

> Y allá será mi morada, y será Sión, la cual saldrá de todas las creaciones que he hecho; y por el espacio de mil años la tierra descansará.[51]

Sumario

1. El Milenio será un período de mil años durante el cual el Señor y sus Santos morarán juntos sobre la tierra. Cristo no estará siempre sobre la tierra, pero vendrá cuando le necesiten.
2. El período será un tiempo de paz y rectitud. Satanás será atado, pero los hombres aun serán capaces de pecar.
3. La Nueva y la Antigua Jerusalén servirán como las dos capitales mundiales. La autoridad para las dos divisiones del Reino de Dios se unirá en cierto tiempo en un concilio en la antigua Jerusalén. Cristo será el Rey. Bajo él funcionarán dos grupos originales de los Doce, quienes juzgarán los pueblos de la tierra. Los demás Santos servirán bajo ellos en varias capacidades administrativas.
4. El Espíritu del Señor revelará muchas cosas durante el milenio que los hombres anteriormente no habrán conocido. En este tiempo nada les será retenido. Seres resucitados estarán sobre la tierra y enseñarán a los hombres muchas cosas importantes.

---

50. *Diario de Discursos,* 21:203-04.

51. *Moisés* 7:64. Véase *Moisés* 7:48.

5. Durante el Milenio todos los hombres reconocerán que Jesús es el Cristo pero muchos de ellos rehusarán juntarse con Su Iglesia. Habrán muchas otras iglesias sobre la tierra.
6. Los esfuerzos de la Iglesia se dirigirán hacia tres objetivos durante el milenio:
   A. La Obra Misional–la misión final a toda la humanidad.
   B. La Obra del Templo–Seres espirituales y seres resucitados revelarán la información necesaria para conducir la obra en miles de templos que se habrán construido.
   C. Enseñando a los Santos y preparándoles para la exaltación–ésto será hecho en gran parte por seres resucitados mandados de la presencia de Dios.

CAPITULO DIEZ Y SEIS

Los Acontecimientos al Fin del Mundo

La Batalla de Gog y Magog

Está profetizado que cuando la época milenial llegue a su fin, algunos se desviarán de la senda de rectitud y Satanás será desatado por un corto tiempo. Recogerá a los inicuos de entre la tierra, y los llevará a una batalla en contra de los rectos:

> Cuando los mil años se cumplan, Satanás será suelto de su prisión, y saldrá a engañar a las naciones que están en los cuatro ángulos de la tierra, a Gog y a Magog, a fin de reunirlos para la batalla; el número de los cuales es como la arena del mar.[1]

Esta batalla se conocerá como la batalla de Gog y Magog. No se debe confundirla con la batalla de Armagedón, la cual, aunque involucra las figuras de Gog y Magog, ocurre antes del milenio. Dijo el Profeta José Smith:

> La batalla de Gog y Magog será después del milenio. El resto de todas las naciones que luchan contra Jerusalén fueron mandados a subir a Jerusalén para adorar en el milenio.[2]

Élder Jorge Q. Cannon enseñó que la razón para desatar a Satanás será porque los hombres se apartarán de los principios de la sociedad milenial:

> El diablo ha puesto en marcha cada medida en su poder para embrollar a los hijos de los hombres, para rodearlos con barreras para prevenir que cumplan la voluntad de Dios. Y cuando obedecemos los mandamientos de Dios, venceremos al adversario de nuestras almas. Cuando llevamos a cabo los propósitos y las revelaciones que Dios nos ha dado y nos ha manifestado, ganamos inmensamente. Ganamos poder y fuerza, y dentro de poco el adversario será atado en nuestro medio, para que no tenga el poder de tentarnos, y ésto se llevará a cabo por razón de nuestra obediencia a los mandamientos de Dios y las revelaciones del Señor Jesucristo. *También creo que cuando Satanás será desatado por un corto tiempo, al fin de los mil años, será porque la humanidad se habrá desviado de la práctica de los principios que Dios ha revelado, y este Orden de Enoc probablemente entre los demás principios.* No hay mejor manera en que él pueda ganar poder sobre los corazones de los hijos de los hombres que por tentarlos en cuanto a su codicia, su avaricia, y sus bajos deseos egoísticos. Ésta es una fértil causa de dificultad.[3]

Fue la enseñanza de Orson Pratt que Satanás podrá tentar solamente a los mortales en este tiempo, y que no tendrá ningún poder sobre aquellos

1. *Apocalipsis* 20:7-8.
2. *La Historia de la Iglesia,* 5:298.
3. *Diario de Discursos,* 16:119-20.

seres resucitados. Además dijo que los que pequen no lo harán en ignorancia, pero su rebelión contra Dios será premeditada:

> Cuando habrá pasado el período llamado el milenio, Satanás será desatado de nuevo. Ahora se levanta la pregunta, *¿Tendrá Satanás poder de engañar a aquellos que han vivido sobre la tierra, y que han dormido por un momento, y han recibido sus cuerpos inmortales? No, no lo tendrá. Cuando han pasado por su probación, y han recibido sus cuerpos inmortales, Satanás no tendrá ningún poder sobre ellos.* Así que generación tras generación pasará, durante el milenio, pero más luego, al fin de ese tiempo, millones sin número de la posteridad de aquellos que vivían durante el milenio serán esparcidos en los cuatro ángulos de la tierra, y Satanás será desatado, y saldrá para tentarlos, y vencer algunos de ellos, para que rebelen contra Dios; *no rebelar en ignorancia ni por encogerse en incredulidad, como hicieron los Lamanitas; pero pecarán con voluntad contra la ley del cielo,* y tan grande será el poder de Satanás sobre ellos, que los reunirá en contra de los Santos y en contra de la amada ciudad, y fuego descenderá del cielo y los consumirá.[4]

La batalla de Gog y Magog se combinará en forma similar a la batalla en la pre-existencia cuando Miguel luchó en contra de Satanás y sus fuerzas.[5] En esta batalla final, según la *Doctrina y Convenios*, el líder de las huestes de rectitud de nuevo será Adán, o Miguel:

> Y entonces quedará suelto por una corta temporada, para reunir a sus ejércitos.
>
> Y Miguel, el Séptimo ángel, el arcángel, reunirá a su ejércitos, sí, las huestes del cielo.
>
> Y el diablo reunirá a sus ejércitos, las huestes del infierno, e irá a la batalla contra Miguel y sus ejércitos.[6]

Orson Pratt habló de la existencia de un gobierno durante el milenio y entonces explicó que aquellos que caerán en las tentaciones de Satanás apostatarán de ese gobierno:

> Ésto será el orden de las cosas que existirán aquí sobre la tierra, y que serán comprendidas por todas las naciones que en aquel entonces existirán, y continuará por mil años. *Y al fin de ese tiempo esta clase de gobierno aun no será terminada, aunque todos los que puedan ser influenciados por Satanás a apostatar, en esa temporada, lo harán, y habrá una gran división de las personas, al fin de los mil años. En ese tiempo los Santos habrán llegado a ser muy numerosos, probablemente más numerosos que jamás antes;* y serán obligados a congregarse en un solo lugar, como hacemos ahora desde los cuatro rincones de la tierra. Tendrán que hacer sus campamentos en los alrededores, porque la "ciudad amada" no tendrá lugar para contenerlos. Es llamado por Juan el Revelador, el campamento de los Santos y la ciudad amada, adonde se congregan los Santos, desde las naciones de la tierra.

4. *Diario de Discursos,* 16:322.
5. Véase *Apocalipsis* 12:4, 7-9.
6. *Doctrina y Convenios* 88:111-13.

> *Satanás reunirá su ejército, que consistirá de todos los ángeles que cayeron y dejaron las cortes del cielo, cuando él lo hizo, además de todos aquellos que apostatarán de la verdad, al fin de los mil años.* Ellos también asociarán con los seres inmortales del ejército de Satanás, todos siendo del mismo espíritu y mente. Él, con su ejército, marchará en contra de los Santos, y la ciudad amada, y la circundará en derredor. Su ejército será tan grande que podrá avanzar de todos lados contra los Santos: él rodeará sus campamentos. *A razón de la posición favorable de que se adueñará en esa grande y última batalla, y por razón del vasto número de su ejército, sin duda cree que obtendrá el dominio y subyugará a la tierra y la posesionará. No creo que conoce bien los diseños de Dios . . .*[7]

Satanás y sus fuerzas circundarán a los Santos en la "ciudad amada"[8] y guerreará contra ellos. Entonces fuego descenderá del cielo y consumirá a las huestes de maldad, y Satanás será arrojado. Dice una revelación a José Smith:

> Y entonces viene la batalla del gran Dios; y el diablo y sus ejércitos serán arrojados a su propio lugar, para que nunca más tengan poder sobre los santos.
>
> *Porque Miguel peleará sus batallas, y vencerá al que ambiciona el trono de aquel que sobre él se sienta,* sí, el Cordero.
>
> Ésta es la gloria de Dios y los santificados; y nunca más verán la muerte.[9]

Juan también predijo la caída de Satanás y sus huestes;

> Y subieron sobre la anchura de la tierra, y rodearon el campamento de los santos y la ciudad amada; y de Dios descendió *fuego del cielo, y los consumió.*
>
> Y el diablo que los engañaba fue lanzado en el lago de fuego y azufre, donde estaban la bestia y el falso profeta; y *serán atormentados día y noche por los siglos de los siglos.*[10]

Se entiende que esta destrucción por fuego marcará el fin del milenio y en ese tiempo aquellos que aun son mortales serán cambiados a seres resucitados, porque una revelación en la *Doctrina y Convenios* dice:

> Porque Satanás será atado; y cuando de nuevo quede libre, reinará solamente una corta temporada, y entonces vendrá el fin de la tierra.
>
> *Y el que viviere en rectitud será cambiado en un abrir y cerrar de ojos, y la tierra pasará como si fuera por fuego.*
>
> Y los inicuos irán al fuego inextinguible, y *ningún hombre en la tierra sabe el fin de ellos, ni lo sabrá jamas, sino hasta que comparezcan delante de mí en juicio.*[11]

---

7. *Diario de Discursos*, 18:345-46.
8. No es claro si ésta es la Nueva Jerusalén o la santa Jerusalén.
9. *Doctrina y Convenios* 88:114-16.
10. *Apocalipsis* 20:9-10.
11. *Doctrina y Convenios* 43:31-33.

En cuanto al estado final de Satanás y sus huestes, solamente lo siguiente ha sido revelado:

> y él [Jesús] glorifica al Padre y salva todas las obras de sus manos, menos a esos *hijos de perdición que niegan al Hijo después que el Padre lo ha revelado.*
>
> Por tanto, a todas salva él menos a ellos; *éstos irán al castigo perpetuo,* que es castigo sin fin, castigo eterno, para reinar con el diablo y sus ángeles por la eternidad, donde su gusano no muere y el fuego no se apaga, lo cual es su tormento;
>
> *y ni el fin de ello, ni el lugar, ni su tormento, ningún hombre lo sabe;*
>
> ni tampoco fue, ni es, ni será revelado al hombre, salvo a quienes se hacen participantes de ello;
>
> sin embargo, yo, el Señor, lo manifiesto en visión a muchos, pero en seguida lo cierro otra vez;
>
> *por consiguiente, no comprenden el fin, la anchura, la altura, la profundidad ni la miseria de ello, ni tampoco hombre alguno, sino los que son ordenados a esta condenación.*
>
> y oímos la voz decir: Escribid la visión, porque he aquí, éste es el fin de la visión de los padecimientos de los impíos.[12]

Una Consideración del Orden Cronológico de los Acontecimientos Finales

Juan el Revelador enumera tres importantes acontecimientos que se llevarán a cabo al fin de la existencia temporal de la tierra:

> Y vi un gran trono blanco y al que estaba sentado en él, de delante del cual *huyeron la tierra y el cielo,* y ningún lugar se encontró para ellos.
>
> *Y vi a los muertos, grandes y pequeños, de pie ante Dios; y los libros fueron abiertos, y otro libro fue abierto, el cual es el libro de la vida;* y fueron juzgados los muertos por las cosas que estaban escritas en los libros, según sus obras.
>
> *Y el mar entregó los muertos que había en él; y la muerte y el Hades entregaron los muertos que había en ellos;* y fueron juzgados cada uno según sus obras.
>
> Y la muerte y el Hades fueron lanzados al lago de fuego. Esta es la muerte segunda.
>
> Y el que no se halló inscrito en el libro de la vida fue lanzado al lago de fuego.[13]

Así que el orden en que Juan dice que sucederán estos acontecimientos es (1) la disolución de la tierra y el cielo, (2) el juicio, y (3) la resurrección del resto de los muertos. Nótese que los últimos dos parecen ocurrir a la misma vez. Orson Pratt describe un poco diferente el orden de estos acontecimientos:

> El Profeta Isaías habla de la muerte de la tierra: "y de la misma manera perecerán sus moradores." Como ella muere, así perecerán todos los que

---

12. *Doctrina y Convenios* 76:43-49.

13. *Apocalipsis* 20:11-15.

> moran en ella. ¿Cuándo será la muerte? No será hasta después del Milenio, después del reinado de rectitud por el espacio de mil años: después, además, de "un poco de tiempo," durante cual tiempo Satanás será desatado de su prisión. Continuará en su estado temporal con una porción de la maldición sobre su faz, hasta que el diablo habrá juntado a sus ejércitos al fin de los mil años, cuando los pondrá en orden, reuniéndolos sobre la anchura de la tierra, y *rodeando el campamento de los Santos y la amada ciudad. Entonces el Señor hará el cambio final; entonces sonará la trompeta final, que atraerá a todas las naciones dormidas;* aparecerán con cuerpos inmortales, no sujetos más a la muerte temporal. Saldrán de sus durmientes tumbas, y el mar entregará los muertos que hay en él. Los sepulcros de los impíos serán abiertos, y ellos saldrán; y *un gran trono blanco aparecerá,* como está registrado en capítulo 20 de *Apocalipsis,* y da una descripción del personaje que se sienta sobre él. *Jesús viene entonces en su poder y gloria, en una manera mucho más grande que jamás se había manifestado antes sobre la tierra;* tan grande será la gloria de aquel que se sienta sobre el trono que *ante su faz huirán la tierra y el cielo,* y no se encontrará lugar para ellos.[14]

En otra ocasión dijo,

> Entonces, después que se habrán devorado el ejército de Satanás, y después que Satanás es arrojado al infierno, con todos aquellos sobre los cuales tiene poder—entonces se juzgarán todos los habitantes de la tierra; este gran trono blanco de lo cual he estado leyendo aparecerá; el grande y final juicio vendrá; y *cuando aparece este trono blanco, la tierra misma y el verdadero cielo temporal que está arriba huirán,* y no se encontrará lugar para ellos.[15]

Parecería, entonces, que estos tres acontecimientos importantes están bien conectados, pero que el orden de Juan no es cronológico. La *Doctrina y Convenios* 29:26 indica que la resurrección final ocurrirá antes del fallecimiento de la tierra:

> Mas he aquí, de cierto os digo que *antes que pase la tierra,* Miguel, mi arcángel, tocará su trompeta, y entonces todos los muertos despertarán, porque se abrirán sus sepulcros y saldrán, sí, todos.

Así que el orden final de los acontecimientos es (1) la resurrección del resto de los muertos (la segunda resurrección) (2) la aparición de Cristo sobre el trono blanco y el pronunciamiento del juicio final y (3) la muerte del cielo y de la tierra. Se tratarán estos acontecimientos individualmente para que puedan ser considerados con mayor claridad.

La Segunda Resurrección

Se ha visto que la primera resurrección que ocurre al comienzo del Milenio será una resurrección de los rectos que heredarán los reinos celestiales y terrestres. La segunda resurrección sucederá después que ha terminado el Milenio, e incluirá a aquellos que heredarán el reino

14. *Diario de Discursos,* 18:321.

15. *Diario de Discursos,* 21:326.

telestial y también a los Hijos de Perdición. Dice una revelación a José Smith,

> Y además, vimos *la gloria de lo telestial,* la gloria de lo menor, así como la gloria de las estrellas difiere de la gloria de la luna en el firmamento.
> Éstos son los que no recibieron el evangelio de Cristo ni el testimonio de Jesús.
> Son los que no niegan al Santo Espíritu.
> Son aquellos que son arrojados al infierno.
> *Son éstos los que no serán redimidos del diablo sino hasta la última resurrección, hasta que el Señor, Cristo el Cordero, haya cumplido su obra.*[16]

Aparentemente éstos son aquellos que serán juzgados y encontrados bajo condenación cuando Cristo viene en gloria al comienzo del Milenio. Las trompetas proféticas que sonarán a la venida de Cristo predirán su hado:

> Y además, sonará otra trompeta, que es la tercera trompeta; y entonces *vienen los espíritus de los hombres que han de ser juzgados, y que se hallan bajo condenación.*
> *Y éstos son el resto de los muertos; y no vuelven a vivir sino hasta que pasen los mil años, ni volverán a vivir hasta el fin de la tierra.*
> Y sonará otra trompeta, que es la cuarta trompeta, diciendo: Se encuentran entre los que han de quedar hasta ese grande y postrer día, sí, el fin, *quienes permanecerán sucios aún.*[17]

Una revelación registrada en la *Doctrina y Convenios* declara que la segunda resurrección será introducida por Miguel (Adán), quién dará la señal por el son de trompeta:

> Mas he aquí, de cierto os digo que *antes que pase la tierra, Miguel, mi arcángel, tocará su trompeta, y entonces todos los muertos despertarán,* porque se abrirán sus sepulcros y saldrán, sí, todos;
> y *serán reunidos los justos a mi derecha para vida eterna;* y a los malvados, a mi izquierda, me avergonzaré reconocerlos ante mi Padre.
> Por tanto les diré: *Apartaos de mí, malditos, al fuego eterno, preparado para el diablo y sus ángeles.*
> Y ahora bien, he aquí, os digo que en ningún tiempo he declarado por mi propia boca que han de volver, pues no pueden venir a donde yo estoy, porque no tienen poder.
> Mas recordad que no todos mis juicios son dados a los hombres; y tal como las palabras han salido de mi boca, así se cumplirán, para que lo

---

16. *Doctrina y Convenios* 76:81-85.

17. *Doctrina y Convenios* 88:100-102. Nótese que estas trompetas son las que predicen, y no están registrando los acontecimientos mismos en su contexto actual. La doctrina de la resurrección es involucrada y comentarios adicionales sobre las doctrinas que todos los hombres se resucitarán, la restauración completa del cuerpo, la resurrección de niños pequeños, y etcétera, no se hará aquí. Se refiere al lector la gran variedad de comentarios por autores Santos de los Últimos Días que tratan esta doctrina en gran detalle.

primero sea postrero, y lo postrero sea primero en todas las cosas que he creado por la palabra de mi poder, que es el poder de mi Espíritu.[18]

El Juicio Final

Parece que el Salvador ha reservado el derecho de juzgar a todos los habitantes del mundo en el último día, cuando se ponen de pie ante Él para ser juzgados, porque una revelación registra su declaración que

> Yo soy el Alfa y la Omega, Cristo el Señor; sí, soy él, el principio y el fin, el Redentor del mundo.
>
> Habiendo ejecutado y cumplido la voluntad de aquel de quien soy, a saber, el Padre, tocante a mí—habiéndolo hecho para sujetar a mí todas las cosas—
>
> *reteniendo todo poder, aun el de destruir a Satanás y sus obras al fin del mundo, y el último gran día del juicio que pronunciaré sobre los habitantes del mundo, juzgando a cada hombre de acuerdo con sus obras y las cosas que haya hecho.*[19]

Una revelación al Profeta también indica que los inicuos son detenidos hasta este día de juicio, porque registra la declaración del Señor que "he guardado al resto de los inicuos en cadenas de tinieblas hasta el juicio del gran día que vendrá al fin de la tierra."[20]

Juan el Revelador, en su visión del día de juicio vio que "los libros fueron abiertos, y otro libro fue abierto, el cual es el libro de la vida; y fueron juzgados los muertos por las cosas que estaban escritas en los libros, según sus obras."[21] La reiteración del Profeta de la importancia de estos registros está intercalada en la *Doctrina y Convenios*:

> Veréis por este pasaje que los libros fueron abiertos, y que se abrió otro libro, que es el libro de la vida; pero los muertos fueron juzgados por las cosas que estaban escritas en los libros, según sus obras; por consiguiente, los libros mencionados deben ser los que contenían el relato de sus obras, y se refieren a los registros que se llevan en la tierra. Y el libro que era el de la vida es el registro que se lleva en los cielos; así que el principio concuerda expresamente con la doctrina que se os manda en la revelación contenida en la carta que os escribí antes de salir de casa: que todo lo que registrareis quede registrado en los cielos.[22]

Alma, hijo, en el Libro de Mormón registra que el juicio final será el tiempo en que toda rodilla doblará y confesará que el Redentor es un Dios, y toda la humanidad confesará a Él su culpabilidad:

18. *Doctrina y Convenios* 29:26-30.
19. *Doctrina y Convenios* 19:1-3.
20. *Doctrina y Convenios* 38:5.
21. *Apocalipsis* 20:12.
22. *Doctrina y Convenios* 128:7.

> Sí, toda rodilla se doblará, y toda lengua confesará ante él. Sí, en el postrer día, cuando todos los hombres se presenten para ser juzgados por él, entonces confesarán que él es Dios; y los que vivan sin Dios en el mundo entonces confesarán que el juicio de un castigo eterno sobre ellos es justo; y se estremecerán y temblarán, y se encogerán bajo la mirada de su ojo que todo lo penetra.[23]

Fue la enseñanza de Jacob que el juicio ocurrirá después de la resurrección de todos los hombres, y que todos los hombres tendrán un perfecto conocimiento de su rectitud o de su iniquidad:

> ¡Oh cuán grande es el plan de nuestro Dios! Porque por otra parte, el paraíso de Dios ha de entregar los espíritus de los justos, y la tumba los cuerpos de los justos; y el espíritu y el cuerpo son restaurados de nuevo el uno al otro, y *todos los hombres se toman incorruptibles e inmortales; y son almas vivientes, teniendo un conocimiento perfecto semejante a nosotros en la carne, salvo que nuestro conocimiento será perfecto.*
>
> Por lo que tendremos un conocimiento perfecto de toda nuestra culpa, y nuestra impureza, y nuestra desnudez; y los justos, hallándose vestidos de pureza, sí, con el manto de rectitud, *tendrán un conocimiento perfecto de su gozo* y de su rectitud.
>
> *Y acontecerá que cuando todos los hombres hayan pasado de esta primera muerte a vida, de modo que hayan llegado a ser inmortales, deben comparecer ante el tribunal del Santo de Israel; y entonces viene el juicio,* y luego deben ser juzgados según el santo juicio de Dios.
>
> Y tan cierto como vive el Señor, porque el Señor Dios lo ha dicho, y es su palabra eterna que no puede dejar de ser, aquellos que son justos serán justos todavía, y los que son inmundos serán inmundos todavía; por lo tanto, los inmundos son el diablo y sus ángeles; e irán al fuego eterno, preparado para ellos; y su tormento es como un lago de fuego y azufre, cuya llama asciende para siempre jamás, y no tiene fin.[24]

Como Jacob, Moroni también enfatiza que el juicio vendrá después de la resurrección y explicó que los hombres, después del juicio, permanecerán o felices o infelices como antes habían sido:

> Y a causa de la redención del hombre, que vino por Jesucristo, son llevados de vuelta a la presencia del Señor; sí, en esto son redimidos todos los hombres, porque *la muerte de Cristo hace efectiva la resurrección, la cual lleva a cabo una redención de un sueño eterno, del cual todos los hombres despertarán, por el poder de Dios cuando suene la trompeta; y saldrán, pequeños así como grandes, y todos comparecerán ante su tribunal,* redimidos y libres de esta ligadura eterna de la muerte, la cual es una muerte temporal.
>
> *Y entonces viene el juicio del Santo sobre ellos;* y entonces viene el momento en que el que es impuro continuará siendo impuro; y el que es

23. *Mosíah* 27:31.
24. 2 *Nefi* 9:13-16.

justo continuará siendo justo; *el que es feliz permanecerá feliz y el que es infeliz será infeliz todavía.*[25]

Los Santos de los Últimos Días creen que los hombres serán juzgados por sus obras, como está expuesto en la *Doctrina y Convenios*:

> Mas he aquí, vimos la gloria y los habitantes del mundo telestial, y eran tan innumerables como las estrellas en el firmamento del cielo, o como las arenas en las playas del mar;
>
> y oímos la voz del Señor decir: *Todos éstos doblarán la rodilla, y toda lengua confesará al que se sienta sobre el trono para siempre jamás;*
>
> *porque serán juzgados de acuerdo con sus obras, y cada hombre recibirá, conforme a sus propias obras,* su dominio correspondiente en las mansiones que están preparadas;
>
> y serán siervos del Altísimo; mas a donde Dios y Cristo moran no podrán venir, por los siglos de los siglos.[26]

El Profeta Alma enseñó que las palabras y los pensamientos, además de sus obras, también serán considerados:

> *Porque nuestras palabras nos condenarán, sí, todas nuestras obras nos condenarán; no nos hallaremos sin mancha, y nuestros pensamientos también nos condenarán. Y en esta terrible condición no nos atreveremos a mirar a nuestro Dios,* sino que nos daríamos por felices si pudiéramos mandar a las piedras y montañas que cayesen sobre nosotros, para que nos escondiesen de su presencia.
>
> Mas esto no puede ser; tendremos que ir y presentarnos ante él en su gloria, y en su poder, y en su fuerza, majestad y dominio, *y reconocer, para nuestra eterna vergüenza, que todos sus juicios son rectos;* que él es justo en todas sus obras y que es misericordioso con los hijos de los hombres, y que tiene todo poder para salvar a todo hombre que crea en su nombre y dé fruto digno de arrepentimiento.[27]

Orson Pratt comentó sobre la posible duración del día de juicio, y, aunque no se ha revelado su duración, él concluyó que debe continuar por un largo tiempo, o si no el juicio será hecho por los agentes de Dios:

> Tomando todos estos pasajes de Escritura juntos, podemos anticipar un ajuste de cuentas en general con todos los habitantes de la tierra, ambos los rectos y los inicuos. La duración de este día, llamado el día de juicio, no se ha revelado. Puede ser extensivamente más largo que muchos suponen. *A mí me parece que si no hubiere un gran número ocupado en juzgar a los muertos, requeriría un tiempo muy extendido;* porque para que una persona investigue personalmente todos los pensamientos cualquiera que sean y todas las palabras de los hijos de los hombres desde los días de Adán hasta aquel tiempo, requeriría muchos millones de años, y por lo tanto *llego a otra*

25. *Mormón* 9:13-14.

26. *Doctrina y Convenios* 76:109-12.

27. *Alma* 12:14-15.

conclusión, es decir, que Dios tiene sus agentes, y que es por medio de estos agentes que los muertos serán juzgados.[28]

Cristo y los Santos Serán Coronados y Exaltados

Al fin del juicio, cuando todos los enemigos habrán sido vencidos por el Salvador y todos han resucitado y a Él habrán reconocido, Cristo presentará el reino al Padre y así será coronado con poder. La *Doctrina y Convenios* habla de un tiempo cuando

> . . . Cristo haya subyugado a todo enemigo debajo de sus pies y haya perfeccionado su obra;
>
> *cuando entregue el reino y lo presente sin mancha al Padre,* diciendo: He vencido y pisado, yo solo, el lagar, sí, el lagar del furor de la ira del Dios Omnipotente.
>
> *Entonces será coronado con la corona de su gloria, para sentarse sobre el trono de su poder y reinar para siempre jamás.*[29]

El Apóstol Pablo habla de este acontecimiento, y revela que Cristo y Su dominio finalmente se sujetarán al Padre:

> Porque así como en Adán todos mueren, también en Cristo todos serán vivificados.
>
> Pero cada uno en su debido orden: Cristo, las primicias; luego los que son de Cristo, en su venida.
>
> *Luego el fin, cuando entregue el reino al Dios y Padre, cuando haya suprimido todo dominio, toda autoridad y potencia.*
>
> Porque preciso es que él reine hasta que haya puesto a todos sus enemigos debajo de sus pies.
>
> *Y el postrer enemigo que será destruido es la muerte. . . .*
>
> *Pero luego que todas las cosas le estén sujetas, entonces también el Hijo mismo se sujetará al que le sujetó a él todas las cosas, para que Dios sea todo en todos.*[30]

Aunque Cristo entregará este reino al Padre, será delegado de nuevo al Salvador, y "esta tierra será de Cristo."[31]

---

28. *Diario de Discursos,* 17:182.

29. *Doctrina y Convenios* 76:106-08.

30. *1 Corintios* 15:22-26, 28.

31. *Doctrina y Convenios* 130:9. El hecho que los Santos en verdad reinarán fue enfatizado en una carta de la Presidencia del Sumo Sacerdocio a los miembros de la Iglesia: "Contemplad por un momento, hermanos, y preguntad, ¿si os consideraríais dignos de un asiento en la cena de boda con Pablo y otros como él, si hubierais sido infieles? Si no hubieseis luchado la buena lucha y hubieseis mantenido vuestra fe, ¿pudiéreis anticipar recibir algo? ¿Tenéis una promesa de recibir una corona de rectitud de la mano del Señor, con la Iglesia del Primogénito? Aquí, pues, entendemos que Pablo reposó su esperanza en Cristo, porque había mantenido la fe, y anheló su aparición y de Su mano tuvo la promesa de recibir una corona de rectitud. Si los Santos no deben reinar, ¿para qué propósito serán coronados? En una exhortación del Señor a cierta Iglesia en Asia, que fue desarrollada en los días de los Apóstoles, a quien comunicó Su palabra en esta ocasión por medio de su siervo Juan, Él dice,'He aquí, yo vengo pronto; Retén lo que tienes, para

Los que son fieles y que han logrado la exaltación también serán coronados y dados poder sobre todas las cosas, y tendrán el privilegio de morar en la presencia de Dios y Cristo para siempre jamás, según la *Doctrina y Convenios*:

> Éstos son los que constituyen *la Iglesia del Primogénito.*
> Son aquellos *en cuyas manos el Padre ha entregado todas las cosas;*
> *son sacerdotes y reyes* que han recibido de su *plenitud* y de su *gloria;*
> y son *sacerdotes del Altísimo,* según el orden de Melquisedec, que fue según el orden de Enoc, que fe según el orden del Hijo Unigénito.
> De modo que, como está escrito, *son dioses,* sí, los hijos de Dios.
> Por consiguiente, *todas las cosas son suyas,* sea vida o muerte, o cosas presentes o cosas futuras, todas son suyas, y ellos son de Cristo y Cristo es de Dios.
> Y *vencerán todas las cosas.*
> Por tanto, nadie se glorie en el hombre, más bien gloríese en Dios, el cual subyugará a todo enemigo debajo de sus pies.
> *Éstos morarán en la presencia de Dios y de su Cristo para siempre jamás.*[32]

Es la creencia de los Santos de los Últimos Días que los que heredarán el reino celestial serán hechos por Dios iguales a Sí mismo en poder, fuerza y dominio.[33] Es por el poder del Sacerdocio que compartirán el reino del Padre, según la *Doctrina y Convenios*:

> Porque quienes son fieles hasta obtener estos dos sacerdocios de los cuales he hablado, y magnifican su llamamiento, son santificados por el Espíritu para la renovación de sus cuerpos.
> Llegan a ser los hijos de Moisés y de Aarón, y la descendencia de Abraham, y la iglesia y reino, y los elegidos de Dios.
> Y también todos los que reciben este sacerdocio, a mí me reciben, dice el Señor;
> porque el que recibe a mis siervos, me recibe a mí;
> y el que me recibe a mí, recibe a mi Padre;
> *y el que recibe a mi Padre, recibe el reino de mi Padre; por tanto, todo lo que mi Padre tiene le será dado.*
> Y esto va de acuerdo con el juramento y el convenio que corresponden a este sacerdocio.[34]

En el concepto "Mormón" de la vida después de la muerte, aquellos que ganan exaltación tendrán todo poder, y los ángeles serán sujetos a ellos:

> y *los ángeles y los dioses que están allí les dejarán pasar a su exaltación y gloria en todas las cosas,* según lo que haya sido sellado sobre su cabeza, y

---

que ninguno tome tu corona.' Y otra vez, 'Al que venciere, le daré que se siente conmigo en mi trono, así como yo he vencido, y me he sentado con mi Padre en su trono.' (Véase *Apocalipsis* 3)." *La Historia de la Iglesia,* 2:20.

32. Doctrina y Convenios 76:54-62.

33. *Doctrina y Convenios* 76:95.

34. *Doctrina y Convenios* 84:33-39.

esta gloria será una plenitud y continuación de las simientes por siempre jamás.

Entonces serán dioses, porque no tendrán fin; por consiguiente existirán de eternidad en eternidad, porque continuarán; entonces estarán sobre todo, porque todas las cosas les estarán sujetas. *Entonces serán dioses, porque tendrán todo poder, y los ángeles estarán sujetos a ellos.*[35]

Brigham Young enseñó que ningún hombre en esta dispensación podrá entrar las cortes del cielo sin la aprobación de José Smith:

> Como les he dicho frecuentemente, *ningún hombre en esta dispensación entrará a las cortes del cielo, sin la aprobación del Profeta José Smith, hijo.* ¿Quién lo hizo así? ¿Lo he hecho yo? ¿Lo ha hecho este pueblo? ¿Lo ha hecho el mundo? No; sino *fue decretado por el Señor Jehová.* Si llego a pasar dentro de las cortes celestiales, será por el permiso del Profeta José. *Si llegáis vosotros a pasar por las puertas de la Ciudad Santa, lo haréis por su certificado que sois dignos de pasar.* ¿Podéis pasar sin su inspección? No; ni tampoco ninguna persona en esta dispensación, que es la dispensación del cumplimiento de los tiempos. *En esta generación, y en todas las generaciones que han de venir, cada persona tendrá que pasar el escudriñamiento de este Profeta.*[36]

Heber C. Kimball se refirió a una visión recibida por José Smith en que vio que Adán conduciría a los hombres al trono uno por uno para ser coronados:

> Ésto trae a la mente la visión que tuvo José Smith, cuando *vio a Adán abrir la puerta de la Ciudad Celestial y dar entrada a las personas uno por uno.* Entonces vio al Padre Adán conducirlos al trono uno por uno, cuando fueron coronados Reyes y Sacerdotes por Dios. Me refiero a ésto solamente para imprimir en vuestras mentes los principios del orden, pero, sin embargo, se refiere a cada miembro de la Iglesia.[37]

Según una revelación dada a José Smith, después que será renovada (transfigurada) esta tierra, los exaltados recibirán su herencia sobre ella:

> Sin embargo, él que persevere con fe y haga mi voluntad, vencerá; y *recibirá una herencia sobre la tierra cuando venga el día de la transfiguración;*
>
> *cuando la tierra sea transfigurada* según el modelo que les fue mostrado a mis apóstoles sobre el monte, relato cuya plenitud todavía no habéis recibido.[38]

Fue la afirmación de Brigham Young que los Santos no recibirán sus herencias hasta que todo lo demás sea cumplido y hasta que esta tierra sea "puesta en el agregado de los reinos celestiales:"

---

35. *Doctrina y Convenios* 132:19b-20.
36. *Diario de Discursos,* 8:224.
37. *Diario de Discursos,* 9:41.
38. *Doctrina y Convenios* 63:20-21.

¿Cuándo recibiremos nuestras herencias para que podamos decir que son nuestras? Cuando el Salvador habrá finalizado la obra, cuando los Santos fieles habrán predicado el Evangelio al último de los espíritus que han vivido aquí y que son designados a venir a esta tierra; cuando los mil años de descanso vengan y miles y miles de templos serán edificados, y los siervos y las siervas del Señor habrán entrado en ellos y habrán oficiado para sí mismos y para sus amigos fallecidos hasta los días de Adán; cuando el último de los espíritus encarcelados que recibirán el Evangelio lo habrá recibido; cuando el Salvador viene para recibir su preparada novia, todos los que puedan serán salvos en los varios reinos de Dios—celestial, terrestre, telestial, según sus varias capacidades y oportunidades; cuando el pecado y la iniquidad son echados de la tierra, y los espíritus que ahora flotan en esta atmósfera son arrojados al lugar preparado para ellos; y cuando la tierra sea santificada de los efectos de la caída, y bautizada, limpiada, y purificada por fuego, y vuelva a su condición paradisíaca, y haya llegado a ser como un mar de vidrio, un urim y tumim; *cuando todo esto se cumpla, y el Salvador habrá presentado la tierra a su Padre, y estará puesta en el agregado de los reinos celestiales y el Hijo y todos sus fieles hermanos y hermanas hayan recibido la feliz llegada aclamación—"Entrad vosotros al gozo del Señor," y el Salvador sea coronado, entonces y no hasta entonces, recibirán los Santos sus herencias sempiternas.*[39]

Orson Pratt enseñó que los que no merecen la exaltación serán mandados a morar sobre una "creación menor:"

Si no somos así preparados, ¿adónde iremos? Dios es el autor de muchas creaciones además de aquellas que son celestiales. Él preparará una creación justamente adaptada a la condición de tales personas—aquellas que no son santificadas por el Evangelio en todo su plenitud, y que no permanecen fieles hasta el fin, se encontrarán ubicadas sobre una de las más bajas creaciones, donde la gloria de Dios no se manifestará al mismo grado. Allá serán gobernadas por leyes adaptadas a su capacidad inferior y a la condición en la cual han caido. *No solo sufrirán después de esta vida, pero no recibirán la gloria ni el poder y exaltación en la presencia de Dios el Eterno Padre; no recibirán una herencia sempiterna sobre esta tierra, en su estado glorificado e inmortal.*[40]

La Disolución y Restablecimiento del Mundo

Las Escrituras de los Santos de los Últimos Días enseñan que en un sentido la tierra es un ser viviente, y que tiene que someterse a muchos de los mismos procesos en que los seres mortales participan en el plan del Señor. El anhelo de la tierra para ser santificada se describe en el libro de Moisés:

Y sucedió que Enoc miró a la tierra; y oyó que venía una voz de sus entrañas, y decía: ¡Ay, ay de mí, la madre de los hombres! ¡Estoy afligida,

39. *Diario de Discursos*, 17:117.

40. *Diario de Discursos*, 18:323.

> estoy fatigada por causa de la iniquidad de mis hijos! ¿Cuándo descansaré y quedaré limpia de la impureza que de mí ha salido? *¿Cuándo me santificará mi Creador para que yo descanse, y more la justicia sobre mi faz por un tiempo?*[41]

Una de las fuentes del concepto que la tierra también está pasando por el proceso redentivo es la enseñanza en la *Doctrina y Convenios* que la tierra tiene que morir y luego ser vivificada (resucitada) de nuevo:

> Y además, de cierto os digo que la tierra obedece la ley de un reino celestial, porque cumple la medida de su creación y no traspasa la ley;
>
> Así que, será santificada; sí, *a pesar de que morirá, será vivificada de nuevo; y aguantará el poder que la vivifica*, y los justos la heredarán.[42]

Orson Pratt explicó que la tierra, como toda la humanidad, tendrá que morir a razón de la transgresión de Adán:

> La rectitud morará sobre su faz, durante mil años, y el Salvador la bendecirá con su presencia personal: después de lo cual el fin pronto viene, y *la tierra misma morirá, y sus elementos se disolverán por medio de fuego. Esta muerte, o sea la disolución de la tierra es una pena del pecado original.* Los infantes y los hombres rectos mueren, no como pena por sus pecados personales, sino porque pecó Adán; así que la tierra muere, o sufre un cambio similar, no por razón de las transgresiones de los hijos de Adán, sino por razón de la transgresión original. *Pero toda la humanidad será vivificada de la primera muerte por medio de la resurrección, así que la tierra será otra vez renovada, sus elementos otra vez recogidos, y serán recombinados y reorganizados tal como cuando recién brotó del matriz de caos.*[43]

Pero Élder Pratt añadió que la tierra también se ha corrumpido por los pecados que los hombres han cometido, y por esta razón también tiene necesidad de una redención:

> Aunque toda la humanidad será redimida de los efectos del pecado original, *no obstante tenemos gran razón para tener miedo que ningunos sino pocos serán redimidos de sus propios pecados. Los pocos que serán redimidos recibirán la tierra por herencia eterna;* porque la tierra, como ya hemos observado, será incondicionalmente redimida de la maldición del pecado original, y en cuanto concierne ese pecado, no será obstáculo a la entrada de la tierra en la presencia de Dios. Pero porque la tierra se ha corrompido por otros pecados que el pecado original, tendrá que participar en las maldiciones de la segunda muerte, después de ser redimida de las maldiciones de la primera, si no fuese que Dios haya proveído una manera para su santificación y redención de ellas. *Ha parecido bien al gran Redentor instituir ordenanzas para la limpieza, la santificación y la redención eterna de la tierra, no del pecado original, sino de los pecados de la posteridad de Adán.*[44]

---

41. *Moisés* 7:48.
42. *Doctrina y Convenios* 88:25-26.
43. *Diario de Discursos,* 1:331.
44. *Diario de Discursos,* 1:331.

Orson Pratt explicó que cuando muera, esta tierra volverá a su condición elemental, falleciendo para yacer en el espacio. Entonces será mandada a volver y será resucitada tal cual como son los cuerpos de la humanidad:

> *Entonces, después que la ciudad santa y la Nueva Jerusalén sean arrebatadas al cielo, la tierra huirá de la presencia de él que se siente sobre el trono.* La tierra misma tendrá que sufrir un cambio similar a lo que tenemos nosotros que sufrir. Tal como nuestros cuerpos vuelven de nuevo a la madre polvo, formando porciones elementales de ella, y no se encuentra lugar para ellos como cuerpos organizados, así será con esta tierra. *No solamente los elementos ardiendo serán deshechos, pero el gran globo mismo fallecerá. Cesará de existir como un mundo organizado. Cesará de existir como uno de los mundos que son capaces de ser habitados. El fuego devora todas las cosas, cambiando la tierra hasta sus elementos originales; fallecerá, yaciendo en el espacio.*
>
> *Pero ni una partícula de los elementos que componen la tierra será destruida o aniquilada. Todas existirán y serán reunidas de nuevo por medio de un poder organizador más grande que jamás haya conocido el hombre. La tierra tendrá que ser resucitada de nuevo,* tanto como nuestros cuerpos; sus elementos serán reunidos, y serán juntados por el poder de la palabra de Dios. Entonces Él organizará en tal forma estos elementos ahora constituidos sobre la tierra, que no habrá ninguna maldición conectada con ninguno de ellos, pero todas las cosas serán organizadas en el más perfecto orden, tal cual como fueron cuando el Señor recién las formó.[45]

Élder Pratt explica que las ciudades de Jerusalén y la Nueva Jerusalén serán preservadas en ese momento por ser arrebatadas al cielo:

> A la vez que la tierra pase por su último gran cambio, dos de sus ciudades principales—*la Antigua Jerusalén sobre el continente del Este, y la Nueva Jerusalén del continente Oeste, serán preservadas de la conflagración general, siendo arrebatadas al cielo.* Estas dos ciudades, con todas sus glorificadas multitudes, descenderán sobre la tierra redimida, siendo las grandes capitales de la nueva creación. "Mas los perros estarán fuera, (o al exterior de estas ciudades santas, y sobre las creaciones de un orden inferior, bien separados de la tierra glorificada) y los hechiceros, los fornicarios, los homicidas, los idólatras, y todo aquel que ama y hace mentira." (*Apocalipsis 22:15*) Éstos son aquellos que son desterrados de la presencia de Dios, y de la gloria de una tierra celestial.

Sumario

1. Al fin del milenio muchos llegaran a ser inicuos. Satanás será desatado y encerrará a los Santos en la ciudad amada. Los Santos serán encabezados por Miguel, o Adán. Fuego descenderá del cielo y devorará a las huestes de Satanás y serán desterrados de la faz de la tierra. Ésto se conocerá como la batalla de Gog y Magog.

---

45. *Diario de Discursos,* 18:346-47.

2. El próximo acontecimiento será la segunda resurrección, en la cual todos los que no han sido resucitados previamente ocuparán sus cuerpos. Aquellos que heredarán el reino telestial saldrán primero y luego aquellos que serán los hijos de perdición. Serán llamados a aparecer por el son de una trompeta sonada por el arcángel Miguel.
3. Entonces todos los hombres aparecerán ante Cristo, quien se presentará sentado sobre un trono blanco, para el juicio final. Atestiguarán por o en contra de si mismos y también serán juzgados por los libros. Cada hombre confesará que el juicio de Cristo es justo.
4. Cristo entonces entregará el reino al Padre y será coronado de gloria. Los Santos también serán coronados y exaltados. La responsabilidad de gobernar la tierra será delegada de nuevo a Jesús.
5. Las ciudades de la Nueva y la Antigua Jerusalén serán arrebatadas al cielo y la tierra se desagregará o volverá a su original forma elemental. Entonces la tierra será resucitada o recreada como una esfera celestial. Las dos ciudades y sus habitantes descenderán a la tierra, que luego será colocada "en el agregado de los reinos celestiales."[46] Los Santos entonces recibirán sus herencias eternas.

46. *Diario de Discursos,* 1:332.

CAPITULO DIEZ Y SIETE

El Estado Final de la Tierra

Después que la tierra haya sobrepasado su existencia temporal hacia un estado caótico, aparentemente será llamada a juntarse de nuevo, y será formada como una esfera celestial. Juan dijo que vio en visión "un cielo nuevo y una tierra nueva:[1] porque el primer cielo y la primera tierra pasaron, y el mar ya no existía más."[2] Una descripción de la tierra en su estado final es dada en la sección 130 de la *Doctrina y Convenios*, en donde declara que:

> Esta tierra, en *su estado santificado e inmortal, llegará a ser semejante al cristal, y será un Urim y Tumim* para los habitantes que moren en ella, mediante el cual todas las cosas pertenecientes a un reino inferior, o sea, a todos los reinos de un orden menor, serán manifestadas a los que la habiten: y *esta tierra será de Cristo.*[3]

Orson Pratt enseñó que esta tierra santificada llegará a ser un "cielo" como muchos otros que Dios ha creado:

> *Esta tierra, esta creación, llegará a ser un cielo. Los cielos que ahora existen son innumerables para los hombres. Dios ha estado organizando, redimiendo y perfeccionando a las creaciones en la inmensidad del espacio por toda la eternidad; todas las cuales, cuando son santificadas por la ley celestial, y formadas nuevas y eternas, llegan a ser las moradas de los fieles habitantes anteriores, quienes también llegan a ser inmortales, por medio de la ley celestial.* Son las moradas de que habló el Salvador—"En la casa de mi Padre muchas moradas hay." En otras palabras, podemos decir, En los dominios del Padre hay muchas moradas. *No son como las moradas edificadas por los hombres, son mundos de mayor y menor magnitud.* Los del primer grado son cuerpos celestiales y exaltados, de los cuales radiará la luz celestial a través de la inmensidad del espacio.[4]

El Descenso de la Nueva y la Antigua Jerusalén

Juan el Revelador vio en visión el descenso de ambos la Nueva Jerusalén y la santa Jerusalén, las cuales habrán sido arrebatadas al nuevo mundo celestial antes de la desintegración de la tierra. Describió el descenso de la Nueva Jerusalén como "[descendiendo] del cielo, de Dios,

1. Se debe cuidar de no confundir "el nuevo cielo y la nueva tierra" como se describe aquí con la tierra como es descrita por Isaías en su capítulo 65. Isaías parece referirse a la tierra como existirá durante el Milenio, mientras Juan evidentemente se refiere a la tierra durante su final estado celestializado.
2. *Apocalipsis* 21:1. El hecho que "el mar ya no existía más" no significa necesariamente que el agua en una forma u otra no existirá. Juan habla del "río limpio de agua de la vida" y también de un árbol que da fruto en el mundo celestial. *Apocalipsis* 22:1-2.
3. *Doctrina y Convenios* 130:9.
4. *Diario de Discursos*, 18:322.

dispuesta como una esposa ataviada para su marido."[5] Su descripción de la Jerusalén que estaba en Palestina, o sea la santa Jerusalén, es mucho más completa. Se debe reconocer que según la descripción profética de Juan, la cuidad será de la forma de un cubo, y será gigantesca en su tamaño, porque *la medida que Juan da para su longitud, su anchura y su altura es 12.000 estadios, o 2.200 kilómetros en cada una de las tres dimensiones:*[6]

> La ciudad se halla establecida en cuadro, y su longitud es igual a su anchura; y él midió la ciudad con la caña, doce mil estadios; *la longitud, la altura y la anchura de ella son iguales.*
> Y midió su muro, ciento cuarenta y cuatro codos, de medida de hombre, la cual es de ángel.[7]

Vio que no habría templo allá, porque el Señor Dios Todopoderoso y el Cordero serán el templo, y que "La ciudad no tiene necesidad de sol ni de luna que brillen en ella; porque la gloria de Dios la ilumina, y el Cordero es su lumbrera."[8]

Juan señaló que aun en su estado exaltado, la tierra será poblada por varias naciones que tendrán reyes para gobernarlas:

> Y *las naciones que hubieren sido salvas* andarán a la luz de ella; y *los reyes de la tierra traerán su gloria y honor a ella.*
> Sus puertas nunca serán cerradas de día, pues allí no habrá noche.
> Y *llevarán la gloria y la honra de las naciones* a ella.
> No entrará en ella ninguna cosa inmunda, o que hace abominación y mentira, sino solamente los que están inscritos en el libro de la vida del Cordero.[9]

Juan habló también del árbol de la vida que se encontraría dentro de la ciudad, y vio que habría "un río limpio de agua de vida, resplandeciente como cristal, que salía del trono de Dios y del Cordero."[10]

---

5. *Apocalipsis* 21:2.

6. Tal ciudad, desde luego, sería enorme y radicalmente diferente que cualquier ciudad que existe hoy día. Muchos exegesistas interpretan las dimensiones y aun la ciudad misma como cosa figurativa. Dice Dummelow, por ejemplo, "Se mide la ciudad, pero como la ciudad es figurativa, así también son las dimensiones. Todas las dimensiones son compuestas del número 12, el número del Antiguo Testamento y del Nuevo Testamento, el número que significa que Dios está en medio de Su pueblo . . . La ciudad es un cubo, si fuese interpretado literalmente sería monstruoso, pero en su significado simbólico [del número doce] dice que la ciudad misma es un santuario como es el 'Sancti Sanctorum' del Tabernáculo." *(El Un Tomo Comentario Bíblico, [The One Volume Bible Commentary]),* pp. 1090-91) Cuando se reconoce que estas dos ciudades serán el medio de transporte de todos los Santos a la tierra celestializada, la posibilidad que la ciudad tenga estas dimensiones es más factible.

7. *Apocalipsis* 21:16-17.

8. *Apocalipsis* 21:23.

9. *Apocalipsis* 21:24-27.

10. *Apocalipsis* 22:1.

El Significado de Vivir en la Presencia de Dios

Juan reveló que cuando la tierra alcanza su condición celestial, "no habrá más maldición; y el trono de Dios y del Cordero estará en ella, y sus siervos le servirán, y verán su rostro, y su nombre estará en sus frentes."[11] Ésto también se enseña en la *Doctrina y Convenios*:

> Y la redención del alma viene por medio del que vivifica todas las cosas, en cuyo seno se ha decretado que los pobres y los mansos de la tierra la heredarán.
>
> Por tanto, es menester que sea santificada de toda injusticia, a fin de estar preparada para la gloria celestial;
>
> porque después de haber cumplido la medida de su creación, *será coronada de gloria, sí, con la presencia de Dios el Padre;*
>
> para que los cuerpos que son del reino celestial la posean para siempre jamás; porque para este fin fue hecha y creada, y para este fin ellos son santificados.[12]

Orson Pratt comentó repetidamente sobre lo cercano de Dios y de Cristo después que la tierra tome su estado celestial. Explicó que Cristo, después del Milenio, tendría que retirarse de esta tierra para poder visitar a otras de sus creaciones:

> Dice el interrogador—"No comprendo esta idea que el Señor se retirará de una [tierra] e irá a otra." Para poder comprender ésto volvamos a nuestro globo. *¿No anticipamos que más luego vendrá para visitarnos y que se quedará por un tiempito, como mil años?* Sí, y en ese entonces seremos hechos alegres con el gozo del semblante de nuestro Señor. Estará entre nosotros, y será nuestro Rey, y reinará como Rey de Reyes, y Señor de Señores. *Tendrá un trono en Sión, y otro en el Templo en Jerusalén,* y tendrá consigo los doce discípulos que estuvieron con él durante su ministerio en Jerusalén; y comerán y beberán con él en su mesa; y toda la gente de este globo que serán dignos de ser nombrados Sión, y puros de corazón, se harán alegres por el semblante de su Señor por mil años, durante cual tiempo la tierra descansará. ¿Y *entonces, qué? Se retira. ¿Para qué? Para cumplir otros propósitos; porque tiene otros mundos o creaciones y otros hijos e hijas, quizás tan buenos como los que moran sobre este planeta, y ellos, tanto como nosotros, serán visitados, y ellos se alegrarán con el semblante de su Señor.* Así irá, en su tiempo y su sazón, de reino a reino o de mundo a mundo, causando que regocijen en su presencia los puros de corazón, la Sión que es arrebatada de estas creaciones.
>
> Pero hay otra cosa que quiero que entendéis. Ésto no continuará para toda la eternidad, es solamente una preparación para algo aun más grande. Y ¿qué es ésto? *Más luego, cuando cada una de estas creaciones habrá cumplido la medida y los límites puestos y los tiempos dados para su continuación en un orden temporal, ella y sus habitantes que son dignos se harán celestiales y serán glorificados juntos. Entonces, desde este tiempo en adelante*

11. *Apocalipsis* 22:3-4.
12. *Doctrina y Convenios* 88:17-20.

> *para siempre jamás, no habrá ningún velo interpuesto entre Dios y su pueblo quienes son santificados y glorificados,* y Él no estará bajo la necesidad de retirarse de uno para ir a visitar a otro, porque todos estarán en su presencia.[13]

Élder Pratt explicó que no sería necesario que Dios esté sobre esta tierra para que los hombres de esta tierra estuviesen en su presencia:

> *No importa cuan lejos en el espacio estaría cualquiera de estas creaciones de cualquier reino especial en donde morará el Señor nuestro Dios, ellos podrán verle a todo tiempo.* ¿Porqué? Porque es solo la caída y el velo que ha cubierto esta creación, que nos aleja de la presencia de Dios . . .
>
> Diría uno "*Quieres decir, pues, que hay en el hombre una facultad que le permitirá observar al Señor sobre otra creación y estar en su presencia, aunque separado por millones de millones de kilómetros?* Sí, con tanta facilidad que podemos ver el uno al otro aquí en esta sala. Entonces veremos como somos vistos, y conoceremos como somos conocidos, y habrá una perfecta redención. *En esta manera todas las creaciones que son redimidas pueden gozar la continuada y eterna presencia del Señor su Dios.* Quiero decir aquellos que serán hechos celestiales, no aquellos que están en las órdenes menores, quienes son gobernados por leyes telestiales, sino aquellos que son exaltados al más alto grado de gloria, aquellos que serán hechos reyes y sacerdotes, aquellos que han guardado la ley celestial, que han obedecido las ordenanzas celestiales, y que han recibido el sacerdocio que Dios ha ordenado, y al cual ha dado el poder y la autoridad para administrar y para sellar en la tierra para que pueda ser sellado en el cielo. Se dice de las personas así glorificadas que son recibidas en el seno del Todopoderoso; como dice Enoc "De todas tus creaciones has tomado a Sión a tu propio seno, y tu seno está allí," etcétera. *No quiere decir que el Señor Dios está allí dentro de unos metros de cada individuo; ésto sería una imposibilidad en cuanto concierne la persona; sino quiere decir que hay un canal de comunicación, el privilegio de ver a Sión, a pesar de cuan grande la distancia;* y el privilegio de gozar facultades y poderes como éstos es limitado a aquellos elevados y exaltados seres que ocupan el mundo celestial. *Todos los que son hechos semejantes a él, en el debido tiempo podrán ver, comprender y conversar los unos con los otros aunque estén separados por millones y millones de kilómetros.*[14]

La Vida en la Tierra Celestializada

Según Juan, Dios morará entre los hombres, "Enjugará Dios toda lágrima de los ojos de ellos; y ya no habrá muerte, ni habrá más llanto, ni clamor, ni dolor; porque las primeras cosas pasaron."[15]

Una interpretación de una sección de *Apocalipsis* registrada por José Smith parece indicar que no solo los hombres, pero también los animales morarán allá como seres resucitados. En hablar de las cuatro bestias de *Apocalipsis* 4:6 el pasaje dice:

13. *Diario de Discursos,* 17:331-32.
14. *Diario de Discursos,* 17:332-33.
15. *Apocalipsis* 21:4.

> Son expresiones metafóricas que usa Juan el Revelador para describir los cielos, el paraíso de Dios, *la felicidad del hombre, y la de los animales, y de lo que se arrastra y de las aves del cielo,* siendo lo espiritual a semejanza de lo temporal, y lo temporal a semejanza de lo espiritual; el espíritu del hombre a semejanza de su persona, como también el espíritu de los animales y toda otra criatura que Dios ha creado.[16]

La *Doctrina y Convenios* enseña que los animales serán resucitados y serán parte del nuevo cielo y la tierra celestializada:

> Y vendrá el fin, y el cielo y la tierra serán consumidos y pasarán, y habrá un cielo nuevo y una tierra nueva.
>
> *Porque todas las cosas viejas pasarán, y todo será hecho nuevo, el cielo y la tierra, y toda la plenitud de ellos, tanto hombres como bestias, las aves del aire, y los peces del mar;*
>
> y ni un cabello ni una mota se perderán, porque es la obra de mis manos.[17]

Los que viven sobre la tierra tendrán hijos espirituales, y morarán sobre la tierra hasta que son tan numerosos que necesitarán otra creación, según Orson Pratt:

> Pero aquel mismo ser que organizó esta tierra hablará de nuevo, y la eternidad de nuevo oirá su voz, y las materias de nuestra tierra se juntarán otra vez, y cuando las une en uno, y las forme en un mundo, *será un mundo glorioso, una habitación para seres celestiales; para reyes y sacerdotes y para los que han sido fieles hasta el fin. Éllos morarán sobre él, y las generaciones de sus hijos morarán sobre él, hasta que han llegado a ser tan numerosos como para necesitar otra creación. ¿Cuál generación? ¿Dice generaciones,* Señor Pratt? ¿Quieres decir que estos seres inmortales tendrán posteridad? Sí. Quiero decir justamente lo que digo. Los que son juzgados dignos de heredar esta tierra, cuando será hecha celestial, como seres celestiales *poblarán la tierra con su propia posteridad, sus propios hijos y sus propias hijas;* y estos hijos e hijas que nacerán de estos seres inmortales, serán lo mismo como éramos nosotros antes que ocupamos estos tabernáculos mortales.[18]

También enseñó que estos seres celestializados podrán viajar de un planeta a otro:

> Él que recibe a mi Padre, dice el Salvador, recibe el reino de mi Padre, por tanto, todo lo que mi Padre tiene le será dado. Es como una especie de coherencia de valores, *seremos coherederos con Jesucristo a todas las herencias y a todos los mundos que se han hecho. Tendremos el poder de locomoción; y como Jesús, después de su resurrección, podremos montar y pasar de un mundo a otro.* No seremos limitados a nuestra tierra nativa. Hay muchos mundos habitados por personas que son glorificadas, porque el cielo no es un solo lugar, sino muchos; *el cielo no es un solo mundo, sino muchos.* "En

16. *Doctrina y Convenios* 77:2.
17. *Doctrina y Convenios* 29:23-25.
18. *Diario de Discursos,* 20:155-56.

la casa de mi Padre, muchas moradas hay." En otras palabras—En la casa de mi Padre, muchos mundos hay, que en su turno se harán cielos glorificados, las herencias de los redimidos de todos los mundos quienes, habiendo sido preparados por medio de experiencias similares a las nuestras, los habitarán; y cada uno en su turno será exaltado por medio de las revelaciones y las leyes del Más Alto Dios, y continuarán a multiplicar su descendencia por toda la eternidad, y *se harán nuevos mundos para su descendencia.*[19]

Sumario

1. El estado final de la tierra será un mundo inmortal que tendrá la apariencia de cristal. Servirá como un Urim y Tumim a sus habitantes, así facilitándoles poder mirar en la tierra y recibir revelaciones concernientes a aquellos sobre otras creaciones.
2. Según Juan el Revelador, en la tierra celestializada habrá diferentes naciones gobernadas por reyes. Estos reyes aparentemente serán seres que habrán alcanzado su exaltación y deidad y sus naciones serán compuestas de aquellos que habrán alcanzado el reino celestial pero que no merecieron la exaltación, y también la progenie de los dioses. Según Orson Pratt, la descendencia de los seres exaltados morarán sobre la tierra celestializada hasta que ya no habrá más lugar para ellos, y entonces sus padres crearán un nuevo mundo para que lo ocupen.
3. Parece que los seres celestializados tendrán la capacidad de comunicación con Dios que permitirá que podrán hablarle a Él y verle aunque pueden estar separados de Él por millones de kilómetros. Dios no siempre morará sobre esta tierra. Ellos también tendrán la habilidad de viajar de planeta a planeta.
4. Habrán animales resucitados sobre la tierra en su estado celestializado.

19. *Diario de Discursos,* 18:297.

APÉNDICE I

La Constitución De Los Estados Unidos Colgará Por Un Hilo

Esta obra contiene profecías tratando dos plazos de tiempo cuando la Constitución de los Estados Unidos estará en peligro de caer. Capítulo uno trata profecías de la Tercera Guerra Mundial en la cual los Estados Unidos y su Constitución estarán en peligro de colapso. En ese capítulo están registradas profecías que indican que los Élderes de Israel proveerán el balance de poder que preservará la libertad de esta nación y la integridad de su documento gobernante. Capítulos cuatro y cinco tratan un segundo período de gran tensión en que de nuevo el gobierno de los Estados Unidos y su Constitución serán desafiados. En las guerras internas los gobiernos de la nación y de los Estados se derrumbarán y se disolverán. Las leyes y el orden civil serán preservadas solo por los Santos en las cumbres de las montañas. Ellos mantendrán la Constitución y cumplirán con sus principios. Se anticipa que en ambos períodos de guerra la Constitución será amenazada y "colgará por un hilo."

Además de los comentarios por las autoridades generales citados en capítulo cinco que tratan la preservación de la Constitución, se registran aquí las siguientes declaraciones.

Brigham Young atribuyó la frase "colgar por un hilo" al Profeta:

> ¿Será destruida la Constitución? No, se mantendrá inviolable por este pueblo; y, como dijo José Smith "*Vendrá el tiempo cuando el destino de esta nación colgará por un solo hilo.* En esta ocasión crítica, este pueblo avanzará y la salvará de la amenazada destrucción." Así será.[1]

También se refirió a lo mismo en otra ocasión,

> Hermanos y hermanas, nuestros amigos quieren conocer nuestros sentimientos en cuanto al Gobierno. Yo contesto, son de primera clase, y lo demostraremos también, como veréis si viváis por suficiente tiempo, porque el hecho de que viviremos hasta demostrarlo es cierto; y *cuando la Constitución de los Estados Unidos cuelgue, como si fuera, por un solo hilo, tendrán que llamar a los Élderes "Mormones" para salvarla de una destrucción completa; y ellos avanzarán y lo harán.*[2]

Fue Presidente Young quién afirmó que la bandera de los Estados Unidos se desplegará cuando el Reino de Dios ejercitará dominio:

> Cuando llegue el día en que el Reino de Dios ejercitará dominio, la bandera de los Estados Unidos con orgullo volará sin mancha sobre la asta

1. *Diario de Discursos,* 7:15.
2. *Diario de Discursos,* 2:182.

de libertad y de derechos iguales, sin ni una mancha para empañar su serena superficie; la gloriosa bandera que nos fue legada por nuestros padres entonces será desplegada a la brisa por medio de aquellos que tendrán el poder de levantarla y defender su santidad.[3]

Élder Orson Hyde enseñó que la Iglesia nunca deseará ser separada de la Constitución de esta nación:

> Podéis afligirnos, podéis decretar leyes, podéis pedir que las naciones lejanas os den socorro, podéis clausurar la inmigración en contra de los Santos de los Últimos Días, podéis empujarlos, podéis incendiar sus casas—podéis hacer todo esto, pero continuarán a vivir y extenderse a pesar de todos los poderes bajo los cielos, y de llegar a ser un gran pueblo bajo la Constitución de este gran país. *Nunca deseamos ser librados de la Constitución de nuestra Patria.* Está edificada sobre principios celestiales. Está establecida tan firme como la roca de eternidad, y cuando aquellos que la abusan se desmoronarán en corrupción bajo la tierra, la Constitución Americana se mantendrá y no hay ningún pueblo que la pueda destruir, porque *Dios la levantó por medio de nuestros antepasados, y los inspiró a formar ese instrumento sagrado.* La Constitución es una cosa; los políticos corrompidos son otra cosa. La una puede ser tan brillante como el sol al mediodía, el otro tan corrompido como el infierno mismo; ésto es la diferencia.[4]

Jorge Q. Cannon enseñó que los Santos serán aquellos que sostendrán la Constitución cuando no se encuentra la libertad en otras partes:

> Venimos aquí para quedarnos, aquí anticipamos permanecer, y aquí permaneceremos en tanto que hagamos lo justo. Y no solamente permaneceremos aquí sino que nos extenderemos a lo extranjero, y llegará el día—y *ésta es otra predicción de José Smith*—Quiero que os acordéis de ésto, mis hermanos y hermanas, *cuando el buen gobierno, la libertad del gobierno constitucional se encontrará entre los Santos de los Últimos Días, y será buscado en vano en otras partes;* cuando la Constitución de este país y el gobierno republicano y las instituciones republicanas serán apoyados por este pueblo que ahora está tan deprimido y cuya destrucción está anhelada tan asiduamente. *Vendrá el día cuando la Constitución, y el libre gobierno bajo ella, serán sostenidos por este pueblo.* Ésto es decir mucho, pero no es diciendo más que lo que se declara en cuanto al crecimiento de esta obra, y lo que se ha logrado ya.[5]

También dijo,

> Parece cosa extraña decir, pero en todas las ocasiones debidas lo digo con mucho placer, en casa y afuera de casa, que me han enseñado desde mi niñez que el día vendrá en que las instituciones republicanas en esta nación y sobre este continente estarán en peligro, cuando, en hecho, *la república será tan desgarrada por facciones que no habrá un gobierno firme fuera de los*

3. *Diario de Discursos,* 2:317.
4. *Diario de Discursos,* 24:31. Véase la *Doctrina y Convenios* 101:77-80.
5. *Diario de Discursos,* 23:104.

Santos de los Últimos Días: y que es su destino como pueblo, de mantener sobre esta tierra el gobierno constitucional. Pues bien, hay muchas personas que piensan que ésta es una ilusión de la mente; piensan que es insensatez tratar tal idea; pero no obstante vendrá el día. Hay aquellos en esta congregación que atestiguarán del tiempo en que el mantenimiento del verídico gobierno constitucional sobre este continente dependerá de este pueblo, cuando tendrá que ser sostenido por nosotros.[6]

Élder Moisés Thatcher dijo que aunque la Constitución puede haberse hecho pedazos los Santos "la unirán de nuevo:"

Diré que cuando esta nación, habiendo sembrado al viento, coseche el torbellino; cuando hermano levantará la espada contra hermano; cuando padre contendrá contra hijo, e hijo contra padre; cuando él que no levantara la espada contra su vecino tendrá que huir a Sión para su protección—entonces diré a mis amigos que *vengan a Utah; porque los juicios de Dios, comenzando en la casa del Señor, habrán pasado, y Utah, no pertubado, será el lugar más agradable en toda la Unión.* Cuando la guerra y la desolación y el derramar de sangre, y el desgarro de la sociedad vengan sobre la nación, he dicho a tales, "Venid a Utah y *compartiremos con vosotros nuestro bocado de comida, compartiremos con vosotros nuestra ropa,* y os ofreceremos protección.

Os diré, mis hermanos y hermanas, que vendrá el día, y no está muy lejos, cuando él que no levantará la espada contra su vecino, tendrá que huir a Sión para su protección; y está presupuesto en esta predicción que Sión tendrá el poder de darles protección. Ni tampoco lo haremos fuera del gobierno; lo haremos dentro del gobierno. No hay ningún poder en esta tierra que puede poner a este pueblo en contra del gobierno de los Estados Unidos. *Ellos mantendrán la Constitución de este país inviolable, y aunque puede haberse hecho pedazos la atarán de nuevo, y mantendrán cada uno de sus principios,* sosteniéndola para los desterrados de toda nación, parentela, lengua y pueblo, y lo harán, también, bajo las Estrellas y Franjas (bandera).[7]

6. *Diario de Discursos,* 23:122-23.

7. *Diario de Discursos,* 26:334.

APÉNDICE II

Un Análisis De La Profecía Registrada Por Edwin Rushton Y Teodoro Turley Que Se Conoce Comunmente Como "La Profecía Del Caballo Blanco"

Se ha propagado por muchos años entre los miembros de la Iglesia copias de una profecía atribuida a José Smith que se llama la "Profecía del Caballo Blanco." Varias de las autoridades generales, en diversas ocasiones, han mantendido que no hay ningún fundamento para la afirmación que el Profeta hizo la profecía y han declarado que no es verídico. Sin embargo, muchos han insistido en circular la profecía y han defendido su validez. El propósito de este apéndice es para presentar los hechos para que el lector pueda decidir por si mismo sobre el asunto.

Los Hombres Que Registraron la Profecía

Se supone que la profecía fue recibida por José Smith en la presencia de dos hombres: Edwin Rushton y Teodoro Turley. Aparentemente no fue escrita en esa ocación pero fue escrita luego por memoria. Se debe examinar primero el carácter de los dos hombres que registraron la profecía.

Edwin Rushton era un converso Inglés que vino a los Estados Unidos unos pocos meses antes que fue dada la "Profecía del Caballo Blanco" en 1843. Se conoce solo poco de su vida hasta después de su llegada a Utah en 1851. Allá trabajaba como molinero, quintero y ganadero hasta su muerte en la Ciudad de Salt Lake en 1904. Su estado como miembro del Quorum 22 de los Setenta y su posterior posición como Sumo Sacerdote y primer consejero en el obispado del Sexto Barrio, Ciudad de Salt Lake, indica su posición en la Iglesia.[1] Fue él quién registró la profecía y dió una copia al Patriarca Juan Smith (hijo de Hyrum, el hermano del Profeta).

Teodoro Turley fue un fiel discípulo del Profeta y la historia de la Iglesia escrita por José Smith le menciona con frecuencia. Fue seleccionado para supervisar el traslado de los Santos pobres de la ciudad de Far West en 1839.[2] Fue asignado para acompañar a Heber C. Kimball a la Ciudad de Jefferson para ver al Gobernador Boggs para conseguir la libertad de José y sus compañeros quienes estuvieron en las cárceles de Liberty y Richmond.[3] Al riesgo de su vida cuando fue confrontado por un

1. Frank Esshom, *Peregrinos y Hombres Prominentes de Utah, [Pioneers and Prominent Men of Utah]*, (Ciudad de Salt Lake, Utah: Utah Pioneers Book Publishing Company, 1913), p. 1145.
2. *La Historia de la Iglesia*, 3:261.
3. *La Historia de la Iglesia*, 3:285-88.

bandillaje de hombres de Missouri, defendió la declaración profética de José que los Doce saldrían de la ciudad de Far West en misiones,[4] y acompañó a los Doce a su reunión secreta allí. Su casa fue la primera edificada por los Santos en Commerce, Illinois.[5] Cumplió una misión a Inglaterra con Wilford Woodruff y Juan Taylor.[6] Al volver a los Estados Unidos, él presidió sobre los Santos que le acompañaron en el barco.[7] Élder Turley fue uno de un grupo de amigos íntimos que fueron a protejer a José en su viaje a Carthage en mayo de 1844.[8] Apenas diez días antes del martirio del Profeta fue asignado por José como Armero General de la Legión de Nauvoo.[9] Fue Turley a quién el Profeta mandó como mensajero confiado al Gobernador Ford solo cinco días antes de su muerte.[10] Después de la muerte del Profeta, Teodoro Turley vino a Utah en 1849 donde vivió hasta su muerte en Beaver, Utah, en 1872.[11] Teodoro Turley fue un ayudante de confianza de José Smith y siempre apoyaba al Profeta. Si la registración de la "Profecía del Caballos Blanco" fue falsa, ¿no lo hubiera declarado así?

La Profecía

La "Profecía del Caballo Blanco" está registrada aquí en la columna izquierda. El autor actual dividió la profecía en secciones para facilitar el análisis. En la columna a la mano derecha están registrados:

1. Los hechos que indican que la profecía se ha cumplido.
2. Declaraciones similares por las Autoridades Generales que indican que o
   A. tuvieron conocimiento de la "Profecía del Caballo Blanco" y estaban enseñando a base de ella,
   B. tuvieron conocimiento que el punto tratado fue una enseñanza aceptada por la Iglesia, o
   C. fueron inspirados por el Señor a presentar enseñanzas similares.

Cualquiera de estas razones, desde luego, sería justificación para aceptar esa parte de la "Profecía del Caballo Blanco" como inspirada de Dios y como profecía válida.

4. *La Historia de la Iglesia*, 3:306-08. Véase *La Historia de la Iglesia*, 3:336-40.
5. *La Historia de la Iglesia*, 3:375.
6. *La Historia de la Iglesia*, 4:76.
7. *La Historia de la Iglesia*, 4:187.
8. *La Historia de la Iglesia*, 6:412.
9. *La Historia de la Iglesia*, 6:502.
10. *La Historia de la Iglesia*, 6:552.
11. Esshom, *op. cit.*, p. 1218.

1. En o cerca del día seis de mayo de 1843 se llevó a cabo en Nauvoo un gran repaso de la Legión de Nauvoo. El Profeta José les felicitó por su buena disciplina y las evoluciones hechas.

1. El registro por el Profeta de las actividades que tuvieron lugar en este día es historicamente correcto. Una parte de la historia del Profeta para el sábado 6 de mayo de 1843 dice,

> A las nueve y media de la mañana monté con mi dependencia, y con la banda de música y como una docena de señoras; encabezada por Emma, procedí a la plaza de armas de la Legión de Nauvoo al Éste de mi granja en la llanura. *La Legión se presentó bien—mejor que en cualquiera otra ocasión, y cumplió sus evoluciones en un estilo admirable.*
>
> Los oficiales hicieron honor a la Legión. Muchos de ellos fueron equipados y armados *cap-a-pie*. Los hombres tenían un buen espíritu. Habían hecho grandes adelantos ambos en los uniformes y en la disciplina, y sentimos orgullo en ser asociados con tal cuerpo de hombres, los cuales, en el punto de la disciplina, el uniforme, la aparencia, y el conocimiento de las tácticas militares, son el orgullo de Illinois, unas de sus más fuertes defensas, y un gran baluarte del territorio del Oeste.[12]

2. El tiempo siendo caluroso, pidió un vaso de agua. Con el agua en la mano, dijo, "Les brindo que derrumban a los pandilleros."

2. Hay un conflicto en cuanto a las condiciones del tiempo entre la historia del Profeta para el 6 de mayo de 1843 y la "Profecía del Caballo Blanco." Lo último afirma que el tiempo fue caluroso mientras el primero dice que el día fue frio y con mucho viento. Aunque su registro no indica que el Profeta dió un brindis, sí registró comentarios que pudieron haber sido dados en tal manera y fueron de una naturaleza similar:

> En el curso de mis declaraciones en el llano, dije a la Legión que cuando hemos solicitado a las personas en poder para socorro, *siempre nos han dicho que no tienen ningún poder para ayudarnos. ¡Al infierno con tales traidores!* Cuando me dan a mí el poder de proteger a los inocentes, nunca diré que no puedo hacer nada para su bien: Ejercitaré ese poder, que me ayude Dios. Al fin del discurso, la Legión marchó a la ciudad y se desbandó en la Calle Main, alrededor de las dos de la tarde, *el día siendo frio y con mucho viento.*[13]

3. En la mañana siguiente un hombre que oyó al profeta hacer el brindis volvió para visitar la mansión del Profeta, y le abusó tanto con pala-

3. La historia del Profeta registra varios visitantes en la mañana siguiente pero da muy poca información en cuanto a los temas tratados. La visita del forastero registrada en la "Profecía del Caballo Blanco" facilmente podría haber sido uno de los hombres que vino para hablar concerniente a

bras feas, que el hombre fue mandado por el Profeta a marcharse. Fue mientras que los dos estuvieron afuera que se me llamó la atención y oyendo al hombre hablar en una voz fuerta, me acerqué, el hombre al fin yendose. Presentes estuvieron el Profeta José Smith, Teodoro Turley y yo. El Profeta empezó a hablarnos de los pandillajes, los destierros y las persecuciones que como pueblo habíamos aguantado.

las planchas Kinderhook (un juego de planchas metálicas descubierto en una excavación en Kinderhook, Illinois) puesto que estos hombres en toda probabilidad eran no-Mormones y extraños a Nauvoo:

> Domingo 7.—En la mañana fui visitado por varios hombres, concerniente a las planchas desenterradas cerca de Kinderhook.[14]

4. Pero, dijo él, "Tendremos cosas peores para ver; nuestos perseguidores tendrán todos los pandillajes que quieran tener. No les deseáis ningún daño, porque cuando veréis su sufrimiento derramaréis amargas lágrimas para ellos."

4. La Guerra Civil ocasionó el cumplimiento de esta profecía. Cuando la guerra empezó, Missouri era el único estado al norte de la linea Mason-Dixon que permitía la esclavitud (estado esclavo), y estaba rodeado sobre tres lados por estados que no permitían la esclavitud (estados libres). Algunas comunidades en Kansas y en Missouri lucharon escaramuzas continuas sobre la cuestión de la esclavitud. Aunque había sido estado esclavo, Missouri entró a la guerra como estado libre para protegerse de la conquista que sabía que iba a venir. Un grupo grande de guerilleros del Sur, sin embargo, se establecieron en la parte oeste de Missouri y especialmente en la región del Condado de Jackson. Ayudado por los ciudadanos pro-Sur, continuamente acostaban al ejercito de la Unión desde sus escondites. Un estado de guerra continua existía en el oeste de Missouri. Finalmente el ejército de la unión despachó el famoso "Orden número 11," que mandó que los residentes de los Condados de Cass, Jackson y Bates evacuen sus casas para permitir al ejército aniquilar a los guerilleros. Los soldados de la Unión entonces invadieron el área matando a los animales, quemando casas y campos, y molestando a los habitantes. Esta brutalidad amenudo era en forma de pandillajes pilladores en vez de compañías militares organizadas. Se llevó a cabo el orden con crueldad, y llegó a ser como una repetición en una escala más grande de lo que les había pasado allí a los Santos treinta años antes.

5. Mientras esta conversación estaba en proceso, nos paramos al lado de su postigo de barrera sur en un triángulo. Dirigiéndose a mí, dijo: "Te quiero decir algo. Hablaré en parábola como Juan el Revelador.

5. Alrededor de un mes antes que se supone que se hizo la "Profecía del Caballo Blanco" el Profeta José repentinamente se interesó en el libro de *Apocalipsis*. Ésto bien pudiera haber sido el resultado de su asociación con Orson Hyde. El domingo 2 de abril de 1843, José registró la prédica de Orson Hyde que se basó en el capítulo 19 de *Apocalipsis*, en que se refiere a la venida de Cristo sobre un caballo blanco:

> Escuché a la prédica de Orson Hyde, comparando a los predicadores sectarios con cuervos alimentándose de carroña, puesto que les gustaba más las mentiras sobre los Santos que la verdad. Refiriéndose a la venida del Salvador, dijo, "que cuando él se manifiesta, seremos semejantes a él, etcétera, *Él aparecerá sobre un caballo blanco como guerrero,* y quizás tendremos algo del mismo espíritu."[15]

Esa tarde el Profeta habló sobre un texto en *Apocalipsis*, y comentó que fue la primera vez que jamás lo había hecho:

> A la una de la tarde asistí a la reunión, leí el capítulo 5 de *Apocalipsis*, refiriéndome en particular al sexto versículo, mostrando por ésto, la verdadera existencia de bestias en el cielo. Probablemente fueron bestias que habían vivido sobre otro planeta, y no en el nuestro. Dios nunca usó la figura de una bestia para representar el reino del cielo. Cuando sí se usa, es para representar una iglesia apóstata. *Ésta es la primera vez que jamás he tomado un texto de Apocalipsis.*[16]

Luego en esa tarde continuó en estudiar *Apocalipsis*, y otra vez lo usó como texto en la reunión de la noche:

> *Entre las reuniones leí en Apocalipsis con Élder Hyde,* e interpretó lo mismo, durante cual tiempo varias personas vinieron y expresaron sus temores que yo había hecho contacto con las escrituras antiguas.
>
> En la reunión de las siete de la tarde, continué con el tema de la bestia, y mostré muy claramente que la visión de Juan era muy diferente de la profecía de Daniel—la una refiriéndose a las cosas que realmente existen en los cielos; la otra siendo una representación de cosas que están sobre la tierra.[17]

El día siguiente José otra vez registró que estaba "*leyendo el Libro de Apocalipsis con Élder Hyde.*"[18] De nuevo, una semana más tarde, dió un discurso extendido basado en el libre de *Apocalipsis* y el libro de *Daniel*.[19]

251

En la luz de su repentino pero extendido interés en las escrituras de San Juan no es difícil ver como pudiera haber dado a la "Profecía del Caballo Blanco" una forma alegórica basada en figuras encontradas en *Apocalipsis*.

6. Iréis a las Montañas Rocosas y os estableceréis allí como un gran y poderoso pueblo, que nombré el "Caballo Blanco de Paz y Seguridad." Cuando el Profeta dijo que lo veréis, le pregunté "¿Y a donde estarás en ese tiempo?" Él dijo,"Nunca iré allá."

6. *Brigham Young* siempre mantenía que la peregrinación de los Santos hacia el Oeste había sido el plan propuesto por José Smith por largo tiempo. En 1856 dijo:

> No ingenié el gran esquema de la apertura por el Señor del camino por la cual mandaría a este pueblo a las montañas. *José contemplaba el movimiento por años antes que occurió,* pero no pudo llegar aquí.[20]

En otra ocasión Erastus Snow declaró que

> Cuando los pioneros dejaron los confines de la civilización, no estabamos buscando una tierra en la costa del Pacífico, ni una tierra al norte o al sur; *estabamos buscando una tierra en el medio de las Montañas Rocosas señalada por el Profeta José Smith,* en el interior del gran continente de la América del Norte.[21]

7. Vuestros enemigos continuarán en seguirles con persecuciones y confeccionarán leyes odiosas en el Congreso en contra de vosotros para destruir el "Caballo Blanco,"

7. El Congreso de los Estados Unidos aprobó una cantidad de leyes durante el período desde 1862 hasta 1890 proscribiendo la práctica de la poligamia. Estos proyectos de ley fueron específicamente el trabajo de los enemigos de la Iglesia. Entre estas leyes había una "Ley en Contra de la Bigamia" firmada por Presidente Lincoln en 1862, penando al polígamo con una multa de $500 o cinco años en la carcel, o ambos. La ley también tenía una provisión prohibiendo a cualquier cuerpo religioso poseer bienes raíces de valor de más de $50.000. Esta provisión luego facilitó al gobierno a confiscar todas las propiedades de la Iglesia y requirir que la Iglesia pague un alto arriendo para su uso.

En marzo de 1882, el Congreso aprobó el proyecto de ley "Edmunds" que enmendó la ley anterior en que prohibió a aquellos viviendo con casamientos plurales a votar o a ocupar oficios públicos. También negó toda registración y oficina de elección, que deprimió a Utah los derechos de auto-gobierno.

La persecusión continuaba y centenares de hombres fueron encarcelados. En 1884, se desarrolló un "fallo de segregación" que facilitó a los tribunales poder imponer un sumario distinto para cada día en que un hombre fuese juzgado culpable de vivir con más que una esposa. Por medio de la acumulación de las varias acusaciones podría encarcelar a un hombre por toda la vida. Este reglamento causó que los líderes de la Iglesia, incluso Presidente Snow, se deportaran. Sin embargo, el Tribunal Supremo de los Estados Unidos no sostuvo este reglamento en una acción en contra del Presidente Snow en 1887.

En marzo de 1887, el Congreso abrobó la más fuerte ley, llamada la ley de "Edmunds-Tucker." Esta ley desincorporó la Iglesia de Jesucristo de los Santos de los Últimos Días y la Compañia del Fondo Perpétuo de Inmigración. La Iglesia fue puesta bajo muy severa tensión financiera.

Después de la muerte de Juan Taylor, mientras estaba en exilio en julio de 1887, la cruzada contra la poligamia continuó, pero con más tolerancia Federal. Los gobiernos de los estados de Idaho y Arizona sí continuaron en aprobar leyes contra los miembros de la Iglesia. Con la formulación del "Manifesto" por Wilford Woodruff in 1890, la actitud de la mayor parte de los oficiales cambió y las sentencias de encarcelación de la mayor parte de los hombres fueron disculpadas. Cuando Utah recibió la posición como Estado en 1896 todas las propiedades de la Iglesia fueron restauradas a su debido dueño.

8. pero tendréis uno o dos amigos para defenderos en desechar las partes peores de las leyes, para que no os dañen tanto.

8. Varios no-Mormones proveían socorro valoroso a los Santos y mostraron ser amigos verídicos de ellos en el período inmediatemente después de su éxodo al Óeste. El Coronel Tomás L. Kane les dió a los hermanos avisos importantes en cuanto a la no provechosa idea que Utah buscaría ser territorio en vez de estado. Previamente había sido útil en obtener el permiso del gobierno para que los Santos pasen el invierno en Council Bluffs. En 1858 vino a Utah para interceder duranta la Guerra de Utah y dió consejos y socorro en esa oportunidad.

Varios funcionarios nombrados que fueron mandados a Utah cuando llegó a ser territorio demostraron ser buenos amigos de los Santos. Éstos eran Lázaro H. Reed, de Nueva York, quien llegó a ser el Juez en Jefe del territorio y Benjamín G. Ferris, el Secretario del Territorio. Presidente Abraham Lincoln firmó la "Ley en Contra de la Bigamia" del congreso en 1862 que hizo que los que entraran en un casamiento plural fuesen penados por una multa de $500 o por encarcelación por el plazo de cinco años or por ambos. Pero en base de su amistad con los Mormones, quienes habían conocido en Illinois, negó nombrar oficiales para imponer la ley.

9. Debéis continuar en suplicar al Congreso en todo tiempo, pero os tratarán como estranjeros y ajenos y no os darán vuestros derechos, sino que os gobernarán por extranjeros y comisionados;

9. El Congreso estableció a Utah como territorio y nombró a Brigham Young primer gobernador del territorio. Un gran número de otras posiciones territoriales fueron ocupados por funcionarios nombrados del Este. Muchos de estos hombres eran perjudicados en contra de la Iglesia y buscaron enredarla en dificultades. El Juez en Jefe Brandebury, el Juez Asociado Brocchus y el Secretario Territorial Broughton D. Harris, tres de los primeros asignados, renunciaron sus posiciones y volvieron al Este. Allá esparcieron rumores que el Gobernador Young estaba comportándose en una manera ilegal y sediciosa y que estaba malgastando los fondos federales asignados al Territorio.

En 1855 dos hombres sin principios fueron dados asignaciones federales en Utah y sus acciones provocaron la Guerra de Utah. El Juez Guillermo W. Drummond apareció en Utah acompañado por una ramera, a quien presentó como su esposa. Su embriaguez y su inmoralidad causaron que los Santos no le quisieron casí desde su llegada. Jorge P. Stiles, un apóstata Mormón, también recibió una asignación como juez. Estos hombres diseminaron un número de informes falsos acerca de la Iglesia y sus líderes y presentaron declaraciones juradas a Washington que fueron falsas y engañadoras. Fomentaron la apariencia que los Mormones estaban en rebelión en contra de los Estados Unidos.

10. veríes la constitución de los Estados Unidos casi destruida; colgará, como si fuera, por un hilo, tan fino como la más fina fibra de seda."

10. **Brigham Young:**

Hermanos y hermanas, nuestros amigos quieren conocer nuestros sentimientos en cuanto al Gobierno. Yo contesto, son de primera clase, y lo demostraremos también, como veréis si viváis por suficiente tiempo, porque el hecho de que viviremos hasta demostrarlo es cierto; y *cuando la Constitución de los Estados Unidos cuelgue, como si fuese, por un solo hilo, tendrán que llamar a los Élderes "Mormones" para salvarla de una destrucción completa; y ellos avanzarán y lo harán.*[22]

Para otras citaciones pertinentes a este tema véase Capítulo cinco y Apéndice uno.

11. En este momento el semblante del profeta se entristeció; y dijo, "Amo a la constitución. Fue compuesta por la inspiración de Dios, y será preservada y será salvada por los esfuerzos del Caballo Blanco y el Caballo Rojo, que se combinarán en su defensa.

11. **Brigham Young:**

¿Será destruida la Constitución? No, se mantendrá inviolable por este pueblo; y como dijo José Smith "Vendrá el tiempo cuando el destino de esta nación colgará por un solo hilo. En esta ocasión crítica, *este pueblo avanzará y la salvará de la amenazada destrucción.*" Así será.[23]

Esta profecía habla en términos alegóricos de cuatro "caballos." Se puede identificar facilmente tres de ellos por indicios dentro de la profecía misma. El "Caballo Blanco de Paz y Seguridad" obviamente es la Iglesia en las Montañas Rocosas (Véase Nº. 6), el "Caballo Pálido" se defina como el "pueblo de los Estados Unidos" (véase Nº. 34), y la referencia al "Caballo Negro" dice que "temerán ser esclavizados de nuevo" (véase Nº. 33), que les identificarían como el Negro Américano. El "Caballo Colorado" no se identifica tan fácilmente. Algunos lo han interpretado como Inglaterra por razón de la referencia del Profeta a los uniformes rojos de los soldados Ingleses (véase Nº. 28) y por razón de su declaración que aparecerá como si fuera que Inglaterra hubiera tomado posesión de este país (véase Nº. 32).

En la opinión del autor, el "Rojo" de la profecía son los indios de América. Éstas son sus razones:

1. Todos los otros tres caballos se refieren a grupos en los Estados Unidos. Ésto indicaría que el cuarto grupo estaría localizado en una ubicación similar.

2. Aparentemente el profeta tomó el color de la piel como guía para determinar el color de sus caballos. Si el "Caballo Negro" se refiere a los negros, se anticipa que el "Caballo Rojo" se refería a la "piel roja", o sea a los Indios. El término "Caballo Pálido" pudiera referirse facilmente al término "piel pálida," y el "Caballo Blanco" facilmente pudiera ser un término que simboliza la pureza de los Santos.

3. El "Caballo Rojo," según la profecía se combinará con la Iglesia. ¿Qué sería una combinación mejor que la Iglesia y el pueblo Indio? La

obra misional de la Iglesia ha sido dirigida hacia ese pueblo desde su comienzo, y el Mormonismo acepta el Libro de Mormón como habiendo sido escrito para convertir a los Lamanitas a la historia de sus padres. La Iglesia hoy día está efectuando una fuerza mayor en cultivar sus relaciones con los pueblos Indios, como atestiguan las misiones a los Indios y el programa para los Indios en los Seminarios. Y por contraste no hay nada que indique alguna relación especial entre la Iglesia é Inglaterra.

4. Se anticipa una conversión de gran magnitud un poco después del período en que el "Caballo Rojo" y el "Caballo Blanco" se unirán en los primeros días del período de la Nueva Jerusalén. Amenudo se pregunta porqué se unirían repentinamente con la Iglesia en números tan grandes después de resistir, en mayor grado, a los esfuerzos misionales por tantos años. ¿Qué cosa más lógica sería una preparación para esta conversión que una alianza durante el período de las guerras internas?

5. Está profetizado que los Lamanitas se levantarán en contra de los gentiles en las Américas. Si la profecía del Caballo Blanco tiene validez provee una clave importante en cuanto a la manera en que esta sublevación ocurrirá. *Mormón* 5:24 es un ejemplo de las profecías que tratan la sublevación de los Lamanitas, en que los gentiles reciben la amonestación: "Por tanto, arrepentíos y humilláos ante él, no sea que se levante en justicia contra vosotros; *no sea que un resto de la posteridad de Jacob vaya entre vosotros como león, y os despedace, y no haya nadie para librar.*"

Para otras citaciones tratando este tema véanse Capítulos cuatro y cinco.

12. El Caballo Blanco levantará una insignia de paz y seguridad sobre las cumbres de las montañas.

12. **Brigham Young:**

Se establecerá aquí en los valles de las montañas un Imperio dentro del país, que será un lugar de refugio para millones de personas cuando el gran día de los juicios de Dios venga sobre la tierra, *y los rectos vendrán aquí para su seguridad.*

Nuestro pueblo irá al Este, al Oeste, al Norte y al Sur, pero el día vendrá cuando serán alegres de volver. Estaremos aislados del resto del mundo.[24]

13. Este Caballo Blanco encontrará las montañas llenas de minerales

13. **Brigham Young:**
Cuando primero llegamos a este valle no teníamos ninguna idea que nuestros hermanos podrían hallar oro en California, o quizás estaríamos cavando oro allí ahora mismo; pero nuestros pensamientos fueron ocupados en como proveeríamos para la venida de nuestas esposas é hijos; estabamos pensando en trigo, papas, sandías, duraznos, manzanas, ciruelas, etcétera. *Pero permitidme deciros que ese oro y plata, ese zinc y cobre y plomo, y cada elemento que se puede encontrar en cualquier parte de la tierra se puede encontrar aquí*; y cuando necesitamos estas cosas todo lo que se require será una aplicación filosófica para hacerlos subservientes a nuestras necesidades.

Aquí pausamos y pensamos—"¡Qué! ¿hay oro acá, hay acá plata? ¿Se puede encontrar aquí las sedas más finas y más hermosas que jamás se han fabricado? Sí. ¿Hay lino fino aquí? Sí, y los más finos paños, y mantillas y vestidos de cada descripción. Estamos pisándolos, bebiéndolos y suspirándolos cada día que vivimos. Están acá con nosotros, y podemos hacernos ricos, porque todas estas cosas están a nuestra alcance.[25]

14. y llegarán a ser muy ricos. Veréis plata amontonada en las calles. Vereis oro traspaleado como arena.

14. **Orson Pratt:**
Empero, cuando llegue el tiempo para la compra de esta tierra, tendremos los recursos. Como se realizará lo necesario para lograrlo no es para mí decir. Quizás el Señor abrirá minas de oro y plata, o alguna otra cosa que le convendrá, *las riquezas serán derramadas en las faldas de los Santos de los Últimos Días hasta que no sabrán como disponerlas.* Ahora profetizo de nuevo, basado en revelación anterior, que no hay un pueblo sobre la faz de la tierra entera, ni siquiera Londres, o París, o Nueva York, o cualquiera de las grandes ciudades mercantiles del mundo—*no hay personas ahora sobre la faz de la tierra tan ricas como serán los Santos de los Últimos Días en unos pocos años.* Teniendo sus millones, por tanto comprarán el terreno, edificarán grandes ciudades, pueblos y aldeas, y construirán una gran ciudad capital, en el lugar céntrico, en el Condado de Jackson, Missouri.[26]

15. El oro tendrá poco valor aun en una capacidad mercantil, porque la gente del mundo tendrá otra cosa que hacer en buscar la salvación.

15. **Heber C. Kimball**

Os relataré un sueño que Hermano Kesler tuvo recién. Soñó que fueron puestos delante de él una bolsa de oro y un gato, y tuvo el privilegio de escoger cual deseaba, así que sucedió que escogió el gato, y salió con él. ¿Porqué tomó el gato en vez del oro? Porque *pudo comer el gato* y no pudo comer el oro. Podéis ver tales tiempos antes que falleceréis.[27]

Para otra citación tratando este tema, véase *Diario de Discursos,* 1:250.

16. "El tiempo vendrá en que los bancos en cada nación fallarán y habrá solo dos lugares en donde la gente podrá depositar su oro y sus riquezas. Estos lugares serán el Caballo Blanco y las cajas fuertes de Inglaterra."

16. El autor no tiene conocimiento de ninguna declaración o profecías que se refiere a las cajas fuertes de Inglaterra. *Orson Pratt,* sin embargo, afirmó que los ricos traerán sus riqueszas al Oeste:

Un arroyo fluente es uno que corre continuamente; y los Gentiles, en aquel día, vendrán a nosotros como un arroyo fluente, y tendremos que tener nuestras puertas abiertas continuamente, vendrán como nubarrones y como palomas en grandes averías. ¿Penséis que los Gentiles ignorarán lo que está pasando? Pues esto no será el caso, sino que entenderán perfectamente lo que está ocurriendo. Las personas verán que la mano de Dios está sobre este pueblo; verán que Él está entre nosotros, y que es nuestra atalaya, que es nuestro escudo y nuestra defensa, y por lo tanto dirán, "*Subamos y pongamos nuestras riquezas en Sión, porque no hay seguridad en nuestras naciones.*"[28]

17. "Una revolución terrible ocurrirá en el pais de América, tal cual como nunca se ha visto antes; porque el país será dejado literalmente sin un gobierno supremo, y cada especie de maldad correrá desenfrenado.

17. **Orson Pratt:**

Dios ha proclamado su mensaje amonestador en medio de esta nación, pero lo han rechazado y han tratado a los siervos de Él con desdén; el Señor ha quitado su pueblo de entre ellos, y los ha plantado acá en estas montañas; y cumplirá con rapidez la profecía en relación al derrocamiento de esta nación, y su destrucción. *Seremos obligados a tener un gobierno para preservarnos en unidad y paz; porque ellos, a razón de su derrocamiento, no tendrán el poder de gobernar;* porque estado será dividido en contra de estado, ciudad contra ciudad, aldea contra aldea, y el país entero estará en terror y confusión; pandillaje prevalecerá y no habrá tranquilidad a través de esta gran República, para las vidas o la propiedad del pueblo.[29]

18. El padre será contra el hijo, y el hijo contra el padre, la madre contra la hija y la hija contra la madre. Ocurrirán las más horribles escenas de asesinato y derrame de sangre y rapiña como jamás se han visto.

18. **Jedediah M. Grant:**

Tres días antes de que José Smith salió para Carthage, bien recuerdo que nos dijo que veríamos el cumplimiento de las palabras de Jesús sobre la tierra, donde dice que *estará dividido el padre contra el hijo, y el hijo contra el padre; la madre contra la hija, y la hija contra la madre, la suegra contra su nuera, y la nuera contra su suegra; y los enemigos del hombre serán los de su casa.*

El Profeta desde su propia casa relató a varios de nosotros de la noche en que le fueron abiertas las visiones del cielo, en las cuales vió al continente Americano empapado de sangre, y vió nación levantándose contra nación. También vió al padre derramar la sangre del hijo y el hijo la sangre del padre, la madre dar muerte a la hija, y la hija a la madre; y el cariño natural abandonaba los corazones de los impíos; porque vió que el Espíritu de Dios será retirado de los habitantes de la tierra, por lo cual habrá sangre sobre la faz del mundo entero, menos entre el pueblo del Más Alto. El Profeta miraba la escena presentada a su visión hasta que le dió asco al corazón e imploró al Señor cerrarlo de nuevo.[30]

Para otras citaciones tratando este tema véase Capítulo cuatro.

19. La paz será quitada de la tierra y no habrá paz sino en las Montañas Rocosas.

19. **Brigham Young**

Somos bendecidos en estas montañas; éste es el mejor lugar en el mundo para los Santos de los Últimos Días. Escudriñad la historia de todas las naciones y cada posición geográfica sobre la faz de la tierra, y no podréis encontrar otra situación tan bien adaptada para los Santos como son estas montañas. Aquí está el lugar en donde el Señor intentó esconder a su pueblo . . . *Se ha determinado, por muchas generaciones, esconder a los Santos en los últimos días, hasta que haya pasado la indignación del Señor. Su ira se derramará sobre las naciones de la tierra.*[31]

Para otras citaciones tratando este tema véase Capítulo cuatro.

20. Ésto hará que muchos centenares y miles de los honestos de corazón se congreguen allá;

20. **Brigham Young**

Un Imperio interior será establecido en los valles de las montañas, *que será un lugar de refugio para la congregación de millones de personas*, cuando el gran día del juicio de Dios viene sobre la tierra, y los rectos vienen aquí para su seguridad.[32]

Para otras citaciones tratando este tema véase Capítulo cuatro.

21. no porque quisieran ser santos sino para su seguridad y porque no quisieron levantar la espada en contra de sus vecinos.

21. **Jorge Q. Cannon**

Anticipo ver el día cuando los Santos de los Últimos Días serán los que mantendrán el gobierno constitucional en este país. Los hombres en todos lugares deben comprender que creemos en los principios de la constitución, y anticipamos que será nuestro destino mantenerlos. Que se cumplirá la predicción que fué hecha el 7 de marzo hace cuarenta y cuatro años, en que Dios dijo a José Smith —"oís de guerras en países extranjeros; mas he aquí, os digo que están cerca, aun a vuestras puertas, y dentro de pocos años oiréis de guerras en vuestras propias tierras." *Pero la revelación dice, a continuación, que el día vendrá entre los inicuos en que todo hombre que no tome la espada contra su prójimo tendrá que huir a Sión para hallar seguridad. Una porción de esa revelación ya se ha cumplido, el resto se cumplirá.* Las causas que lo llevarán a cabo ya están en marcha. No somos los únicos que piensan que la república está encaminándose en esa dirección; que estamos dejando por atrás los antiguos mojones constitucionales, y la hora no está muy lejana cuando habrán amarguras en consecuencia de ello, entonces habrán molestias y perturbaciones civiles; y creemos que para escaparlas *los hombres serán obligados a huir a los "Mormones,"* aunque son tan odiados ahora.[33]

Para otras citaciones tratando este tema véase Capítulo cuatro.

22. "Seréis tan numerosos que estaréis en peligro del hambre, pero no por falta de sembrar y cosechar, sino porque habrá tantos para dar de comer.

22. **Wilford Woodruff:**

Almacenad vuestro trigo y otros abastecimientos contra el día de necesidad, porque el día vendrá en que os hará falta, y no os equivoquéis en ésto. *Querremos tener pan, y los Gentiles querrán tener pan, y si somos sabios tendremos algo para alimentarles a ellos y a nosotros mismos cuando venga el hambre.*[34]

23. Muchos vendrán con sus bienes en los brazos para escapar las calamidades, y no habrá escape sino por huir a Sión.

23. **Heber C. Kimball**
Estoy muy agradecido que tantos de nuestros hermanos han llegado con carretillas de mano; mi alma regocijó, mi corazón se llenó y creció tan grande como una cesta de dos almudes. Dos compañías han llegado seguros y sanos. ¿Es esto el fin? No; *habrán millones sobre millones que vendrán en condiciones parecidas, sino que no tendrán carretillas de mano, pero huirán llevando sus bienes bajo los brazos, y sus hijos sobre las espaldas y bajo los brazos.*[35]

24. "Aquellos que vienen a vosotros tratarán de guardar las leyes y ser uno con vosotros, porque ellos verán vuestra unidad y la grandeza de vuestra organización.

24. **Orson Pratt:**
Los Gentiles, en aquel día, vendrán a nosotros como un arroyo fluente, y tendremos que tener nuestras puertas abiertas continuamente, vendrán como nubarrones y como palomas en grandes averías. . . . muchos vendrán que nunca han escuchado a los siervos de Dios; pero *oirán que paz y salud moran entre nosotros, y que nuestros oficiales son todos oficiales de paz, y que los que imponen impuestos son hombres rectos.*[36]

25. El Imperio Turco, o sea el Creciente, será uno de los primeros poderes en ser desecho, porque tiene que haber libertad para predicar el evangelio en la Tierra Santa.

25. En 1917 las fuerzas Británicas, bajo la dirección de General Allenby, conquistaron a Palestina y la arrancaron de la mano del impirio Turco, que la había controlado por cuatro siglos. Ésto abrió el camino para el regreso de los Judíos a Palestina en números grandemente aumentados. Para otras citaciones tratando este tema véase Capítulo ocho.

26. "El Señor tomó la mejor sangre de las naciones y la plantó en las pequeñas islas que se llaman ahora Inglaterra y Gran Bretania, y les dió gran poder en las naciones por mil años, y su poder continuará con ellos, para que puedan mantener el balance de poder y pro-hibir que Rusia usurpe su poder sobre todo el mundo.

26. Muchos miembros de la Iglesia de descendencia inglesa tienen bendiciones patriarcales que indican que son de la Casa de Israel. Desde el tiempo de esta profecía Inglaterra ha mantenido una posición de poder a pesar del daño que ha sufrido durante dos Guerras Mundiales. Hoy día Inglaterra sirve como un balance de poder entre Rusia y los Estados Unidos.

27. Inglaterra y Francia actualmente son amargos enemigos, pero se aliarán y serán unidos para evitar que Rusia conquiste el mundo.

27. Inglaterra y Francia ahora son unidos, ambos política y economicamente, para oponer la ambición rusa de la conquista mundial.

28. "Los dos Papas, Griego y Católico, se juntarán y serán unidos. Las religiones protestantes no saben cuanto deben a Enrique VIII por haber echado la bula pontífica y establecido la fe protestante. Fue el único monarca que pudiera haberlo hecho en esa época, y lo hizo porque esta nación, Inglaterra, estaba a su espalda sosteniéndole. Una de las cosas notables en Inglaterra es la establecida vestimenta roja de los soldados, un uniforme que por su color hace un blanco para el tiro tan extraordinario, y sin embargo han conquistado doquier que han ido. Ellos conocerán la razón para ésto algún día. El León y el Unicornio de Israel es su insignia, y la sabiduría y la calidad de estadista de Inglaterra vienen de tener tanto de la sangre de Israel en la nación.

28. Se debe notar que, en consideración de la tendencia actual entre muchas de las iglesias de unirse, el cumplimiento de esta profecía estaría conforme con el espíritu de los tiempos. El Papa Romano Católico actual ha enfatizado en varias ocasiones la idea que las otras iglesias se junten con la iglesia Romana.

29. "Mientras se desarrolla la terrible revolución de que he hablado, Inglaterra se mantendrá neutral hasta que llegue a ser tan inhumano que ella se interpondrá para parar el derrame de sangre.

29. No se ha encontrado ninguna evidencia para apoyar esta parte de la profecía.

30. Inglaterra y Francia se unirán para hacer la paz, no para subjugar a las naciones;

30. Éste claramente es el espíritu que ha caracterizado la alianza entre Francia e Inglaterra durante el siglo veinte.

31. encontrarán las naciones tan despedazadas y tantas de ellas pretendiendo gobernación,

31. Se anticipa que más tarde existirá esta condición en una escala mundial durante el período del conflicto universal. La profecía aplicaría definitivamente a este período si esta parte tendría que

hasta que no habrá ningún gobierno responsable.

ver con los Estados Unidos en particular. Para otras citaciones tratando este tema véase Capítulo cuatro.

32. Entonces parecerá a las otras naciones o poderes como si fuese que Inglaterra hubiera tomado posesión del país.

32. No se ha encontrado ninguna evidencia para apoyar esta parte de la profecía.

33. El Caballo Negro huirá hacia los invasores y se juntará con ellos, porque tendrán miedo de ser esclavos de nuevo, sabiendo que Inglaterra no creía en la esclavitud, creyeron que huir a ellos establecería su seguridad; armados con bayonetas británicas las acciones del Caballo Negro serán terribles. (Aquí el Profeta dijo que no pudo aguantar más la visión de la escena que le fue mostrada y pidió al Señor a clausurar la escena.)

33. No se ha encontrado ninguna evidencia para apoyar esta parte de la profecía.

34. A continuación dijo, "Durante este tiempo el gran Caballo Blanco habrá aumentado en fuerza por mandar a los Élderes a juntar los honestos de corazon entre el Caballo Pálido, o sea las personas de los Estados Unidos, para apoyar la Constitución de los Estados Unidos, como fue dada por la inspiración de Dios.

34. **Orson Pratt:**

La mano del Señor estará sobre nosotros para sostenernos, y saldremos extendiéndonos. Nos multiplicará en la tierra; nos hará un gran pueblo, y fortalecerá nuestros bordes, y *enviará a los misioneros de este pueblo a los cuatro cabos de la tierra para publicar paz y nuevas de gran gozo* y proclamar que todavía queda en el corazón del continente Americano un lugar de paz, de seguridad y de refugio de las tormentas, desolaciones y tribulaciones que vendrán sobre los inicuos.[37]

Para otras citaciones tratando este tema véase Capítulo cuatro.

35. "En estos días Dios establecerá un reino, que nunca será derrumbado, que será como un amparo para las otras naciones.

35. **Juan Taylor:**

El Todopoderoso estableció este reino con el orden y con las leyes y con cada cosa que le pertenece, para que podamos entender su voluntad y operar en su reino, que podamos ser enseñados acerca de Dios y entender principios correctos, *que cuando se convulcionarán las naciones podremos presentarnos como salvadores,* y hacer lo que será destinado a producir el bienestar de la familia humana y finalmente *redimir un mundo arruinado no solamente del punto de vista religioso sino también político.*[38]

Para otras citaciones tratando este tema véase Capítulo cinco.

36. Y estos reinos que no permiten que se predique el Evangelio serán humilladas hasta que lo hagan.

36. **Orson Pratt:**

En la actualidad hay algunas naciones que no permiten que se predique dentro de sus bordes ninguna religión sino aquella que es establecida por la ley. *Cuando Dios derrumba los tronos, que hará muy pronto; cuando vuelque reinos é imperios, cual tiempo está muy a mano, entonces otros gobiernos serán formados más favorables a la libertad religiosa, y los misioneros de esta Iglesia visitarán aquellas naciones* . . . Así que podríamos enumerar que lo que Dios está haciendo entre estos poderes despóticos, derrumbando y cambiando prácticas e instituciones bien establecidas, para que sus siervos puedan salir por Su propio mando; para entregar el grande y último mensaje del Evangelio a los habitantes de la tierra, preparatorio a la venida de Su Hijo.[39]

Para otras citaciones tratando este tema véase Capítulo uno.

37. "Inglaterra, Alemania, Noruega, Dinamarca, Suecia, Suiza, Holanda, y Bélgica tienen una considerable cantidad de la sangre de Israel entre sus pueblos que tendrá que ser recogida. Estas naciones se someterán al reino de Dios. Inglaterra será el último de estos reinos en rendirse, pero cuando lo hará, lo hará en una forma completa como cuando rechazó el poder Católico. La nobleza sabe que el Evangelio es la verdad, pero no tiene suficiente pompa ni grandeza ni influencia para que lo

37. **Orson Pratt:**

La ley para la gobernación de todas las naciones saldrá de Sión como las leyes para la gobernación de los Estados Unidos ahora salen de Washington. Sión será la cabeza de gobierno y sus oficiales tendrán mucho más respecto, y mucha más influencia, que los de cualquier gobierno sobre la tierra; todas las naciones cederán una perfecta obediencia a sus mandatos y consejos.[40]

puedan abrazar. Son orgullosos y no reconocerán el reino de Dios, ni vendrán a él, hasta que verán el poder que tendrá.

38. La paz y seguridad en las Montañas Rocosas serán protegidas por una banda cordón del Caballo Blanco y el Caballo Rojo.

38. Solamente se puede verificar la idea de que la Iglesia será separada del resto de los Estados Unidos. Por ejemplo Heber C. Kimball dijo:

> Almacenad vuestros bienes, y tomad vuestras sedas y cosas finas, y reemplazadlas con trigo y tales cosas que necesitéis, *y vendrá el tiempo cuando seremos obligados a defendernos con nuestros propios recursos;* porque el tiempo no está lejano cuando *la pantalla caerá entre nosotros y los Estados Unidos.* Cuando llegue este tiempo, hermanos y hermanas, desearíais haber empezado antes en fabricar vuestra propia ropa. Os digo que Dios nos requiere empezar la fabricación casera; y por mas que lo queráis postergar, tendréis que hacerlo.[41]

Para otras citaciones tratando este tema véase Capítulo cuatro.

39. "La venida del Mesías entre su pueblo será tan natural que solo los que le verán conocerán que ha venido, pero sí vendrá y dará sus leyes a Sión, y ministrará a su pueblo. Ésta no será su venida en las nubes del cielo para vengarse de los inicuos del mundo.

39. **Carlos W. Penrose:**

> Entre el primer-mencionado de estos tres clases de hombres, el Señor aparecerá primero; y esta aparición será desconocida por el resto de la humanidad. Vendrá al templo preparado para Él, y su pueblo fiel verá su rostro, oirá su voz, y mirará a su gloria. De sus propios labios recibirán más instrucciones para el desarrollo y el embellecimiento de Sión y para la extensión y la segura estabilidad de su reino.[42]

40. Se edificará el Templo en el Condado de Jackson en esta generación.

40. Ésta es una repetición de *Doctrina y Convenios* 84:4-5:

> He aquí, ésta es la palabra del Señor, que la ciudad de la Nueva Jerusalén será edificada por la congregación de los Santos, empezando en este lugar, aun el lugar del templo, cual templo será edificado en esta generación.
>
> Porque, he aquí, no toda esta generación fallecerá hasta que se edificará una casa al Señor, y una nube descansará sobre ella, cual nube será aun la gloria del Señor, que llenará la casa.

Tocando este pasaje *Orson Pratt* dijo,

> En cuanto al número de años por lo cual se mide una generación, no tenemos ningún período específico definido que se nos ha

dado por revelación; el Señor habla en términos generales en relación a generaciones. Entre los Nefitas, inmediatamente después de la aparición de Cristo entre ellos, una generación fue *cien años*, y en la cuarta generación fueron destruidos, como una nación; menos algunos pocos que se juntaron con los Lamanitas. Encontramos generaciones que cuentan de padre a hijo, y de hijo a nieto, etcétera, y cuando llegamos a generaciones promedias, según las estadísticas de las naciones, las encontramos ser de como treinta años por generación; pero cuando el Señor habla en términos generales y dice, Esta generación no pasará hasta que se edificará una casa a su nombre, como es dado en este "*Libro de Convenios,*" y una nube descansará sobre ella; *en este caso no pienso que Él está limitado a ningún período especifico, pero basta decir que todas las personas viviendo en 1832, cuando la revelación fue dada, no fallecerán; habrá algunos viviendo cuando se edificará la Casa de que se habla,* sobre la cual descansará la gloria de Dios. Ya han pasado cuarenta y cinco años desde fue dada la revelación concerniente la edificación de esa Casa.[43]

41. Los santos pensarán que no habrá tiempo para edificarlo, pero con toda la ayuda que recibiréis, podréis construir un gran templo rápidamente. Tendrán todo el oro, la plata y piedras preciosas; porque estas cosas se usarán solo para adornar el templo;

41. La *Proclamación publicada por el Quorum de los Doce* solicitó a los reyes de la tierra entregar sus riquezas para ayudar en amplificar el reino:

> Pues bien, o vosotros, reyes, gobernadores y pueblos de los Gentiles, oíd la palabra del Señor, porque este mandamiento es para vosotros. No solo os es requerido arrepentiros y obedecer el Evangelio en su plenitud, y así llegar a ser miembros o ciudadanos del reino de Dios; pero a la vez *sois mandados, en el nombre de Jesucristo, de poner vuestra plata y vuestro oro,* vuestras naves y barcos de vapor, vuestros trenes ferroviarios y vuestros caballos, carrozas, camellos, mulas y camillas, en uso activo para el cumplimiento de estos propósitos. Porque sea entendido entre vosotros, que la única salvación que queda para los Gentiles, es por ser identificado en el mismo convenio, y adorar al mismo altar con Israel. En fin, tienen que alcanzar a la misma pauta; porque habrá un Señor, y su nombre uno, y Él será rey sobre toda la tierra.[44]

42. tendréis todos los mecánicos técnicos que queréis, y las Diez Tribus de Israel os ayudarán a edificarlo.

42. Se explica en capítulo seis que tres grupos participarán en edificar la Nueva Jerusalén. Aunque no se conoce otra profecía que dice que las Diez Tribus ayudarán en edificar el templo, sí se conoce que los Gentiles que se reunirán en la Nueva Jerusalén después de la venida de las Diez Tribus aun tendrán que ayudar en la construcción de la ciudad. Es lógico que las Diez Tribus también tendrían que participar en la obra de construcción puesto que vendrán antes de la mayoría de los Gentiles.

43. Cuando veáis esta tierra ligada con hierro podréis mirar hacia el Condado de Jackson."

43. **Brigham Young:**

> Más luego habrá *un abismo entre los rectos y los inicuos* tal que no podrán negociar el uno con el otro y la comunicación nacional cesará.[45]

Como indican los capítulos cuatro y seis, el aislamiento de las montañas del resto del país precederá inmediatamente el retorno de los Santos al Condado de Jackson.

44. En este punto hizo pausa, y levantando los ojos como si la visión estuviera aun en su vista, dijo, "Hay una tierra más allá de las Montañas Rocosas que será invadida por los paganos Chinos si no se toma gran cuidado y protección." Hablando de las naciones paganas, dijo, "Donde no hay ley no hay condenación, y ésto aplicará a ellas.

44. **Ezra Taft Benson:**

> No hay duda que los líderes de China Roja ven a la guerra como inevitable, y solo esperan el momento oportuno para atacar.[46]

Para otras citaciones tratando este tema véase Capítulo uno.

45. El poder de reprender a las naciones lejanas será dado al Caballo Blanco, y serán unidas con el Caballo Blanco, pero cuando la ley salga, obedecerán; porque la ley saldrá de Sión.

45. **Brigham Young**

> Tenemos una nación aquí en las montañas que más luego será un reino, y que será gobernado por leyes y principios puros. Algunos pueden preguntar "¿Qué os llamáis?" Aquí está el pueblo que constituye el reino de Dios. Puede ser que pasará algún tiempo antes que ese reino será completamente desarrollado, pero llegará el día cuando el Reino de Dios reinará libre e independiente.
>
> Habrá un reino en la tierra que será controlado sobre los mismos principios, en parte, como los del Gobierno de los Estados Unidos; y gobernará y protegerá las varias clases de hombres en sus derechos, a pesar de sus

diferentes modos de adorar; porque *la ley tiene que salir de Sión, y la palabra del Señor de Jerusalén, y el Señor Jesús gobernará cada nación y reino sobre la tierra.*[47]

46. La última gran lucha con que Sión tendrá que contender será cuando la totalidad de las Américas será hecha el Sión de nuestro Dios.	46. **Brigham Young** Podréis edificar a Sión, y aprender ser hombres en ves de niños. Fue cosa cierta cuando el Profeta nombró al Norte y Sud América como Sión. Salgamos y edifiquemos el Templo con toda nuestra fuerza, para que podamos amplificar el Reino cuando será establecido y sus cuerdas extendidas.[48]
47. Aquellos contrarios serán nombrados Gog y Magog (algunos del mundo dirigido por el Zar Ruso) y su poder será grande, pero toda oposición será vencida y entonces esta tierra será el Sión de nuestro Dios."	47. No hay nada que apoya esta parte de la profecía, y de todas las partes analizadas esta parte es más probable de ser errónea puesto que la declaración está en conflicto tanto en doctrina como en cronología. No se sabe si la parte en paréntesis fue dicho por el Profeta o si fue introducida por los registradores u otros intérpretes más luego.

Observaciones Sobre la Profecía

El lector notará, después de examinar la profecía y la evidencia dada para verificarla que:

1. Los hechos históricos que la profecía registra tocando la manera en que fue dada están generalmente en acuerdo con la historia registrada por el Profeta.

2. Cada parte de la profecía que pertenece a la época ya pasada del éxodo de los Santos al Oeste, los problemas territoriales, la caída del Imperio Turco, etcétera, ha sido cumplida literalmente.

3. En general, la profecía está conforme con la norma para el futuro que está establecida por la serie entera de profecías citadas en esta obra.

4. Casi toda la parte de la profecía que pertenece al futuro ha sido confirmada por profecías similares o por las enseñanzas de otras Autoridades Generales.

5. Sin embargo, hay varias áreas de conflicto. Lo más serio de éstas es la declaración por Rushton sobre las condiciones del tiempo para el día 6 de mayo de 1843. Este conflicto parece indicar que él había esperado un largo tiempo antes de registrar la profecía, que levantaría la cuestión de la fidelidad general de la inscripción de la profecía.

6. Las partes de la profecía que tratan naciones extranjeras y sus relaciones con la Iglesia durante el período del conflicto interno en los

Estados Unidos son generalmente sin apoyo. Ésta es la parte que refiere a los "Caballos." Si había errores en registrar la profecía, ésta más bien sería la parte en que los errores ocurrieron. Ésta es la parte que ha fomentado críticas de la profecía.

7. Si la profecía es una ficción y no es inspirada, entonces es *extremadamente notable* en su conformidad con la norma de profecía encontrada en las escrituras y con las declaraciones por las Autoridades Generales. Quien fuese él que la escribió (y aparentemente fue Edwin Rushton) hubiera tenido que tener una familiaridad con las profecías muy superior a la de la mayoría de los Santos de los Últimos Días.

8. Mientras es imposible decir con certidumbre que la profecía es válida y que *fue* hecha por José Smith, el irresistible peso de la evidencia a mano causa que el autor esté de esa opinión. Por consiguiente, se han usado partes de la profecía en esta obra en las áreas en que forman parte de una norma establecida. Sin embargo, hasta que se pueda obtener una prueba positiva, el autor es de la opinión que se debe usar la "Profecía del Caballo Blanco" con cuidado y con discreción.

12. *La Historia de la Iglesia*, 5:383-84.

13. *La Historia de la Iglesia*, 5:384.

14. *La Historia de la Iglesia*, 5:384.

15. *La Historia de la Iglesia*, 5:323.

16. *La Historia de la Iglesia*, 5:324.

17. *La Historia de la Iglesia*, 5:325.

18. *La Historia de la Iglesia*, 5:326.

19. *La Historia de la Iglesia*, 5:339-45.

20. *Diario de Discursos*, 4:41.

21. *Diario de Discursos*, 16:207.

22. *Diario de Discursos*, 2:182.

23. *Diario de Discursos*, 7:15.

24. Declaración de Brigham Young a Benjamín Kimball Bullock como registrado por el hijo del último, Ben H. Bullock. El autor tiene copias de declaraciones certificadas pertenecientes a la validez de ésta y de otras profecías registradas por Bullock.

25. *Diario de Discursos*, 1:268-69.

26. *Diario de Discursos*, 21:136.

27. *Diario de Discursos*, 3:262.

28. *Diario de Discursos*, 3:16.

29. *Noticiero Deseret Nocturno*, 8:265, 2 de octubre de 1875.

30. *Diario de Discursos*, 2:147.

31. *Noticiero Deseret*, Tomo 11, Nº. 9, 1 de mayo de 1861.

32. Declaración de Brigham Young a Benjamín Kimball Bullock como registrada por el hijo del último. El autor tiene una copia de declaraciones legalizadas pertenecentes a la validez de ésta y de otras profecías registradas por Bullock.

33. *Diario de Discursos*, 18:10.

34. *Diario de Discursos*, 18:121.

35. *Diario de Discursos*, 4:106.

36. *Diario de Discursos*, 3:16.

37. *Diario de Discursos*, 12:345.

38. *Diario de Discursos*, 9:342.

39. *Diario de Discursos*, 18:63-64.

40. Orson Pratt, *El Vidente* [The Seer], Tomo II, octubre de 1852, pp. 266-67.

41. *Diario de Discursos*, 5:10.

42. *Estrella Milenaria*, 10 de septiembre de 1859.

43. *Diario de Discursos*, 19:215.

44. "Proclamación de los Doce Apóstoles de la Iglesia de Jesucristo de los Santos de los Últimos Días," *Estrella Milenaria*, 22 de octubre de 1845.

45. *Diario de Discursos*, 12:284.

46. *Era de Mejoramiento*, diciembre de 1960, p. 944.

47. *Diario de Discursos*, 5:329-30.

48. *La Historia de la Iglesia*, 6:321.

APÉNDICE III

Notas Sobre el Condado de Jackson y el Plano de la Ciudad de Sión

El Condado de Jackson, Missouri es una tierra escogida que hará un hogar adecuado para el pueblo de Sión. Se han escrito descripciones hermosas de la región, dos de las cuales están citadas aquí. La primera fue escrita por el Profeta José en el día en que la tierra de Sión fue consagrada para la congregación de los Santos, el 2 de agosto de 1831:

> La tierra no es como los estados en el Este llenos de bosques. Tan lejos como alcanza la vista, las hermosas llanuras onduladas reposan esparcidos como un mar de prados; y están decoradas con un crecimiento de flores tan magníficas y grandiosas que superan el poder de describirlas; y no hay nada más fructífera, o un habitante más rico en la llanura floreciente que la abeja obrera. Solo acerca de los ríos se encuentran árboles. Éstos quedan en tiras de uno a cinco kilómetros de ancho, y siguiendo fielmente el vagar de los arroyos, crecen en bosques superabundantes. Los bosques se componen de una mezcla de robles, nogales, olmos, fresnos, cerezos, curbariles, moreras, cafeteros, saúcos y tilos; con la adición de chopos, pecanas y arces duras y blandas en los fondos. Los árboles, arbustos y plantas silvestres son hermosos, y se componen en parte de ciruelos, parrizas, manzanos silvestres, y nísperos.
>
> El terreno es rico y fértil; desde uno a tres metros de profundidad, y compuesto en general de un humus negro y rico, entremezclado con arcilla y arena. Da en abundancia, el trigo, maíz, batatas, algodón y muchos otros productos agricultores. Caballos, ganado y cerdos, aunque de una casta inferior, son más o menos abundantes y parecen casi criarse a si mismos por pastorear en la vasta llanura en el verano, y alimentándose en los fondos en el invierno. La caza silvestre es menos abundante desde luego en donde el hombre ha comenzado la cultivación del terreno, que lo es en las llanuras silvestres. El búfalo, el alce, el venado, el oso, los lobos, los castores y muchos de los animales pequeños andan acá a su placer. Pavos, gansos, cisnes, patos, sí, una variedad del tribu emplomada, son parte de este buen lugar—la herencia de los hijos de Dios.
>
> Las estaciones por tres cuartos del año son benignas y agradables, y como la tierra de Sión, localizada más o menos de igual distancia de los océanos atlántico y pacífico, sobre el paralelo treinta y nueve

de latitud norte, y entre los diez y seis y diez y siete grados de longitud oeste, tiene buenos prospectos—cuando se levanta la maldición de la tierra—de llegar a ser uno de los lugares más bendecidos en el mundo. Los inviernos son más templados que los de los Estados Atlánticos del mismo paralelo de latitud, y la clima es más agradable; tal que si las virtudes de los habitantes fueran al nivel de las bendiciones del Señor, que Él permite que coronan la industria de esos habitantes, habría una medida de las buenas cosas de la vida para el beneficio de los Santos, llena, apretada y rebosando, aún hasta cien veces. Las desventajas aquí como en todos los nuevos países, son evidentes a todas luces, la falta de molinas y escuelas; junto con las privaciones e inconveniencias naturales, que puedan ser vencidas por la mano de industria, la cultura de la sociedad, y el pulir de la ciencia.

Pero todos estos impedimentos evaporan cuando se recuerda lo que han dicho los Profetas concerniente a Sión en los últimos días; como la gloria de Líbano vendrá sobre ella; el ciprés, el pino, y el boje juntos, para embellecer el lugar de Su santuario, para que Él puede hacer glorioso el lugar de Sus pies. Donde en vez de bronce, traerá oro; y en vez de hierro, traerá plata; y en vez de madera, bronce; y en vez de piedras, hierro; y en donde un banquete de manjares suculentos serán preparados para los pobres; sí, cuando el esplendor del Señor está presentado a nuestra consideración para el bien de su pueblo, los cálculos de los hombres y la vanagloria del mundo desaparecen, y exclamamos "De Sión, perfección de hermosura, Dios ha resplandecido."[1]

En 1937, Elías S. Woodruff, Presidente de la Misión Estados Centrales, escribió una artículo para la *Era de Mejoramiento* en que hizo una descripción del Condado de Jackson de aquel día:

La Tierra de Sión hoy día es hermosa, aun más, posiblemente, que cuando la vieron los del primer grupo de los Santos de los Últimos Días cuando vinieron con el Profeta José Smith para ver esta región que había sido designado del Señor por revelación como el lugar céntrico para la congregación de Su pueblo.

Sus collados ondulantes están cubiertos con pradera verdes, algunos árboles, y con chacras productivas que son marcas por hogares bien cuidados, ubicando un pueblo contento y feliz. Pueblos progresivos y aldeas progresivas han crecido en donde había tierra yerma, dando al Condado de Jackson, además de un aspecto agricultural plácido, una apariencia bien urbanizada. Jackson, a la vez,

1. *La Historia de la Iglesia,* 1:197-98.

se ha embellecido, no solo por sus bienes naturales, sino también por un proyecto bien desarrollado de planeamiento de la comunidad, los resultados de lo cual han dado a la región un aspecto distintivo y placentero.

El Condado de Jackson está manteniéndose bien al tanto de los tiempos, y está creciendo comercial, industrial, educacional, y religiosamente. Buenas carreras pavimentadas forman una red sobre la área entera, pasando por las chacras, por las ciudades y sobre puentes. . . .

Después de la salida de los Santos, el Condado de Jackson devolvió a las manos de los no-Mormones, y ha quedado así para años. La Iglesia ha entrado de nuevo esta región solo comparativamente reciente, pero lo ha hecho con gran éxito. Se han levantado amigos para los Santos de los Últimos Días donde alguna vez no había ningunos para defenderlos, y hoy día los Mormones y los no-Mormones viven pacíficamente lado a lado.

La Iglesia tiene una capilla hermosa en este "lugar céntrico," este lugar de congregación anterior. Tiene un establecimiento de prensa progresiva, y la cabecera de la Misión Estados Centrales está ubicada allí.

La palabra del Señor está saliendo de Independence en la forma de millones de folletos e impresos, a demás de copias del *Libro de Mormón*. Se manda esta literatura a los lejanos cabos de la tierra, y las actividades en cuatro estados son dirigidas de la oficina en Independence.

> La Iglesia es el dueño de la mayor parte del lote del temple original de ciento cincuenta y seis hectáreas, la cabecera de la misión siendo ubicada sino un corto distancia de este lote. Los presidentes de la misión has sido aceptados con honor entre los negociantes de la ciudad de Independence; han sido facilitado el estado de miembro en organizaciones cívicas, tales como la Cámara de Comercio y el Club Kiwanis, y tienen amplios círculos de amigos y conocidos.
>
> Una característica notable de Independence hoy día es el elevado tipo de ciudadanía que moran allí. Parecen como un grupo aparte de los habitantes de muchas secciones en el alrededor, y parecen representar en sus vidas los mejores atributos de ciudadanos confiables y leales.

Por razón de tácticas progresivas y constructivas, el territorio ha llegado a ser una de las secciones principales de toda la región. Tiene una área de 1.500 kilómetros cuadrados, o sea 120.000 hectáreas, cuarenta y ocho porciento de la tierra está en chacras, mientras 45% está en prado. En este terreno hay 3.494 chacras, divididas como sigue: 615 lecherías, 592 chacras comunes, 550 vaquerías, 159 chacras de trigo, 120 chacras de vegetales.

De la totalidad de 3.494 chacras en el campo, 2.410 son trabajados por los propios dueños. En 1934, había 6.000 hectáreas sembrado en trigo, que dio una cosecha en total de 441.000 fanegas. En el mismo año 7.285 chacareros cosecharon 198.200 fanegas de avena, y en la producción de maíz el promedio de diez años muestra como 117 fanegas por hectárea. En 1934 había 19.680 hectáreas sembrado en avena, en el mismo año había 4.412 hectáreas sembradas en alfalfa, 1.400 hectáreas en lespedeza; 817 hectáreas en papas, cultivadas para distribución comercial; y había 212.657 árboles frutales y 185.138 vides de uva. Diez y ocho mil vacas en la región dieron cuarenta y un millón litros de leche.

Los cálculos para 1930 muestran que el territorio produjo $1.032.000 en productos agricultores, $1.460.000 en ganado, y $2.993.000 en carne y productos de ganado.

La valoración de tasa del Condado de Jackson es $461.396.210. Hay 2.000 kilómetros de carreteras de dura superficie, sin contar 1.200 kilómetros de calles pavimentadas en la Ciudad de Kansas. Con la excepción del Condado de Westchester, en Nueva York, el Condado de Jackson tiene más caminos pavimentado que cualquier otro condado en los Estados Unidos. No hay ni un punto en el Condado de Jackson que está más lejos de 3 kilómetros de una via pavimentada.

Entre otra información interesante del Condado de Jackson, hay lo siguiente: Doce ferrocarriles mayores y cuatro ferrocarriles eléctricos pasan por la Ciudad de Kansas. En 1931 cosecharon más que 79 millones fanegas de trigo; lo cual junto con 1.665.445 ganado y otros animales llegó a un total de $139.500.000. Hay 6.274 negocios de venta con una venta anual total de $375.000.000.

La Ciudad de Kansas, en comparación con otras ciudades Americanas, se ha establecido en una manera loable. Tiene uno de los cambios de ganado más grande en el mundo: se jacta de un gran mercado de trigo de invierno y heno y producción de moler harina; y posee un gran mercado de caballos y mulas; se sobrepasa en su capacidad para procesar carne y almacenar trigo.

La temperatura promedio anual del Condado de Jackson es 13 grados y la precipitación promedio anual es 95 centímetros.

No hay el viajero pasando por la región y observando sus muchas ventajas, que puede evitar el sentimiento que en verdad es una tierra de promesa.[2]

2. *Era de Mejoramiento,* septiembre de 1937, pp. 556-59, 587.

Bibliografía

Las Escrituras de los Santos de los Últimos Días

El Libro de Mormón. (traducción) José Smith, Salt Lake City, Utah: La Iglesia de Jesucristo de los Santos de los Últimos Días, 1993.

La Doctrina y Convenios de la Iglesia de Jesucristo de los Santos de los Últimos Días. Salt Lake City, Utah: La Iglesia de Jesucristo de los Santos de los Últimos Días, 1993.

La Perla de Gran Precio. Salt Lake City, Utah: La Iglesia de Jesucristo de los Santos de los Últimos Días, 1993.

La Santa Biblia. Antigua Versión de Casiodoro de Reina (1569), Revisada por Cipriano de Valera (1602), Otras Revisiones: 1862, 1909 y 1960. Nashville, Tennessee: Thomas Nelson, Publishers, 1960.

Fuentes Históricas de los Santos de los Últimos Días

Berrett, Guillermo Edwin. *La Iglesia Restorada* [The Restored Church]: Una Breve Historia del Crecimiento y de las Doctrinas de la Iglesia de Jesucristo de los Santos de los Últimos Días. octava edición; Salt Lake City, Utah: El Departamento de Educación de la Iglesia de Jesucristo de los Santos de los Últimos Días, 1949.

Billeter, Julius C. *El Templo de Promesa* [The Temple of Promise]— El Condado de Jackson, Missouri. Independence, Missouri: Zion's Printing and Publishing Company, 1946.

Cowley, Matthias F. *Wilford Woodruff.* Salt Lake City, Utah: Noticiero Deseret, 1916.

Diario de Discursos, Journal of Discourses. I-XXVI. Liverpool: F.D. and S.W. Richards, 1854-1886.

El Mensajero y Abogado de los Santos de los Últimos Días [Latter-day Saint Messenger and Advocate]. II, Nº 1 (octubre de 1835).

El Registro Histórico del Barrio Franklin. [Franklin Ward Historical Record]. Franklin, Idaho: 16 de junio de 1882.

El Vidente [The Seer]. Orson Pratt, editor, Washington, D.C.: 1853-54.

Era de Mejoramiento [Improvement Era]. I-LXIV. Salt Lake City, Utah: Era de Mejoramiento, 1897-1961.

Estrella Milenaria [Millennial Star]. VI (octubre de 1845), XIX (octubre de 1857), XXI (septiembre de 1859).

Hancock, Mosiah Lyman. *El Relato de la Vida de Mosiah Lyman Hancock* [Life Story of Mosiah Lyman Hancock]. (Copia a máquina archivada en la Biblioteca de la Universidad de Brigham Young).

Informes de la Conferencia [Conference Reports]. Salt Lake City, Utah: Deseret News Printing and Publishing Establishment, 1880-1901, 1923-26, 1930-61.

Instructor Juvenil [Juvenile Instructor]. XXV (15 de marzo de 1890).

Johnson, Benjamin F. *El Repaso de Mi Vida* [My Life's Review]. Independence, Missouri: Zion's Printing and Publishing Company, 1947.

Little, James Amasa. "Biografía de Lorenzo Dow Young." *La História de Utah Trimestral* [Utah Historical Quarterly], XIV (1946).

Ludlow, Daniel H. *Los Profetas de los Últimos Días Hablan* [Latter-day Prophets Speak]. segunda edición.; Salt Lake City, Utah: Bookcraft, 1948.

Lundwall, N. B. (comp.) *Varias Joyas de Valores Sin Limite* [Assorted Gems of Priceless Value]. Salt Lake City, Utah: Bookcraft, 1947.

Lundwall, N. B. (comp.) *Amonestaciones Inspiradas Proféticas a Todos los Habitantes de la Tierra* [Inspired Prophetic Warnings to all Inhabitants of the Earth]. sexta edición. engrandecida; n.p.; n.d.

Lundwall, N. B. (comp.) *Los Templos del Más Alto* [Temples of the Most High]. décima edición, engrandecida; Salt Lake City, Utah: Bookcraft. n.d.

McGavin, Cecil. *Nauvoo la Hermosa* [Nauvoo the Beautiful]. Salt Lake City, Utah: Stevens and Wallis, 1946.*

Noticiero Deseret [Deseret News]. XI, XXXIII, CCCLIII, Salt Lake City, Utah.

Noticiero Deseret Nocturno [Deseret Evening News]. VIII (2 de octubre de 1875). Salt Lake City, Utah.

Periódico de la Iglesia [Church News]. (28 de mayo de 1960) Salt Lake City, Utah.

Periódico de las Mujeres Jóvenes [Young Woman's Journal]. V, Nº. 11 (agosto de 1894).

Smith, José. *La Historia de la Iglesia de Jesucristo de los Santos de los Últimos Días* [History of the Church of Jesus Christ of Latter-day Saints]. Tomo 7; segunda edición, revisada: Salt Lake City, Utah: The Deseret Book Company, 1959.

Wilcox, Amanda H., *Declaraciones Proféticas de Heber C. Kimball a Amanda H. Wilcox* [Prophetic Sayings of Heber C. Kimball to Amanda H. Wilcox]. n.p., n.d. (folleto archivado en la Biblioteca de la Universidad de Brigham Young).

Fuentes Doctrinales de los Santos de los Últimos Días

Andrus, Hyrum L. *José Smith y el Gobierno Mundial* [Joseph Smith and World Government]. Salt Lake City Utah: Deseret Book Company, 1958.

Berrett, William E. *Enseñanzas del Libro de Mormón* [Teachings of the Book of Mormon]. Salt Lake City, Utah: Deseret Book Company, 1952.

Doxey, Roy W. *La Doctrina y Convenios y el Futuro* [The Doctrine and Covenants and the Future]. Salt Lake City, Utah: Las Asociaciones de Mejoramiento Mútuo de la Iglesia de los Santos de los Últimos Días, 1953-54.

Jacob, Carl H. *Superbombas, Santos y las Escrituras* [Superbombs, Saints and Scriptures]. Rexburg, Idaho: Monitor Publishing Co., 1959.

McConkie, Bruce R. *La Doctrina Mormona* [Mormon Doctrine]. Salt Lake City, Utah: Bookcraft 1958.

Pratt, Parley P. *Una Voz de Amonestación e Instrucción a Todas las Personas o Sea Una Introducción a la Fe y la Doctrina de la Iglesia de Jesucristo de los Santos de los Últimos Días* [A Voice of Warning and Instruction to All People Or an Introduction to the Faith and Doctrine of the Church of Jesus Christ of Latter-day Saints]. Nueva Edición; Salt Lake City, Utah: Deseret News Press, n.d.

Pratt, Parley P. *La Llave a la Ciencia de la Teología— Diseñado Como una Introducción a los Primeros Principios de la Filosofía Espiritual, la Religión, la Ley y el Gobierno, Como Entregado a los Ancianos, y Como Restaurado en Esta Época, Para el Desarrollo Final de la Paz Universal, La Verdad y el Conocimiento* [Key to the Science of Theology— Designed as an Introduction to the First Principles of Spiritual Philosophy, Religion, Law and Government, as delivered by the Ancients, and as Restored in this Age, for the Final Development of Universal Peace, Truth and Knowledge]. quinta edición. Salt Lake City, Utah: George Q. Cannon and Sons Publishers, 1891.

Richards, Le Grand. *Una Obra Maravillosa y un Prodigio* [A Marvelous Work and a Wonder]. Salt Lake City, Utah: Deseret Book Company, 1953.

Richards, Le Grand. *¡Israel! ¿Sabéis?* [Israel! Do You Know?]. Salt Lake City, Utah: Deseret Book Company, 1954.

Roberts, B. H. *Rasha—el Judío— Un Mensaje a Todos los Judíos* [Rasha—the Jew— A Message to All Jews]. Salt Lake City, Utah: Deseret News Press, 1932.

Rolapp, Henry H. (compilación) Citaciones Evangélicas de la Biblia, el Libro de Mormón, la Doctrina y Convenios y la Perla de Gran Precio [Gospel Quotations from the Bible, Book of Mormon, Doctrine and Covenants and Pearl of Great Price]. cuarta edición, revisada; Salt Lake City, Utah: The Deseret Book Company, 1956.

Sjodahl, J. M. *El Reino del Anticristo o Sea el "Gran Decaimiento"* [The Reign of Antichrist or the Great "Falling Away"]. Salt Lake City, Utah: El Noticiero Deseret, 1913.

Skousen, W. Cleon. *La Profecía y los Tiempos Modernos* [Prophecy and Modern Times]. Salt Lake City, Utah: Deseret News Press, 1952.

Smith, Joseph Fielding. *Las Contestaciones a Preguntas Evangélicas* [Answers to Gospel Questions]. dos tomos, Salt Lake City Utah: Deseret Book Company, 1957-58.

Smith, Joseph Fielding. *Doctrinas de Salvación* [Doctrines of Salvation]. tres Tomos, Salt Lake City Utah: Bookcraft. 1954-56.

Smith, Joseph Fielding. *Los Señales de los Tiempos* [The Signs of the Times]. Salt Lake City, Utah: Deseret News Press, 1952.

Smith, Joseph Fielding. *El Camino Hacia la Perfección— Cortos Discursos Sobre Temas Evangélicas* [The Way to Perfection— Short Discourses on Gospel Themes]. quinta edición; Salt Lake City, Utah: La Sociedad Genealógica de Utah, 1943.

Smith, Robert W., and Smith, Elizabeth A. *Profecías Canónicas y Seculares Perte-*

necientes a los Últimos Días [Scriptural and Secular Prophecies Pertaining to the Last Days]. décima edición. revisada y engrandecida; Salt Lake City, Utah: Pyramid Press, 1948.

Sperry, Sidney B. *La Voz de los Profetas de Israel— Una Interpretación de los Santos de los Últimos Días de los Profetas Mayores y Menores del Antiguo Testamento* [The Voice of Israel's Prophets— A Latter-day Saint Interpretation of the Major and Minor Prophets of the Old Testament]. Salt Lake City, Utah: Deseret Book Company, 1952.

Swensen, Russell Brown. *La Influencia del Nuevo Testmento Sobre la Escatología de los Santos de los Últimos Días Desde 1830-1846* [The Influence of the New Testament on Latter-day Saint Eschatology from 1830-1846]. Chicago, Illinois: La Universidad de Chicago, 1931. (microfilmo).

Talmage, James E. *Un Estudio de los Artículos de Fe— Siendo una Consideración de las Doctrinas Principales de la Iglesia de Jesucristo de los Santos de los Últimos Días* [A Study of the Articles of Faith— Being a Consideration of the Principal Doctrines of the Church of Jesus Christ of Latter-day Saints]. edición treinta y uno en Inglés; Salt Lake City, Utah: The Church of Jesus Christ of Latter-day Saints, 1952.

Warner, Ross W. *El Cumplimiento de las Profecías del Libro de Mormón* [The Fulfillment of Book of Mormon Prophecies]. Provo, Utah: Brigham Young University, 1961. (Tesis para el grado de Master, no publicado)

Whitehead, Earnest L. *La Casa de Israel— Una Disertación Sobre el Destino, la Historia y la Identificación de Israel en Todas las Cinco Ramas* [The House of Israel— A Treatise on the Destiny, History and Identification of Israel in All The Five Branches]. Independence, Missouri: Zion's Printing and Publishing Co., 1947.

Whitney, Orson F. *Pensamientos del Sábado por la Noche— Una Serie de Disertaciones Sobre Temas Espirituales, Historicos y Filosóficos* [Saturday Night Thoughts— A Series of Dissertations on Spiritual, Historical and Philosophic Themes]. edición revisada; Salt Lake City, Utah: Deseret Book Company, 1927.

Widstoe, John A. *Evidencia y Reconciliaciones* [Evidence and Reconciliations]. tres Tomos, Salt Lake City, Utah: Bookcraft Inc., 1960.

Otros Libros de Consulta

"Anticristo." *Enciclopedia Británica,* 1957, Tomo 2, pp. 59-61.

Atlas de las Tierras Bíblicas [Atlas of the Bible Lands]. Maplewood, New Jersey: C. S. Hammond & Co. n.d.

Butterick, George Arthur (editor) *La Biblia del Intérprete* [The Interpreter's Bible], Tomos II, V, VI, XII; New York: Abingdon Press. 1957.

Dummelow, J. R. (editor) *Un Comentario Sobre la Santa Biblia por Varios Escritores* [A Commentary on the Holy Bible by Various Writers]. New York: The Macmillian Company, 1958.

El Nuevo Diccionario Clásico Bíblico de Funk y Wagnall— Designado Como Una

Ayuda Comprensiva Para la Investigación de las Escrituras, Sus Idiomas, Problemas Literarias, Su Historia, Biografía, Sus Normas y Hábitos y Sus Enseñansas Religiosas [Funk and Wagnalls New Standard Bible Dictionary— Designed as a Comprehensive Help to the Study of the Scriptures, their Languages, Literary Problems, History, Biography. Manners and Customs, and their Religious Teachings]. tercera edición revisada; Garden City, New York: Garden City Books, 1936.

"El Milenario." *Enciclopedia Británica,* 1957, Tomo XV, pp. 495-97.

"*Escatología.*" Enciclopedia Británica, 1957, Tomo VIII, pp. 702-04.

Esshom. Frank. *Peregrinos y Hombres Prominentes de Utah* [Pioneers and Prominent Men of Utah]. Salt Lake City, Utah: Utah Pioneers Book Publishing Company, 1913.

"Miller, William." *Enciclopedia Británica,* 1957, Tomo XV, p. 497.

Pfeiffer, Robert H. *La Introducción al Antiguo Testamento* [Introduction to the Old Testament]. New York: Harper and Brothers Publishers, 1948.

Steinmueller, John E. *Un Compañero al Estudio de las Escrituras— Tomo III. Introducción Particular al Nuevo Testamento* [A Companion to Scripture Studies— Volume III. Special Introduction to the New Testament]. New York City: Joseph F. Wagner, Inc., 1943.

Tenney, Merril C. *El Nuevo Testamento— Un Estudio Histórico y Analítico* [The New Testament— An Historical and Analytic Survey]. Grand Rapids, Michigan: Wm. B. Eerdman's Publishing Company, 1953.

Wright, George Ernest y Filson, Floyd Vivian. (editores) *El Atlas Histórico de la Biblia de Westminister* [The Westminister Historical Atlas to the Bible]. Philadelphia: The Westminister Press, 1946.

Otras Fuentes Doctrinales

Dowling, John. *Respuesta a Miller— Un Repaso de la Teoría del Señor Miller* [Reply to Miller— A Review of Mr. Miller's Theory]. New York: J. R. Bigelow, 1842.

Emeric de St. Dalmas, H. G. *El Tiempo del Fin y las "Semanas" de Daniel— Un Descubrimiento y Exposición Clarificada* [The Time of the End and the "Weeks" of Daniel— A Discovery and Restatement]. London: Chas. J. Thynne, 1917.

Hurewitz, J. C. *La Contienda Para Palestina* [The Struggle for Palestine]. New York: W. W. Norton and Company Inc., 1950.

Klausner, Joseph. *La Idea Mesiánica en Israel— Desde Su Comienzo Hasta la Terminación de la Mishna* [The Messianic Idea in Israel— From Its Beginning to the Completion of the Mishnah]. New York: The Macmillan Company, 1955.

Maxwell, Arthur S. *Las Grandes Profecías Para Nuestro Tiempo* [Great Prophecies for Our Time]. Mountain View, California: Pacific Press Publishing Association, 1943.

Portune, Albert J. *La Verdad En Cuanto a los Terremotos* [The Truth About

Portune, Albert J. *La Verdad En Cuanto a los Terremotos* [The Truth About Earthquakes]. Pasadena, California: Radio Church of God, 1961.

Ritchie, John. *¿Debe El Cristiano Guardar El Sabado?* Los Angeles: Casa Bíblica de Los Angeles, n.d.

Rutherford, J. F. *La Vindicación— El Nombre y la Palabra del Eterno Dios Probada y Justifica por la Profecía de Ezequiel y Revelando lo Que Rápidamente Tendrá que Suceder en las Naciones del Mundo* [Vindication— The name and word of the Eternal God proven and justified by Ezekiel's Prophecy and revealing what must speedily come to pass upon the nations of the world]. Brooklyn, New York: Watch Tower Bible and Tract Society, 1931.

Spicer, W. A. *Nuestro Día en Luz de la Profecía* [Our Day in the Light of Prophecy]. Mountain View, California: Pacific Press Publishing Association, 1917.

Urguhart, John. *Las Maravillas de la Profecía o Sea ¿Qué Debemos Creer?* [The Wonders of Prophecy or What are We to Believe?] Cuarta edición revisada; New York: Gospel Publishing House, n.d.

Misceláneo

"El Cumpliaños Regocijado Para Israel" *La Vida* [Life], XLIV (5 de mayo de 1958).

"Israel Salta Sus Primeros 10 Años," *Semana de Negocios* [Business Week], (3 de mayo de 1958).

Peretz, Don. "La Primera Década Para Israel, 1948-1958," *Boletines Extranjeros Políticos* [Foreign Political Bulletins], XXXVII (1 de abril de 1958).

"*Una Carta Interesante.*" Carta de Benjamin F. Johnson a George S. Gibbs, 1903. (Copia no publicada archivada en la Biblioteca de la Universidad de Brigham Young.)

Lista de Citationes de Fuentes Mayores

Antiguo Testamento

Nuevo Testamento

El Libro de Mormón

Doctrina y Convenios

Perla de Gran Precio

Moisés

Abraham

José Smith—Mateo

José Smith—Historia

Diario de Discursos

(Las letras son las iniciales del quien habla.)

Tomo I (1851-54)

Tomo II (1843, 1852-55)

Tomo III (1852-56)

Tomo IV (1856-57)

Tomo V (1856-57)

Tomo VI (1839, 1844, 1852-59)

Tomo VII (1854-60)

Tomo VIII (1860-61)

Tomo IX (1860-62)

Tomo X (1859-64)

Tomo XI (1859-67)

Tomo XII (1867-69)

Tomo XIII (1868-70)

Tomo XIV (1869-70)

Tomo XV (1870-73)

Tomo XVI (1873-74)

Tomo XVII (1874-75)

La Historia de la Iglesia

La Historia de la Iglesia — (Continuada)

Indice Cronológico de Acontecimientos

El intento de este índice es hacer un compendio de las citaciones en que se basa la cronología de esta obra.

Los Santos quedarán en tierras extranjeras y sufrirán persecuciones durante las guerras preparatorias

El Cumplimiento de los Tiempos de los Gentiles

Guerra mundial durante las guerras internas en los E.E. U.U.

Los Santos se congregarán en las montañas

El hambre durante las guerras internas

El reino político de Dios será establecido

La ley de consagración será establecida

La Nueva Jerusalén será establecida en el oeste de Missouri

La conversión de los Lamanitas

Las diez tribus vendrán del Norte

La venida de Cristo al templo en la Nueva Jerusalén

El Llamamiento de los 144.000

El traslado de las diez tribus desde Sión hasta Palestina

La Batalla de Gog y Magog

La resurrección de los injustos

El juicio final

La disolución y la resurrección de la tierra

Indice Alfabético

A

B

C

D

E

F

G

H

I

J

K

L

M

N

O

P

R

S

T

U

V

W

Y

0 26575 05327 2